“十二五”职业教育国家规划配套教材

网络营销

张　娴　黄嘉敏　主编

電子工業出版社
Publishing House of Electronics Industry
北京·BEIJING

内容简介

本书的主要内容有：网络营销与网上商机；网络营销理论与环境；网络市场调研与实例；网络营销的战略分析与策划；网络交易的手段与工具；网上交易操作与实用技巧；网络营销风险规避和技巧；商务网站的推广和建立网上商店等。本书可作为大学和职业院校以及职业培训机构相关专业的教材。

图书在版编目（CIP）数据

网络营销/张娴，黄嘉敏主编. —北京：电子工业出版社，2015.7

ISBN 978-7-121-26580-8

Ⅰ. ①网…　Ⅱ. ①张…　②黄…　Ⅲ. ①网络营销　Ⅳ. ①F713.36

中国版本图书馆 CIP 数据核字（2015）第 155826 号

策划编辑：杨宏利　　投稿邮箱：yhl@phei.com.cn
责任编辑：杨宏利　　特约编辑：李淑寒
印　　刷：三河市华成印务有限公司
装　　订：三河市华成印务有限公司
出版发行：电子工业出版社
　　　　　北京市海淀区万寿路 173 信箱　邮编 100036
开　　本：787×1 092　1/16　印张：19　字数：486.4 千字
版　　次：2015 年 7 月第 1 版
印　　次：2015 年 7 月第 1 次印刷
定　　价：37.00 元

凡所购买电子工业出版社图书有缺损问题，请向购买书店调换。若书店售缺，请与本社发行部联系，联系及邮购电话：（010）88254888。

质量投诉请发邮件至 zlts@phei.com.cn，盗版侵权举报请发邮件至 dbqq@phei.com.cn。

服务热线：（010）88258888。

前言

PREFACE

网络营销产生于20世纪90年代且发展至今。网络营销是以地新的方式、方法和理念，通过一系列网络营销策划，制定和实施的营销活动，可以更有效地促成交易的新型营销模式。

网络营销是以现代营销理论为基础，借助网络、通信和数字媒体技术实现营销目标的商务活动；是科技进步、顾客价值变革、市场竞争等综合因素促成；是信息化社会的必然产物。网络营销根据其实现方式有广义和狭义之分，广义的网络营销指企业利用一切计算机网络进行营销活动，而狭义的网络营销专指国际互联网营销。就是指组织或个人基于开发便捷的互联网络，对产品、服务所做的一系列经营活动，从而达到满足组织或个人需求的全过程，网络营销是企业整体营销战略的一个组成部分，是建立在互联网基础之上借助于互联网特性来实现一定营销目标的营销手段。

当前，网络营销犹如春天里的鲜花一样，一夜之间百花齐放万紫千红。随着社会的发展，以及国内各行业商业企业的全面“触网”，网络经济高速发展的时代的到来，网络经济已开始进入一个腾飞的时代。网络营销的快速发展迫切需要大量网络营销人才。网络营销人才是一个要求个人能力好、网络技术熟练、智慧高、应变灵活、临场分析能力强的实战型综合性人才。网络营销教育与培训体系需要在实际的工作环境的基础上，按照企业内部真实岗位的要求来培养和指导学生的实际技能学习，从而提高学生的操作技能及业务素养，以达到提高学生的职业技术能力。

同时，提高中小型企业在网络营销市场的抗风险能力应该是我国面临的最迫切问题。一个国家的经济发展只有在中小型企业的抗风险能力全面提高的情况下才是真正的发展。网络营销教育与培训的重要性由此可见。为此，我们编写了《网络营销》一书。本书内容翔实新颖，具有可操作性和实战性，为企业，特别是中小型企业和网络创业者提升网络经营能力，参与市场竞争提供了一条便捷之路。

本书由贵阳学院张娴和东莞职业技术学院黄嘉敏主编，张娴编写了第4、5、7、8章，黄嘉敏编写了第1、2、3章，梁明、孙继雄、孙涛、吴玮、柳云梅编写了第6章，本书在编写中同时也参考了本类题材的优秀文献，使其内容更加丰富，知识范围更加全面，在此我们衷心表示谢意。

编　者

2015年5月

[illegible]

[illegible]

[illegible]

[illegible]

[illegible]

目录
CONTENTS

绪 论

1. 网络营销的概念与特点

（1）网络营销（On-line Marketing 或 E-Marketing）就是以国际互联网为基础，利用数字化的信息和网络媒体的交互性来辅助营销目标实现的一种新型的市场营销方式。

① 广义的网络营销

网络营销概念的同义词包括：网上营销、互联网营销、在线营销、网络行销等。这些词汇说的都是同一个意思，笼统地说，网络营销就是以互联网为主要手段开展的营销活动。

网络营销具有很强的实践性特征，从实践中发现网络营销的一般方法和规律，比空洞的理论讨论更有实际意义。因此，如何定义网络营销其实并不是最重要的，关键是要理解网络营销的真正意义和目的，也就是充分认识互联网这种新的营销环境，利用各种互联网工具为企业营销活动提供有效的支持。这也是为什么在网络营销研究必须重视网络营销实用方法的原因。

② 狭义的网络营销。狭义的网络营销是指组织或个人基于开放便捷的互联网，对产品、服务所做的一系列经营活动，从而达到满足组织或个人需求的全过程。网络营销是一种新型的商业营销模式。

（2）网络营销的特点

随着互联网技术发展的成熟以及连网成本的低廉，互联网好比是一种“万能胶”将企业、团体、组织以及个人跨时空连接在一起，使得他们之间信息的交换变得“唾手可得”。市场营销中最重要也最本质的是组织和个人之间进行信息传播和交换。如果没有信息交换，那么交易也就是无本之源。正因如此，互联网具有营销所要求的某些特性，使得网络营销呈现出以下一些特点。

① 跨时空。营销的最终目的是占有市场份额，由于互联网具有超越时间约束和空间限制进行信息交换的特点，因此使得脱离时空限制达成交易成为可能，企业可有更多时间和更大的空间进行营销，可每周 7 天、每天 24 小时随时随地地提供全球性营销服务。

② 多媒体。互联网被设计成可以传输多种媒体的信息，如文字、声音、图像等信息，使得为达成交易进行的信息交换能以多种形式存在和交换，可以充分发挥营销人员的创造性和能动性。

③ 交互式。互联网通过展示商品图像、商品信息资料库提供有关的查询，来实现供需互动与双向沟通。还可以进行产品测试与消费者满意调查等活动。互联网为产品联合设计、商品信息发布以及各项技术服务提供了最佳工具。

④ 个性化。互联网上的促销是一对一、理性、消费者主导、非强迫性、循序渐进式的，而且是一种低成本与人性化的促销，避免推销员强势推销的干扰，并通过信息提供与交互式交谈，与消费者建立长期良好的关系。

⑤ 成长性。互联网使用者数量快速成长并遍及全球，使用者多属年轻、中产阶级、高教育水准，由于这部分群体购买力强而且具有很强市场影响力，因此是一个极具开发潜力的市场渠道。

⑥ 整合性。互联网上的营销可由商品信息至收款、售后服务一气呵成，因此也是一种全程的营销渠道。另一方面，企业可以借助互联网将不同的传播营销活动进行统一设计规划和协调实施，以统一的传播资讯向消费者传达信息，避免不同传播中不一致性产生的消极影响。

⑦ 超前性。互联网是一种功能最强大的营销工具，它同时兼具渠道、促销、电子交易、互动顾客服务，以及市场信息分析与提供的多种功能。它所具备的一对一营销能力，正是符合定制营销与直复营销的未来趋势。

⑧ 高效性。计算机可存储大量的信息，代消费者查询，可传送的信息数量与精确度，远超过其他媒体，并能因应市场需求，及时更新产品或调整价格，因此能及时有效了解并满足顾客的需求。

⑨ 经济性。通过互联网进行信息交换，代替以前的实物交换，一方面可以减少印刷与邮递成本，可以无店面销售，免交租金，节约水电与人工成本，另一方面可以减少由于迂回多次交换带来的损耗。

2. 网络营销的理论基础

(1) 网络直复营销理论

网络营销作为一种有效的直复营销策略，说明网络营销的可测试性、可度量性、可评价性和可控制性。因此，利用网络营销这一特性，可以大大改进营销决策的效率和营销执行的效用。

直复营销理论是20世纪80年代引人注目的一个概念。美国直复营销协会对其所下的定义是："一种为了在任何地方产生可度量的反应和（或）达成交易所使用的一种或多种广告媒体的相互作用的市场营销体系。"直复营销理论的关键在于它说明网络营销是可测试、可度量、可评价的，这就从根本上解决了传统营销效果评价的困难性，为更科学的营销决策提供了可能。

(2) 网络关系营销理论

网络关系营销是1990年以来受到重视的营销理论，它主要包括两个基本点：首先，在宏观上认识到市场营销会对范围很广的一系列领域产生影响，包括顾客市场、劳动力市场、供应市场、内部市场、相关者市场，以及影响者市场（政府、金融市场）；在微观上，认识到企业与顾客的关系不断变化，市场营销的核心应从过去的简单的一次性的交易关系转变到注重保持长期的关系上来。企业是社会经济大系统中的一个子系统，企业的营销目标要受到众多外在因素的影响，企业的营销活动是一个与消费者、竞争者、供应商、分销商、政府机构和社会组织发生相互作用的过程，正确理解这些个人与组织的关系是企业营销的核心，也是企业成败的关键。

网络关系营销的核心是保持顾客，为顾客提供高度满意的产品和服务价值，通过加强与顾客的联系，提供有效的顾客服务，保持与顾客的长期关系，并在与顾客保持长期的关系的基础上开展营销活动，实现企业的营销目标。实施关系营销并不是以损伤企业利益为代价的，根据研究，争取一个新顾客的营销费用是老顾客费用的五倍，因此加强与顾客关系并建立顾客的忠诚度，是可以为企业带来长远的利益的，它提倡的是企业与顾客双赢策略。互联网作为一种有效的双向沟通渠道，企业与顾客之间可以实现低费用成本的沟通和交流，它为企业与顾客建立长期关系提供有效的保障。这是因为，首先，利用互联网企业可以直接接收顾客的定单，顾客可以直接提出自己的个性化的需求。企业根据顾客的个性化需求利用柔性化的生产技术最大限度满足顾客的需求，为顾客在消费产品和服务时创造更多的价值。企业也可以从顾客的需求中了解市场、细分市场和锁定市场，最大限度降低营销费用，提高对市场的反应速度。其次，利用互联网企业可以更好地为顾客提供服务和与顾客保持联系。互联网的不受时间和空间限制的特性能最大限度方便顾客与企业进行沟通，顾客可以借助互联网在最短时间内以简便方式获得企业的服务。同时，通过互联网交易企业可以实现对整个从产品质量、服务质量到交易服务等过程的全程质量的控制。

另一方面，通过互联网企业还可以实现与企业相关的企业和组织建立关系，实现双赢发展。互联网作为最廉价的沟通渠道，它能以低廉成本帮助企业与企业的供应商、分销商等建立协作伙伴关系。有关网络关系理论的应用将在后面网络营销服务策略中进行详细介绍。

（3）网络软营销理论

软营销理论是针对工业经济时代的以大规模生产为主要特征的“强式营销”提出的新理论，该理论认为顾客在购买产品时，不仅满足基本的生理需要，还满足高层的精神和心理需求。因此，软营销的一个主要特征是对网络礼仪的遵循，通过对网络礼仪的巧妙运用获得希望的营销效果。它强调企业进行市场营销活动的同时必须尊重消费者的感受和体验，让消费者能舒服地主动接收企业的营销活动。传统营销活动中最能体现强势营销特征的是两种促销手段：传统广告和人员推销。在传统广告中，消费者常常被动地接收广告信息的“轰炸”，它的目标是通过不断的信息灌输方式在消费者心中留下深刻的印象，至于消费者是否愿意接收、需要不需要则不考虑；在人员推销中，推销人员根本不考虑被推销对象是否愿意和需要，只是根据推销人员自己的判断强行展开推销活动。

第1章

网络营销与网上商机

1.1 网络营销的特点和功能

1.1.1 网络营销的10大特点

网络营销是数字经济时代的一种崭新的营销理念和营销模式；是近年来众多营销理念的进展、凝练和升华；是促使企业开辟广阔市场，获取增值效益的马达；是连接传统营销，又引领和改造传统营销的一种可取形式和有效方法；是用信息化技术进行的全部营销活动；是提升企业市场竞争能力的一把金钥匙。

网络营销还是广大企业、营销组织，特别是中小企业提升网络经营能力，开展电子商务的切入点；是企业进入跨国营销市场，参与国际竞争的最便捷、最快速的一条渠道；是企业最大范围获取网上商机，开辟客户资源，建立庞大的网上客户群的有力形式；是广大创业者利用网络进行群体性创业活动，尽快崛起的最好平台和载体。

特别是在当前网络经营能力已经成为了跨国企业的一种核心竞争能力，网上营销市场已经成为跨国企业争夺的前沿阵地和竞争焦点的情况下，企业开展网络营销具有更加重要的意义和作用。

1．鲜明的创新性

网络营销是在众多新营销理念的积淀和新的实践和探索的基础上发展起来的。作为一种全新的营销理念和营销方式，它从根本上改变了传统营销的思路和格局，因此，具有明显的创新性。网络营销理念吸纳了众多新的营销理念的精髓，但又不同于任何一种营销理念。计算机科学、网络技术、通信技术、密码技术、信息安全技术、应用数学、信息学等多学科的综合技术，给予了网络营销以厚重的技术铺垫；近半个世纪以来多种营销理念的积极探索，给了网络营销以丰富的学术内涵；进十年来电子商务和网络营销的多种开拓和实践，给了网络营销以冷静的思索和理性升华的机遇和可能。

因此，网络营销具有鲜明的理论创新特色。无论是20世纪60年代以来，麦卡锡提出的4P理论也好，还是20世纪90年代以来，劳朗提出的“忘掉产品，忘掉定价，忘掉渠道，忘掉促销”的 4C 理论也罢，都无法和今天的网络营销理念进行比较。其根本原因在于：以往的所有这些营销理念，都没有本质地反应网络经济的内涵和特点；都没能准确地把握网络对传统经营理念的碰撞和冲击；都没有充分地揭示网络营销带给企业的深刻变革和无限生机；都没能有效地整合各种资源，形成一种开拓市场的进击能力；都没有真正地做到把客户当做财富，当做企业的一种战略资源；都没有顺利地实现买家和卖家的最短路径连接和最快速度成交；都没能从根本上提升企业的核心竞争能力。

因此,网络营销理念是以往一切营销理念所无法比拟的,是 21 世纪崭新的营销理念。市场的广域性，文化的差异性，交易的安全性，价格的变动性，需求的民族性，信息价值跨区域的不同增值性以及网上顾客的可选择性等都给网络经济理论和网络营销理论研究提供了广阔的发展空间和无尽的研究课题。有的人不理解或不知道网络营销理念的深刻内涵，认为“网络营销无理论而言”，这种看法是不正确、有害的。

2. 市场的全球性

网络的连通性决定了网络营销市场的广泛性，网络的开放性决定了网络营销市场的全球性。在此以前，任何一种营销理念和营销方式，都是在一定的范围内去寻找目标客户，而网络营销，是在一种无国界、开放、全球的广泛市场内去寻找目标客户和商业机会。

这种市场的全球性在营销实践中具有重大的意义：它提供了商机的最大化；它提供了客户资源的最大化；它提供了生产资源和销售产品在全球范围进行调度和选择的可能性；它促使商品的流程和流向发生了重大变化，形成了新的供应链组合和构建的动因；它冲击和改变了传统管理的格局和思路。

3. 开拓市场的冲击性

网络的进击能力是独有的。网络营销的这种冲击性及由此带来的市场穿透能力，明显地挑战了 4P 和 4C 理论。网络营销在进击时是主动、清醒、自觉的，什么也没有忘记。无论是在信息搜索中的进击，还是在信息发布后的进击，都是在创造一种竞争优势，在争取一批现实客户，在获取一些显在商机，在扩大着既有的品牌优势和市场的范围。

在网络营销中：搜索价格正是为了比较价格，以制定科学、合理、有竞争力的价格；获取新产品信息，是为了加快新产品的开发和研制，进行自主创新以提升企业的创新能力；搜索是在寻找渠道，发布也是为了扩展渠道，进行网络广告宣传同样是为了扩宽和营造渠道；进行客户关系管理是为了维系和搭建稳定的营销渠道。

所有这一切形成了一种开拓营销渠道的巨大冲击力，有力地冲击了“忘记效益观”。在网络营销中，忘记了价格行吗？忘记了产品行吗？忘记了渠道行吗？忘记了促销战略行吗？不行！这种由“忘记效益观”到“进击效益观”的转变，恰恰是网络营销在营销效益观上的一大进步、一大发展。

4．资源的整合性

在网络营销的过程中，营销资源放量了，营销市场扩展了，营销商机增多了，营销客户群体扩大了。这种资源的放量，市场的扩展，商机的增多，客户群的扩大，不仅使企业和组织可以在世界范围内寻找采购原料和销售产品，而且提供了在更大范围内生产资源、销售资源、人力资源和无形资产资源进行全方位、多维整合的可能性。

在网络营销的过程中，不仅可以对生产要素进行整合，而且可以对多种营销手段和营销方法进行整合；可以对有形资产和无形资产的交叉运作和交叉延伸进行整合；还可以对营销人才和管理人才进行跨国的调度、管理、交流、引进和吸纳，这就给予了营销人才以更大的活动舞台和创造空间。

这种整合的复杂性、多样性、包容性、变动性和增值性具有丰富的理沦内涵，需要我们下工夫、花力气进行深入的研究。

特别是，网络信息技术在多维整合中将发挥重要作用，扮演重要角色，无形资产在营销实践中的整合能力和在多种资源、多种手段整合后所产生的增值效应和对解放生产力的巨大作用，将得到充分的体现和展示。

5．技术依赖性

网络营销是建立在高新技术作为支撑的互联网的基础上的，企业实施网络营销必须有一定的技术投入和技术支持。改变传统的组织形态，提升信息管理部门的功能，引进懂营销与 IT 技术的复合型人才，才能具备市场的竞争优势。

在营销的实践中，信息的搜索、资源的整合、商机的寻找、市场的开拓都要运用一定的网络信息技术或商务软件进行。这些网络运营工具不仅具有提升能量、提升效率的极大作用，而且具有保护商业秘密、进行安全网上支付的重要作用。

这一切说明：网络信息技术已经成为网络营销的强大技术支撑。因此，实施网络营销的营销人才以及这些营销人才对网络营销技术的掌握程度，将直接影响网络营销的效果和效率。

特别是网络信息技术的发展很快、创新性很强，进行网络营销应该而且必须注重跟踪这些新技术，运用这些新技术。

6．极强的实践性

网络营销是一门实践性很强的学问，它的理论根底深深扎在网络营销实践的沃土中。网络营销的每一步发展，都呼唤着网络经济理论研究的深入。但是，这种呼唤，只有在网络营销的实践中攀登和开拓的人，才可以感受到、体验到网络营销的无穷魅力。

网络营销的实践性还突出表现在：它对以往营销理念的审视性和对新论断广泛的检验性。而这一切都需要经常、大量、丰富的网络营销实战去体验和锻炼，去把握和运用网络营销技术，去进行网上信息价值的开发。只有通过实践的积累，失败后的沉淀，凝练中的深化，理性思索后的升华，才会在实践和实战中，把握网络营销的技巧，提升网络营销的能力和水平。

在网络营销中有许多商机和重要信息的获得是依靠经验和技巧的，体验销售的成分很大。比如网上拍卖，就需要经验的积累；网上谈判也需要实际的锻炼，把握技巧，增长才干，才能取得好的营销效果。

7．明显的经济性

（1）显在的经济性

① 可以降低经营成本，节约销售费用。由于网络营销可以实现买家和卖家之间的最短路径链接和最快速度成交，因此将极大地降低销售成本。

② 可以节省运输费用。不仅可以进行产品的远程调度和远程运输，而且可以进行空车配货的近程最佳调度。

③ 可以降低产品购进价格。无论是网上买卖、网上采购或是网上拍卖，都具有比传统营销价格低廉的优势。还可以进行同质比价和集体议价，这必将降低进货成本，节约资金。

④ 可以加快产品流转速度。网络营销可以减少产品在库留期，可以减少运输在途时间，提高运转效率，减少占压资金。而且通过电子交易，资金可以快速到账，对加速资金周转是大有好处的。

（2）潜在的经济性

形成和促成网络营销经济性的原因很多，如资源的广域性、地域价格的差异性、交易双方的最短连接性、市场开拓费用的锐减性、无形资产在网络中的延伸增值性等，所有这一切对网络营销经济性的关系和影响，都需要我们进行进一步探索、开拓、研究。网络营销的经济性以及由此带来的明显效果，必将清晰、鲜明、耀眼地显现出来。

8．价值深入开发的可能性

网络营销中具有价值的深入开发可能性，这是由信息的价值具有深入开发的可能性决定的。正是这一点提供了巨大的商业价值，对商人获取最大利润才有吸引力。

人们常说网上的信息是资源、是财富，但是，网上的大量信息是未被开采的原矿，需要对信息价值进行深层次开发，才能在信息的潜在价值中，开发出信息的“显”在价值。网络营销的这种价值可以深度开发的潜能，会点燃商人的激情，去网络深处探宝。尽管近年来网络惊涛已使一些人折戟商海，但是它那种无尽的诱惑力，还是会引来无尽的新探宝者继续进入这个崭新的领域。

有一个网友把 3.6 万件摇立绒服装放到网上销售，每件卖到 25 元。起初他已经觉得很不错了，但是不久他接到海外的询价函，得知每件可以卖到 35 元。这使他明白了内销和外销的价格和利润差异，更加感到了网络营销的作用和效果之大，更加激励了他在网络营销中深度开发的积极性。

9. 体验营销的乐趣性

现代消费的一个重要特点是：消费者消费时是理性和感性兼具的。消费者在消费前、消费中和消费后的体验，不仅是研究消费者行为与企业品牌经营的关键，而且是促成再消费的动因。

体验营销不仅要满足消费者喝水的需求，还要满足消费者对水的喜爱和偏好，让消费者感到商家理解他，尊重他，体贴他，同时给他带来美的享受。因此，网络成为了进行创业致富的理想空间。相当多的人愿意通过网络营销的全过程的体验，尝试网络创业的新奇和甘甜。

不仅如此，网上拍卖中那种举牌竞价的激情，那种网上投递标书后的企盼，那种开标后中标的欣喜和兴奋，那种网上支付风险在鼠标点击之间的紧张，都给现代人带来了体验无尽的激情和体验后的乐趣。网络营销不仅满足了人们这种新增的需求，而且这种成功的体验和体验后的乐趣，产生了一种诱惑力，已经成为一种吸引更多人参与体验的强大引力。

10. 延伸服务的可能性

在现代营销中，服务也是增值的一部分。在传统营销中，客户资源在中间商和渠道商手中，产品制造商和供应商想向下游进行产品延伸服务是办不到的。而网络营销的客户资源是在自己手中的，你就不仅掌握了产品的趋向和流向，而且把握了产品使用者的第一手信息。这就为我们进行产品应用调查、顾客满意度调查、可靠性调查以及进行增值服务和售后服务奠定了基础，提供了可能。

而且，手中的这些客户资源会成为企业或组织的一种战略资源，会成为吸引资金和整合其他合作伙伴的一种引力和砝码。

1.1.2 网络营销的十大功能

1. 信息搜索功能

信息的搜索功能是网络营销的一项基本功能，也是网络进击能力的一种体现。

在网络营销中，将利用多种搜索方法，主动、积极地获取有用的信息和商机；将主动地进行价格比较，将主动地了解对手的竞争态势，将主动地通过搜索获取商业情报，进行决策研究。搜索功能已经成为了营销主体能动性的一种表现，一种提升网络经营能力的进击手段和竞争手段。

随着搜索技术的进展，第三代搜索技术的出现，互动式网络营销已经为我们开辟网上市场、寻找网上商机、进行网上及时通信和交流提供了机遇和可能。这必将使网络搜索的商业价值得到进一步的扩展和发挥，寻找网上营销目标和网上商机将成为一件易事。

2. 信息发布功能

发布信息是网络营销的主要方法之一，也是网络营销的又一种基本职能。

无论哪种营销方式，都要将一定的信息传递给目标客户。网络营销所具有的强大的信息发布功能是古往今来任何一种营销方式所无法比拟的。网络营销可以把信息发布到全球任何一个地点，既可以实现信息的广覆盖，又可以形成地毯式的信息发布链。既可以创造信息的轰动效应，又可以发布隐含信息。信息的扩散范围、停留时间、表现形式、延伸效果、公关能力、穿透能力，都是最佳的。

更加值得提出的是，在网络营销中信息发布的效果明显，网上信息发布以后，还可以能动地进行跟踪，获得回复，并且可以进行回复后的再沟通和再发布。

3. 商情调查功能

网络营销中的商情调查具有重要的商业价值。

对市场和商情的准确把握是网络营销中一种不可或缺的方法和手段，是现代商战中对市场态势和竞争对手情况的一种电子侦察。

在激烈的市场竞争条件下，主动地了解商情，研究趋势，分析顾客心理，窥探竞争对手动态是确定竞争战略的基础和前提。通过在线调查或者电子询问调查等方式，不仅可以省去大量的人力、物力，而且可以在线生成网上市场调研的分析报告、趋势分析图表和综合调查报告。其效率之高、成本之低、节奏之快、范围之大，都是以往任何一种调查形式所做不到的。这就为广大商家提供了一种市场的快速反应能力，为企业的科学决策奠定了坚实的基础。

4. 销售渠道开拓功能

网上信息具有极强的进击力和穿透力。传统经济时代的经济壁垒、地区封锁、人为屏障、交通阻隔、资金限制、语言障碍、信息封闭等，都阻挡不住网络营销信息的传播和扩散。新技术的诱惑力，新产品的展示力，图文并茂、声像俱显的昭示力，地毯式发布和爆炸式增长的覆盖力，将整合为一种综合的信息进击能力，能快速地打通封闭的坚冰，疏通种种渠道，打开进击的路线，实现和完成市场的开拓使命。

这种快速、坚定、神奇的态势和生动是任何媒体、任何其他手段无法比拟的。

网络开拓市场的手段可以是建立商务网站，也可以是建立网上商城，或是直接发布信息，更可以进行手机短信营销和视频互动营销，所有这些网络营销形式都具有开拓市场的能量。

5. 品牌价值的扩展和延伸功能

美国广告专家莱利·莱特预言，未来的营销是品牌的战争，拥有市场比拥有工厂更重要。拥有市场的唯一办法，就是拥有占市场主导地位的品牌。

互联网的出现，不仅给品牌带来了新的生机和活力，而且推动和促进了品牌的拓展和扩散。实践证明：互联网不仅拥有品牌、承认品牌，而且对于重塑品牌形象，提升品牌的核心竞争力，打造品牌资产，具有其他媒体不可替代的效果和作用。

在网络营销的过程中无论是进行搜索排名还是进行信息发布，都会在更大的范围、更广泛的空间，进行品牌的宣传和扩展，都会进一步提升品牌形象，扩展品牌价值。

6．特色服务功能

网络营销具有和提供的不是一般的服务功能，而是一种特色服务功能。网络营销使传统服务的内涵和外延都得到了扩展和延伸。

顾客不仅可以获得形式最简单的 FAQ（常见问题解答）、电子邮件等各种即时信息服务，还可以获取在线互动，在线视频交流，在线订购、交款等选择性服务以及多维的需要服务和引申服务。一些房产营销和汽车营销网站还提供多视角的浏览和旋转观看的可能。有的商务网站还提供信息定制等智能化的信息转移服务，手机接听服务及网上选购，送货到家的上门服务等。这种服务以及服务之后的跟踪延伸，极大地提高了顾客的满意度，使以顾客为中心的原则得以实现。

这些情况说明：网络营销大大增加了顾客的方便性和便利性，大大增加了顾客的交互性，使用户可以随时提出问题、发表意见，甚至参与设计；让顾客拥有了更多的主动权和选择权，同时极大地减少了顾客的接触成本。

7．客户资源管理功能

客户关系管理，源于以客户为中心的管理思想，是一种旨在改善企业与客户之间关系的新型管理模式，是网络营销取得成效的必要条件，是企业重要的战略资源。

在传统的营销模式下，由于认识不足或自身条件的局限，企业在管理客户资源方面存在着较为严重的缺陷。许多进行渠道分销的商家，客户资源在中间商手中掌握。厂商根本不知道客户资源的详细信息。许多传统营销企业的客户资源，也多被分割在各个业务员手中，成为他们的个人资源，厂商根本无法进行客户资源管理。

在网络营销中，这种情况得到了改变。通过客户关系管理系统，可以将客户资源管理、销售管理、市场管理、服务管理、决策管理集于一体，将原本疏于管理、各自为战的销售、市场、售前和售后服务与业务统筹协调起来。即可跟踪订单，帮助企业有序地监控订单的执行过程，规范销售行为，了解新、老客户的需求，提高客户资源的整体价值；又可避免销售隔阂，帮助企业调整营销策略，收集、整理、分析客户反馈信息，全面提升企业的核心竞争能力。客户关系管理系统还具有强大的统计分析功能，可以为我们提供“决策建议书”，以避免决策的失误，使客户资源真正成为企业的战略资源。

8．经济效益增值功能

网络营销能极大地提高营销者的获利能力，使营销主体能够获取增值效益。

为什么呢？网络营销能获取增值效益主要基于以下几方面原因：

① 可以实现买家和卖家的最短路径连接，节省了大量市场开发费用。

② 可以在最大范围、最广泛的地域寻找目标客户，增加远端客户资源，发现需求对接资源，找到跨行业应用资源，这就极大地增加了商业机会。

③ 可以缩短交易周期，降低交易成本。

④ 可以节省大量沟通时间和交易费用。

⑤ 可以获得和实现资源的增值。在网络营销中信息量的累加会使原有信息量的价值实现增值。

由于网络营销具有明显的资源整合能力，恰恰为这种信息的累加，提供了现实可能性，这是传统营销根本不具备、又无法想象的一种战略能力。这种新信息量的累加，会使原有信息量的价值实现增值或提升其价值。这种无形资产促成价值增值的观念和效果，既是前瞻的，又是明显的，也是多数人尚不认识、不理解、没想到的一种增值效应。

9. 市场的快速反应功能

现代营销需要快速地对市场需求动态做出反应。网络营销就提供了这种使企业尽快做出反应的能力。通过网络营销不仅可以为企业提供参与连锁的能力、寻求合作的能力、扩展代理的能力，而且可以获取价格变动、新品开发、政策调整、渠道优化和品牌扩展的信息。所有这一切都为提升企业的快速反应能力奠定了基础，提供了可能。

市场反应不仅表现在对来自市场信息和商机的反应，更表现在对市场竞争态势所做出的决策的快速反应。这种反应包括战略的调整，营销和生产布局的调整，管理职能的调整，原料进销渠道的调整等。网络营销及其网络营销所集成的现代办公系统，供应链管理系统等为这种市场反应能力的提升，提供了强大的技术支撑。

10. 国际市场的开拓功能

网络营销市场已经国际化了。因此，在网络营销的过程中，可以直接和间接地进入跨国网络市场，找到跨国商家和跨国买家。网络的连通化和全球化，使你在国内网站发布的信息，照样能让跨国商家发现，你也可以直接接到跨国商家的求购函或需求函。

所有这一切，都为我们进行跨国交易进行跨国网络营销提供了可能，为广大的中国企业进入国际市场提供了便捷的网络通道。正是利用这一网络通道，眼下已经有相当多的中国企业进入了跨国营销的大市场。

1.1.3 网络营销与传统营销的差异

1. 网络营销与传统营销的相同点

① 二者都是企业的一种营销活动，所涉及的范围不仅限于商业性内容，不仅是产品

生产出来之后的活动，还要扩展到产品制造之前和产品销售之后的开发活动。

② 二者都需要一种综合能力，才能达到营销目标。

③ 二者都把满足消费者需求作为一切活动的出发点，其对消费者需求的满足，不仅停留在现实需求上，而且还应包括潜在需求。

④ 二者都需要在一定的平台和载体上进行。

⑤ 二者都需要利用一定的媒体和手段进行信息的传播和扩散。

2. 网络营销与传统营销的不同点

（1）对营销主体的素质要求发生了变化

在网络营销的过程中，商业的基本流程变了，顾客和分销商的关系变了，获得数据的渠道和方法变了，定价的原则和策略变了……网络营销人员面对的是完全新奇而又陌生的课题。这里，新技术和新思维所带来的碰撞和激荡是巨大的。

营销人员面对以前从未掌握的大量信息，研究、审视和处理这些信息，需要新的能力、新的知识、新的技能。只有随着这种技能的增长，我们驾驭网络营销的能力和水平才能不断有所增长，才能真正领略网络营销中的无限风光。那种认为只要产品一上网，就会财源滚滚来，以为只要轻点鼠标，轻易地就能在网络营销中获得丰硕成果的想法是不现实的。

（2）商品交易的载体和流程发生了变化

传统的市场营销，是在有形的市场上进行交易，交易双方面对面地洽谈业务；而网络营销是通过互联网传递信息，是在虚拟的市场上完成交易活动或者通过网上、网下整合完成和实现完整的交易过程。这种信息的快速传递，不仅使信息的交互、沟通和对接发生了变化，而且使交易的标的物的流向、物流的调度和运输的调配也发生了变化。

（3）营销策略发生了变化

传统的市场营销有完善的促销方式和营销策略，但它已经不适合或不能完全满足网上交易的需要，所以应提出和确定适应于网络营销的崭新的营销策略。比如定价策略就出现了面向全球化的趋势，原有的价格策略就应该做出相应调整。特别是随着比价网站的出现和网上竞价形式的出现，参与网上营销的企业需要重新研究和制定适合于网络销售的营销策略。

（4）商品交易的范围、对象和交流方式发生了变化

从交易的地域来看，网络营销比传统营销有着更广泛的范围，可以在全球范围内销售商品和进行商品流转调拨。这种营销范围和商品流转范围的扩大，不仅使商品交易的对象发生了变化，而且极大地扩展了交易主体的客户资源。

从交流方式看，网络营销利用电子化手段传递信息，交易双方交流顺畅，使客户在营销过程中的地位得到提高，甚至可以进行互动式定制营销和体验式营销，可根据客户的要求改进产品设计，引导客户消费。

（5）企业创新的动力发生了变化

传统的市场营销有特定的交易对象，而网络营销的客户群体发生了变化。网络营销除了满足客户的共性需求外，还能更好地满足顾客个性化的需求；除了满足固定客户的需求外，还要满足跨国客户的新增需求，这就给了生产企业一种来自客户和市场的创新动力。

（6）营销主体的整合营销能力发生了变化

网络营销是一项系统工程，它不仅仅因为在营销的过程中，将采用一种全新的技术手段，进行商务运作，更需要构建和形成一种多种形式和渠道、多种途径和手段配置资源的战略增值能力和战略销售能力。这将是一种影响企业未来生存的选择，一种现代企业的经营能力和竞争实力的表现和反映。

（7）竞争的态势和格局发生了转变

由于网络营销将直面跨国竞争环境和复杂、多维的竞争对手，而且顾客可以进行价格比较，可以进行竞价等多种手段选择供应商和合作伙伴，因此竞争更加激烈和严酷。但是，在残酷的竞争中也具有多种形式和渠道进行资源整合、实现双赢的现实可能性。这就使企业和营销主体竞争的态势和格局发生了转变。

（8）交易的风险度发生了变化

网络营销相应地带来了跨国网络营销的便利，同时也带来了跨国网络营销的风险。因此，企业和组织必须树立风险经营意识，构建抵御网络经营风险的营销体系。而企业和组织的这种抗风险经营运作能力的增强和提升，又将进一步提升企业的整体竞争能力，提升企业的全面素质。

1.1.4 网络营销的创新

网络经营能力已经成为了跨国企业的一种核心竞争能力，网上营销市场已经成为跨国企业争夺的前沿阵地和竞争焦点。

这不仅给中国企业和企业家以极大的吸引和诱惑，也给了网络信息技术发展的广阔空间。因此，近年来，中国的网络营销获得了快速的发展。

小贴士

中国网络营销的发展是从一个中国农民的突破开始的。

1996年北京44中初三学生张博迁在《瀛海威时空》的电子超市上，订购了新知书店的《Internet使用秘诀》一书。这是中国商家在网络上卖出的第一件商品，也是中国人进入网络时空，进行网上购物的第一次尝试。

时隔一年，一个中国农民进行了新的尝试。那是一次真正意义上、完整、网络营销的商务运作，也是一个中国农民的成功突破！

1997 年年初，新华社播发了这条令人感叹，又令人震惊的消息：55 岁的中国山东青州黄楼镇的农民李鸿儒，在自家小院创办的“万红花卉公司”，开始利用网络进行花卉营销，把生意做到了全世界。

他依靠一名大学生，把自家的花卉品种上网发布，把销售市场扩大到全世界。又把世界最新的花卉信息集中到农家小院里来。当他获知观赏凤梨被确定为中国香港国际花卉贸易博览会上的主题花卉的时候，立即从荷兰引进 3000 盆凤梨，很快销售一空。一个封闭的农家小院里的中国农民，从此，昂首阔步地走进了跨国网络营销的大市场。

在此之前，有关网络营销的知识和书籍尽管已经很多，网络营销网站的探索尽管已经在紧锣密鼓地进行，网络营销的理念已经被炒得很热。但是，没有营销主体的参与和实践是不行的。

当我们相当一批网络工作者尚在研究和思考网络的功能和作用的时候，一个中国农民已经把该挣的钱装进了口袋里；已经用自己的成功实践，为我们、为理论研究和探索做出了最好的注脚和诠释。特别是，一个中国农民从农家小院走向跨国网络营销大市场的成功实践，鲜明而又生动地向人们展示了网络营销的无限生机和巨大商业价值。

自此，中国商品流通的历史，开始进入了网络营销时代。

实践走在了理论的前面。成功的实践所产生的巨大诱惑力，胜过十所大学，对现实、对探索、对未来进行着昭示和影响。

然而，当时我们的学人有一种不好的毛病，他们走进了“海归派”带来的模式的围城中，没有去研究丰富多彩的现实生活，却陷在了营销学的故纸堆里引经据典。他们在传统的营销理念中去寻找，对一个中国农民的新的营销实践的注脚，找不到，也说不明白发生在这个农家小院里的营销，究竟是硬营销，还是软营销？

但是，网络营销的滚滚浪潮很快席卷了中国大地。网络营销的网站很快就呈现了爆炸式增长的态势。网络营销的无尽商机和美好前景必将展示在国人面前。

随着网络经济的发展，我国的网络营销市场也得到了快速的发展。

尽管我们还没有把网络营销市场看成竞争的前沿和焦点，尽管我们还没有过多的资本的意识和竞争的硝烟，尽管这种发展还带着一种国人的追风逐浪的新奇和兴致，但是，这种发展已经表现出一种气势，一种进取，更突出地表现在农、工、技、贸、建、房、文、旅及金融、证券、保险、人才等网络市场的主体架构，逐步清晰。一个庞大、多领域、综合性的网络营销交易市场的框架体系开始逐步形成，而且一些网络市场已经显现出勃勃生机。这种网络营销市场体系的逐步形成和发展，为网络营销的发展奠定了坚实的市场基础。

1. 网络营销理念的创新探索

随着网络经济的发展，推动了网络营销的飞速发展。但是，什么是网络营销？网络营销有什么特点？网络营销有什么作用？怎样进行网络营销？

网络营销理念是在众多新的营销理念的积淀中发展起来的，它既吸纳了众多新的营销理念的精髓，又不同于任何一种营销理念。计算机科学、网络技术、通信技术、密码技术、信息安全技术、应用数学、信息学等多学科的综合技术，给予了网络营销以厚重的技术铺垫；近半个世纪以来多种营销理念的积极探索，给了网络营销以丰富的学术内涵；近年来网络营销大量的成功实践和探索，给了网络营销以实现理性升华的空间。所有这一切，既为网络营销理念的发展铺平了道路，又为网络营销理念的发展奠定了基础。

但是，任何一种营销理念的成长和确立，都不是一帆风顺的，都必然要经历一个逐步认识、逐渐发展、逐步确立的过程。在这个过程中，旧的营销理念会吸纳新的营销理念的先进因素和先进概念，以证实自身的不陈旧性；新的营销理念由于其先进性要有一个实证过程，其革命性要有一个渐显过程，理论框架要有一个完善过程。因此，网络营销理念的成长和确立，必然要和旧的营销理念有一个交融过程。在这个过程中，有交融，也有碰撞和斗争。

在网络营销的发展历程中，同样经历了这样一个过程，也同样存有许多模糊认识，需要予以澄清。特别是，有的所谓网络营销的学者，居然认为网络营销“没有太多高深的理论，更多的在于实践经验的总结”。某些网络营销的咨询培训网站，看中了网络营销咨询中的商业机会，或是把那些似是而非的东西信手抄来，趸了就卖；或是打着种种诱人的光环，妄自尊大，信口胡言。

正是在这种新理念和传统营销理念的争斗和交融中，新的网络营销理念，才逐渐显出理论光泽和实战能力，才为人们认知和肯定，才会完成和实现与旧的营销理念的剥离，彰显出创新特色。

2．理念交融期的理论特征

（1）理论的浮躁和诠释的混乱

网络经济的发展和大量营销网站的诞生，呼唤着网络营销理念的发展和完善。但是，由于网络营销理念不会、也不可能在一个早上成熟起来，因此，近年来网络营销理念进入了一个活跃期。在这一时期中，既有勤恳的学术研究和积极探索，也有似是而非的炒作。特别是，有的人用东抄、西抄代替清醒的、深入的学术研究；也有的人把名家和个别“名气公司”当做“圣经”，不去研究丰富多彩的现实生活，不去分辨营销理念的区别和进展，不敢品评和揭露伪学问，甚至，一些人靠炒作骗人、骗钱。

特别是一些并不熟悉网络的“营销专家”，看了几篇介绍网络的文章，居然也在大出网络营销的“名篇”，絮絮叨叨地把传统营销已经写清的东西，贴上一个网络的光环，改头不换面地又来冒说是网络营销。这种现象，在网络营销理念的交融期是难免的。

在网络营销理念交融期，另一个十分突出的特点是：对新的营销理念的诠释往往是混乱的。但是，在这种混乱中，一定会有代表性说法的出现。网络营销理念的交融期就有以下两种代表性说法。

1）网络直复营销说

网络直复营销说是近年来发展起来的一种新说法，也是网络营销理念发展初期，一种和传统营销理念交融的、有代表性的观点。

持这种观点的同志认为：网络营销可以不经过中间商而直达消费者。因此，网络营销岂不是具备了直复营销中的“直”字吗？网络营销又是直接可以“回复”的，这岂不是又具备了直复营销中的“复”字吗？因此认为，网络营销是一种“网络直复营销”。

网络营销和直复营销其实是根本不同的。

① 营销的主要载体不同。

直复营销是一种广告与通路相融合的多通路的营销方式。在这种多通路中，可以利用电子邮件，更多的是利用直邮邮件、电话、传真，而网络并没有成为一种主要的营销手段和营销方式。因此，网络的功能和作用并没有得到充分的利用和发挥。而在网络营销中，网络和商务网站是营销活动的主要承载者。因此，网站的功能和作用得到了充分的展示和发挥，它不仅成为了信息交流和传输的工具和载体，而且成为了现实商务交易的空间和基地。

② 营销采用的手段不同。

在直复营销中，营销对方的主体是未知的，是“无目的的寻找”，其销售对象多以个人和家庭为主，销售的产品多以生活资料为主。

网络营销的营销主体可能是未知的，但更多是已知的。未知的客户或信息，尚可以通过网络资源的整合变成已知的，不仅是已知的，更是互动、可交流的。顾客在营销过程中的地位已经发生了明显的、重大的变化，成了营销活动的主体。

网络营销的销售目标，可以是个人，但更多的是企业、组织或集团。因此，网络营销销售的产品，类别广泛，可以是生产资料，也可以是生活资料，且数额巨大，效果显著。

但是这种融合说，究竟还是出现了。所不同的是持这种观点的人没有提出任何有说服力、系统的理念，再加上网络营销的革命性和冲击力，因此，网络营销理念很快确立了在市场营销中的地位。

尽管如此，这种融合的说法，所造成的混乱是很大的，很迷惑了一些人。

2）网络营销无理论说

网络营销无理论说，是在网络营销理论发展进程中的又一种融合说。这种说法看似没有进行融合，没有找到融合，其实质，依然是一种融合。因为，它否定了网络营销的理论性，从另一方面肯定了原有营销理念的有理性。这种说法只不过更加不易查觉。不易被发现，因此，有更大的欺骗性。

对这种说法，网络经济发展的历程和网络营销大量成功的实践，已经给予了有力的驳斥。

（2）网络中间商将面对“重新中介化”

比尔·盖茨在《未来之路》中提出了一个广为传扬的观点：网络发展中的平坦化趋势。在网络经济发展初期有人断言：网络经济发展以后，将“挤扁中间商，压死经纪人”，这个观点实际上成为了网络直复营销说的理论注脚。

可是实践中，并不是这么回事。网络经济不仅不会“挤扁中间商。压死经纪人”，反而在相当长的一段时间里，网络中间商和网络经纪人还会得到快速的发展。其原因正是比尔·盖茨在《未来之路》中提出的平坦化趋势的论断，只是一种事物发展的趋势性论断，而不是现实可能性。

当前我们面临的现实是：网络营销是在传统营销的包围中脱颖而出的，传统营销中相当一部分客户资源和渠道优势在中间商手中。网络营销发展的初期，在面对网上客户的同时，依然要面对相当多的传统营销客户；而且，必然要面对手中拥有一定客户资源和渠道优势的中间商。整合这一部分资源，势在必行。

从另一方面分析，我们会看到：在网络营销发展的进程中，也需要一些淘金路上的卖水者和中间服务商，充当域名注册者、平台提供者、软件编制者或信息传播者，这就势必出现一种“重新中介化”的新趋势。

比如，贝索斯并不认为自己是一个书店老板，宁愿自命为信息掮客。他的万瓦功证明了中间商短时间不会在数字经济中消失，而只会被重新加以定义。大多数领先的网络营销者，面对这种情况，所做出的战略选择，将是利用网络对这部分重要的市场资源进行整合，提升和利用他们现有的分销渠道，而不是绕过和抛弃这些渠道。

思科 70%的网上销售是针对分销商而不是针对最终用户的。再比如，消费者无法从哈雷摩托车的网站上购买到摩托车。但是，经销商们却可以通过该网站，了解零部件的供求情况和加快修理工作的报账处理过程。通用汽车的 BuyPower 网站允许消费者在网上进行配置并下订单，但是，真正的销售，却转到该消费者所在区域的经销商手中进行。通过网络，生产商会给予渠道分销商更多的帮助和优惠。其原因在于：通过这些分销商为制造厂商提前整合了相当一部分资源，这就为制造厂商快速进入和占领市场赢得了时间和机遇。

与此同时，传统的销售中间商，也开始拥抱网络，比如商业设备的销售商可以建立一个电子目录，让客户通过网络直接购买。而且，一旦新的、通常以特定行业为依托的网络中间商开始出现（专事化工产品交易的“中国化工网”，专事塑料制品交易的“PlasticsNet 网站”的出现），就会在网上搭建起一座连接买主和卖主的网络桥梁。这说明：只要某一行业拥有分散的供应商，中间商也就有了生存的现实可能性。中间商和制造商的双赢趋势和格局是网络营销中处理相互关系上的又一突破。

从问题的另一个侧面进行分析，我们会对中间商在网络营销中的作用和态势有一个更加清楚的认识。

当前全国的网民虽已突破 1 亿，但由于受支付、上网条件和网费的制约，多数人还游离于网络之外，还把网上购物当成一件遥远的事；特别是由于上网人群分布地域的不平衡，上网目的的不平衡，上网人群中年龄的不平衡，形成了相当多的不对称信息。大量极其宝贵的商业信息资源被白白地浪费了。在这种情况下，急需对信息资源的间接传播和重复利用，急需从潜在的原矿信息资源中，捕捉现实的商机。这就为信息中间商和信息经纪人的发展提供了客观需求和发展空间。

1）信息的区域性不对称需要信息中间商和信息经纪人

就地区而言，信息化的进程将不会是等量的；对信息的需求和获取也不会是等量的。这种对信息需求和获取的不对称，需要信息经济人的作用。特别是中西部广大地区，由于受多种条件的制约，网络经济发展的进程，不可能在极短的时间赶上北京、上海、广州等发达经济带网站群集中的城市。但是，网络的极大冲击力和无尽诱惑力又会冲垮种种瓶颈和壁垒而进入这些地区。他们在运作远程商务的同时，会看到身边商务的广阔市场，看到广大群众对商务信息的急迫需求。因此，他们很可能会担当“商务信息”的二传手和中间商，会有选择地进行适度信息的二次传播，或干脆主动搭建网络平台。因此，他们将成为传播和扩散网上大量商务信息的蝴蝶，信息闭塞的群众会向他们的传播地集结。

2）网络营销的深入开展需要信息中间商和信息经纪人

发达经济带的网络公司，当他们由热浮躁变成冷思索以后，也很快就会发现这些中间商的作用和力度。他们会利用这些网络经纪人为网络营销的撮合、洽谈、代理等项目服务，牵线搭桥。他们和商务网站的互动，会成为一种合力，将推动和促进网络营销的发展，会向由于技术和资金限制的人群传输和介绍网络营销的好处，而且很可能成为他们尝试网络营销的代理和服务商。

这些中间商将对网络营销的发展起到一定的推动作用。

实践在开辟着人们认识真理的道路。网络营销理念的飞速发展和理论突破，特别是网络营销大量成功的案例，迫使着人们进行理性的升华。闭眼不承认网络营销理念的进展和对传统营销理念的突破是不现实的。一家之说阻挡不住网络营销理念的成长和确立，更阻挡不住网络营销理念的发展和完善。

网络营销理念必将以其鲜明的理论色彩、时代特征和革命性的冲击力在市场营销理念的群集中确立自己的位置，树立自己的丰碑。

3．网络营销市场体系的逐渐形成

一个完善的网络营销市场的构成，只有规模和框架是不行的，网络营销市场必须体系化，只有体系化了的网络营销市场才是一个完善、健康、功能齐全的网上市场。

中国的网络营销市场体系正在形成当中，尽管还不完善，但是已经显示出理论创新的特色和体系化建设的格局。

（1）有充足的信息资源

充足的信息资源是网上市场体系的基础。没有充足、大量、有价值、源源不断、高含金量的网上信息资源，就不会有大量的网上商机；没有网上商机就不会有源源不断的网上营销活动，就构不成完善的网络市场营销体系。

购成充足的网上信息资源，必须具备 5 个基本条件。

① 商务信息资源必须成为营销网站信息资源的主体资源；

② 商务信息资源必须成为源源不断的可更新资源；

③ 商务信息资源必须和其他环境资源成为一种整合资源；

④ 一大批营销网站群体必须具有充足的网上信息资源；

⑤ 相当多的商业或组织需求这些网上信息资源，又创造着新的信息资源。

只有当这 5 个条件得到充分的群体性、经常性满足的时候，才能具备构建网络营销体系的基本要求。

（2）有明确的交易主体

网络营销的广泛开展，必须有明确的交易主体。这种营销的交易主体必须是企业、组织、经常性的商品制造者、生产者、供应者或消费者，机关、单位、医院、学校等群体消费单位和个人也是网络营销的主体。

零星的个人网上购物形不成构建整体网上营销体系的充足条件。

（3）有完善的交易规则

网上市场的交易行为，必须有完善健全的交易规则。交易规则，是网上市场规范化运作、健康发展的保障。网络市场的虚拟性，更加提升了交易规则的重要性。就一般情况而言，网上营销的交易规则分为 3 种类型。

1）体系性交易规则

体系性交易规则是一种综合性、全局性、普遍适用、普遍遵守的交易规则。这样的规则一般不宜过多，但应具有极强的严肃性和权威性。比如网络交易中的诚信原则就属于这一类交易规则。

2）区域性或行业性交易规则

为规范北京市人才信息网络市场管理，《北京市人才信息网络市场管理暂行办法》出台了。上报申请合法经营的网络人才中介机构有 34 家，按照该《办法》条款和《北京市人才市场管理条例》规定，经审核后，第一批给 23 家中介机构核发了《登记证》；还有十几家正在努力创造条件，待达到要求后将陆续核发相关证书，这对规范人才信息网络市场的管理起到了重要的作用。

3）网站自身的交易规则

有的网站，为了规范交易行为，就如何交易、交易过程及交易后的管理做出了若干规定。这些规定尽管只对该网站适用，但对规范网上交易行为起到了重要的作用。

（4）有发展的群体信息交换

数字交易集市，是网络信息交换的一种市场化的规模流动、集中流动和交换，是网络商务信息的一种批量化、集团化、商品化的超大规模交易。这是信息商品化的重要体现和重大发展，也是促进网络营销发展、提高网络营销成交率的一个重要步骤和措施。它表明：一个独立的、又是崭新的网络信息交易市场正在形成。这是继商品市场、货币市场之后，人类社会出现的第三个独立的网络信息交易市场。

进行群体性集中信息交换，不是一种计划行为，也不是一种人为的策划行为。而是一种市场行为。这种集中式、集团化的大规模的信息集中交换，需要 3 种力量。

1）它需要一种营销信息集中流动的内在引力

也就是说，需要市场这只无形的手去拉动它。这就必须要有强烈的市场需求。

2）必须要有高含金量的商务信息

只有高含金量的商务信息才能刺激需求，引领需求。多数信息没有明显的商业价值，或多是过时、陈旧、转抄的信息，是没有人愿意去和它进行交换的。

3）要有双赢或者多赢的调配和交换原则

信息的这种大规模流动，促成流动的任何一方都要有一种利益驱动，而且这种利益的驱动要建立在顾客获利的基础之上。没有这一条，交换之后的信息就会沉淀下来。

当前，"网盟"等网站已经开展了以广告为主体的信息交换活动，我国已有相当一批网站加盟其中，但是，这种交换还只是个雏形。信息交换的内容、范围、含金量都还有待提升和加强。特别是，商业信息还没有拥抱"网盟"。商务信息交换的条件尚未成熟。

（5）有不断健全的法制建设环境

市场经济是法制经济。近年来，我国已出台了一些规范网络经济的法律、法规及行政规章，在加强管理方面迈出了一大步。但存在的问题仍不容忽视：主要是缺少必要的基本法，缺少大多数发达国家及一大批发展中国家的有关电子商务的法律，阻碍了网络市场的发展。已有的立法中尚有一些缺陷，难以适应规范网络市场发展的要求。比如，我国刑法对计算机犯罪的主体仅限定为自然人，而对其处罚却既没有罚金刑，也没有资格刑；而在诉讼法中也缺少对"电子证据"的相关规定；关于防范国外不良文化的入侵问题，也缺少相应的法律、法规加以抑制和管理。

为此，我们应认真研究国际动向，积极参与保障网络安全的国际合作，借鉴国外成功的经验为我所用；在打击跨国计算机网络犯罪、网络侵权、网上商务中的欺诈等方面，不断地加强法制建设，建立起适应网络市场发展需要的、健全的法律体系。

（6）有纵横交错的网络营销体系

网络营销的发展，要求网络市场的体系化。这种体系化涵盖 4 项基本内容：首先是行业市场的体系化，其次是相关市场的连通化，再次是服务网站的普遍化，最后是要有行业或区域性的龙头市场的形成和出现。

只有这样才能形成一个纵横交错的、功能完备的网络营销体系。当前，全国网络营销市场体系化建设取得了重要进展，一批行业的网上营销市场体系的框架格局已经或正在形成。

（7）有相关的配套服务体系

网络营销市场体系的建设，需要相应的服务体系的支撑。

据 CCID 对 500 家企业网络的调查表明，已采取相应安全解决方案的企业有 11.21%，计划近期加强网络安全的企业有 46.67%。

面对如此需求，未来两年内，在安全方面投资力度较大的行业包括：金融、电信、民航、交通、铁路、海关、税务、公检法等国家重点行业。这些行业在近一两年内在安全投资方面的预约累加，最后总投资即为 800 亿元左右。而这些仅仅是对政府用户的估计，尚不包括企业用户和个人用户，所以整体市场应比 800 亿元还要大一些，预计将会达到 1000 亿元的数目。今后的产品，应该会更多地面向数据和业务的全程安全，数据可能从授权、存储、访问、传输、处理、销毁等环节进行安全方面的统一控制和管理。对业务授权、流转、分解、终止、回滚、撤销等环节，也可能要做安全方面的统一控制和管理。特别是涉及的关键技术，包括一体化的安全策略、安全技术集成和安全状况推理，包括分布式、合作式广域网入侵检测，还有结构化的持续访问控制和各种强度的隔离措施。

除此之外，同一环节、不同产品的集成和对接也将是一个复杂的过程。因此，对产品的品质、服务和质量、品牌的可靠度和公司的信誉度等问题，都将提出深层次的服务要求和服务目标。特别是这些服务要求和服务目标及配套产品要组成一个规范化的、有较强适应性和安全性的、可集成的、快速反应的、能动的服务链条，才能适应网络营销体系化的要求。

（8）网络营销市场体系形成具有渐进性

网络营销市场体系的建设是一项复杂的、庞大的系统工程。一个庞大的网络营销市场体系的建设，是渐进完成的。

1）市场体系形成的渐进性

由于网络营销市场体系是一个庞大的系统工程。其建设和形成是需要一个过程的。因此，这个营销体系的建设不可能在一个早上全部完成，只能是逐步的、渐进的发展和完善过程。

2）市场细分的渐进性

网络市场细分是指企业在调查研究的基础上，依据网络消费者的需求、购买动机与习惯爱好等的差异性，把网络市场划分成不同类型的消费群体。这样，网络市场就可以分成若干个细分市场，每个细分市场都由需求和愿望大体相同的消费者组成。在同一细分市场内部，消费者需求大致相同；在不同细分市场之间，则存在着明显的差异性。

在网络市场细分的过程中，还要考虑细分市场的可衡量性、实效性、稳定性等内容。细分后市场的建设和培育依然需要一个较长的时间和渐进的过程。

3）市场规范完善的渐进性

网络市场的法制建设和网络营销的交易规范不会、也不可能在很短的时间完成，它需要一个实践的过程、一个调研的过程，况且，网络营销市场体系是逐渐发展和逐渐完善的。这种渐进性，就决定了市场规范完善的过程，也必将是一个渐进的过程。

4）交易行为熟悉和适应的渐进性

就事物的发展和人们的认识规律而言，对网上的交易行为、交易过程必定要有一个逐渐熟悉和逐渐认识的过程。模式的探索性、交易的复杂性和网络的虚拟性都要求我们只有通过大量的实践，才能逐步地实现理性的升华。

问题是：
我们要缩短这个过程，
加速这个过程，
拥抱这个过程！

1.2 创造网上商机的技巧

1.2.1 网络营销要善于抓住商业机遇

网络提供了掘金的机遇和致富的可能，而要把这种可能性变成现实性的关键在于创造。因此，网络营销中的创造性思考、创造性发现、创造性策划、创造性行动至关重要。

可以说：每一次创造性行动都会发现一枚网络金矿中的大克拉钻石……

怎样发现和创造网上商机呢？

1. 机遇的含义和特征

（1）机遇的含义

机遇又称时机、机会。它指的是对特定主体而言，并非必然出现，但一经出现并能够被抓住，就可能改变主体的现有生存状态，出现促使事物向有利于自身方向发展的事件或条件。

在营销实践中，机遇主要指崭新的、有利的、能使创业企业获得快速发展和现实交易的机会，以及经过信息的资源开发、产品的技术开发及市场的扩展开发即将到来的前瞻机会。这样的机遇是非常重要而难得的。人们所说的千载难逢、天赐良机，就是指的这种机遇。

今后十年，我们面临的恰恰是一个千载难逢的机遇期。

历史上，我们曾经错过了两次大的机遇。

一次是近代工业革命蓬勃兴起的机遇。当时我国正处于封建社会末期，清王朝实行闭关锁国的政策，使我国的工业化落后于西方国家二三百年，结果沦为半殖民地、半封建国家。

另外一次机遇，是 20 世纪六七十年代。发达国家进行结构大调整，传统产业向国外转移，亚洲一些国家和地区抓住机遇，加快发展，成为新兴工业化国家和地区。我国当时由于忙于搞阶级斗争，使这次机遇又擦肩而过。

当前我国经济发展面临着第三次机遇。网络信息技术的飞速发展成为新的经济发展的推动力量，又为我们提供了崭新的发展机遇，这次我们一定要有所作为。

（2）机遇的特征

1）客观性

机遇的客观性主要表现在 3 个方面。

① 作为机遇的事件或条件，它的产生有一定的客观原因或客观基础。

② 机遇所表现出来的特定本质、属性和功能是客观事物相互联系、相互影响和相互作用的结果，离开了客观事物之间的相互联系和相互影响，就不可能产生机遇。

③ 机遇具有自身的客观实在性。机遇作为一种客观事件或条件，是实实在在的，人们不能凭空想象构造，它也不会因为人的否定、漠视而消失。

2）偶然性

机遇的产生既有必然性，也有偶然性和突发性。机遇的偶然性包括两层含义。

首先是相对于主体来说，机遇的出现具有偶然性。作为机遇的事件或条件，往往事先没有被主体意识和预料到，后来由于受到外界的宣传和影响才明示出来，并被主体所意识到或认识到，或寻找到，或感知到，甚或也可能只是在回首往事时才认识到过去的那件事是个机遇，或庆幸抓住了它，或后悔失去了它。

其次是机遇本身也具有偶然性。因为机遇的事件或条件，不同于平常的事件或条件，它需要在特定的条件下才能表现出来，而这种特定条件的具备和提供往往具有不确定性、随机性。

著名科学家巴斯德曾讲述过这样一个激动人心的、关于机遇的故事：1822 年，丹麦物理学家奥斯特在一次报告快结束的时候，把当时正巧带着的一根导线的两端与一个电池连接，放在磁针的上方，与磁针平行。起初，他故意使导线与磁针垂直，但没有什么情况发生。但是，当他偶然将导线平放并与磁针平行时，他惊奇地发现磁针向相反的方向偏转。这样，完全凭借机遇，奥斯特发现了电和磁的关系，并为法拉第发明电磁发电机开辟了道路。正是在讲述这段故事时，巴斯德说出了关于机遇的至理名言："在观察的领域里，机遇只偏爱那种有准备的头脑。"

应该指出的是：机遇虽然具有意外性和偶然性，但机遇的产生却受着必然性的规律所支配和制约。恩格斯就曾指出："在表面上是偶然性在起作用的地方，这种偶然性始终是受内部的隐蔽着的规律支配的，而问题只是在于发现这些规律。"

3）时效性

机遇具有很强的时效性，这种时效性也表现为两个特点。

首先，机遇的时效性突出表现在机遇的稍纵即逝。正因为如此，人们才认为机不可失，时不再来。这正如培根所指出的：机会老人先给你送上它的头发，当你没有抓住并后悔时，却只能摸到他的秃头了。或者说他先给你一个可以抓的瓶颈，你不及时抓住，再得到的却是抓不住的瓶身了。

其次，逝去的机遇追不回来，无可补偿，无法替代。20 世纪 90 年代初，中国出租车市场的形成和发展，十分生动地体现了这一特点。

当时大多数人对出租车市场能否在短期形成，尚缺少心里准备，但是，很快出租车席卷全国。就拿“夏利”来说，短短时间内就销出 30 多万辆，成为了全国出租车市场最抢手的紧缺货。早年干出租的也都发了个小财，但是，市场很快接近饱和了，机遇很快过去了。

因此，有人形容这种情况是：“市场一夜之间就形成了，一觉醒来就饱和了。”

4）价值性

机遇能够改变主体的生存状态，促使事物向有利于主体自身的方向发展，从而实现价值的增值或增量。这就是说，机遇具有价值属性。

但是，机遇的这种价值属性是和时效性紧密相连的。在机遇期的不同时段，它所表现出来的和所能获取的价值量往往是不一样的。就一般情况而言，可分为机遇峰值期、减值期、负值期三个阶段。这就是说，获得机遇越早，获得的机遇价值越高。随着时效的流逝，机遇的价值就可能递减。机遇往往稍纵即逝，有了机遇而迟迟不利用，待到时过境迁才想起，这样的机遇，由于已经错过了最佳开发利用期，其投资价值往往表现为负价值。

因而利用、开发获取机遇的价值，要特别注意研究机遇的时效性。

5）特定指向性

机遇是相对于某一个或某些特定主体而言的，也就是说，机遇具有特定指向性。一个事物或条件的出现，对某个或某些主体来说可能是机遇，对另外的主体来说不一定就是机遇。

比如：全国图书博览会在天津召开，会有 10 万书商汇集津门。这对天津的展览业、旅店业、餐饮业、出租车行业都将是一个创效增收的极好机遇。但是，天津的中小书商将会在会展期间和会展后的一段时间，受到一定的冲击和影响。

6）伴生性

机遇在相当多的情况下是伴生存在的。机遇往往伴生着困难，伴生着挑战，伴生着风险而存在。当人们战胜了困难，战胜了风险，迎接了挑战的时候，机遇往往会在人们不知不觉中来到人们的身边。

机遇的这种伴生性体现出一种公平性。作为客观事件或条件的机遇，它对所有的机遇主体都是一视同仁的，决不偏袒任何人。这就为公平竞争、机遇均等提供了客观上的保障，无论什么人，都有权利参与竞争，利用机遇，从而实现自己的价值。

但是，一个主体能不能得到机遇却是不一定的。很多人对于机遇的伴生性认识不足，在困难、风险和挑战面前裹足不前，以至丢掉了极好的机遇。

7）继发性

第一次机遇能够抓住往往会引发或带来多次机遇，或者成为以后多次机遇的导火索，或者提供打开以后多次机遇的闸门。这种第一次机遇以后余震不断的情况，会产生一种继发效应。这就是机遇的继发性。

世博会的举行，对上海的房地产业一定会带来机遇。中国香港新世界集团，有一块土地刚好在世博会址旁边，因此，在世博项目里肯定是最大的得利者。这个第一次机遇使中国香港新世界集团看到了后续升值的可能，因此，他们又花了一两年的时间解决楼与楼之间的间距、绿化等问题，使之成为和世博融为一体的景观，取得了很好的继发效应。

8）新异性

机遇并不是固定的、轮回的、重复的、再生的、复制的。随着时代的发展和科技的进步，机遇带给人们的往往有新内涵、新变化、新进展、新商机。因此，这种机遇的新异性将鼓励人们进行探索和创新，将激发全社会的创造力和人们聪明才智的发挥，并将锻造和激励一大批抓住机遇的先行者成为机遇的获利者、尝鲜者。

每一次大的机遇期过后，总有一大批创业者成为符号或富豪。

2005 年春节前夕，网上登出了一条消息："抽油烟机即将淘汰！——健姐姐牌自动控温无油烟锅来了。"

该消息称："使用这种炒锅炒菜看不见油烟，炒辣椒不呛鼻，效果大大优于厨房任何排烟设施，免除了洗抹的烦琐，从源头上解决了几千年以来油烟对健康的危害与对环境的污染。住宅最后一个污染堡垒被攻克，引起'厨房前所未有的革命'"。这条消息就带来了一个由于新技术的出现将使产业调整的巨大商机。

2．机遇的作用

机遇的表征是对社会有利的事件、态势和时机。这种有利的事件、态势和时机，浓缩和聚焦了社会发展的矛盾，蕴藏了社会发展的各种动因，往往会形成一种特殊的、新奇的、难得的社会条件，社会发展的生长点和契机。抓住和利用好社会机遇，就能使社会加速发展，从而使社会发展跃上一个新的台阶。

具体来说，社会机遇对社会发展具有以下的促进作用。

（1）为社会发展提供了有利环境和条件

由于社会机遇是一种对社会发展有利的事件、态势和时机，因而它就能为社会发展提供有利的环境和条件。不同的社会机遇为社会发展所提供的条件是不同的，有些社会机遇为社会发展提供必要的保障，使社会发展不受或少受干扰；有些社会机遇为社会发展提供所急需的资源，包括技术资源、矿产资源、信息资源、人才资源等；有些社会机遇为社会发展提供新的模式，都可以从不同侧面促使社会加速发展。

（2）能激发社会的创造力

社会机遇所提供的不是简单的重复和以前曾经历过、相遇过的东西。随着时代的发展和现代科学技术的发展，机遇具有了新异性。一个社会要想抓住机遇，充分利用机遇，就必须有一种创新精神，做以前没有做过的事，走以前没有走过的路。抓住机遇的过程往往会成为扬弃旧事务、创造新思维的过程。因此，当一个国家或社会抓住机遇，并能充分利用机遇的时候，总是社会创造力得到充分发挥的时候。

我国在 20 世纪 70 年代末用国际时局的变迁和新技术革命带来的历史性机遇实行改革开放的时候，全社会的活力一下子就激发出来了，各种新思想、新观念、新事物层出不穷，使我国的社会面貌很快发生了翻天覆地的巨变。

（3）给社会提供了一种紧迫感和危机意识

社会机遇既是一种有利条件和机会，同时又是一种严峻的挑战和威逼，它考验着一个国家和民族有没有慧眼认识机遇，有没有胆识去抓住机遇，有没有能力利用好机遇。另一方面，由于机遇具有时效性，它稍纵即逝，这就给社会和人们以紧迫感，危机意识。实践告诫人们：不迎接社会机遇的挑战，就会被历史潮流所淘汰，就会落后于世界的发展，因而，这种紧迫感和危机意识将迫使该社会急起直追，奋发拼搏，从而有力地推动社会向前发展。

（4）具有重要的商业价值

机遇具有重要的商业价值。但是，机遇的这种商业价值往往不是直接来敲开你的门，来给你送元宝的。

机遇的商业价值往往是以多种形态表现出来的。主要有：现实直接交易价值、预期交易价值、跟进创新价值、扩展开发价值、潜在开发价值等。

这样，我们就可以把机遇的价值分为 3 类：预期价值、再开发价值、即期价值。

① 预期价值是未来价值。预期价值需要事物矛盾的继续发展和变化，价值才能显现，比如股票、期货和房地产项目大都属于这种类型。

② 再开发价值属于机遇的一种间接价值和潜在价值。预期价值往往需要投入才能转化为价值；而再开发价值尽管也需要继续进行必要而适量的投入，但其本质上最需要的不仅只是物质投入还有智力投入。只有当智力对机遇的潜在价值进行了资源开发、价值开发、扩展性开发和创新开发的时候，机遇的现实商业价值才会充分地显现出来。

③ 即期价值是一种能够及时创收的价值。对于机遇来讲，弯下腰来就可以捡到一块金子的事是不多的。从机遇上来讲，这种情况属于“显在机遇”。这种显在机遇在信息封闭的时代是很难发现的。网上商务信息的发展为这种显在的直白信息提供了机遇和可能。这就为买家和卖家直接进行交易对接开辟了“最短路径链接、最快速度成交”的途径。

比如：天津市政府为了彰显天津建筑的特点，确定要对 10 条主要的城市街道的西式建筑进行外墙粉刷。这一信息给生产建筑涂料的厂家提供了现实机遇。许多涂料厂家趁此发了笔小财。但是，由于这个机遇的显在性太强，很快有几十家涂料厂家冒了出来，这样机遇立时被稀释和分流了。

3. 把握机遇的一般途径

尽管网络提供了我们直接寻找和发现商业机会的途径和可能，但机遇也不会像一个到你家里来的客人，会在你门前敲门，等待你开门把它迎接进来；恰恰相反，机会是一个不可捉摸的活宝贝，在浩瀚的信息海洋中，假如你不用苦干的精神，努力去寻求它，开掘它，假如你不懂得网络营销的商务技巧，也许永远发现不了它。

那么，作为一个创业者，作为一个企业家，作为一个营销人，应怎样才能及时把握住机遇，充分利用机遇呢？

（1）从形势和环境的变化中洞察机遇

机遇产生于事物的发展变化中，产生于一事物与其他事物的联系之中。当事物之间联系方式发生变化时，当事物各种内在矛盾发生变化时，新的机遇就产生了。因此，我们应当用科学的发展观看问题，应当从形势和环境的变化中洞察和把握我国经济社会发展所面临的各种机遇。邓小平在对国际形势变化的深刻分析中指出："现在世界发生大转折，就是个机遇。"

许多房地产开发商就是抓住了在这种变革中"城市面貌和居住环境必然要有大的变化"这样一个发展机遇，获得了巨大的发展空间，迅速崛起。

（2）从商机出现的相关条件中把握机遇

要识别和把握商机，就需要了解商机出现的相关条件，把握商机出现的规律性。一般来讲，商机往往与以下变化或转折密切相关。

1）消费需求变化

从市场营销学的角度看，企业的赢利机会都是以消费需求为转移的，因此，消费需求的变化必然潜藏着商机。比如，今天"绿色消费"、"感觉消费"等新的消费需求的产生，必将为绿色食品、绿色家具、绿色产业的发展提供极大的商机。

2）产业发展转型

一个新产业的成长往往是在改变老行业的结构和游戏规则、创造新的业务和创建新的游戏规则的过程中发展起来的。每一次产业转型必然潜藏并伴随着极大的商业商机。比如，家用电器中冰箱的换代、电视的换代、照相机的换代都引领了人们消费观念的变化和消费结构的变化，给商家提供了极大的市场机会。

3）技术变革

技术变革不仅将孕育新的产业，而且将带动和形成新的产业链，这必将孕育和带来巨大的商机。例如20世纪70年代以来，一个以信息技术、生物技术、新材料技术、新能源技术、空间技术、海洋技术为主的新技术获得了快速发展，极大地改变了世界面貌和人类生活，成为推动现代生产力发展和社会进步的决定性力量。邓小平从这一重大的对世界经济发展最具影响的事变中，看到了我国发展所面临的又一重要机遇，鲜明地提出了科学技术是第一生产力，中国要"从长远发展的利益着眼"，"发展自己的高科技，在世界的高科技领域占有一席之地"，并语重心长地指出，在所有高科技领域"都不要失掉机遇"，"要不然我们难赶上世界的发展"，"后果不堪设想"。

根据邓小平理论，党中央及时提出了科教兴国的战略决策，不仅使我国的国民经济保持了持续、快速、健康、协调的发展，而且给商家提供了众多快速发展的机遇。

（3）从矛盾的转折中把握机遇

事物的发展变化是事物内部各种矛盾和斗争的结果，旧过程完结了，新事物产生了。这种新旧的变换和转折，往往是最好的机遇期。因为这种矛盾的发展和变化往往会引发相关政策的改变。这种政策变化，能够使国内的或国际的经营环境产生不同程度的变化。例如，税收政策的改变，投资政策的改变、经济结构调整政策的改变等，都将直接影响到经营环境，从而带来很多有利的市场机遇。

20 世纪 80 年代，中国大地处在短缺经济时代，这时候下海的人，抓住了由计划经济到市场经济的转折点起步，机遇很多，发财的很多；到 20 世纪 90 年代，进军房地产的商人又抓住了住房政策改租房到买房的重大政策调整，也赚了一大笔；20 世纪 90 年代以后，玩股票、证券之类的人遇上了股票和证券市场的“利好时刻”，同样获得了巨大的商业利益。

注重这种政策性的“非常转变”，并不见得每一个人都可以机会均等地获得商业机会。正如有一句名言所指出的：“机遇只偏爱那些有准备的头脑。”

在“非典”期间，全国的航空客户资源出现了恐慌。但是，危机之中有商机。在客源减少的情况下，山东航空青岛分公司不仅不减航线，还增加了航线。他们感到：青岛是山东改革的龙头，对外交往活跃，在“非典”期间，中外客商仍需要便捷的交通保障。只是大飞机的客流会有所减少，但小飞机依然会满运。他们根据这种对市场的把握和分析，对运营战略及时地进行了“非常转变”，让大型机变小型机。紧急调动 11 架庞巴迪小型飞机，在其他航空公司停线 50%的时候，他们反而加大了运行密度。不仅如此，还根据非典期间部分公路物流出现停运的情况，及时将两架大型的客货两用机调整为货机，增加了到深圳、北京、上海和厦门的货运航线，满足了市场的需求。

正是由于他们把握住了非常时期运量转折出现的新商机，市场占有率才从原来的 25%上升为 35%以上，公司的客座率在全国民航业高居榜首。

4．抓住网上商机的途径

（1）从开发信息资源从中捕捉商机

信息是资源，是财富。信息的这种资源属性和价值属性要求我们必须对信息进行价值开发。一条信息和其他信息发生联系时，往往会获得一种新的属性和功能，使信息的内容得到放大和再创造，机遇往往就产生于这种再创造的过程之中。

东南亚经济新星新加坡，在战争废墟上迅速崛起的联邦德国，自然资源匮乏却跻身于世界经济强国的日本，都是通过大力开发和利用信息，从中捕捉到机遇，从而获得成功的。日本目前获得世界各地市场行情的变动情况，只需 5 秒到 1 分钟；查询或调用国内 1 万个重点公司企业当年或历年经营生产情况的系列数据，只需 3 至 5 分钟。三菱商事株式会社每天收到的信息打印出来，可绕地球 11 圈。他们正是从这每天收到的大量信息中捕捉新的商机的。

2004 年春节前，中国香港和内地报纸纷纷报道了“CEPA 创造北上商机，诸多利好带旺中国香港经济”、“三大政策开路，中国香港商家乐开怀”的消息。这些消息中传达了一个重要的信息：CEPA 的实施将率先给中国香港本地制造的产品以关税优惠，人民币卡在中国香港流通，中国香港将敞开大门迎接内地“自由行”旅客。这对中国香港来说可谓是历史性的转折，将给香港商家带来巨大的商机。

CEPA 协议正式实施的首个春节，入境的内地旅客人数超过 21 万人次，同比增长

50%。“人民币卡”在中国香港流通以后，销售珠宝、金饰、钟表、数码产品、个人电脑以及参茸药材等高价值产品的商家都明显感到生意比过去有所上升。CEPA 还拓宽了中国香港和内地交流合作的渠道，同时也吸引了部分外资企业回流到中国香港。

（2）通过网络营销主动寻找商机

网络营销是提高中国企业市场适应能力和国际竞争力的战略选择。但是，很长时间以来，相当一批中小企业觉得距离网络营销很遥远，他们觉得“网络营销尽管好，没人没钱办不了”。似乎一提企业信息化，一提搞网络营销就非得花很多钱；建一个大网站，就非得立马找两个博士、硕士来才行。

其实，企业信息化的路很宽，不是只有一条路。认为开展网络营销就必须得建立企业商务网站，是一种认识上的绝对化。事实上，因特网提供了买、卖双方进行最短路径连接，最快速度成交的现实可能性。我们充分地利用网络资源，只要能够找到目标卖家和目标买家，并且能够让他们实现最短路径连接，最快速度成交，就能获取商业利润，达到了我们进行网络营销的商业目的。

在网络时代，进行网络营销不能拿着铁锹去掘地，必须使用网络营销工具。在这方面人们进行了很多研究和探索，值得推荐的是一款叫做“商务快车”的网络营销软件。商务快车的特点和优点是：开辟了一种无网站网络营销的方式，提供了一种便捷化的网络营销方法，找到了一种企业快速进入市场的渠道，创造了一种开发网上信息资源的途径。因此，它成为了打开企业财富之门的一把金钥匙。

（3）利用网络营销工具寻找网上商机

所谓利用网络营销工具寻找网上商机，就是不必非建立商业性的营销网站，而是直接利用网络营销软件，照样可以进行网上商务运作，照样可以使广大中小企业走进跨国网络营销的大市场。这种无网站进行网络营销的思路和方法，既是对模式定型论思想的一种突破，更是一种营销方法上的创新。

网络营销软件的崛起，网上电子邮件群发功能的完善，均为我们提供了这种现实可能性。采用网络营销工具进行网络营销，中小企业只要有一台电脑就行。原有的销售人员，只要有一定的计算机基础知识，经过简单的培训，就可以杀上网络营销的主战场，建立起企业进军国际市场的网上窗口。完全用不着几十万、上百万的投资，更不一定非得有博士、硕士。

采用这种无网站网络营销的好处如下。

1）可以节省很大一笔费用

不仅可以节省设备购置费、空间占用费等费用，而且节省了长期的网站维护费用。特别是对于大量正处在转型期的比较困难的电器企业来讲，不仅这种节俭是必要的，更重要的意义在于：通过网络营销，使他们找到一条生路和希望。很可能在他们眼前，从此打开一扇通往世界的窗口，看到了一片蓝天。

2）可以节省大量的人力资源

像网页制作、网站建设、网站管理人员都是广大中小企业“请不来，留不住也养不起”的人。不用这些高端人才照样可以进行网络营销，这种做法本身对网络界和企业界都是一次思想解放。它说明：随着网络信息技术的普及，信息化的门槛正在降低，大量普通的平民百姓和中小企业正在成为网络经济的主体。

3）便于推广和普及网络营销知识

绝大多数的营销人员，只要经过简短的培训，就可以进行信息搜索和发布的操作，进入网络时空。一旦成百上千的营销大军掌握了网络营销的技巧和方法，他们就会成为网络的主人。这不仅将进一步确立和壮大营销主体的力量，给网络营销带来更加丰富的信息资源，更有利于广大中小企业原有营销队伍的素质提升和再造。

运用网络营销软件直接进行网络营销，是一种简洁、方便、大众化的网络营销方法。当前，用于网络营销的软件很多，有很多营销软件提供试用版或演示版供我们免费下载使用或试用。

营销软件一般分为两大类：

① 单功能信息发布软件。“商务奇兵”就是一个单功能信息发布软件。该软件可以将销售、购买、招商或合作等商业信息自动发布到世界知名的 3000 个贸易公告板上。可以无限次发布，无须提前在各公告板注册，还具备了公告信息刊登情况的统计功能。

② 多功能信息发布软件。由于单功能信息发布软件功能的单一，人们都在探索一种多功能的、具有信息的搜索和发布以及更多功能的商务营销软件。近年来在这方面有了长足的进步。相应的软件大批诞生。比较有代表性的有以下几种：

- “环球商务信息发布系统”V3.30；
- “东方信息发布引擎”软件；
- “营销之星”软件。

这些营销软件大都具有信息发布功能、信息查询功能、结果统计功能、设置与维护功能；不仅可以向众多的供求信息网站同时发布信息，而且能方便地按照自己的意愿进行数据查询，并将发布信息与查询的发布结果信息显示出来或打印出来，有的软件还具有邮件接收与发送功能、设置与维护功能。

但是，由于多数的营销软件在发布商务信息时，有字数的限制，一般不得超过 500 字。这就限制了对一些产品性能、特点、重量、包装等详细信息的描述。有的软件无法配发照片，不能进一步满足查询和了解详细信息的商务需求。

这类工具软件中，功能最全、效果最好、最受中小企业欢迎的是“商务快车”。

（4）利用“商务快车”去寻找网上商机

“商务快车”是深圳商讯网开发的一款具有多种功能的网络营销软件。该软件以一种独特的视角在诸多方面实现了突破，成为了广大中小企业进军电子商务和网络营销的一把金钥匙。在四年多的时间里，该软件下载已超过 100 000 套，并且已经走出国门，成为了首家进入国际软件市场的知名品牌。相当一批中小企业利用这种简便办法把产品打出了国门。

该软件具有3大特点。

1）可以实现信息的集群式注册和集群式发布

“商务快车”把传统的上网登录、注册、搜索、发布等步骤完成的信息发布模式，改为综合进行、一步完成的崭新模式；既可由软件自动完成“网站集群”的快速注册，又可实现商业信息的“集群式”发布。一次可以向1000多个国内商务网站和国外英文商务站点“闪电式”地发布信息。其每一条信息的最快发送时间仅为5秒钟，极大地提高了信息的发送效率。同时还可以把发布结果形成完整的、适合于ISO 9000要求的程序式文件。既可存档，又可查询，十分方便。

2）转变了信息搜索、发布和查询的模式

它把信息搜索、发布和查询各自为政、分别进行的独立模式，改为了搜索、发布和查询信息按需进行的关联模式。

当前，多数商务网站和商务软件功能单一，不适应商务运作规律。而商务快车满足了商务运作的这种内在要求，实现了功能完整性和使用灵活性的统一。既可以进行信息搜索，又可以进行信息发布，还可以进行发布结果的查找，特别适合中小企业的信息发布和信息查询。

3）开发了客户关系管理功能

在网络营销软件中，进行客户跟踪和客户关系管理是商务快车的又一个十分重要的功能。该软件对客户资源实现了智能记忆，可以同步查找这些客户关系的电子邮件地址，可以直接和这些客户建立“销售热线”。这种功能是我国众多电子商务和网络营销软件目前所不具备的。

5. 应用网上营销软件的技巧

在应用营销软件的过程中，技巧是非常重要的，它是成功的一半。

有的人认为：“这些软件真正好，上千网站全来了，不用劳神不费力，坐等客户把咱找。”这种“坐等”的思想是十分有害的。

事实上，应用网络营销软件中一个最重要的原则和技巧是：要处理好主动性和便捷性的关系；决不能由于便捷性影响了主动性，更不能因为便捷性扼杀了创造性；只有主动、全方位地开发商务软件中的多种应用潜能，自觉、主动地去获取商机，捕捉商机，创造商机，才能收到非常理想的效果。

根据这样一个原则，我们在运用“商务快车”类营销软件去开辟市场进行商务信息发布的时候，一定要处理好以下的关系。这就是：既要广泛发布，又要对应发布；既要多选发布，又要重复发市；既要重点发布，又要变类发布；既要个选发布，又要补充发布；既可随意发布，更要提炼发布；既要一般发布，更要策划发布；既要根据多项搜索进行对接发布，又要研究客户需求进行针对性发布。

1.2.2 创造商机的资源整合

1. 整合的内涵和特点

整合理念是现代营销学中的重要理念。

整合既是竞争和发展的前提，又是为了适应竞争、应对挑战的一种进取、一种努力、一种力量的凝聚、一种资源的互补。在网络营销中，一定要掌握和运用好整合战略。因为，当前，资源整合能力是一种生存能力，是跨国集团获取最大利润的一种战略能力，是跨国企业进行国际竞争的一种进击能力，是企业赢得市场和商机的一种快速响应能力。尽管我们在网络营销中，可以通过多种渠道和途径获得商业信息和商业机遇，但是，决不会有闪亮耀眼的大克拉钻石放在我们面前。我们从网上得到的很有可能是非常重要的、但又是不完全的信息，因此，我们只有整合各种增值资源要素，并且使我们获得的商务信息成为一种能增值的信息的时候，才能获得最佳的经济效益。

2. 整合的一般特点

（1）整合的普遍性

整合的普遍性，包含了两个层面的内容：首先是指整合的需求是普遍存在的，其次是指整合的可能是普遍存在的。

（2）整合的互补性

整合可以把局部优势变成整体优势，把分散优势变成综合优势，把稀缺资源变成丰富资源，把不完全信息变成完全信息，把潜在商机变成现实商机。

（3）整合的增值性

整合的增值性是由整合的互补性决定的。通过整合许多一下子办不到的事情办到了，难于成交的生意成交了，必然产生增值效应。

（4）整合的创造性

整合是一种创造。体现在：信息的整合充满挑战性，有利于思维的创新；资本的整合；有助于引起资本市场的关注，引发投资效应；资源的整合会使事物或资源的价值得到张扬或突出，形成一种引申效应；人才的整合，会形成增量资源。

因此，在整合的过程中，创造着价值，创造着商机，创造着增值资本。

（5）整合的双赢性

整合不是依托和运用现有资源赢得商机，整合是运用多维的资源去创造商机，整合后获得的是增量资源或增值蛋糕，因此，整合的心态是开放的，整合的效果是双赢的。

3. 创造商机中的八种资源整合方式

（1）网络营销和传统营销的整合

网络营销需要和传统营销整合的原因如下。

① 从市场开发看，不能丢掉这一块传统市场中的客户群。

② 从网络营销的发展过程看，传统营销向网络营销的转化是由少到多的渐变过程。

③ 从商务交易的稳妥性看，在网络的整体环境不规范的情况下，可能初期网上支付不如传统的支付方式稳妥，因此，买卖双方完全有可能共同商定：商务运作的前期在网上进行，交付采用传统的交易方式。这样就避免了网上支付初期，支付环境不健全情况下的许多经营风险。

（2）内部资源和外部资源的整合

① 就企业的发展讲，企业仅有的内部资源往往不足以成就一件事情，增值一笔生意。往往需要充实和补充必要的外部资源。有时甚至需要进行广泛、多边和多种资源的整合，才能成就一个项目或做成一笔生意。

② 就信息的特点讲，微量的信息资源往往孕育部分商机，只有加入了增量信息资源后，商机才能显现出来，才能具有成交的现实可能性。

③ 就经济效益观讲，分散的资源通过整合往往能够产生增值效益，取得明显的经济效益，把网络营销解放生产力的效果和作用充分显示出来。

（3）市场开拓和市场策划的整合

现代市场的开拓是需要商业智慧的。策划是产品开拓市场的助推火箭。

企业要利用网络营销去尽快扩展市场，就要把扩展市场的企盼和市场策划的行动整合起来进行。

策划的过程是使产品增加吸引力的过程，是提升产品附加值的过程，是描绘产品进入市场的新轨迹的过程，是把产品和新的营销理念同时传输给消费者的过程；因此，这种商业策划不仅是网络营销需要的，而且网络营销需要把这种商业智慧融入营销实践中，才能收到明显的效果。

（4）热信息和冷信息的整合

在网络营销中，热信息往往受到人们的重视，冷信息往往受到人们的忽视。其实，这是不应该的，许多冷信息中往往潜藏着可以利用的潜在价值。

因此，我们在网络营销的商务实战中，不仅需要热信息，往往还需要冷信息。只有当我们把热信息和冷信息进行整合以后，才会出现新的商机。

热信息和冷信息的整合一般有三种情况：

① 现有热信息需要冷信息的补充；

② 现有热信息可以帮助我们寻找并激活已有的冷信息；

③ 现有热信息和冷信息整合后，才能承接另一个新的热信息或形成一个完整的热信息。

（5）获取商机和创造商机的整合

商机是创造来的，不是等来的，获取商机是创造商机的结果。

创造商机是一种主动进取的营销理念。其工作不仅是积极的、主动的、进取的，而且是智慧的、有创造性的。许多人误认为网络提供了许多便捷，就可以坐等天上掉馅饼了，这种想法是不正确的。

网络营销自有网络营销的规律和技巧。

创造商机就是要主动利用各种资源和手段促成卖家和买家的信息对接，商情对接，促成商务谈判中意向的接近，促成订单的落实和做成，促成后续订单的跟接。

这里，促成是一种主动，更是一种创造。没有这种主动性就不能激发商务实战中的创造性。

（6）网上商务运作和网络公关的整合

网上商务运作，不是冷冰冰的键盘的敲击和鼠标的移动，而是生动的、有感情的。同一张键盘，同一份回复，有感情和冷冰冰的结果完全不一样。

因此，在网络营销中，我们一定要注意把“人情味”注入每一封电子邮件中，让每笔网上运作都和建立网上良好的客户关系结合起来，做一笔生意，交一批朋友。

贵州大学一研究室需要一批特殊气体，找到天津 W 公司。天津 W 公司虽可以供货，但津贵这样远，火车、飞机又不能运，贵州方面担心无法收到货物，能轻易地把货款打过来吗?

W 公司了解了对方的心理，成功地开展了一次网络公关活动。

在这方面他们主要做了 3 件事：

① 把信息落实；

② 以总经理的名义亲自回函表达供货诚意，并且不仅告知了单位的地址、邮编、电话，而且告知了总经理的手机和办公电话；

③ 针对对方心理提供了产品的检验报告单，还选择从天津回程的四川运输单位承运。

以上 3 件事，看似简单，件件掷地有声，起到了非常好的攻关效果。

（7）建立供应链和依托现有供应渠道的整合

开展网络营销和现实营销运作一样，需要供应链。但是，建立新的供应链不是一件容易的事。

我们在现实运作中，要抱西瓜，不要种西瓜。

整合现有配送资源是一种最快捷、最有效的方法。当前，各地的快递公司很多，只要我们走出去，对这些快递公司进行筛选，建立起战略合作关系，就能很快地建立起自己的供应和物流配送系统。

这种网络化的商务供应链条一旦建立起采，就会成为企业之间、买卖之间一条稳固的商业流通渠道，成为现代物流的基础。

（8）计算机运作能力和信息穿透能力的整合

开展网络营销，需要业务人员具有熟练的计算机运作能力。但是仅有这种能力是不够的，必须具有审视信息的穿透力，能从每一条普通的信息中看到背后潜藏的商机才行。

这就要求网络运营人员具有复合型知识结构、丰富的跨国贸易经验、战略的眼光和灵活果断的处事能力。

1.2.3 整合商机的战略策划

1. 整合战略策划的目的和实质

整合是现实的，因此需要运作；整合是战略的，因此需要策划；策划是运作的前提；运作是策划的施展和实战；整合战略策划的目的是为了取得最佳的效益和利润。

（1）在战略思维层面上的整合

资源整合是系统论的思维方式，就是要通过组织和协调，把企业内部彼此相关但却彼此分离的资源和职能调动起来，形成一个合力；把企业外部拥有独立经济利益的伙伴的分散资源，在共同的使命和共同的经济利益的基础上，整合成一个增值创收服务系统，取得双赢的效果。

（2）在战术选择层面上的整合

资源整合首先是优化资源和生产要素、市场要素和营销要素配置的决策，就是要根据企业的发展战略和市场需求对有关的资源进行重新配置，找到资源配置与客户需求的最佳结合点，以突显企业的核心竞争力。

从这一个基点出发，我们要利用一切手段，调动一切可以调动的因素，把目标商机变成现实的、可增值的商机。

2. 整合战略策划的类型和特点

整合战略策划的类型很多：有明显的，有潜在的；有凌厉的，有渐进的；有宏观的，有微观的；有整体的，有局部的；有战略的，有战术的；有专题的，有行动的；有明显进击的，有实现双赢的。

宏观的和整体的策划要有前瞻性，微观的和战术的策划要有灵活性，专题的策划要有专一性，行动的策划要有可操作性。

3. 整合战略策划的五种方法

（1）资本控制法

资本是凌厉的，是市场的杀手。资本在整合中可以成为工具，为了某种商业目的，通过资本的运营，进行投资、参股、控股、收购等多种方法，可以对拟整合的企业进行全面和部分的整合，甚至可以为了得到卵而杀掉鸡。为了获得某项技术或某个急需人才，可通过资本的整合，对企业全面控股，取得全面经营权和管理权。

（2）资源互补法

任何一个企业维持日复一日的信息经营，都会感到信息资源的不足。因此，都希望也需要在整合中进行优势互补。

整合的双方为了资源的互补，往往进行所谓网站交换广告、交换链接、内容共享等双赢的互利活动，有的人把它叫做交叉网络营销，其实它根本不是什么交叉营销，而是整合的一种交叉运作。其核心和本质，依然是为了整合，是从整合出发的一种战术行动。

（3）信息对接法

在市场营销中，买家和卖家的信息能够经常、大量地实现对接，才能促成商机。但是，任何商务信息不会自然对接。

要提高信息对接的成功率就必须要进行整合，通过整合实现买、卖双方的最短路径连接和最快速度成交。

促成信息的对接，可以采用多种做法：

① 一点多发，扩充网上信息量，提高信息捕捉成功率；

② 登录智能对接网站，进行商情信息的自然智能对接；

③ 在产品求购集中地进行信息发布，引领信息对接；

④ 进行商情信息的重复发布，扩大商情信息的对接可能性；

⑤ 有目的地定制邮件列表，坐收商情信息，进行对接；

⑥ 运用群发软件，进行地毯式发布主动上门对接；

⑦ 登录目标产品网站，主动进行对接；

⑧ 进行商务信息交流，随时捕捉对接；

⑨ 利用搜索技术，主动搜索对接。

（4）效益引申法

经济效益的引申是整合的一个重要目的。在营销实战中，得到现实效益已经很不容易，何谈引申效益？

其实，在整合中看不到、不敢引申效益的人往往得不到现实效益。

所谓效益引申法就是在网络营销实战中，对供应链的上下游的可用资源进行进一步的整合，去获得企业触角引申以后的那一块经济效益。

特别是：要注意发挥无形资产的优势去进行这一块资源的整合。要充分发挥专利，专有技术、商标、域名的优势去扩展资源。

（5）信息资源储备法

信息储备法也是整合中的一个重要的方法。

这种储备是一种发展前的积淀，是适应新的整合需要对战略资源的一种储备。

只有通过储备和对储备资料的分析，才能确定下一阶段整合的目标和方向。

这样的整合可能是静悄悄的。但正是在这种静谧中，积聚着一种力量，孕育着一种震荡。

兵书上讲：对于潜艇来说，隐蔽是他的第一生存力和战斗力。因此，实施信息储备的人往往都是深谋远虑、能够发现商机、做成大事的人。他们的储备，恰恰是在储备一种现实的生存力和未来的战斗力。

第 2 章

网络营销理论与环境

2.1 网络营销 4P 到 4V 的基本理论

2.1.1 网络营销的理论框架

网络营销的理论框架结构，如图 2-1 所示。

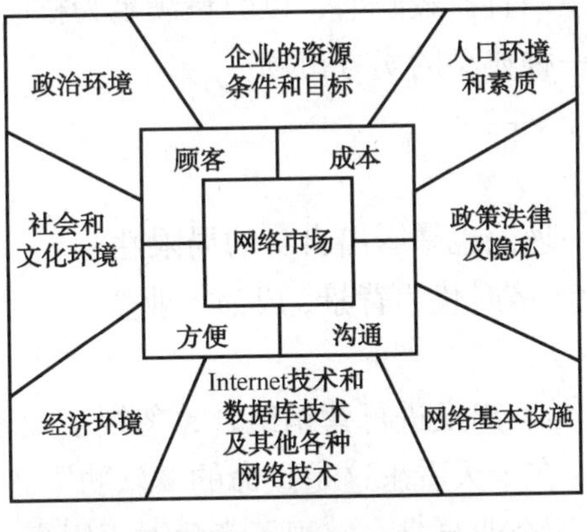

图 2-1 网络营销的理论框架结构图

从图 2-1 中可以看出最里面的一层是“网络市场”，企业的各种工作都将围绕它进行，并以它为中心。在“网络市场”的外层是顾客、成本、方便、沟通，它们是企业网络营销的战略。最外层是影响企业网络营销的因素，它们是企业的资源条件和目标、人口环境和素质、政治环境、社会和文化环境、政策法律及隐私、经济环境、Internet 技术和数据库技术及其他各种网络技术、网络基本设施等。

网络的特征在营销中所起到的作用可以概括为使顾客这个角色在整个营销过程中的地位得到提高。网络互动的特性使顾客真正参与到整个营销过程中来成为可能；顾客不仅参与的主动性增强，而且选择的主动性也得到加强，因为网络上信息丰富的特征使顾客的选择余地变得很大，在满足个性化消费需求的驱动之下，企业必须严格地执行以消费者需求为出发点，以满足消费者需求为归宿点的现代化市场营销思想，否则顾客就会选择其他企业的产品。这样，网络营销首先要求把顾客整合到整个营销过程中来，从他们的需求出发开始整个营销过程。不仅如此，在整个营销过程中要不断地与顾客交互，每一个营销决策都要从消费者出发而不是像传统营销理论那样主要从企业自身的角度出发。

2.1.2 以满足市场需求为目标的 4P 理论

1. 4P 理论概念

4P 理论是指市场营销人员综合运用并优化组合多种可控因素，以实现其营销目标的活动的总称。这些可控因素归结为以下 4 种：产品（Product）、价格（Price）、渠道（Place）和促销（Promotion）。企业的营销活动就是以适当的产品、适当的价格、适当的渠道和适当的促销手段，将适当的产品和服务投放到特定市场的行为，这就是所谓的 4P 理论。

这一理论提出的时间是 1950 年，其背景是世界经济已经从“第二次世界大战”的创伤中恢复过来，资本主义国家经济进入了高速发展的战后“黄金阶段”，经济全球化处于起步阶段，消费者需求单一且比较旺盛，以数量满足为核心的包含数量、质量与结构的三重性短缺，基本上是一种典型的卖方市场。

2. 4P 理论的缺陷

随着时间的推移，这一理论也暴露出自身的局限性。

① 这一理论以大工业经济时代为背景，成为工业企业开展营销的强大工具，这就在应用范围上受到了局限。

② 这一理论从企业的角度出发进行营销组合，忽视了顾客，对市场变化反应迟钝，容易导致“营销近视症”，在今天看来这是致命的“软肋”。

③ 这一理论较多的关注企业自身，忽视了竞争对手因素，因而容易受到追随模仿，最终造成无差异化营销的局面。

2.1.3 以追求顾客满意为目标的 4C 理论

1. 4C 理论概念

4C 理论是根据消费者的需求和欲望来生产产品和提供服务，根据顾客支付能力来进行定价决策，从方便顾客购买及方便为顾客提供服务来设置分销渠道，通过企业同顾客的情感交流、思想融通，使顾客对企业、产品或服务更好地理解和认同，以寻求企业同顾客的契合点，即消费者（Consumer）、成本（Cost）、方便（Convenience）和沟通（Communication）。

这一理论提出的时间是 1973 年，其背景是由于石油危机的爆发，主要的发达国家进入了“滞胀阶段”，经济发展停滞不前。与此相反的是在拉丁美洲和亚洲出现了一些新兴工业国家和地区，并且形成了一支新兴的经济力量，这些国家的企业开始积极地参与国际竞争。同时，发达国家的消费者对价格变得敏感，需求呈现出多样性，更为注重产品或服务的质量，也因内部市场容量有限，国内企业之间的竞争也变得异常激烈。

这一理论坚持以顾客为导向，始终围绕“顾客需要什么”、“如何才能更好地满足顾客”两大主题，进行持续的改进活动，以追求顾客满意为目标。它是一种由外而内的拉动型营销模式，它宣传的是“请消费者注意”，而非“消费者请注意”。

与传统的营销模式相比、在以顾客为导向的组织中，认为顾客是企业存在的唯一理由，顾客是企业利润的最终来源，而前线人员与顾客发生互动，在互动的瞬间决定了企业的命运。中层管理者和高层管理者主要工作有两方面：一方面要为前线人员提供支持活动，另一方面也要保持和顾客不断接触，及时响应顾客需求。

2．4C 理论缺陷

该理论由于考虑了顾客这一外部不可控因素，在实践操作性上较之以 4P 理论显得较弱。过分以顾客为导向将会使企业的营销活动显得被动，实际上企业可以驱动市场而不仅仅是市场驱动，同时，该理论仍未考虑竞争对手的营销策略及反应，也容易遭到模仿。

2.1.4 以建立顾客忠诚为目标的 4R 理论

1．4R 理论概念

4R 理论是市场反应（Reaction）、顾客关联（Relation）、关系营销（Relationship）和利益回报（Retribution）。它提出了企业的营销活动的目标应该是建立并维护长期顾客关系，而这种关系建立在顾客忠诚的基础之上。忠诚的顾客不仅重复购买产品或服务，也降低了对价格的敏感性，而且能够为企业带来良好的口碑。4R 理论强调了 4 个满意，即顾客满意、社会满意、员工满意、企业满意，体现出了较强的社会营销观念。

这一理论提出的时间是 1980 年，其背景是全球范围内服务业兴起，服务业在国民经济中扮演了重要角色，出现了工业服务化和服务工业化的趋势。随着对服务业的顾客满意度调查研究，发现了以下几个事实。

① 吸引一个新顾客的成本是保持一个满意的老顾客的 5 倍；对盈利率来说，吸引一个新顾客与丧失一个老顾客相差 15 倍。

② 企业 80%的业务来自 20%的顾客。

③ 一个公司如果将其顾客流失率降低 5%，其利润就能增加 25%～85%。

④ 一个满意的顾客会告诉 3～5 个朋友他的感受，但是一个不满意的顾客会告诉 10～20 个人他的糟糕的感觉。

企业是一个相对独立的开放系统，它与周围环境发生着互动关系，4R 理论最突出特点是强调用系统观点来开展营销活动。首先，通过交叉销售为顾客提供一揽子的、集成化的整套解决方案，以解决顾客多样化的需要。改变过去那种交易营销模式，着眼于建立起关系营销模式。其次，它一改过去仅仅从企业或顾客的角度，而是从利益相关者的角度考察。顾客、供应商、分销商都在企业价值链中扮演了重要的角色，只有通过整合企业价值链才能建立竞争优势。政府机构是企业的管制机构，是市场法规的颁布者，对企业的营销活动产生重大影响。社会组织往往充当了意见领袖的角色，对消费者的购买决策产生不可估量的影响。

2．4R 理论缺陷

4R 理论最大的不足就是实际操作性较差，一方面主要是引入了更多的不可控变量，另一方面缺乏实施工具，企业在实际应用中可能会感到无从下手。

2.1.5　新经济时代的 4V 营销组合理论

4V 理论是差异化（Variation）、功能化（Versatility）、附加价值（Value）和共鸣（Vibration），它首先强调企业要实施差异化营销。

① 使自己与竞争对手区别开来，树立自己独特形象。

② 使消费者相互区别，满足消费者个性化的需求。

③ 4V 理论要求产品或服务有更大的柔性，能够针对消费者具体需求进行组合。

④ 4V 理论更加重视产品或服务中无形要素，通过品牌、文化等以满足消费者的情感需求。

这一理论提出的时间是 1990 年。其背景是高科技产业迅速崛起，高科技企业、高技术产品与服务不断涌现，Internet、移动通信工具、发达交通工具和先进的信息技术，使整个世界面貌焕然一新，俨然成为人类的“地球村”。原来那种企业和消费者之间信息不对称状态得到改善。沟通的渠道多元化，越来越多的跨国公司开始在全球范围进行资源整合。

4V 营销理论首先强调企业要实施差异化营销，一方面使自己与竞争对手区别开来，树立自己独特形象；另一方面也使消费者相互区别，满足消费者个性化的需求。其次，4V 理论要求产品或服务有更大的柔性，能够针对消费者具体需求进行组合。最后，4V 理论更加重视产品或服务中无形要素，通过品牌、文化等以满足消费者的情感需求。

从整体上来分析，4V 理论不仅是典型的系统和社会营销论，它既兼顾社会和消费者的利益，又兼顾资本家、企业与员工的利益；更为重要的是，通过对 4V 营销的展开，可以培养和构建企业的核心竞争力。这一点既可以从企业核心竞争能力的判断基准与 4V 营销组合论的关系中得到证明，也可以从我国企业由“顾客导向”（C1）到“顾客满意”（CS），再到“顾客忠诚”（CL）的“3C”实践转变中得到应证。

4V 理论的缺点就是操作性不强，实际中只能作为企业大的指导方向。

2.2 网络营销环境

网络营销环境是指对企业的生存和发展产生影响的各种外部条件，即与企业网络营销活动有关联因素的部分集合。营销环境是一个综合的概念，由多方面的因素组成。环境的变化是绝对的、永恒的，随着社会的发展，特别是网络技术在营销中运用，使得环境更加变化多端，虽然对营销主体而言，环境及环境因素是不可控制的，但它也有一定的规律性，我们可通过对营销环境的分析对其发展趋势和变化进行预测和事先判断，企业的营销观念、消费者需求和购买行为，都是在一定的经济环境中形成并发生变化的。

网络营销环境可分为宏观环境和微观环境。其中，宏观环境是指一个国家或地区的政治、法律、人口、经济、社会文化、科学技术等影响企业网络营销活动的宏观条件。宏观环境对企业短期的利益可能影响不大，但对企业长期的发展具有很大的影响。所以，企业一定要重视宏观环境的分析的研究；微观环境是由企业及其周围的活动者组成的，直接影响着企业为顾客服务的能力，它包括电子商务企业、电子中介商、电子网络市场、电子公众、企业内部环境、供应商、营销中介、顾客或用户、竞争者等因素。

2.2.1 营销环境的特征

1. 营销环境的基本特征

（1）客观性

环境作为营销部门外在的不以营销者意志为转移的因素，对企业营销活动的影响具有强制性和不可控性的特点。一般来说，营销部门无法摆脱和控制营销环境，特别是宏观环境，企业难以按自身的要求和意愿随意改变它。正如企业不能改变人口因素、政治法律因素、社会文化因素等。但企业可以主动适应环境的变化和要求，制定并不断调整市场营销策略。事物发展与环境变化的关系，适者生存，不适者淘汰，就企业与环境的关系而言，也完全适用。有的企业善于适应环境就能生存和发展，有的企业不能适应环境的变化，就难免被淘汰。

（2）差异性

不同的国家或地区之间，宏观环境存在着广泛的差异，不同的企业，微观环境也千差万别。正因营销环境的差异，企业为适应其变化，必须采用针对性的营销策略。环境的差异性也表现为同一环境的变化对不同企业的影响不同。例如，中国加入世界贸易组织，意味着大多数中国企业进入国际市场，进行“国际性较量”，而这一经济环境的变化，对不同行业所造成的冲击并不相同。企业应根据环境变化的趋势和行业的特点，采取相应的营销策略。

（3）多变性

营销环境是一个动态系统。构成营销环境的诸因素都受众多因素的影响，每一环境因素都随着社会经济的发展而不断变化。营销环境的变化，既会给企业提供机会，也会给企业带来威胁。虽然企业难以准确无误地预见未来环境的变化，但可以通过设立预警系统，追踪不断变化的环境，及时调整营销策略。

（4）相关性

营销环境诸因素间相互影响，相互制约，某一因素的变化，会带动其他因素的相互变化，形成新的营销环境。例如，竞争者是企业重要的微观环境因素之一，而宏观环境中的政治法律因素或经济政策的变动，均能影响一个行业竞争者加入的多少，从而形成不同的竞争格局。又如，市场需求不仅受消费者收入水平、爱好以及社会文化等方面因素的影响，政治法律因素的变化，往往也会对其产生决定性的影响。再如，各个环境因素之间有时存在矛盾，某些地方消费者有购买家电的需求，但当地电力供应不正常，无疑是扩展家电市场的制约因素。

2．营销环境的五要素

（1）提供资源

信息是网络营销过程的关键资源，是 Internet 的“血液”。Internet 可以为企业提供各种信息，指导企业的网络营销活动。

（2）全面影响力

环境要与体系内的所有参与者发生作用，而非个体之间的互相作用。每一个上网者都是 Internet 的一份子，他可以无限制地接触 Internet 的全部，同时在这一过程中要受到 Internet 的影响。

（3）动态变化

整体环境在不断的变化中发挥其作用的影响力，不断更新和变化正是 Internet 的优势所在，因此，网络营销的各种活动都是在动态状态下完成的。动态是绝对的，而静止是相对的。

（4）多因素互相作用

整体环境是由 Internet 联系的多种因素有机结合而成的，涉及企业活动的各因素在 Internet 上是通过企业网站、电子邮件、电子公告栏、邮件列表等方式来实现的。

（5）反应机制

环境可以对其主体产生影响，同时，主体的行为也会改造环境。企业可以将本企业的信息通过公司网站保存在 Internet 上，也可以通过获取 Internet 上的信息，做出自己的决策。

因此，Internet 已经不是传统意义上的电子商务工具，而是独立成为新的网络营销环境，它以范围广、可视性强、公平性高、交互性优、能动性强、灵敏度高和易运作等优势给企业网络营销创造了新的发展机遇与挑战。

2.2.2 政治法律环境

政治法律环境是指一个国家或地区的政治制度、体制、政治形势、方针政策、法律法规等方面，包括国家政治体制、政治的稳定性、国家关系、法制体系等，在国家和国际政治法律体系中，相当一部分内容直接或间接地影响着经济和市场。政治因素像一只无形的手，调节着企业营销活动的方向，法律则为企业规定了商贸活动行为准则，政治与法律相互联系，共同对企业的市场营销活动发挥影响的作用。

1. 政治环境

政治环境是指企业业务所涉及的国家或地区的政治体制、政治形势、方针政策等方面对企业战略的影响。在国内，安定团结的政治局面，不仅有利于经济发展和人民收入的增加，而且影响群众心理状况，导致市场需求的变化。党和政府的方针、政策，规定了国民经济的发展方向和速度，也直接关系到社会购买力的提高和市场消费需求的增长变化。对国际政治环境的分析，应了解“政治权力”与“政治冲突”对企业营销活动的影响。政治权力影响市场营销，往往表现为由政府机构通过采取某种措施约束外来企业，如进口限制、外汇控制、劳工限制、绿色壁垒等。政治冲突指国际上的重大事件与突发性事件。这类事件在和平与发展为主流的时代从未绝迹，对企业市场营销工作影响或大或小，有时带来机会，有时则带来威胁。

2. 法律环境

法律是体现统治阶段意志，由国家制定或认可，并以国家强制力保证实施的行为规范的总和，对企业来说，法律是评判企业营销活动的准则，只有依法进行的各种营销活动，才能受到国家法律的有效保护。因此，企业开展市场营销活动，必须了解并遵守国家或政府颁布的有关经营、贸易、投资等方面的法律、法规，必须遵守国际法规、国际惯例和准则，因为这些因素对国际企业的营销活动有深刻影响。

法律环境对市场消费需求的形成和实现，具有一定的调节作用。企业研究并熟悉法律环境，既保证自身严格依法管理和经营，也可运用法律手段保障自身的权益。

各个国家社会制度不同、经济发展阶段和国情不同，体现统治阶级意志的法制也不同，从事国际市场营销的企业，必须遵从有关国家法律制度和有关国际法规、国际惯例。

2.2.3 经济环境

经济环境是指企业网络营销过程中所面临的各种经济条件、经济特征、经济联系等客观因素。它是内部分类最多、具体因素最多，并对市场具有广泛和直接影响的环境内容。经济环境不仅包括经济体制、经济增长、经济周期与发展阶段，以及经济政策体系等大的方面的内容，同时也包括收入水平、市场价格、利率、汇率、税收等经济参数和政府调节取向等内容。

1. 收入状况

市场消费需求指人们有支付能力的需求。仅仅有消费愿望，有绝对消费力，还不能创造市场；只有既有消费愿望又有购买力，才具有现实意义，才能产生购买行为。在研究收入对消费需求的影响时，常应用以下概念。

① 人均国内生产总值。一般指价值形态的人均 GDP。它是一个国家或地区，所有常住单位在一定时期内（如一年），按人口平均所生产的全部货物和服务的价值，超过同期投入的全部非固定资产货物和服务价值的差额。国家的 GDP 总额反映了全国市场的总容量、总规模。人均 GDP 则从总体上影响和决定了消费结构与消费水平。

② 个人收入。指城乡居民从各种来源所得到的收入。各地区居民收入总额，可用以衡量当地消费市场的容量，人均收人多少，反映了购买力水平的高低。我国统计部门每年采用抽样调查的方法，取得城镇居民平均每人全部年收入、农村居民平均每人全年总收入和纯收入等数据。

③ 个人可支配收入。从个人收入中，减除缴纳税收和其他经常性转移支出后，所余下的实际收入，即能够用以作为个人消费或储蓄的数额。

④ 可任意支配收入。在个人可支配收入中，有相当一部分要用来维持个人或家庭的生活以及支付必不可少的费用。只有在可支配收入中减去这部分维持生活的必需支出后，才是个人可任意支配收入，这是影响消费需求变化的最活跃的因素。

2. 支出状况

支出状况主要指消费者支出模式和消费结构。收入在很大程度上影响着消费者支出模式与消费结构。随着消费者收入的变化，支出模式与消费结构也会发生相应变化。

3. 储蓄与信贷

衡量一个国家、地区或家庭的储蓄状况，通常有 3 个指标，即储蓄额、储蓄率和储蓄增长率。储蓄额是消费者储蓄的绝对数量，反映一定时期的储蓄水平；储蓄率指储蓄额对消费收入的比例；储蓄增长率则指某一时期的储蓄增长速度。

消费者信贷，是指消费者凭借信用先取得商品使用权，然后按期归还贷款，即消费者预先取出未来的收入，提前消费。

4. 直接影响营销活动的经济环境因素

（1）消费者收入水平的变化

消费者的收入包括工资、退休金、红利、租金、赠予等。消费者的购买力来自收入，但要注意的是，消费者并不是把全部的收入都用来购买商品或劳务，购买力只是收入的一部分。通常，个人可支配的收入是在个人收入中扣除税款和非税性负担所得的余额，这部分收入能够构成实际的购买力。

（2）消费者支出模式和消费结构的变化

随着消费者收入的变化，消费者支出模式也会发生相应的变化，从而使一个国家或地区的消费结构也发生变化。从绝对数量上看，消费者的消费支出一般随着收入的增加而增加。但是，消费支出的增量在收入达到一定水平后，小于收入的增量，即消费的增加低于收入的增加，也就是边际消费倾向（MPC）呈现递减的趋势。因此，有效提升人们的消费信心、完善社会保障制度、增加城镇低收入者和农民的收入、实现各阶层收入的合理分配，进而提高边际消费倾向，就成为扩大内需的重中之重。

（3）消费储蓄和信贷情况的变化

消费者个人收入不可能全部花掉，总有一部分以各种形式储蓄起来，这是一种推迟了的潜在的购买力。我国居民有勤俭持家的传统，长期以来养成储蓄习惯，并且人口众多。居民储蓄存款高增长暴露了目前我国经济结构的严重失衡，必须采取措施缓解储蓄增长的势头，并积极引导储蓄向投资转化。

5. 间接影响营销活动的经济环境因素

（1）经济发展水平

企业的市场营销活动要受到一个国家或地区的整个经济发展水平的制约。经济发展阶段不同，居民的收入也不同，顾客对产品的需求也不一样，从而会在一定程度上影响企业的营销。例如，以消费者市场来说，经济发展水平比较高的地区在市场营销方面，强调产品款式、性能、品牌、特色等，品质竞争多于价格竞争。而在经济发展水平比较低的地区，则较侧重于产品的功能、实用性，价格因素比产品品质更为重要。

（2）经济体制

经济体制是指一定的经济（包括生产、分配、流通）的组织形式、权限划分、管理方式、机构设置的整个体系。而社会的经济关系，即参与经济活动的各个方面、各个单位、各个个人的地位和他们之间的利益关系，就是通过这样的体系表现出来的。所以，一定的经济体制不但是具体经济活动的组织管理形式，同时也是一定的生产关系的表现形式，是它的具体体现。事实上，任何一种经济体制都体现着一种特定的生产关系，从来没有不体现生产关系的经济体制。经济体制问题实质上是一个生产关系的问题。

不同的经济体制对企业营销活动的制约和影响也是不同的。例如，在计划经济体制下，企业是行政机关的附属物，没有生产经营权，企业的产、供、销都由国家计划统一安排，企业生产什么，生产多少，如何销售，都不是企业自己的事情，在这种经济体制下，企业不能独立地开展生产经营活动，因而，也就谈不上开展市场营销活动。而在市场经济体制下，企业的一切活动都以市场为中心，以顾客为中心，以服务为中心，市场是其价值实现场所，因而企业必须特别重视营销活动，通过营销实现自己的利益目标。

（3）地区与行业发展状况

我国地区经济发展很不平衡，逐步形成了东部、中部、西部三大地带和东高西低的发展格局。同时在各个地区的不同省市，还呈现出多极化发展趋势。这种地区经济发展的不平衡，对企业的投资方向、目标市场以及营销战略的制定等都会产生巨大影响。

2.2.4 科技教育与社会环境

1．科技环境

① 科学技术的发展直接影响企业的经济活动。在现代社会中，生产力水平的提高，主要依靠设备的技术开发，创造新的生产工艺和新的生产流程。同时，技术开发也扩大和提高了劳动对象的利用广度和深度。

② 科学技术的发展和应用影响企业的营销决策。科学技术的发展，使得每天都有新品种、新款式、新功能、新材料的商品在市场上推出。因此，科学技术进步所产生的效果，往往借助消费者和市场环境的变化而间接影响企业市场营销活动的组织。营销人员进行决策时，必须考虑科技环境带来的影响。

③ 科学技术的发展，使得产品更新换代速度加快，产品的市场寿命缩短。今天，科学技术突飞猛进，新原理、新工艺、新材料等不断涌现，使得刚刚炙手可热的技术和产品转瞬间成了昨日黄花。这种情况下，要求企业不断地进行技术革新，赶上技术进步的浪潮。否则，就会被市场无情地淘汰。

④ 科学技术的发展为提高营销效率提供了更新更好的物质条件。首先，科学技术的发展，为企业提高营销效率提供了物质条件。例如，信息、通信设备的改善，更便于企业组织营销，提高营销效率。

2．社会环境

企业存在于一定的社会环境中，同时企业又是社会成员所组成的一个小的社会团体，不可避免地受到社会环境的影响和制约。人文与社会环境的内容很丰富，在不同的国家、地区、民族之间差别非常明显。在营销竞争手段向非价值、使用价值型转变的今天，营销企业必须重视人文与社会环境的研究。

3．教育水平

科学技术对经济社会发展的作用日益显著，科技的基础是教育，因此，科技与教育是客观环境的基本组成部分。在当今世界，企业环境的变化与科学技术的发展有非常大的关系，特别是在网络营销时期，两者之间的联系更为密切。在信息等高新技术产业中，教育水平的差异是影响需求和用户规模的重要因素，已被提到企业营销分析的议事日程上来。

教育水平的高低影响着消费心理、消费结构，影响着企业营销组织策略的选取，以及营销推广方式方法的差别。例如，在文盲率高的地区，用文字形式做广告，难以收到好效果，而用电视、广播和当场示范表演的形式，则容易为人们所接受。又如在教育水平低的地区，适合采用操作使用、维修保养都较简单的产品；而教育水平高的地区，则需要先进、精密、功能多、品质好的产品。因此，在设计产品和制定产品策略时，应当考虑当地的教育水平，使产品的复杂程度、技术性能与之相适应。

4．自然环境

自然环境是指一个国家或地区的客观环境因素，主要包括自然资源、气候、地形地质、地理位置等。虽然随着科技进步和社会生产力的提高，自然状况对经济和市场的影响整体上是趋于下降的，但自然环境制约经济和营销的内容、形式则在不断变化。

2.2.5 微观环境

微观环境由企业及其周围的活动者组成，直接影响着企业为顾客服务的能力。它包括企业内部环境、供应者、营销中介、顾客或用户、竞争者等因素。

1．企业内部环境

企业内部环境包括企业内部各部门的关系及协调合作。企业内部环境包括市场营销部门之外的某些部门，如企业最高管理层、财务、研究与开发、采购、生产、销售等部门。这些部门与市场营销部门密切配合、协调，构成了企业市场营销的完整过程。市场营销部门根据企业的最高决策层规定的企业任务、目标、战略和政策，做出各项营销决策，并在得到上级领导的批准后执行。研究与开发、采购、生产、销售、财物等部门相互联系，为生产提供充足的原材料和能源供应，并对企业建立考核和激励机制，协调营销部门与其他各部门的关系，以保证企业营销活动的顺利开展。

2．供应者

供应者是指向企业及其竞争者提供生产经营所需原料、部件、能源、资金等生产资源的公司或个人。企业与供应者之间既有合作又有竞争，这种关系既受宏观环境影响，又制约着企业的营销活动，企业一定要注意与供应者搞好关系。供应者对企业的营销业务有实质性的影响。

3．营销中介

营销中介是协调企业促销和分销其产品给最终购买者的公司，主要包括中间商，即销售商品的企业，如批发商和零售商；代理中间商（经纪人）；服务商，如运输公司、仓库、金融机构等；市场营销机构，如产品代理商、市场营销咨询企业等。

由于网络技术的运用，给传统的经济体系带来巨大的冲击，流通领域的经济行为产生了分化和重构。消费者可以通过网上购物和在线销售自由地选购自己需要的商品，生产者、批发商、零售商和网上销售商都可以建立自己的网站并营销商品，所以一部分商品不再按原来的产业和行业分工进行，也不再遵循传统的商品购进、存储、运销业务的流程运转。网上销售，一方面使企业间、行业间的分工模糊化，形成“产销合一”、“批零合一”的销售模式；另一方面，随着“凭订单采购”、“零库存运营”、“直接委托送货”等新业务方式的出现，服务与网络销售的各种中介机构也应运而生。一般情况下，除了拥有完整分销体系的少数大公司外，营销企业与营销中介组织还是有密切合作与联系的。因为若中介服务能力强，业务分布广泛合理，营销企业对微观环境的适用性和利用能力就强。

4. 顾客或用户

顾客或用户是企业产品销售的市场，是企业直接或最终的营销对象。网络技术的发展极大地消除了企业与顾客之间的地理位置的限制，创造了一个让双方更容易接近和交流信息的机制。Internet 真正实现了经济全球化、市场一体化。它不仅给企业提供了广阔的市场营销空间，同时也增强了消费者选择商品的广泛性和可比性。顾客可以通过网络得到更多的需求信息，使他的购买行为更加理性化。虽然在营销活动中，企业不能控制顾客与用户的购买行为，但它可以通过有效的营销活动，给顾客留下良好的印象，处理好与顾客和用户的关系，促进产品的销售。

5. 竞争者

竞争是商品经济活动的必然规律，只要存在着商品生产和商品交换，就必然存在着竞争。在开展网上营销的过程中，不可避免地要遇到业务与自己相同或相近的竞争对手；研究对手，取长补短，是克敌制胜的好方法。

（1）竞争对手的类型

竞争对手有以下几种类型。

① 愿望竞争者：指满足消费者目前各种愿望的竞争者。

② 一般竞争者：指以不同的方法满足消费者同一需要的竞争者。

③ 产品形式竞争者：指满足消费者某种愿望的同类商品在质量、价格上的竞争者。

④ 品牌竞争者：指能满足消费者某种需要的同种产品的不同品牌的竞争者。

（2）对竞争对手的研究

在虚拟空间中研究竞争对手，可借鉴传统市场中的一些做法，但更应有自己的独特之处。要在竞争对手不知情的情况下，收集其运作情况，了解其动态，进一步分析其市场营销计划，制定出新的有针对性的营销对策，掌握竞争中的先机。

在网上研究竞争对手，首先要利用全球最好的八大导航网查询竞争对手，这八大导航网是：yahoo、altavista、infoseek、excite、hotbot、webcrawler、lycos 和 planetsearch。

另外，要从其主页入手，一般来说，竞争对手会将自己的服务、业务和方法等方面的信息展示在主页上。从竞争的角度考虑，应重点考察以下 8 个方面。

① 站在顾客的角度浏览竞争对手网站的所有信息，研究其能否抓住顾客的心理，能否为顾客实现个性化服务，能否给浏览者留下好印象。

② 研究其网站的设计风格、模块的设计方式，体会它如何运用屏幕的有限空间展示企业的形象和业务信息。

③ 注意网站设计细节方面的东西，如颜色、背景、重要商品摆放的位置等，看能否让顾客感到安全、温馨。

④ 弄清其开展业务的地理区域，是地区域、省域、全国域还是国际域等，以便能从客户清单中判断其实力和业务的好坏。

⑤ 记录其传输速度，主页的游览速度，特别是图片下载的速度，一般游览主页的速度不超过几十秒，因为速度是网站能否留住客户的关键因素。

⑥ 查看在其站点上是否有别人的图形广告，以此来判断该企业在行业中与其他企业的合作关系。

⑦ 对竞争对手的整体实力进行考察，全面考察其在导航网站、新闻组中宣传网址的力度，研究其选择的类别、使用的介绍文字，特别是图标广告的投放量等。

⑧ 考察竞争对手开展网上营销需要做的工作，定期监测竞争对手的动态变化则是一个长期性的任务，要时时把握其新动向，才能在竞争中保持主动地位。

总之，每个企业都需要掌握、了解目标市场上自己的竞争者及其策略，力求扬长避短，发挥优势，抓住有利时机，开辟新的市场。

第 3 章

网络市场调研策划与实例

3.1 网络市场调研的要求和基本内容

3.1.1 网络市场调研的含义

市场调研是营销链中的重要环节，没有市场调研，就把握不了市场；Internet 作为 21 世纪新的信息传播媒体，它的高效、快速、开放是无与伦比的。它加快了世界经济结构的调整与重组，形成了数字化、网络化、智能化与集成化的经济走向；它强烈地影响着国际贸易的环境，正在迅速改变着传统的市场营销方式乃至整个经济的面貌。

适应信息传播媒体的变革，一种崭新的调研方式——网络调研随之产生。网络调研就是利用 Internet 发掘和了解顾客需要、市场机会、竞争对手、行业潮流、分销渠道以及战略合作伙伴等方面的情况，Internet 正是实现这些目标的良好资源。从某种意义上说，Internet 的海量信息、几万个搜索引擎的免费使用已对传统市场调研和营销策略产生了很大的影响。它大大丰富了市场调研的资料来源，扩展了传统的市场调研方法，特别是在 Internet 在线调查、定性调查和二手资料调查方面具有不可比拟的优势。

1. 网络市场调研的定义

调研的基础是调查，调查是针对客观环境的数据收集和情报汇总，而调研是在调查的基础上对客观环境收集数据和汇总情报的分析、判断。调研为目标服务，市场调研就是为了实现管理目标而进行的信息收集和数据分析。我们把基于 Internet 而系统地进行营销信息的收集、整理、分析和研究的过程称为网络市场调研。

2. 网络市场调研的流程

市场调研的重要环节主要表现在两个方面，即信息收集和调研分析。信息收集为调研分析提供数据，调研分析对信息数据进行剖析并写出调研报告。企业战略目标、管理计划等管理方案就是根据调研的报告来制定的，如图 3-1 所示。

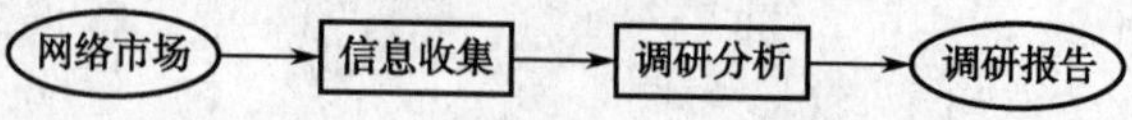

图 3-1　网络市场调研流程

3．信息收集

信息收集就是对网络市场中的信息资料进行采集，采集资料的真实性和有效性对调研分析的科学性产生着直接的影响，而采集资料的真实性和有效性则直接取决于信息采集的调研方法。

网络市场调研是一门独立的学科，但网络市场调研贯穿在企业管理之中，一个企业受人力、物力的局限，不可能依据系统的方式去获取资料，虽然一些大型企业的市场调研声势浩大，又送礼、又抽奖，还兼顾问询和问卷调研法，可从调研现场我们发现，在利益的驱动下调研对象提供的虚假信息占有相当的比例，为此，最有效的信息收集方式是深入网络市场。

4．调研分析

调研分析是对调研信息资料进行汇总和解析，并根据分析结论写出调研报告。调研报告是针对调研课题在分析基础上拟定的总结性汇报书，可以根据调研分析提出一些看法和观点。调研报告是通过调研资料对调研实效价值的具体体现。

调研是科学管理的基本要求，但科学管理对调研的要求不是表现为一个企业是否有了调研的行为，而是在于能否确保管理者根据调研报告对管理行为做出正确的选择。假如说信息收集是调研质量的安全线，那调研分析就是调研质量的生命线，因为分析提炼了调研的价值成分，它更深刻地反映为对市场的一种审视和剖析，很多企业信息采集的资料都很标准，但由于缺乏审视和剖析能力，调研的价值就无从估计，甚至误导了企业，牵制了管理。

3.1.2　网络市场调研的要求

1．调研要求

有效的网络市场调研必须是有针对性的、有计划性的、有科学性的、能解决问题的。

① 针对性：就是要符合网络市场营销决策的需要，能够回答和解决网络市场营销者在决策制定中关于市场环境或营销背景的“盲点”问题。

② 计划性：就是要周密设计，合理组织调研力量，以便圆满、成本最小地完成调研任务。

③ 科学性：就是要采用既符合调研对象特征又能够获得所需数据资料的调研方式和

方法。

④ 能解决问题：就是对网络营销调研结果的要求，与调研活动过程的针对性、计划性、科学性有密切的关系。因此，为了取得良好的网络市场调研结果，应当努力做好网络市场调研的组织管理工作。

2．网络调研的特征

网络市场调研与传统的市场调研相比，利用互联网进行市场调研与预测有很多优点，主要表现在缩短调研周期、节约费用、不受地理区域限制等方面，见表3-1。

表 3-1　网络调研与传统调研的比较

比较项目	网络市场调研	传统市场调研
调研费用	较低。主要是设计费和数据处理费，每份问卷所要支付的费用几乎为零	昂贵。包括问卷设计、印刷、发放、回收，聘请和培训访问员、录入调查结果、由专业公司对问卷进行统计分析等多方面的费用
调研范围	全国乃至全世界，样本数量庞大	受成本限制，调查地区和样本的数量均有限
运作速度	很快。只要搭建平台，数据库可自动生成，几天就可能得出有意义的结论	慢。至少需要 2 ~ 6 个月才能得出结论
调研的时效性	全天候进行	不同的被访问者对其可进行访问的时间不同
被访问者的便利性	非常便利，被访问者可自由决定时间、地点回答问卷	不太方便，一般要跨越空间障碍，到达访问地点
调研结果的可信性	相对真实可信	一般有督导对问卷进行审核。措施严格，可信性高
适用性	适合长期的大样本调查，适合要迅速得出结论的情况	适合面对面地深度访淡，食品类等需要对受访者进行感官测试

从表3-1中可知，网络市场调研有以下几个特点。

（1）网络调研的及时性和共享性

传统的市场调研，无论是询问法、观察法还是实验法，企业都要投入大量的人力、物力。如果调研面较小，则不足以全面掌握市场信息；而调研面较大，则时间周期长，调研费用大。同时，传统调研方法无论采用哪种手段，被调查者始终处于被动地位。一方面企业难以针对不同的消费个体发出不同的问卷，另一方面消费者也难以表达自己的意识和欲望，而更多的消费者是对企业的调查不予反应和回复。这正像传统广告宣传中所针对的对象是一般大众，而就某种具体产品来说，能真正成为消费者的公众比例并不大。于是，传统广告手段就处于一个十分尴尬的两难境地。对大众来说，嫌广告太多、太烦人，甚至对电台、电视台投诉。认为广告太多侵犯了自己的视听权；而对个体消费者来说，又嫌广告内容不足，仅仅使他们知道了几个品牌，具体内容不详细，不足以使他们做出购买决定，还得拿着笔记本在市场逐一地对各种品牌的型号、规格、性能、价格、外观、服务承诺等进行记录，再穿梭于各商场之间进行比较。也正是这部分人才是真正的消费者，而传统的调研方法却无法找到这部分消费者，它所针对的对象是一般大众，或称为潜在的消费者。

相对于传统的市场调研，网络市场调研具有以下优势。

由于网络上信息的传输速度快，能够快速地传送到网络用户中，这就保证了企业调研信息的准确性与及时性。同时，由于企业网站的访问者一般都是对企业产品有一定的兴趣，对企业市场调研的内容做了认真的思考之后进行回复，而不像传统的调研方式下为了抽号中奖而被动地回答，所以网络市场调研的结果是比较客观和真实的，能够反映消费者的真实要求和市场发展的趋势。

（2）网络调研的便捷性和经济性

在网络上进行市场调研，无论是调查者或是被调查者，只要拥有一台计算机、一个调制解调器、一部电话（或一台多媒体电视机和一部电话）就可以进行网络沟通交流。调研者在企业网站上发出电子问卷调查，提供相关的信息，或者及时修改、充实相关信息，然后利用计算机对访问者反馈回来的信息进行整理和分析。这不仅是十分便捷的，而且会大大减少企业市场调研的人力和物力耗费。

（3）网络调研的互动性

传统的市场营销强调 4P（产品、价格、渠道和促销）组合，现代市场营销则追求4C（顾客、成本、及时和沟通），然而，无论哪一种营销观念都必须基于这样一个前提，企业必须实行全程营销，即必须从产品的设计阶段就开始充分考虑消费者的需求和欲望。遗憾的是在实际操作中这一点往往难以做到，原因在于消费者与企业之间缺乏合适的沟通渠道或沟通成本过高，消费者一般只能针对现有产品提出建议甚至是不满，而对尚处于概念阶段的产品则难以涉足。此外，大多数的中小企业也缺乏足够的资源和手段用于了解消费者的各种潜在需求，它们只能从自身能力或市场领导者的策略出发进行产品开发。而在网络环境下，这一状况将从根本上得以改变，即使是中小企业也可以通过电子布告栏、线上讨论广场、电子邮件等方式，以极低的成本在营销的全过程对消费者进行及时的信息收集。消费者也有机会对从产品设计到定价和服务等一系列问题发表意见。这种双向互动的信息沟通方式提高了消费者的参与性和积极性。更重要的是能使企业的营销决策有的放矢，从根本上提高消费者的满意度。以美国电脑服务公司为例，目前在该公司网络上讨论的专题达 1300 多个，内容十分广泛，其中有汽车生产商提供的专题，让消费者就新车型的外观、马力、颜色和价格等发表意见，消费者的反应相当热烈。

网络调研的最大优势是交互性。这种交互性在网络市场调研中体现在以下两点：第一，在网络调查时，被访问者可以及时就问卷相关的问题提出自己的看法和建议，可减少因问卷设计不合理而导致的调查结论出现偏差等问题；第二，被访问者可以自由地在网上发表自己的看法，同时没有时间的限制。

（4）网络调研结果的客观性

由于公司站点的访问者一般都对公司的产品有一定的兴趣和关连，所以这种基于顾客和潜在顾客的市场调研结果是客观、真实的，它在很大程度上反映了消费者的消费心态和市场发展趋势。

① 被调查者在完全自愿的原则下参与调查，调查的针对性更强。而传统的市场调查中的面谈法中的拦截询问法，实质上是带有一定“强制性”的。

② 问卷调查的填写是自愿的，不是传统调查中的“强迫式”，填写者一般对调查内容有一定的兴趣，回答问题相对认真，所以问卷填写可靠性高。

③ 网络市场调研可以避免传统市场调研中人为因素所导致的调查结论的偏差，被访问者是在完全独立思考的环境中接受调查的，能最大限度地保证调研结果的客观性。

④ 无时空和地域的限制。

网络市场调研可以24小时全天候进行，这与受区域和时间制约的传统的市场调研方式有很大的不同。

（5）可检验性和可控制性

利用 Internet 进行调研收集信息，可以有效地对采集信息的质量实施系统进行检验和控制。

① 网络市场问卷调查可以附加全面规范的指标解释，有利于消除因对指标理解不清或调查员解释口径不一而造成的调查偏差。

② 问卷的复核检验由计算机依据设定的检验条件和控制措施自动实施，可以有效地保证对问卷调查的100%的复核检验，保证检验与控制的客观公正性。

③ 通过对被调查者的身份验证技术可以有效地防止信息采集过程中的舞弊行为。

3．网络调研的原则

（1）客观性原则

网络调研的基本出发点，是用数据和实证资料反映市场背景的客观情况，因此，在进行网络调研时，必须是脚踏实地收集反映客观市场背景的信息。实事求是地进行整理和分析，切忌主观武断、以偏概全。

（2）目的性原则

网络调研要根据决策需要来进行，在每一次具体的决策制定中，应当收集什么资料、弄清哪些问题，都形成相应的网络调研任务和目标的具体规定。只有有的放矢、有针对性地进行，网络调研才具有实践价值。

（3）系统性原则

世界上的一切事物都不是孤立的和静止的，而是相互联系和发展变化的。社会的经济活动也是如此，市场是不断变化运动的，影响市场变化的诸因素，不仅是相互联系和相互影响，而且也是在不断变化的。网络调研的系统性原则，就是要全面分析和掌握市场经济现象之间的内在联系，要注意信息追踪，不可能一劳永逸。

（4）效益性原则

网络调研需要动用一定的人力、物力、财力。在市场调研中，要做到费时最少，费用最省，效果最佳，就要有周密的调查计划，采用科学的调查方法与调查方案，充分利用第二手资料及多方面的力量。

3.1.3 网络市场调研的内容

企业经网络市场调研，从中发现消费者需求动向，为企业细分市场提供依据，是企业开展市场营销的重要内容。经过网络市场调研，可以对当前企业整体市场营销工作进行评估，有效的市场营销需要了解企业自身的长处和薄弱环节，从而选择有效的目标市场，这样才能在工作中充分发挥企业自身的优势，通过新产品开发或与外界合作等其他方式弥补企业自身的薄弱环节。

1. 细分网络市场

网络市场是由网络消费者所组成的，消费者具有不同特性，如地理环境、性别、年龄、文化、生活方式等，这些都可以作为网络市场细分的变量，这些变量由地理环境变量、人口统计变量、心理变量、行为变量等构成。

（1）以地理环境变量细分网络市场

所谓地理环境变量指的是国家、地域、省（州）、市、县、密度、环境和气候等。地理环境之所以可以用来细分市场，是因为 Internet 是开放式的全球网络，它打破了常规的地理区域的限制，不同地理位置区域的消费者具有不同的习惯、偏好、文化差异。例如，服装类、烟酒类、化妆品类、食品类等的产品就有地理位置区域的不同。因此，网络营销除非所营销的是区域性的产品或服务，或者带有文化差异的产品或服务，否则不宜用地理变量来细分网络市场。

（2）以人口统计变量细分网络市场

所谓人口统计变量指的是年龄、种族、性别、家庭生命周期、收入、教育、宗教、国籍等。人口统计变量常与消费者的需要、偏好和使用频率有关，因此常用来细分市场。

（3）以心理变量细分网络市场

所谓心理变量指的是消费者所属的社会阶层、生活方式、个性特征等。以此细分网络市场，则可以得到不同子市场中的消费者具有不同的心理层面。

（4）以行为变量细分网络市场

所谓行为变量指的是消费者的购买及使用时机，追求的利益、使用者的状况、使用频率、忠诚度、准备购买的阶段、对产品的态度等。网站可以设立用户讨论中心、社区聊天室、BBS公告栏等功能，让消费者有机会进行双向交流，从他们交谈过程中所留下的信息，可以知道消费者的许多想法、兴趣、偏好等。

2. 网络市场调研内容

网络市场调研主要是针对特定市场或特定产品而进行的，它包括调研涉及的各个细节。

调研目的一般先是针对企业目前所面临的内部环境和外部环境进行科学、系统、细致的诊断，识别存在的主要问题，同时寻求突破的机会；其次是在第一步的基础上，利用现代营销管理的方法和专业策划人员经验，为企业下一步的营销策略提供具体建议。以下是更加具体化的调研内容。

① 全面了解产品市场及本品牌的基本状况、目前营销状况，为公司制定宏观决策提供科学依据和技术支持。

② 全面了解本产品的营销现状以及相对竞争者的市场优势与市场障碍。

③ 全面摸清本产品在消费者中的知名度、渗透率、美誉度和忠诚度；了解不同层次消费者对本产品的消费观念、消费行为和消费心理特征，以及影响他们购买决策的各因素，为调整品牌营销策略及进行品牌延伸提供科学依据。

④ 全面了解目标地区产品经销商尤其是本产品经销商对本产品、品牌、营销方式、营销策略的看法、意见与建议；同时，查清本产品的销售网络状态、销售政策和销售管理状态。

⑤ 了解目标市场零售层面状况，主要包括零售商对其所销售的产品及品牌的看法，消费者对产品及品牌的偏好，过去几年市场的转变以及对市场前景的预计。同时对当地市场价格结构、各品牌的信用政策、促销手段有感性认识，为制定适应零售市场的销售政策及强化营销管理打下基础。

⑥ 了解媒体发布的相关情况。主要内容包括相关栏目、发布时间、相应费用、覆盖范围及效果测试等内容。在实现以上目的的基础上，总结出对本产品市场营销的建议，为公司革新营销策略、提高竞争能力、扩大市场占有份额提供决策支持。

3．网络市场调研的案例

对不同的对象进行调研，调研的内容也会有所不同，下面分两类对象加以介绍。

（1）网络消费者

对于网络消费者，调研内容除了被调查者的基本个人信息之外，还包括上网行为和网上购物行为两个方面，每个方面又都有表3-2中的内容。

表 3-2　网络消费者调研的内容

6W1H	上网行为	网上购物行为
Who	谁是网民	谁是网上购物者
What	查何信息	购买什么商品
Why	为何上网	上网的目的和上网购物的理由
Who	与谁交流	谁参与购买决策
How	上网方式	购买及支付方式
When	何时上网	送货时间长短
Where	何处上网	上网地点及网站的选择

（2）竞争对手

竞争对手网络调研的内容可概括为“2W1H”，具体如下。

第1个“W”是指竞争对手为什么要上网？可提出以下一些问题进行研究。

① 是为了降低企业营销成本吗？

② 是为了提供适销对路的产品和服务吗？

③ 是为了开辟沟通渠道，扩大销售额吗？

④ 是为了更好地服务顾客吗？

⑤ 是为了加强企业与外界的沟通吗？

第2个“W”是指，竞争对手在网上提供什么信息？可研究以下一些问题。

① 企业名称、标志、地址、联系方法、栏目菜单等信息。

② 公司或产品开发的最新动态等信息。

③ 顾客服务及技术支持的信息。

④ 网络广告。

⑤ 网上问卷。

⑥ 网上商城。

⑦ 公司股票。

⑧ 招聘信息。

⑨ 与企业相关主题的其他网络资源。

“H”是指，竞争对手如何进行网络营销？可研究以下几个方面的问题。

① 网络4P组合策略。

② 网络公关与宣传策略。

③ 整合传播资源。

④ 互动营销策略。

⑤ 关系营销与定制营销策略。

⑥ 增值服务策略。

4．选择目标市场

市场营销的一个重要工作是如何找到预期客户，并将你的营销信息及时地传递给他们。他们能够读到你的信息并做出回应。你所有的营销努力都针对最适合你的产品营销的人们。

人们不喜欢简单而泛泛的介绍，他们不会积极回应。只有当人们感觉到你的网站是为他们而设立的，内容是写给他们看的，他们才会回应你。这好比我们以前说，营销邮件要有针对性，无个性的普通邮件，对任何人都没效果。

别担心缩小目标市场。如果卖化妆品，你的目标一定得集中在某一特定的女性群，明确她们的年龄、职业、兴趣爱好、社会地位、地理区域。如果定义得越宽，投入的时间、精力也越多，成功的几率也就越小。

为进一步明确目标市场，我们还得考虑目标客户的价值取向。我们不可能取悦每一个人，所以需要定义自己的目标市场，只为自己定义的目标市场中的客户服务。

（1）评价细分市场

选择目标市场的首要步骤是分析评价各个细分市场，即对各细分市场在市场规模增长率、市场结构吸引力和企业目标与资源等方面的情况进行详细评估，在综合比较、分析的基础上，选择最优化的目标市场。

细分市场规模和增长率。这项评估主要研究潜在细分市场是否具有适当的规模和增长率。当然，适当的规模是一个相对概念。大公司可能偏好销售量很大的细分市场，对小的细分市场不感兴趣。小公司则由于竞争实力较弱，会有意避开较大规模的细分市场。细分市场的增长率也是一个重要因素。所有的企业都希望目标市场的销售量和利润具有良好的上升趋势。但竞争者也会迅速进入快速增长的市场，从而使利润率下降。

细分市场的结构吸引力。一个具有适当规模和成长率的细分市场，又可能缺乏盈利潜力。著名管理学家波特认为，决定一个市场或一个细分市场的长期盈利潜力有 5 个因素：行业竞争者、潜在进入者、替代者、购买者和供应者。

在一个细分市场中如果许多势均力敌的竞争者同时步入或参与该细分市场。或者一个细分市场上已有很多颇具实力的竞争企业，那么，该细分市场的吸引力就会下降，尤其是当该细分市场已趋向饱和或萎缩时。潜在进入者既包括在其他细分市场中的同行企业，又包括那些目前不在该行业经营的企业。如果该细分市场的进入障碍较低，则该细分市场的吸引力也会下降。替代者的产品从某种意义上限制了该细分市场的潜在收益。替代品的价格越有吸引力，该细分市场增加盈利的可能性就被限制得越紧，从而使该细分市场吸引力下降。购买者和供应者对细分市场的影响表现在他们议价的能力上。如果某细分市场购买者的压价能力很强，或者供应者有能力抬高价格或降低所供产品的质量或服务，那么该市场的吸引力就下降。

（2）选择目标市场

企业通过评估细分市场，将决定进入哪些细分市场即选择目标市场。在选择目标市场时有 5 种可供考虑的市场覆盖模式，如图 3-2 所示。

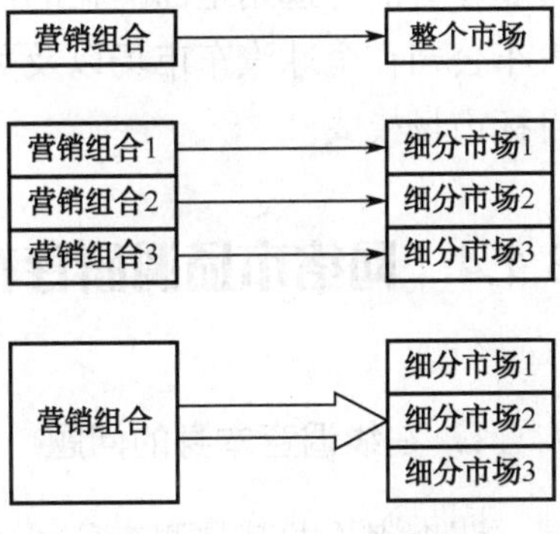

图 3-2　市场覆盖战略

1）目标集中化模式

这是一种最简单的目标市场模式，即企业只选取一个细分市场进行集中营销。企业集中全力只生产一类产品，供应某一单一的顾客群。例如，某服装厂商只能生产儿童服装。选择单一细分市场集中化模式一般基于以下考虑：企业具备在该细分市场从事专业化经营或取胜的优势条件；限于资金能力，只能经营一个细分市场；该细分市场中没有竞争对手；准备以此为出发点，以求取得成功后向更多的细分市场扩展。

2）选择专业化模式

这种市场模式是企业选取若干个细分市场作为目标市场，其中每一个细分市场都具有良好的盈利潜力和结构吸引力，且符合企业的目标和资源。该目标市场模型中各个细分市场之间，较少或基本不存在联系。其优点是可以有效地分散经营风险，即使某个细分市场盈利不佳，企业仍可继续在其他细分市场取得盈利。选择专业化市场模式的企业应具有较强的资源和营销实力。

3）产品专业化模式

这种市场模式的特征是企业集中生产一种产品、并向各类顾客销售。例如，饮水器生产厂只生产饮水器一种产品，而同时向家庭、机关、学校，银行、餐厅、招待所等各类用户销售。产品专业化模式的优点是使企业专注于某一种或某一类产品的生产，有利于形成和发展生产和技术上的优势，在该专业化产品领域树立形象。但其局跟性是当该产品领域被一种全新的技术所代替时，该产品销售量有大幅度下降的危险。当然这种全新的替代型技术并不是经常出现的，因此，由于顾客类型较多，产品专业化营销的风险较单一，细分市场实行集中化营销的风险要小得多。

4）市场专业化模式

这种模式的基本特征是企业专门为满足某一个顾客群体的需要，经营这类顾客所需要的各种产品。例如，某工程机械公司专门向建筑业用户供应推土机、打桩机、起重机、水泥搅拌机等建筑工程中所需要的机械设备。市场专业化由于经营的产品类型众多，能有效地分散经营风险。但由于集中于某一类顾客，当这类顾客由于某种原因购买力下降时，实行市场专业化的企业也会遇到收益下降的风险。

5）市场全面覆盖模式

这种模式的基本特征是产品能满足各种顾客群体的需要。因此只有实力雄厚的大型企业才有能力选用全面覆盖的模式。例如，美国 IBM 公司在全球计算机市场，日本丰田汽车公司在全球汽车市场以及美国可口可乐公司在全球饮料市场上，均采用全面覆盖的目标市场模式。

3.1.4 网络市场调研存在的问题

1. 在线调查本身的问题

调查表（尤其是调查公司）在互联网上随处可见，请求浏览其网站的每个人都要参与其各种调查。但事实上，许多在线调查表设计得非常糟糕，有时使被调查者占用太多时间、无所适从，甚至感到厌烦，一个设计得不够理想的调查表收集的数据往往是无用的、不完整的、没有代表性的，而且反馈率也不会太高，这样的调查结果自然没有多大使用价值。

人们越来越认识到，在线调查是一个了解顾客的很好渠道，但前提是必须设计一个好的调查表。由于在线调查占用被访问者的上网时间，因此，在设计上更应讲究技巧，应该具备简洁明了的特点，尽可能少占用被访问者的上网时间。另外，在调查内容上也应讲究技巧，应该是网民所关心的内容，或者所感兴趣的内容，在内容文字设计上要讲究简洁、直观、明了。一般一份问卷不要超过 10 分钟，这样可以避免被访问者产生抵触情绪而拒绝填写或者敷衍了事。如图 3-3 所示，为 2006 年全国信息网络安全状况暨计算机病毒疫情调查表（该表没有下载完，它共有两部分，第一部分是信息网络安全状况调查部分，共有 19 个问题；第二部分是计算机病毒疫情调查部分，共有 11 个问题，最后还有对公安机关网络安全管理监察工作的意见、建议）。

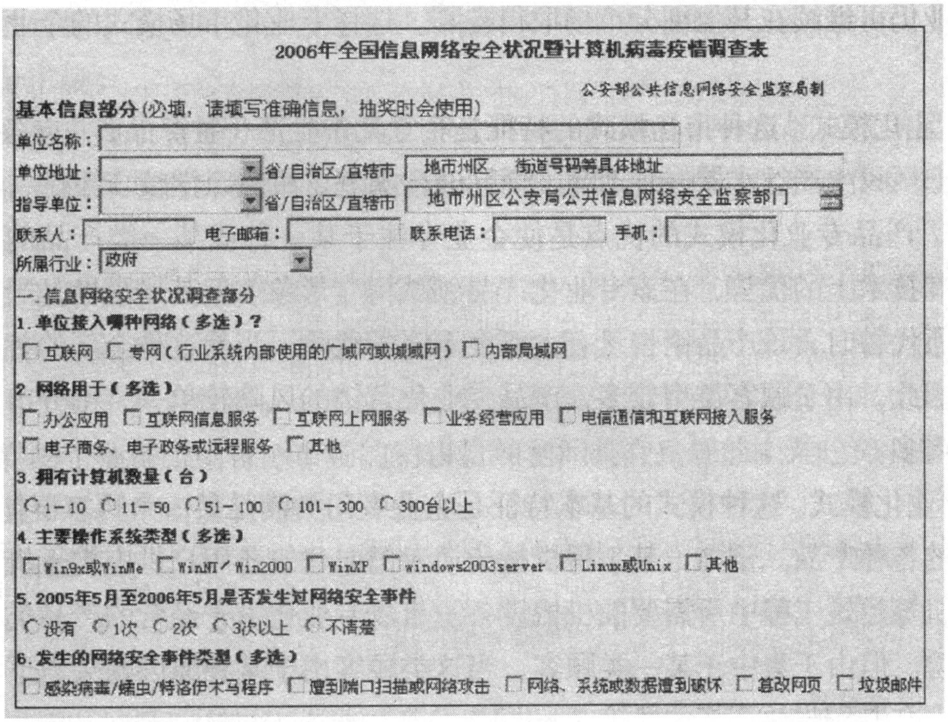

2006年全国信息网络安全状况暨计算机病毒疫情调查表

公安部公共信息网络安全监察局制

基本信息部分(必填，请填写准确信息，抽奖时会使用)

单位名称：

单位地址：　省/自治区/直辖市　地市州区　街道号码等具体地址

指导单位：　省/自治区/直辖市　地市州区公安局公共信息网络安全监察部门

联系人：　电子邮箱：　联系电话：　手机：

所属行业：政府

一.信息网络安全状况调查部分

1.单位接入哪种网络（多选）？

□互联网 □专网（行业系统内部使用的广域网或城域网）□内部局域网

2.网络用于（多选）

□办公应用 □互联网信息服务 □互联网上网服务 □业务经营应用 □电信通信和互联网接入服务

□电子商务、电子政务或远程服务 □其他

3.拥有计算机数量（台）

○1－10 ○11－50 ○51－100 ○101－300 ○300台以上

4.主要操作系统类型（多选）

□Win9x或WinMe □WinNT/Win2000 □WinXP □windows2003server □Linux或Unix □其他

5.2005年5月至2006年5月是否发生过网络安全事件

○没有 ○1次 ○2次 ○3次以上 ○不清楚

6.发生的网络安全事件类型（多选）

□感染病毒/蠕虫/特洛伊木马程序 □遭到端口扫描或网络攻击 □网络、系统或数据遭到破坏 □篡改网页 □垃圾邮件

图 3-3　2006 年全国信息网络安全状况暨计算机病毒疫情调查表

如果你需要调查资料，可以在自己的网站上设置一个在线调查表，或者向咨询公司咨询，也可以请专业调查公司为你做调查，无论你采取那种方式，下面所述的一般指导方针对于取得理想的调查结果都会有所帮助。

① 调查问题应该像一首好诗，力求简明扼要，可有可无的问题或者没有太多实际价值的资料无须出现在调查表中，因为现代人总是没有太大的耐心去回答一些无关紧要的问题，何况在互联网上填写在线表单。

② 调查问题应该容易回答，好的调查表应该像一个好的网站一样实用，提问不要像在研究院里那样——特别是当调查对象是一般读者时。试着站在被调查者的位置想想。

③ 调查应该让被调查者有一种参与某种重要活动的感觉，填写调查表就好像帮助自己或所关心的人，通常情况下，提供一定的激励措施会有明显的作用。

④ 调查问题不应有偏见或误导，避免使用晦涩、纯商业以及幽默等容易引起人们误解或有歧义的语言，同时，不要把两种及以上的问题放在一个问题中，例如，“你认为这个网站是否易于浏览且有吸引力？”这样的问题将使回答者在不完全肯定时无法选择。

⑤ 调查表中的所有问题都应设计得能够得到精确答案。首先明确通过调查要达到什么目的，所有问题都要围绕主题。网络调查是一个蓬勃发展的新行业，我们会在许多地方看到网络调查，只有设计正确的调查表，才能得到正确的反馈信息。

2．一般可能存在的问题

① 参与调查群体的代表性。被调查的网络样本对您希望调查的群体是否有足够的代表性？网民的构成决定着预定的被调查者是否构成群体规模，如果被调查对象规模不够大，就意味着不适合在网上进行调查，因此，网络调查要看具体的调查项目和被调查者群体的定位。

② 被调查者的参与性。与传统方式不同，网民可以在不面对调查者的情况下，在一种相对轻松和从容的气氛下填写问卷，达到面对面提问无法比拟的效果。但如果被调查者不愿意回答问卷。即使他对所调查的问题感兴趣也可能不填写问卷，因为这会花费他的时间，特别是在调查内容比较多的情况下。

③ 调查结果的可靠性。如果调查结果不涉及利益或情感的冲突，调查结果可靠性可能比较高，但如果涉及利益冲突，调查的客观性就成了问题。

④ 要遵循网络行为规范和文化准则。在网上调查不能用轰炸式的邮件调查方式，因为不经受众允许就发出调查表是一种侵犯隐私权的冒犯行为。此外，网络是一种非正式的场合，问卷应轻松诙谐一些，以增加调查的趣味性。

3．样本数量

样本数量难以保证是网络调查的最大局限之一，因为到目前为止还没有权威的统计资料说明有多大比例的访问者愿意参与在线调查。如果有一个网站有 25%的访问者愿意参与在线调查（当然，这是比较理想的状况了，实际的情况也许要更低一些），这样对于一个访问量较低的网站来说，如何吸引人参与调查是一种挑战。因为如果没有足够数量的样本，调查结果就不能反映总体的实际状况，那么，这种调查也就失去了意义。

在企业利用网络调查时，由于网站访问量小，参与调查的人数就更加少，这样，为了达到一定的样本数量，就需要较长的时间。对于大多数网站来说，重复用户的比例总是多于网站新增加用户数量的比例，当调查表放置一段时间后，长期客户将不会重复参与调查，因此，参与调查者的数量增长会越来越慢，而且网站上长时间放置同样的内容也会给网站形成内容陈旧的印象。由于市场形势变化很快，几个月前的资料可能就已经没有价值了，如果调研资料的获取和分析耗时较长，即使投入很多人力、物力和资金，但得到的结果也很可能失去愿望中的意义了。

4．样本质量

样本质量难以保证也是网络调查的局限之一。由于网络调查的对象仅限于上网的用户，即使在上网用户中网民结构也有明显的特征。统计表明，上网用户的特点主要表现在有较高的学历、年轻人和专业技术人员比重较大。我国上网的用户总人数截止到 2006 年 12 月 31 日为 13 700 万人，其中专线上网网民人数为 2710 万人，拨号上网网民人数为 3900 万人，宽带上网网民人数为 9070 万人，手机上网网民人数为 1700 万人。在性别构成上，男性占 58.3%。女性占 41.7%，用户年龄段见表 3-3。

表 3-3　网民的年龄分布

年　龄　段	比　　例	年　龄　段	比　　例
18 岁以下	17.2%	36 ~ 40 岁	8.2%
18 ~ 24 岁	35.2%	41 ~ 50 岁	6.2%
25 ~ 30 岁	19.7%	51 ~ 60 岁	2.2%
31 ~ 35 岁	10.4%	60 岁以上	0.9%

由于以上这些原因，从网民中随机抽样取得的调查结果可能与消费者总体之间有一定的误差，因此，网络调查的抽样范围有一定的限制，抽取的样本有时甚至可能无法正确反映总体的状况，这些问题需要引起充分的重视。

5．一些常见的问题

在线调查表设计中的一些常见问题主要表现在以下几个方面。

① 调查内容过多。由于调查内容过多，使得参与者没有耐心完成全部问卷调查。如果一个在线调查在 10 分钟之内还无法完成，一般的被调查者都难以忍受，除非这个调查对他非常重要，或者是为了获得奖品才参与调查，即使完成了调查，也隐含一定的调查风险。

② 对调查的说明不够清晰。一份完整的问卷调查在调查问题之前首先应该对调查做出必要的说明，如果对调查说明不够清晰，将会降低被调查者的信任和参与兴趣，结果是参与调查的人数减少，或者问卷回收率低。

③ 调查问题描述可能造成歧义或者不够专业。这种情况会造成被调查者难以决定最适合的选项，不仅影响调查结果的可信度，甚至可能使得参与者未完成全部选项即中止调查。

④ 遗漏重要问题选项。有些问题可能的回答很难全部罗列出来，使得参与者无法从中选择自己认为最合适的条目，这种状况会降低调查结果的可信度，但是至少不能遗漏重要的问题选项，尤其是倾向性的“遗漏”。

⑤ 调查数据没有实际价值。有些问卷调查在设计时缺乏严密的考虑，尽管将认为有必要的问题都罗列出来，但在调查结果统计处理时发现，有些调查数据并没有实际价值，

或者与调查报告所需要的信息不尽一致，这样不仅造成了调研资源的浪费，也会影响调查报告的价值。这个问题在实际工作中很常见。

⑥ 过多收集被调查者的个人信息。有些在线调查对参与者的个人信息要求较多，从真实姓名、出生年月、学历、收入状况、地址、电话、电子邮箱甚至连身份证号码也要求填写，由于担心个人信息被滥用，甚至因此遭受损失，很多人会拒绝参与这样的调查，或者填写虚假信息，其结果问卷的回收率较低，影响在线调查的效率，并且可能影响调查结果的可信度。一般来说，收集用户的个人信息应尽可能简单。

3.2 网络市场调研

3.2.1 网络市场调研步骤

网络市场调研的一般步骤为：明确问题与确定调研目标、制定调查计划、收集信息、分析信息、提交报告，如图 3-4 所示。

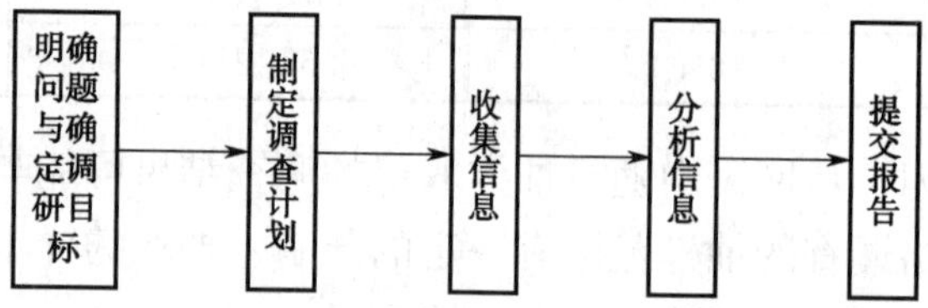

图 3-4　网络市场调研的步骤

1. 明确问题与确定调研目标

明确问题和确定调研目标对使用网络搜索的手段来说尤为重要。Internet 是一个永无休止的信息流。开始搜索时，你可能无法精确地找到所需要的重要数据，不过你肯定会沿路发现一些其他有价值、抑或价值不大但很有趣的信息。这似乎验证了 Internet 的信息搜索的定律：在网上你总能找到你不需要的东西。其结果是，你为之付出了时间和上网费的代价。

因此，在开始网络搜索时，头脑里要有一个清晰的目标并留心去寻找。一些可以设定的目标是：

① 谁有可能想在网上使用你的产品或服务？

② 谁是最有可能要买你提供的产品或服务的客户？

③ 在你这个行业，谁已经上网？他们在干什么？

④ 你的客户对你竞争者的印象如何？

⑤ 在公司日常的运作中，可能要受哪些法律、法规的约束？如何规避？

2. 制定调查计划

(1) 资料来源

资料来源主要用来确定收集的是二手资料还是一手资料（原始资料）。

(2) 调查方法

网络市场调查可以使用专题讨论法、问卷调查法和实验法。

① 专题讨论法借用新闻组、邮件列表讨论组和 BBS 的形式进行。

② 问卷调查法可以使用 E-mail（主动）分送和在网站上刊登（被动）等形式。

③ 实验法则是选择多个可比的主体组，分别赋予不同的实验方案，控制外部变量，并检查所观察到的差异是否具有统计上的显著性。这种方法与传统的市场调查所采用的原理是一致的，只是手段和内容有差别。

(3) 调查手段

调查手段一般有以下几种。

① 在线问卷。其特点是制作简单、分发迅速、回收方便。但要注意问卷的设计水平。

② 交互式电脑辅助电话访谈系统。这是利用一种软件程序在电脑辅助电话访谈系统上设计问卷结构并在网上传输。Internet 服务器直接与数据库连接，对收集到的被访者答案直接进行存储。

③ 网络调研软件系统。这是专门为网络调研设计的问卷链接及传输软件，它包括整体问卷设计、网络服务器、数据库和数据传输程序。

(4) 抽样方案

抽样方案主要用来确定抽样单位、样本规模和抽样程序等。

(5) 联系方法

采取网络交流的形式。如 E-mail 传输问卷、参加网络论坛等。

3. 收集信息

随着互联网的发展，资料收集方法日益快速便捷，互联网没有时空和地域的限制，因此，网络市场调研可以在全国甚至全球进行。同时，收集信息的方法也很简单，直接在网上递交或下载即可。这与传统市场调研的收集资料方式有很大的区别。

4. 分析信息

分析信息是网络市场调研的一个非常关键的一步，调查人员如何从数据中提炼出与调查目标相关的信息，直接影响到最终的结果。要使用一些数据分析技术，如交叉列表分析技术、概括技术、综合指标分析和动态分析等。

目前国际上较为通用的分析软件有 SPSS、SAS 等。网络信息的一大特征是即时呈现，而且很多竞争者还可能从一些知名的商业网站上看到同样的信息，因此，分析信息能力相当重要，它能使你在动态的变化中捕捉到商机。

5．提交报告

调研报告的撰写是整个调研活动的最后一个阶段。报告不是数据和资料的简单堆砌，调研人员不能把大量的数字和复杂的统计技术扔到管理人员面前，否则就失去了调研的价值。

正确的做法是把与市场营销关键决策有关的主要调查结果报告出来，并以调查报告所应具备的正规结构写作。

3.2.2 网络市场直接调研

网络市场直接调研指的是为当前特定的目的在网上收集一手资料或原始信息的过程。直接调研的方法有观察法、专题讨论法、在线问卷法等。

1．观察法

（1）观察法的含义

观察是日常生活和网络市场调研不可缺少的活动和手段。通过观察去了解周围的各种现象，特别是对本企业产品的评价，从而使调研者能够从事物的现场获得鲜活的第一手资料，了解现实情景中事物的发展进程。

观察法指的是调查对象的行动与意识，调查员边观察边记录以收集信息的方法。观察法一般比较多地用于工厂、现场的机械使用状况调查等生产资料的调查中，有时也被应用于街头观察和店铺内的观察等方面。

研究者通过观察，能够了解事物发生的背景，发现平时容易忽略的事物和参与者在访谈中不愿谈论的事物等，从而进行一定的推理。由于观察中经常会出现无法预测的“偶然”的情况，因此，观察结果具有一定的新颖性。

（2）观察法获得的数据

① 环境信息，包括物理环境及其结构。

② 人的信息，包括人的组织结构、被观察者的特征（如性别、年龄等）。

③ 相互关系信息，包括人与人之间、人与环境之间的各种相互作用关系，这些关系可以是正式的或非正式的、计划的或非计划的、言语的或非言语的等。

④ 教育环境信息，包括教育的资源与组织、教学风格和课程设置等。

（3）观察法的特点

观察法具有如下突出特点。

① 观察自然环境或人工环境下发生的事件。在自然情境下，事物发展很少受人的主观意愿影响，观察结果能较真实地反映事物发展的内在规律；而有些观察则是在人工或实验室情境中进行的，在这些情境下，研究者设置了各种环境，通过观察被观察者在不同环境下的活动特点，从而了解事物发展的规律。

② 具有目的性、系统性、计划性。科学研究的观察是为了探讨事物发展的内在规律，

它必须遵循科学研究的原则，而目的性、系统性和计划性正是科学研究的重要准则。

③ 观察变量包括描述、推理和评价。在观察活动中，有时是描述事物的发展过程，有时是要从现象中推导出某种结论，而有些情况下则是对现象做出判断和评价。

2. 专题讨论法

① 确定要调查的目标市场。

② 识别目标市场中要加以调查的讨论组。

③ 确定可以讨论或准备讨论的具体话题。

④ 登录相应的讨论组，通过过滤系统发现有用的信息，或创建新的话题让大家讨论，从而获得有用的信息。

3. 在线问卷法

在线问卷法即请求浏览其网站的每个人参与企业的各种调查。在线问卷法可以委托专业公司进行，其步骤如下。

① 向相关的讨论组发去简略的问卷。

② 在本企业的网站上放置简略的问卷。

③ 向讨论组送去相关信息，并把链接指向放在自己网站上的问卷。

要注意的是，在线问卷不能过于复杂、详细，否则会使被调查者产生厌烦情绪，从而影响问卷调查所收集数据的质量。另外，也可采取一定的激励措施，如提供免费礼品、抽奖送礼等，但一定要兑现。

3.2.3 网络市场间接调研

网络市场间接调研指的是网络二手资料的收集。二手资料的来源有很多，如政府出版物、公共图书馆、大学图书馆、贸易协会、市场调查公司、广告代理公司和媒体、专业团体、企业情报室等。其中许多单位和机构都已在网上建立了自己的网站，各种各样的信息都可通过访问其网站获得。再加上众多综合型 ICP（互联网内容提供商）、专业型 ICP，以及成千上万个搜索引擎网站，使得互联网的二手资料的收集非常方便。

互联网上虽有海量的二手资料，但要找到自己需要的信息，首先必须熟悉搜索引擎（Search Engine）的使用，其次要掌握专题型网络信息资源的分布。

1. 利用搜索引擎查找资料

目前著名的中文搜索引擎有 Google 搜索引擎、百度搜索引擎、一搜搜索引擎、中国搜索引擎、新浪搜索引擎、搜狐搜索引擎、网易搜索引擎、北大天网中英文搜索引擎等。

2. 利用邮件列表和电子邮件调研

（1）加入邮件列表

一些网站为了维护与用户的关系，常常将一些有价值的信息以新闻邮件、电子刊物等形式免费向用户发送，同时也可在此进行调研。通常只要进行简单的登记就可加入邮件列表了。邮件列表可以单向，也可以双向进行，当对某一批顾客进行调研时，可以使用双向功能，使信息反馈变化迅速、快捷、方便。

（2）电子邮件调研

电子邮件同传统调研中的邮寄调查表的道理一样，将事先设计好的调查表发送到被调查者的邮箱里，或者在电子邮件正文中给出一个网址链接到在线调查表的页面。这种方式在一定程度上可以对用户成分加以选择，并节约被访问者的上网时间，如果调查对象选择适当且调查表设计合理，往往就可以获得相对较高的问卷回收率。

3. 利用相关的网络数据库查找资料

网络数据库有付费和免费两种。在国外，市场调查用的数据库一般都是付费的。我国的数据库业近十年有较大的发展，近几年也出现了几个 Web 版的数据库，但它们都是文献信息型的数据库。以下有选择地介绍目前国际上影响较大的几个主要商情数据库检索系统。

（1）Dialog 系统

Dialog 系统是目前国际上最大的国际联机情报检索系统之一，原来属于洛克希德公司，中心设在美国加利福尼亚州，1988 年被 Knight-Ridder 公司收购，属于经济与商业方面的数据库文档有 149 个。

（2）ESA-IRS 系统

ESA-IRS 系统是欧洲最大的联机信息检索系统，主要提供欧洲国家公司财政信息的公司金融文档（Newsline/Nextline）等，这些文档可以与系统的数据库相互补充。系统拥有的数据库中，虽有近半数与 Dialog 系统相重复，14%与 Orbit 重复，10%与 Brs 重复，25%与 Data-Star 重复，但也有自己所独有的数据库，可以报道英国制造业情况的工业市场信息、介绍经济和开发方面情况的商业信息、提供欧洲国家公司财政信息的公司金融文档等，并可以与这些系统的数据库相互补充。

（3）FIZ Technik 系统

FIZ Technik 系统属德国 FIZ Technik 专业情报中心，总部设在法兰克福，专门从事工程技术、管理等方面的情报服务。在目前使用的 60 个数据库中，商业与经济数据库有 21 个。

（4）DATA-STAR 系统

DATA-STAR 系统属瑞士无线电有限公司。1992 年共有数据库 250 余个，其中商业与经济数据库近 150 个，提供商业新闻、金融信息、市场研究、贸易统计和商业分析等方面的信息。

（5）DUN&BRADSTREET 系统

DUN&BRADSTREET 系统属邓伯氏集团，是世界上最大的国际联机检索系统之一，也是专门的商业与经济信息检索系统。它通过一个全球性的网络将各国的商业数据库连接起来，共存储有 1600 多万家公司企业的档案数据。

（6）STN 系统

STN 系统由德国、日本、美国于 1983 年 10 月联合建成，1984 年开始提供联机服务，由远程通信网络连接着三国的计算机设备。

4. 搜索引擎的价值来源

搜索引擎长期以来一直是最受欢迎、最热门的互联网业务，这是一个无可争议的事实。这个事实也是另一个事实的必然结果，这就是：世界正在通过互联网非常急速地从“信息时代”走进“信息经济时代”。

商业价值重点的延伸和转移正在推动搜索引擎的价值不断提升，价值来源也在不断扩展。在目前和可预见的未来，搜索引擎的价值主要来源于以下几个方面。

（1）信息发现

信息发现是一个信息从无到有的过程。通过搜索引擎，人们可以找到和发现以前所不知道的信息，这正是 Yahoo 当年的基本使命。在这里，搜索的价值来源于信息本身的价值。

（2）信息处理

信息处理是一个信息从无序到有序、从粗糙到精细的过程。通过搜索，人们可以从大量的、无序的信息中得到少量的、有序的信息，单位信息的价值得以提升，获取单位价值信息的时间和成本得以降低。在这里，搜索的价值来源于对时间的节省。

（3）信息私有

信息私有是一个信息从公共到私有的过程。正如大家同时拥有相同的交通工具并不能给任何人以竞争优势一样，在一个竞争社会里，众所周知的完全公共化的信息也不能给任何人带来竞争优势，也不是核心竞争力所在。能够带来竞争优势和核心竞争力的信息必须是稀缺的、垄断的，必须是“私有的”。通过更加智能化、个性化或辅之以人工的搜索，人们有望获取这样的信息。在这里，搜索的价值来源于信息的稀缺和相对垄断。

（4）知识发现

知识发现是一个从数据、信息到知识的过程。通过搜索技术与专家介入相结合的方式，从互联网上搜寻和加工信息，借助搜索和人工进行信息的个性化和私有化，借助智能化技术和专家对信息进行知识挖掘，进一步发现隐藏在信息背后的知识，这是知识时代、知识经济和知识管理对搜索提出的任务，也是搜索引擎新的发展方向。

（5）协同整合

协同整合是一个信息和知识从孤立、分离到协同、整合的过程。信息和知识都是相互关联的，与搜索关联的信息和知识也与其他方面的信息（如广告和广告目标受众的信息）和知识相关联——这正是搜索排名广告和内容关联广告得以大行其道的基础。原理上，网络广告的效率和成本与广告目标的精确程度密切相关，而网上搜索行为（如关键词的选择）则对网民的偏好有所揭示，两者结合的结果更加精确地定位和细化了网络广告的目标受众，大大提高了广告的有效性，从而对广告主形成了巨大的吸引力。

以上 5 个方面也许只是搜索业务价值来源的一部分，未采的搜索业务必定有着更加丰富多彩的价值来源。互联网的魅力就在于其发展常常超越人们的理性思考，常常在意想不到的地方给人以惊喜，搜索引擎近年来的腾飞又在展现这种魅力。

3.2.4 网络调研样本的选择

1. 样本基本概念

（1）总体与个体

总体指的是研究对象的全体，称为总体或母体。而组成总体的每个单元称为个体。

① 研究对象的全体，指的是研究对象某个数量指标的全部取值，由于一个数量指标通常就是一个随机变量，因此，总体是指某随机变量的取值的全体。而其中的每个值都是一个个体。例如，工厂生产一批晶体管，共 100 000 件。其直流放大系数是一个随机变量，10 000 件产品直流放大系数数据的全体称为总体，而其中的一个数据则是一个个体。

② 如果要研究的不是一个，而是几个数量指标，如对一批晶体管不仅要研究其直流放大系数，还要研究集电极——发射电极反向电流时，则要分为几个总体来研究。

③ 总体的有限和无限类型随研究的问题而定，对于上述的一批晶体管而言，总体是有限的；但有时根据研究的需要，我们常把相同条件下生产的所有晶体管看成一个总体，显然，此时它是一个无限总体。

（2）样本与样品

样本指的是从总体中随机抽取的若干个个体的总和，也称子样。而组成样本的每个个体称为样品。样本中所有的样品的数目称为样本容量或子样大小，样本容量常用符号 n 代表。

例如，从批量为 10 000 的一批晶体管中随机抽取 20 件进行检查，被抽查的 20 件产品称为样本，而其中每一件产品称为样品，样本大小为 20。由于人们通常只获得样本数据，故简称为数据。

（3）样本与总体

人们从总体中抽取样本的目的是根据样本数据对总体的数字特征和分布规律进行推断、估计和检验。

① 自然，由样本推断和估计总体很难做到完全精确和可靠，必须采取措施获得比较精确和具有一定可靠性的推断。其措施涉及两方面的问题，即抽取样本的方法和统计推断的方法。

② 当样本的抽取满足下列两个条件时，样本将能很好地反映总体的统计规律性。

样本容量 n 足够大。样本容量越大，推断的结论越准确，可靠性越高。

采用随机抽样，即总体中每个个体被抽到的机会均等，即使一个个体被抽取后，总体的成分也不变。换句话说，每个样品的抽取都是一次独立的重复试验。

2. 随机抽样

随机抽样包括简单（单纯）随机抽样、分层抽样、整群抽样和等距（系统）抽样。

（1）简单（单纯）随机抽样

简单随机抽样，也叫做单纯随机抽样，指的是从总体中不加任何分组、划类、排队等，完全随机地抽取调查单位。其特点是：每个样本单位被抽中的概率相等，样本的每个单位完全独立，彼此间没有一定的关联性和排斥性。简单随机抽样是其他各种抽样形式的基础。通常只是在总体单位之间差异程度较小和数目较少时，才采用这种方法。

$$P=n/N$$

其中，P 表示任意一个个体，n 表示样本容量，N 表示总体容量。

（2）系统抽样

系统抽样指的是当总体中的个体数较多时，可将总体分成均衡的几部分。然后，按照预先给定的规划，从每一部分抽取一个个体，得到所需要的样本。

（3）分层抽样（又称分类或类型抽样）

分层抽样指的是当已知总体由差异明显的几部分组成时，为了使样本能更充分地反映总体的情况，将总体分成几部分，然后按照各部分所占的比例进行抽样。

（4）整群（分群）抽样

整群抽样指的是依据总体的特征，将其按一定标志分成若干不同的群（组），然后对抽中的群（组）中的单位进行调查的方法。

（5）等距（系统）抽样

等距抽样指的是将总体各单位按一定标志排列起来，然后按照固定和一定间隔抽取样本单位的一种方法。

上述 5 种方法各自有其独特的地方，但其共同点是事先能够计算抽样误差，不致出现倾向性偏差。

（6）实用随机抽查

① 下列属于分层抽样特点的是（　　）。

A. 从总体中逐个抽取

B. 将总体分成几层，分层进行抽取

C. 将总体分成几部分，按事先确定的规则在各部分抽取

D. 将总体随意分成几部分，然后进行随机抽取

答案：B。

② 在简单随机抽样中，某一个个体被抽中的可能性是（　　）。

A. 与第 n 次抽样有关，第一次抽中的可能性要大些

B. 与第 n 次抽样无关，每次抽中的可能性都相等

C．与第 n 次抽样有关，最后一次抽中的可能性要大些

D．与第 n 次抽样无关，每次都是等可能抽取，但各次抽中的可能性不一样

答案：D。

③ 某社区有 500 个家庭，其中高收入家庭 125 户，中等收入家庭 280 户，低收入家庭 95 户，为了调查社会购买力的某项指标，要从中抽取一个容量为 100 的样本，记作 a，某学校高一年级有多名女排运动员，要从中选出 3 人调查学习负担情况，记作 b，那么完成上述两项调查应采用的抽样方法是（　　）。

A．a 用随机抽样法，b 用系统抽样法

B．a 用分层抽样法，b 用随机抽样法

C．a 用系统抽样法，b 用分层抽样法

D．a 用分层抽样法，b 用系统抽样法

答案：B。

④ 在 100 个零件中有一级品 20 个，二级品 50 个，从中抽取 20 个作为样本。a 采用随机抽样法，将零件编号为 00，01，…，99，抽签取出 20 个；b 采用系统抽样法，将所有零件分成 20 组，每组 5 个，然后从每组中随机抽取 1 个；c 采用分层抽样法，从一级品中随机抽取 4 个，从二级品中随机抽取 6 个，从三级品中随机抽取 10 个。则下列说法正确的是（　　）。

A．不论用哪种抽样方法，这 100 个零件中每个被抽到的概率都是 1/5

B．a，b 两种方法，这 100 个零件中每个被抽到的概率都是 1/5；c 并非如此

C．a，c 两种方法，这 100 个零件中每个被抽到的概率都是 1/5；b 并非如此

D．用不同的抽样方法，这 100 个零件中每个被抽到的概率是各不相同的

答案：A。

⑤ 某校高中生共有 900 人，其中高一年级 300 人，高二年级 200 人，高三年级 400 人，现采用分层抽样抽取容量为 45 的样本，那么高一、高二、高三各年级抽取人数分别为（　　）。

A．15，5，25　　B．15，15，15

C．10，5，30　　D．15，10，20

答案：D。

3．非随机抽样

非随机抽样包括任意抽样、判断抽样和配额抽样。网络进行的关于产品或服务等方面的调研，常常用到非随机抽样。

（1）任意抽样

任意抽样指在偶然的机会或方便的情况下，由调查者根据自身的需要或兴趣任意选取样本。例如，许多企业设立了 BBS 以供访问者对企业产品进行讨论，或者参与某些专题新闻组的讨论，以便更深入地获取有关资料。如果调查部门对某个用户的问题或观点

有兴趣，就可以随时联系该用户进行个案调查。虽然新闻组和 BBS 信息不够规范，需要专业人员进行整理和归纳，但由于是用户自发的感受和体会，因此，传达的信息也是最接近市场和最客观的，有助于企业获取一些问卷调查无法发现的信息，要特别引起注意。

（2）判断抽样

判断抽样是根据调查者的主观判断来抽取样本。该抽样的适用范围如下。

① 总体范围较小，总体各单位之间差异较小。

② 用于探索性研究，如为问卷设计、进行正式抽样调查等打下基础。

（3）配额抽样

配额抽样是将总体中的所有单位按其属性或特征，以一定的分类标准划分成若干层次或类型，然后在各层中由调查者主观确定各层中抽样的样本，并且保持适当的比例。该抽样的适用范围如下。

① 根据过滤性问题立即进行市场分类，确定被访者所属类型，然后根据被访者的不同类型提供适当的问卷。

② 调研者创建了样本数据库，将填写过分类问卷的被调查者进行分类重置。最初问卷的信息是用来将被调查者进行归类分析，将被调查者按照专门的要求进行分类。在正式市场调查开始时，可以从不同的全体中按照一定的比例选取样本，即进行配额，只有那些符合调查条件的被调查者才能填写适合该类特殊群体的问卷。

3.3 网络市场调研实例

3.3.1 在线问卷调查设计步骤

利用 Internet 进行市场调查是一种非常有效的方式，但对于每个环节都要考虑周到。一般在线问卷调查设计步骤可分为：事前准备、问卷调查的设计、事后定稿 3 个阶段进行。

1．事前准备阶段

在事前准备阶段，首先要围绕调查主题考虑提出哪几方面的问题，这些问题是否满足了调查主题的要求。因此，要尽可能请有经验的营销专家和业务工作者帮助设计，力求问卷的内容切合实际。然后，要根据所确定的调查方法和调查资料分析的要求确定问卷设计的原则。最后，可先设计问卷草案，等事前小范围试验取得依据后，再设计正式问卷。

市场调查的原则是遵循科学性与客观性。调研人员自始至终均应保持客观的态度去寻求反映事物真实状态的准确信息，去正视事实，接受调查的结果。不允许带有任何个人主观的意愿或偏见，也不应受任何人或管理部门的影响或“压力”去从事调研活动。调研人员的座右铭应该是：“寻找事物的本来面目，说出事物的本来面目”。市场调查的客观性还强调了职业道德的重要性。应当采用科学的方法去设计方案、定义问题、采集数据和分析数据，从中提取有效的、相关的、准确的、可靠的、有代表性的当前信息资料。

2. 问卷调查的设计阶段

问卷调查的设计阶段的内容包括确定问卷的结构、内容分布、调查中所提问的问题设计、问题备选答案的设计、提问顺序的设计以及问卷的版面格式设计等。这个阶段在整个问卷设计中是十分重要的，必须认真反复地讨论和推敲。

一份完整的网络问卷调查通常包括如下几个部分：卷首语、问题指导语、问卷主体以及结束语。

① 卷首语主要用来说明由谁执行此项调查，调查目的、意义何在。其主要功效是使被调查者感到正在进行的调查项目是合理、合法的，是值得他们花些时间和精力来认真填写的。卷首语虽然不是问卷的主体部分，但它的作用不容忽视，即消除顾虑、取得被调查者的信任，所以一定要注上明确的单位名称、地址、联系电话和网址。

② 问题指导语（填表说明）主要用来向被调查者解释怎样以及如何正确地填写问卷。

③ 问卷主体主要包括问题和备选答案，是问卷的核心部分。问题的类型可以分为开放型和封闭型。网络市场调查中有的在线问卷特别是 E-mail 问卷多采用封闭型问卷，即在提出问题的同时，给出备选的答案。封闭型问卷的优势非常明显，节省时间、回收率较高、资料便于统计处理和进行定量的分析。

④ 要注意的事项主要有以下几点。

- 考虑被调查者的特征及心理特点，设计较满意的问卷，可以使被调查者有兴趣和愿意回答提问。
- 问卷不宜过长。
- 问题应简洁易懂，定义清楚。
- 敏感性的问题应婉转迂回地提出，如用第三人称，而尽量不用第二人称“问”。不要让被调查者产生厌烦甚至反感情绪。

⑤ 结束语主要是感谢语。要做到诚恳、亲切。

3. 事后定稿阶段

事后定稿阶段包括问卷的检查推敲、问卷的模拟试验、问卷的修改及问卷的定稿印刷等工作。

在线问卷设计后需要进行检查，根据预备测试进行修正、印刷、校对等工作。并着重对以下几个问题进行检查。

① 被调查者或被调查区域的文化、传统、宗教、法规等方面的情况。

② 调研的主体要明确、简洁，便于被调查者正确理解和回答。

③ 方便调查人员和数据统计人员的工作，便于调查的整理和处理。

④ 是否采用适当的激励措施和手段。

⑤ 在吸引网民更多参与的同时，也要采用一定的技术手段来杜绝弄虚作假。

4. 在线问卷调查中的注意事项

（1）问卷内容要完整，要符合调查的要求

问卷设计当中要反复调查或经过预调查，分析有无遗漏重要信息，如果问卷内容反映的信息不完整或不一致，有些必要的信息可能从问卷中反映不出来，就会影响其调查效果。

（2）提问要具体准确

问卷设计中必须尽量避免使用一般性的提问。因为一般性问题往往缺乏针对性。例如，您对某企业的印象如何？这样的问题过于笼统，很难达到预期的效果。

确定问题内容时原则上应一题一问，尽量避免一题多问，一个问题内如果事实上包含着若干个问题的内容，结果得到的回答反而会含糊不清，不知道应归属于哪一个问题。例如，您对某企业某产品的价格和服务质量是否满意？这样的问题实际上包括两个方面的问题，这样的回答结果肯定会不符实际的，回答者也很难回答准确。

（3）用词要恰当

问卷提问用语要明白易懂，既便于阅读，又不产生歧义，切忌模棱两可。

① 提问用语不要使用专业名词或令人费解的问句，甚至不要用一些形容词；

② 提问要全面、客观，避免倾向性；

③ 不要在一个问题里面问两种不同的事情；

④ 不要在前提有争议的基础上提问；

⑤ 不要问双重否定问题，以免引起歧义；

⑥ 问卷问题不宜过多，回答问卷时间至多半小时左右。

（4）避免诱导性提问

问卷设计的问题应保持中立，不能暗示或有倾向性，不要诱导被调查者的意愿回答问题，否则会造成调查资料的失真。例如，大家普遍认为××牌子的空调卖得很好，您的印象如何呢？这种引导性的提问会导致两个不良后果，一是被调查者不假思索就同意问题中暗示的结论，直接应付了事；二是由于引导性提问大多是引用权威或多数人的态度，被调查者会产生“从众”心理。

（5）涉及个人的问题应放在问卷的最后

无论哪个国家，对个人信息都有不同程度的自我保护意识，要让用户了解调研目的并确信个人信息不会被公开或者用于其他任何场合。

如果以市场调查为名义收集用户个人信息以展开所谓的数据库营销或者个性化营销，不仅会严重损害企业在消费者，特别是被调查者中的信誉，同时也将损害合法的市场调查。

问卷设计要尽可能避开个人问题，如个人收入问题、个人生活问题、个人政治倾向问题等。这些问题是被调查者不愿回答的。如果实在需要调查个人问题，应最好放在问卷的最后，而且在提问方式上也要间接或婉转一些，把收入分层让被调查者选择的题型效果要明显优于让其直接填写收入的题型，因此应尽量采用前者。

（6）问句要考虑时效性

问卷中的问句要考虑时效性，因为时间过久的问题容易使人遗忘，逼迫被调查者做过长时间的回忆，往往会使其产生抵制调查的心态。例如，您家前年的生活费支出是多少？用于健康食品的支出是多少？用于教育的支出是多少？这种问题只有非常细心的被调查者才可能回答出来。

问卷设计最好按计算机处理要求来设计，能直接被计算机的外部设备读入，以节约时间和提高统计的准确性。

3.3.2 在线问卷调查技术

1. 问卷及其结构

在线问卷调查的一般结构由序言、问题与答案和结束语等部分组成。

（1）序言

序言一般包括问卷调查的标题、目的、意义和填表要求等。序言主要用来向被调查者说明市场调查的主题是什么，调查主办单位是谁，此次调查有何重要性。同时恳请被调查者积极配合和支持。每个问卷调查都有一个调查主题，问卷调查的标题的确定要准确地反映调查的主题，使人一目了然。通过调查说明及填表要求，使被调查者了解调查的目的和意义，消除顾虑，并按一定的要求填写问卷。

问卷调查中必须说明市场调查者的身份。说明身份可以在序言中，也可以在问卷末尾。调查者说明身份有助于打消被调查者的疑虑，不仅要写清楚单位或组织的名称，还应说明地址、电话号码、邮政编码等具体情况，充分体现出市场调查的正规性，取得被调查者的信任。

例如，中国钟表网在线调查表，如图 3-5 所示。

从图 3-5 中可知，该调查表的序言是：“您好！为进一步提高我们钟表网站的服务水平，请您结合自己的实际使用情况，认真填写以下内容，以此帮助我们改进工作中的不足，共同促进中国钟表网的健康发展。”

（2）问题与答案

问题和答案是问卷调查的主要内容，也是市场调查所要收集的主要信息资料的来源。通过这一部分问题的设计和被调查者的答复，市场调查者可以对被调查者的个人基本情况，如性别、年龄、职业等，被调查者对某一特定事物的态度反应和意见倾向以及人们的行为和后果有充分的了解。

如图 3-6 所示，为某汽车贸易公司在线调查表的个人信息资料，该内容放在调查表的最后，并声明，对于个人信息他们有义务保密。

（3）结束语

结束语放在问卷的最后。一方面对被调查者的积极合作表示诚恳的感谢，另一方面还应向被调查者征询对市场问卷调查设计的内容的意见和想法。征询意见可用具体的问题表示出来。

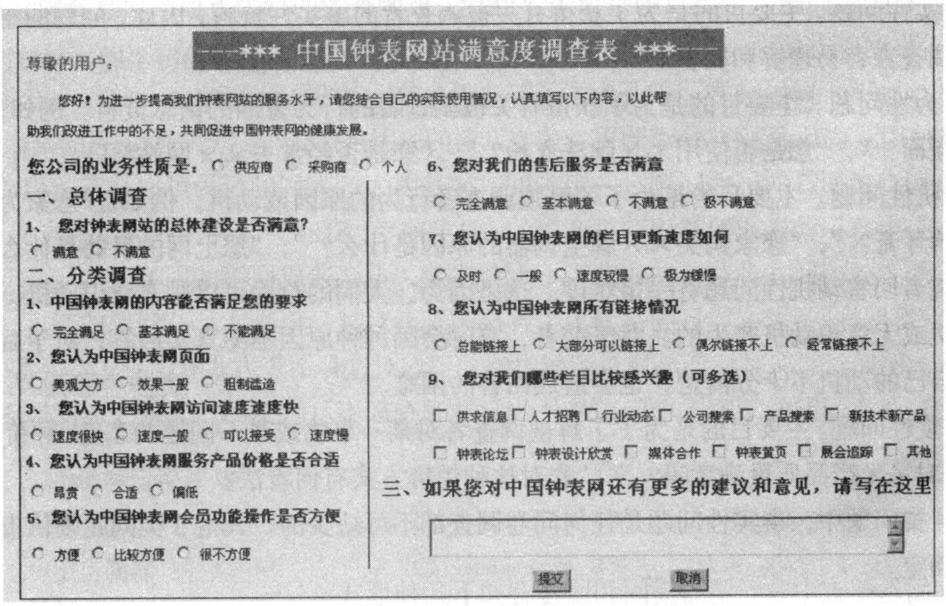
----*** 中国钟表网站满意度调查表 ***----

尊敬的用户：

您好！为进一步提高我们钟表网站的服务水平，请您结合自己的实际使用情况，认真填写以下内容，以此帮助我们改进工作中的不足，共同促进中国钟表网的健康发展。

您公司的业务性质是： 供应商 采购商 个人

一、总体调查

1、 您对钟表网站的总体建设是否满意？

满意 不满意

二、分类调查

1、中国钟表网的内容能否满足您的要求

完全满足 基本满足 不能满足

2、您认为中国钟表网页面

美观大方 效果一般 粗制滥造

3、 您认为中国钟表网访问速度速度快

速度很快 速度一般 可以接受 速度慢

4、您认为中国钟表网服务产品价格是否合适

昂贵 合适 偏低

5、您认为中国钟表网会员功能操作是否方便

方便 比较方便 很不方便

6、您对我们的售后服务是否满意

完全满意 基本满意 不满意 极不满意

7、您认为中国钟表网的栏目更新速度如何

及时 一般 速度较慢 极为缓慢

8、您认为中国钟表网所有链接情况

总能链接上 大部分可以链接上 偶尔链接不上 经常链接不上

9、 您对我们哪些栏目比较感兴趣（可多选）

供求信息 人才招聘 行业动态 公司搜索 产品搜索 新技术新产品 钟表论坛 钟表设计欣赏 媒体合作 钟表黄页 展会追踪 其他

三、如果您对中国钟表网还有更多的建议和意见，请写在这里

提交 取消

图 3-5 中国钟表网在线调查表

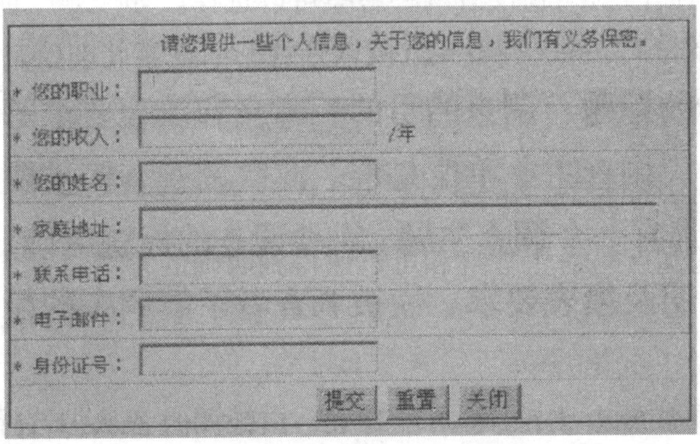
请您提供一些个人信息，关于您的信息，我们有义务保密。

* 您的职业：
* 您的收入： /年
* 您的姓名：
* 家庭地址：
* 联系电话：
* 电子邮件：
* 身份证号：

提交 重置 关闭

图 3-6 调查表中的个人信息资料

例如，您对这份问卷的内容有何看法：①很有意义；②可能会起些作用；③意义不大；④不必要；⑤没过多考虑。

结束语要求简短明了。有的问卷也可以不要结束语，但也要有对被调查者表示感谢的语句。

2. 调查问题的类型

在问卷调查中，调查人员向被调查者收集市场信息资料，主要通过以下 4 种类型的问题。

① 事实性问题。主要目的是为了获得有关被调查者的事实性资料，因此，问题的意思必须清楚，使被调查者容易理解和回答。

② 行为性问题。主要目的是为了获得有关被调查者的行为方面的信息资料，例如，“您是否喜欢吃方便面？”“您是否使用××牌洗衣粉？”“您是否经常去××网站？”

③ 动机性问题。主要目的是为了了解被调查者行为的原因或动机。例如，“您家为什么喜欢使用××牌牙膏？”“您家购买××牌空调器的原因是什么？”“您上网的目的是什么？”

被调查者回答动机性问题有一定难度。这是因为，人们的行为可以是有意识动机，也可以是半意识动机或无意识动机产生的。对于前者，有时会因种种原因不愿真实回答；对于后两者，因回答者对自己的动机不十分清楚，也会造成回答的困难。

④ 态度性问题。主要目的是为了了解被调查者对某一事物或某一问题的态度、评价、看法等。例如，“您对××产品质量满意吗？”“您对这种销售方式有何看法？”等。

上述 4 类问题中，第①个问题是任何问卷调查都不可缺少的。其他 3 类问题则依市场调查的目的而定。

3．问题提问的形式

在问卷调查中，问题的提问和回答有如下几种形式。

（1）二项选择式

二项选择式是指提出的问题仅有两种答案可以选择。如“是”或“否”，“有”或“无”等。这两种答案是对立的、排斥的。被调查者的回答非此即彼，不能有更多的选择。

例如，您的婚姻：已婚○　未婚○

您家有电脑吗？有○　无○

您家上宽带网吗？上○　不上○

这种提问形式的优点是易于理解和可迅速得到明确的答案，便于统计处理，分析也比较容易。

（2）多项选择式

多项选择式是根据问题列出多种可能答案，由被调查者从中选择一项或多项答案。

例如，您喜欢下列哪一种品牌的牙膏？（在您认为合适的○内画√）

中华○　芳草○　洁银○　康齿灵○　美加净○　黑妹○

您购买服装时，通常依据哪些因素？

价格○　款式○　品牌○　颜色○　面料○　做工○

您购买电脑时，通常参照哪些参数？

价格○　内存○　品牌○　颜色○　外存○　服务○

（3）填空式

在问题后面加一短线，由被调查者将问题答案写在短线上。

例如，① 您的文化程度________。

② 您的出生年月________。

③ 您的职业________。

（4）矩阵式

矩阵式是将同类的若干个问题及答案排列成矩阵，以一个问题的形式表达出来。这样可以大大节省问卷的篇幅，将同类问题放在一起，特别有利于被调查者阅读和填答。

例如，

您对××牌牛奶的评价（请在○画√）

	非常满意	比较满意	一般	不满意	很不满意
口味	○	○	○	○	○
包装	○	○	○	○	○
价格	○	○	○	○	○

您家庭中耐用消费品的购买和拥有情况如何？（请在适合您的○内画√）

	已有	年内将购买	年内将更新	年内不买
① 彩色电视	○	○	○	○
② 电冰箱	○	○	○	○
③ 录像机	○	○	○	○
④ 洗衣机	○	○	○	○
⑤ 空调器	○	○	○	○

（5）顺位式

顺位式是列出若干项目，由被调查者按重要性决定回答的先后顺序。

例如，“您选购空调的主要条件是（请将所给答案按重要顺序 1，2，3，…填写在○中）

价格便宜○　外形美观○　维修方便○　牌子有名○

经久耐用○　噪声低○　制冷效果好○　其他○

顺位法便于被调查者对其意见、动机、感觉等做衡量和比较性的表达，也便于对调查结果加以统计。但调查项目不宜过多，过多则容易分散，很难顺位。

（6）开放式

开放式也称自由回答式。这种形式是调查者提出问题，但不提供问题的具体答案，由被调查者自由回答，没有任何限制。它适用于调查人们对某一事物和现象的看法。

例如，

您最不喜欢的栏目是哪些？

____。

____。

您希望本刊增加哪些栏目？具体要求是什么？

____。

____。

4. 问卷设计的基本要求

问卷调查是以书面方式向被调查者提问，被调查者根据各种提问做出回答，提供市场现象的有关资料。问卷设计中问题的选择、问题的表达、问题的数量和排列/顺序等，都直接影响着问卷的质量。问卷设计总的要求如下。

① 问卷的问题能保证收集到满足调查目的所需要的全部信息。

② 问卷中的每一个问题都是与调查目的相关的必要的问题,不存在与调查目的无关的问题。

③ 问题的设计和安排通俗易懂，合乎逻辑，被调查者能够做出回答。

④ 问题的设计和安排便于对调查资料的整理、分析和研究。

3.3.3 问卷设计的一般程序和方法

1. 问卷设计的一般程序

（1）确定调研目的、来源和局限

调研过程经常是在市场部经理、品牌经理或新产品开发专家做决策时感到所需信息不足发起的。在一些公司中，评价全部二手资料以确认所需信息是否收集齐全是经理的责任。在另一些公司中，经理将所有的市场调研活动，包括一手资料和二手资料的收集交由市场研究部门去做。

尽管可能是品牌经理发起了市场研究，但受这个项目影响的每个人，如品牌经理助理、产品经理，甚至生产营销经理都应当一起讨论究竟需要些什么数据。询问的目标应当尽可能精确、清楚，如果这一步做得好，下面的步骤会更顺利、更有效。

（2）确定数据收集方法

获得询问数据可以有多种方法，主要有人员访问、邮件、调查表、网页等。每一种方法对问卷设计都有影响。

（3）确定问题回答形式

① 开放式问题。开放式问题是一种应答者可以自由地用自己的语言来回答和解释有关想法的问题类型。也就是说，调研人员没有对应答者的选择进行任何限制。

② 封闭式问题。封闭式问题是一种需要应答者从一系列应答项中做出选择的问题。

③ 量表应答式问题。量表应答式问题是以量表形式设置的问题。

（4）决定问题的措辞

用词必须清楚，避免诱导性的用语，考虑应答者回答问题的能力和意愿。

（5）确定问卷的流程和编排

问卷不能任意编排，问卷每一部分的位置安排都具有一定的逻辑性。有经验的调研人员很清楚问卷制作是访谈双方取得联系的关键。联系越紧密，访问者越可能得到完整彻底的访谈。同时，应答者的答案可能思考得越仔细，回答得越仔细。

（6）评价问卷和编排

一旦问卷草稿设计好后，问卷设计人员应再回过来做一些批评性评估。如果每一个问题都是深思熟虑的结果，这一阶段似乎是多余的。但是，考虑到问卷所起的关键作用，这一步还是必不可少的。

（7）获得各方面的认可

问卷设计进行到这一步，问卷的草稿已经完成。草稿的复印件应当分发到直接有权管理这一项目的各部门。实际上，营销经理在设计过程中可能会多次加进新的信息、要求或关注。不管经理什么时候提出新要求，经常修改是必需的。即使经理在问卷设计过程中已经多次加入，草稿获得各方面的认可仍然是重要的。

（8）测试、修改问卷

问卷初稿设计出来后，并不能马上用于大规模的正式调查，而应选择少数被调查者对问卷进行试回答，以检验问卷设计是否科学、合理，被调查者是否能够回答。根据问卷测试情况进行修改，使问卷趋于完善，最后可以定稿、采用。

（9）实施

问卷填写完后，为从市场获得所需决策信息提供了基础。问卷可以根据不同的数据收集方法并配合一系列的形式和过程以确保数据可正确、高效、合理地收集。

2. 问卷调查的方法

（1）E-mail 问卷

E-mail 问卷就是一份简单的 E-mail，按照已知的 E-mail 地址发出。被访者回答完毕将问卷回复给调研机构，由专门的程序进行问卷准备、列制 E-mail 地址和收集数据。

E-mail 问卷制作方便，分发迅速。由于出现在被访者的私人信箱中，因此能够得到注意。但是，它只限于传输文本，虽然图形也能在 E-mail 中进行链接但与问卷文本是分开的。

（2）交互式 CATI 系统

交互式 CATI 系统利用一种软件语言程序在 CATI 上设计问卷结构并在网上进行传输。互联网服务站可以设在调研机构中，也可以租用有 CATI 装置的单位。互联网服务器直接与数据库连接，将收集到的被访者答案直接进行存储。

交互式 CATI 系统能够对 CATI 进行良好抽样及对 CATI 程序进行管理，还能建立良好的跳问模式和修改被访者答案。他们能够当场对数据进行认证，对不合理数据要求重新输入。交互式 CATI 系统为网上 CATI 调研的使用者提供了一个方便的工具，而且支持程序问卷的再使用。

作为不利的一面，网上 CATI 系统产品是为电话—屏幕访谈设计的。被访者的屏幕格式受到限制，而且 CATI 语言技术不能显示互联网调研在图片、播放等方面的优势。

（3）网络调研系统

有专门为网络调研设计的问卷链接及传输软件，这种软件设计为无须使用程序的方式，包括整体问卷设计、网络服务器、数据库和数据传输程序。一种典型的用法是：问卷由简易的可视问卷编辑器产生，自动传送到互联网服务器上，通过网站，使用者可以随时在屏幕上对回答数据进行整体统计或图表统计。

平均每次访谈，网络调研系统均比交互式 CATI 系统费用低，但对于小规模的样本调研（低于 500 名）的费用都比 E-mail 调研高。低费用是由于使用了网络专业工具软件，而且，网络费用和硬件费用由中心服务系统提供。

3. 中国在线调查系统的特点与基本流程

（1）特点

① 向政府用户、商业用户及个人用户免费开放的调查系统。用户只要根据自己的意愿输入几个关键性参数，即可自动在网站上生成调查表。

② 该系统支持 16 种调查内容分类栏目，调查界面支持嵌入和弹开两种基本模式。该系统支持调查项目个性化界面定制操作，支持调查项目创建、重编辑、删除、用户验证操作。

③ 该系统具有防止重复投选功能，在很大程度上保证了调查结果准确度。

④ 调查表的选项类型包括：单选、多选（文本、数值、单选下拉框）。用户可设置选项是否必填，如果被访者没有填写必填选项，系统会给出提示。

⑤ 用户可在线浏览每个问卷，并可删除无效问卷，提高信息收集的准确率。整个调查活动的组织、管理、发布都可以在 Internet 上进行，实现远程操作。

⑥ 被访者填写的问卷自动收集、汇总到服务器端数据库，调查结果可以自动、即时生成饼形图或柱状图，统计结果可以自动发布在 Internet 上。

（2）流程图

中国在线调查系统的流程图，如图 3-7 所示。

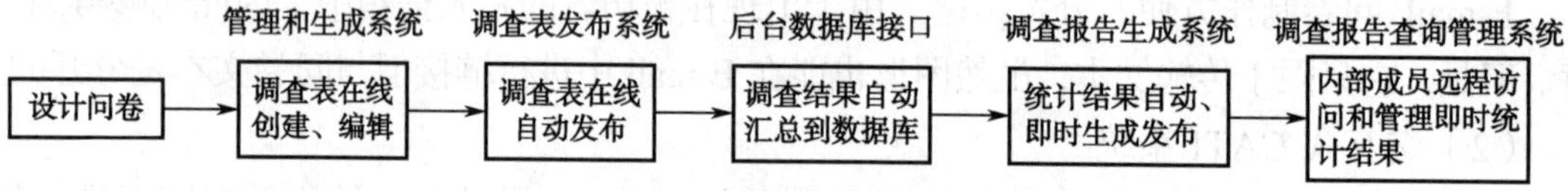

图 3-7　中国在线调查系统流程图

3.3.4 网络问卷调查的优缺点

1. 网络问卷调查的优点

网络问卷调查的优点有以下几方面。

（1）较高的应答率

互联网问卷调查是通过方便应答者而非调查者来完成的。调查表明，用键盘和鼠标可以消除手工填写印刷问卷的沉闷。互联网问卷调查比传统方式有更高的应答率，因为可以直接用 E-mail 与应答者联系。采用 E-mail 问卷调查，即便是一份根据准确抽样分发的设计精美的问卷，也通常得不到应答，因为很多问卷调查表格都被扔进了垃圾桶。互联网问卷调查的保密性，尤其在一些敏感问题上的保密保证，都会在很大程度上比电话和人员访问提高了应答水平。

（2）更准确的应答

无论通过 E-mail 还是在网站上进行问卷调查，都提高了应答的准确率，大大减少了应答错误、人工错误、访问偏差，有效解决了样本分发问题。

① 减少应答错误。应答者有机会问及问卷调查的目的、问题的含义及其他与调查有关的问题。对调查者来说，这些问题是有用的反馈，可以使调查者得到更准确的回答。另外，自动扫描问卷调查可以分辨出漏答和答错的问题，并在提交之前提醒应答者。

② 减少人工错误。不需要重新打印或把结果制成表格，调查结果可以直接以电子表格的形式从问卷转换成数据库。因此，人工输入数据时的错误即使不能全部消灭也能减少很多。

③ 减少访问偏差。E-mail 能够避免“面对面交流所传递的非语言的细微差异”。这表明 E-mail 问卷调查更加可靠，因为它避免了在电话和人员访问时可能出现的由访员造成的偏差。

④ 有效解决样本分发问题。发送 E-mail 问卷时，无法递送的邮件马上就被退回了，调查者便可以迅速地查明刚才发送的邮件被接收的数目，并相应做出调整，以便发送给更多有效的应答者。与此形成对比的是，普通邮寄问卷中无法递送的邮件要在几天或几星期后才能退回。

（3）更多的乐趣

与传统的纸笔形式相比，人们好像更喜欢在网上回答问题。可能因为应答者对新鲜事物非常好奇，以及应答者在任何时候都能够方便地回答问题。后续访问也是又快又方便，这全都归功于应答者对网上问卷调查的好感。

（4）更多的美感

网上问卷调查可以运用动画、声音和影像来提高问卷的吸引力。如果对需要视觉和声音辅助的新产品进行调查，或者是 B2B 的问卷调查，这种方式尤其有效。

（5）更少的花费

使用互联网时，问卷调查的实施费用、应答的制表费以及整理开放式问题答案的费用只是传统开放式访问的一小部分。另外，使用二手信息的花费也少得多，因为很多调查结果可以直接使用而无须打印或重新输入。互联网问卷调查随着应答者的增多，实际上平均成本降低了，再加上调查者不需要雇佣或培训访员，所以成本更低了。

（6）更快的回收速度

E-mail 问卷调查在应答的回收时间上占明显的优势，它的应答回收周期平均要比纸张邮件快 6.5 倍。不仅如此，研究还表明 E-mail 的累积应答回收率呈上升趋势，超过一半的 E-mail 在两天内得到回复，超过 80%的一周内回复。E-mail 问卷减少了把结果制成表格的时间，再加上不需要手工输入，可以直接把接收到的数据下载至数据库或分析软件。这样，调查报告的平均传送时间还不到普通邮件和电话调查方式的1/5。不间断的问卷调查可以在监控下保证信息的及时获取，这对于及时提供信息以辅助决策者做出快速反应尤为重要：还有，因为可以直接下载和处理数据，所以调查者和决策者能够利用互联网在第一时间获得最新的问卷调查结果。

（7）瞬间的全球到达

互联网可以将问卷调查发送给世界各地成千上万的人，只须轻点一下鼠标，如果用其他形式，所费的时间难以想象，而互联网则在几秒之内就将问卷传递到全世界。

2. 网络问卷调查的缺点

（1）自荐偏差

互联网问卷调查最严重的缺点就是自荐偏差，这是因为在互联网上很难对样本进行验证。的确，通常你在网上激怒的人会比找到的合适人选还多，只从愿意回答或给出个人联系方式的网民中抽样就容易产生偏差。

（2）互联网网民不是大众百姓的代表

网民只是全体人口的一小部分，甚至在互联网发达的美国，估计也只有12%的人经常上网。可见，网民绝对不是平民百姓的代表，公司准备用互联网作为数据收集工具时必须考虑到这一点。

（3）连网用户有可能匿名

大家都知道，有些人在上网的时候展现的是完全不同的个性。另外，除非是预先选定的应答者小组，否则要证实一个网民的细节信息是非常困难的，这对调查者来说会影响数据的有效性。

（4）多文化因素

互联网是全球性的，因此文化、语言和方言术语上的差异会产生误解甚至惹怒应答者，所以制作问卷调查时一定要小心。

（5）担心泄露个人信息

许多人都不敢在网上透露自己的资料，因为害怕个人资料会被滥用。许多不负责任的公司将顾客的资料卖给其他公司，那些公司就会给他们发垃圾邮件。调查者应该向应答者保证，他们的资料绝不会被滥用。

（6）缺乏面对面交流的观察

用 Internet 进行问卷调查不能对应答者进行深入细致的观察，而通过有经验的访员或专题小组就可以。这个问题也是普通邮寄问卷调查的缺点。

（7）回答的真实性和重复作答

像很多其他形式的问卷调查一样，网上问卷调查不能保证应答者提供的信息都是真实的。网上是否存在严重的造假倾向目前还不清楚，许多 Internet 问卷调查并不限制人们只答一次。

（8）Internet 调查的应答率会越来越低

可以想象随着时间的推移，填写 Internet 问卷调查的新鲜感将逐渐减弱，用户只会把要求参加问卷调查的请求从他们的电子邮件信箱中删除，这将造成应答率的下降。

3.3.5 网络市场问卷调查实例

例 1：2006 年全国信息网络安全状况暨计算机病毒疫情调查表

一、基本信息部分（必填，请填写准确信息，抽奖时会使用）

单位名称：

单位地址： 省/自治区/直辖市

地市州区 街道号码等具体地址

指导单位： 省/自治区/直辖市 地市州区公安局公共信息网络安全监察部门

联系人： 电子邮箱： 联系电话： 手机：

所属行业： 政府

二、信息网络安全状况调查部分

1．单位接入哪种网络（多选）

○互联网 ○专网（行业系统内部使用的广域网或城域网） ○内部局域网

2．网络用于（多选）

○办公应用 ○互联网信息服务 ○互联网上网服务 ○业务经营应用

○电信通信和互联网接入服务 ○电子商务、电子政务或远程服务 ○其他

3．拥有计算机数量（台）

○1 ~ 10 ○11 ~ 50 ○51 ~ 100 ○101 ~ 300 ○300 台以上

4．主要操作系统类型（多选）

○Windows 9x 或 Windows Me ○Windows NT/Windows 2000 ○Windows XP

○Windows Server 2003 ○Linux 或 UNIX ○其他

5．2005 年 5 月至 2006 年 5 月是否发生过网络安全事件

○没有 ○1 次 ○2 次 ○3 次以上 ○不清楚

6．发生的网络安全事件类型（多选）

○感染病毒/蠕虫/特洛伊木马程序 ○遭到端 ○扫描或网络攻击

○网络、系统或数据遭到破坏 ○篡改网页 ○垃圾邮件

○内部人员破坏或滥用网络资源 ○网络欺诈和盗窃 ○其他

7．如何发现网络安全事件（多选）

○网络（系统）管理员工作监测发现 ○通过事后分析发现 ○通过安全产品发现

○意外发现　○有关部门通知或他人告知　○其他

8. 可能的攻击来源

○内部　○外部　○内外都有　○不清楚

9. 导致发生网络安全事件的可能原因（多选）

○未修补或防范软件漏洞　○网络或软件配置错误　○弱口令

○缺少访问控制　○攻击者使用拒绝服务攻击

○内部人员做案或安全管理存在漏洞　○其他

10. 发现网络安全事件后采取的措施（多选）

○向公安机关报案　○向上级业务主管部门报告

○请网络安全服务单位等协助解决　○自行解决　○其他

11. 目前使用了哪些网络安全产品（多选）

○防火墙　○计算机病毒防治产品　○入侵检测和漏洞扫描

○访问控制和身份鉴别产品　○信息内容过滤产品　○安全审计、远程监控

○虚拟专用网络（VPN）　○网络隔离器　○其他

12. 防火墙产品采用（多选）

○国外产品　○国内产品

13. 计算机病毒防治产品采用（多选）

○国外产品　○国内产品

14. 目前采取了哪些安全管理和技术措施（多选）

○口令加密和访问控制　○存储备份　○制定安全管理规章制度

○制定安全事件应急处置预案和措施　○建立安全组织，确定安全责任人

○其他

15. 安全检查、系统升级和打补丁情况

○随时　○每月　○时间间隔每季度以上

16. 网络安全管理人员情况

○建立网络安全组织　○有专职人员负责　○有兼职人员负责　○其他

17. 是否采购信息安全服务

○是　○否

18. 采购信息安全服务的类型（多选）

○系统维护　○安全检测　○应急响应　○容灾备份与恢复

○风险评估　○信息安全咨询　○其他

19. 网络安全管理存在的主要问题（多选）

○用户安全意识和观念薄弱　○缺乏网络安全管理制度或制度不落实

○网络安全保障经费投入不足　○网络安全管理人员不足，缺乏培训

○缺乏与信息管理部门的沟通，缺乏安全信息共享

○网络安全产品不能满足安全要求　○其他

三、计算机病毒疫情调查部分

1. 感染计算机病毒的次数

○0　○1～2 次　○3～5 次　○5 次以上

2. 感染计算机病毒的种类（多选）

○引导型　○蠕虫　○文件型　○黑客或木马程序

○宏病毒　○脚本病毒或网页病毒　○间谍软件或广告软件

○手机病毒　○其他

3. 感染计算机病毒的时间（多选）

○2005 年 5 月　○2005 年 6 月　○2005 年 7 月　○2005 年 8 月

○2005 年 9 月　○2005 年 10 月　○2005 年 11 月　○2005 年 12 月

○2006 年 1 月　○2006 年 2 月　○2006 年 3 月　○2006 年 4 月

○2006 年 5 月

4. 感染计算机病毒的途径（多选）

○磁盘、光盘、优盘、移动硬盘等存储介质　○电子邮件　○网络浏览或下载

○通过局域网或无线网络　○蓝牙　○其他

5. 最近感染计算机病毒的名称（多选）

○lovgate（爱之门）　○Zafi（灾飞）　○Netsky（网络天空）

○MyDoom（末日）　○Mytob（魔头）　○Worm.Netkiller 2003（蠕虫王）

○Trojan.QQHelper（QQ 助手）　○Trojan.Agent（木马代理）

○Gpigeon（灰鸽子）　○Dasher（黛蛇）　○其他

6. 计算机病毒是否造成破坏

○是　○否　○不清楚

7. 计算机病毒造成的主要危害（多选）

○无影响　○数据受损或丢失　○密码被盗　○受到非法远程控制

○系统使用受限或无法使用　○网络无法使用　○浏览器配置被修改　○其他

8. 安装使用防计算机病毒产品及升级情况

○已安装，定期升级　○已安装，很少升级　○未安装

9. 使用了哪些类型防计算机病毒产品（多选）

○单机版或服务器版防病毒软件　○邮件防病毒网关　○防毒墙

○手机防病毒产品　○其他

10. 是否希望获取病毒应急中心等第三方防治病毒服务

○是　○否

11. 病毒查杀日志：（必填，且大小为 0～300KB）

例 2：协华科技 ISO 客户满意度在线问卷调查

女士、先生：您好！

感谢您对我们工作的支持和帮助！您的意见和建议将促进我们工作的改进，为您提

供更满意的服务！

顾客姓名：________　　　　　　　　　电话：________

E-mail：________　　　　　　　　　单位名称：________

传真：________

请留下您的宝贵意见或建议：

____

____

请您对我们的工作进行客观评价：

____

1．您对本公司技术或业务人员服务态度的评价是

○非常满意　○满意　○一般满意　○有些不满意　○极不满意

2．您对本公司的人员响应速度的评价是

○非常满意　○满意　○一般满意　○有些不满意　○极不满意

3．您对本公司所提供的产品质量的评价是

○非常满意　○满意　○一般满意　○有些不满意　○极不满意

4．您对本公司提供的服务过程和服务效果的评价是

○非常满意　○满意　○一般满意　○有些不满意　○极不满意

5．您对本公司总体服务的评价是

○非常满意　○满意　○一般满意　○有些不满意　○极不满意

××年×月×日

例 3：巧克力市场问卷调查

女士、先生：您好！

为了更好地满足消费者对巧克力的需求，我们××食品厂设计此份问卷。只需要您 10 分钟时间，恳请您回答一些问题。谢谢您的配合和支持！

1．您的性别是

○男　○女

2．您的年龄是（　　）

3．您的职业是

○工人　○农民　○军人　○干部　○大中学生

○公司职员　○小学生及儿童　○其他

4．您的月收入是

○400 元以下　○400 ~ 700 元　○700 ~ 1 000 元

○1 000 ~ 2 000 元　○2 000 元以上

5．您喜爱巧克力食品的程度

○很喜爱　○比较喜爱　○一般　○不太喜爱　○很不喜爱

6．您了解有关巧克力的信息主要是通过（可多选）

○电视 ○广播 ○报纸或宣传材料 ○市场 ○朋友 ○其他

7．您购买巧克力首先关心的是（可多选）

○味觉 ○包装 ○价格 ○品牌 ○保质期 ○其他

8．您对××牌巧克力口味满意程度

○满意 ○较满意 ○一般 ○不太满意 ○不满意

9．您喜欢××牌巧克力应包装的颜色是

○咖啡色 ○红色 ○黄色 ○蓝色 ○绿色 ○白色 ○其他色

10．您认为××牌巧克力应定价在每块

○1～3 元 ○4～6 元 ○7～10 元 ○10 元以上

××年×月×日

例 4：顶点科技在线问卷调查

尊敬的客户：您好！

值此新春来临之际，顶点科技感谢您对我公司的大力支持，并祝大家新年快乐！生意兴隆！万事如意！全家幸福！“为您提供适用的解决方案”是我公司一贯秉持的质量方针，为了继续为您提供更好的服务与相关产品，顶点科技恳请您参加顾客满意度调查，对顶点科技为您提供过的产品及服务的实际质量做出评价，并提出您的宝贵意见，以便我公司在 2005 年继续提高和改进，更好地为您服务。

1．您是通过什么途径知道顶点科技的

○黄页广告 ○网络搜索 ○客户介绍 ○有听说过 ○业务员 ○其他途径

2．您对顶点科技的设计制作水平是否满意

○非常满意 ○比较满意 ○一般 ○不太满意

○很不满意 ○不知道，没涉及过

3．您对顶点科技的网站编程技术是否满意

○非常满意 ○比较满意 ○一般 ○不太满意

○很不满意 ○不知道，没涉及过

4．您的网站建完后，是否达到你预期的效果

○效果非常明显 ○效果比较明显 ○效果一般 ○效果不太好

○没有任何效果 ○不知道，没涉及过

5．您对您网站的稳定性和速度是否满意

○非常满意 ○比较满意 ○一般 ○不太满意

○很不满意 ○不知道，没涉及过

6．您对我公司网络的稳定性和速度是否满意

○非常满意 ○比较满意 ○一般 ○不太满意

○很不满意 ○不知道，没用过

7．您对我公司技术员故障处理速度是否满意

○非常满意 ○比较满意 ○一般 ○不太满意

○很不满意　○不知道，没遇到过

8．您认为我公司提供的服务及相关产品的种类丰富吗

○挺丰富的　○还可以，足够了　○一般　○不太够

○很不够　○不知道，没遇到过

9．您对我公司员工的服务态度是否满意

○非常满意　○比较满意　○一般　○不太满意

○很不满意　○不知道，没遇到过

10．您对我公司邮件回复的规范化及周全性是否满意

○非常满意　○比较满意　○一般　○不太满意

○很不满意　○不知道，没收到过

11．您认为我公司在业内的整体形象如何

○挺好的　○还可以，比较好　○一般　○不太好

○非常不好　○不知道，没有对比过

12．您在使用我们的电话系统时是否出现过突然掉线等故障情况

○不曾出现　○偶尔会出现　○一般　○频度有点高

○太经常这样了　○不知道，没试过

13．您认为我公司业务人员对产品的熟悉程度如何

○普遍很熟悉　○还过得去　○一般　○不太熟悉

○太外行了　○不清楚

14．您是否能从顶点科技对外发布的广告中有效地获得市场或产品信息

○能获得最新最快的消息　○感觉很及时　○一般　○不及时

○好像非常过时的　○不知道，没试过

15．您觉得顶点科技的市场形象如何

○非常好　○好　○一般　○差

○特别差　○不知道，没试过

16．您对我公司的什么产品最满意

○网站建设　○主机租用　○企业邮局　○网站推广

○域名服务　○不知道，没区别

17．您对我公司的希望与建议：

____；

____；

____；

____。

第 4 章

网络营销的战略分析与策划

随着电子商务的发展，网络技术和科学技术的进步，传统的营销战略已经无法顺应时代的需要，而取代它的是现代网络营销战略。目前，世界经济的态势是：一方面，传统商务向 Internet 转移已成为一种不可阻挡的潮流，不管是否愿意，不管是积极投入还是被拖着、拽着，都将迈向 Internet；另一方面，Internet 的发展速度又是惊人的。正像 Cisco 公司的总裁约翰·钱伯斯所言："Internet 不会等待任何人、任何公司、任何国家，因此你跟不上很快就会被别人超过。"所以，及早制定并发展网络营销的应对之策，是任何一家公司都必须认真对待的大事。

4.1 网络营销战略分析

企业战略是指企业为了适应未来环境的变化而寻找长期生存和稳定发展的途径，并为实现这一途径优化配置企业资源，制定总体性和长远性的谋划与方略。营销战略是企业战略的重点，因为企业战略的实质是企业外部环境、企业内部实力与企业目标三者的动态平衡。

随着互联网的发展，从有形市场转向网络市场使企业的目标市场、顾客关系、企业组织、竞争形态、营销手段等发生了变化，企业既面临着新的挑战，也面临着无限的市场机会。企业必须制定相应的网络营销战略，提供比竞争者更有价值、更有效率的产品和服务，扩大市场营销规模，实现企业的战略目标。

4.1.1 网络营销战略目标与内容

1. 网络营销战略的概念

大家都知道，"战略"这个概念最初只用在军事领域。那么，军事领域中使用的"战略"究竟指的是什么呢？军事领域中使用的"战略"指的是战争谋略。研究"战略"本质的关键在于把握"谋略"的本质。谋略是一种大计谋，是对整体性、长期性、基本性问题的规划。军事领域中使用的"战略"就是对战争中整体性、长期性、基本性问题的规划。

在军事领域中有一个与"战略"相对的概念，那就是"战术"。战略与战术有两个共性：第一个是战争性，第二个是谋划性。战略与战术的区别有三个：战略针对的是整体性问题，战术针对的是局部性问题；战略针对的是长期性问题，战术针对的是短期性问题；战略针对的是基本性问题，战术针对的是具体性问题。

那么对企业来说，所谓“企业战略”，其实就是对企业的谋略，就是对企业整体性、长期性、基本性问题的规划。

对于现代企业来说，互联网已经从根本上改变了它们的运营方式，它们的营业额中的很大比例是借助互联网来实现的，使用互联网对企业业务流程的再造能使其成本显著降低。对大多数企业来说，把网络营销战略整合到企业营销战略中的确是一个巨大的挑战。如图 4-1 所示，为网络营销战略与内外环境的联系。

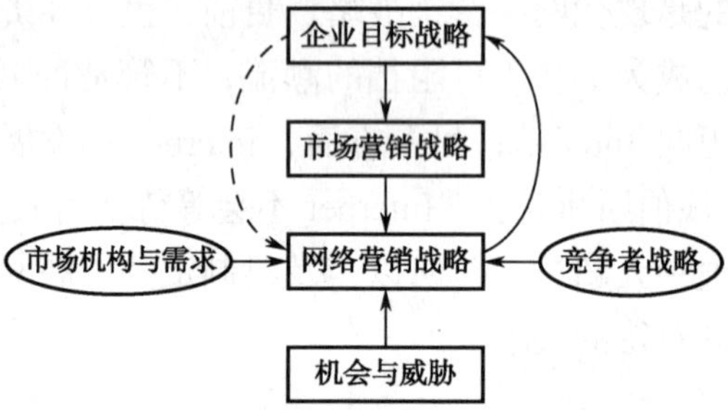

图 4-1　网络营销战略与企业内外环境的联系

从图 4-1 中可知，网络营销战略对企业内部的影响包括企业目标及其战略，这些方面又会直接影响到网络营销战略的市场营销战略。同时，网络营销战略又在一定程度上受到企业目标战略的影响。影响网络营销战略的外部因素包括市场结构与需求、竞争者战略以及企业所面临的机会与挑战。

如果把战略理解为谋略，理解为对整体性、长期性、基本性问题的规划，那么所谓“竞争战略”就是对竞争的谋略，就是对竞争中整体性、长期性、基本性问题的规划。

典型的网络营销战略是企业营销战略的一部分，并直接受市场营销战略的影响，它利用互联网作为企业有效的沟通渠道和销售渠道，并给出详细的网络营销计划，用来协调一定时期内所有与互联网和信息技术相关的营销活动。

2．战略管理过程模型

战略管理过程可分为战略制定阶段、战略实施阶段和战略评估阶段。

（1）战略制定阶段

该阶段包括确定企业的任务，认定企业的外部机会威胁，认定企业的内部优势与弱点，建立长期的目标，制定可供选择的战略及选择特定的实施战略。

（2）战略实施阶段

该阶段包括企业制定的年度目标、政策，激励员工的配置资源，以便使既定的战略得以执行。

（3）战略评估阶段

该阶段是战略管理过程中的最后一个阶段，包括重新审视外部与内部因素，度量业绩以及采取纠正措施等。

根据网络营销战略的具体特点绘制出的网络营销战略管理过程模型，包含了网络营销战略的开发与实施的所有关键活动，如图 4-2 所示。

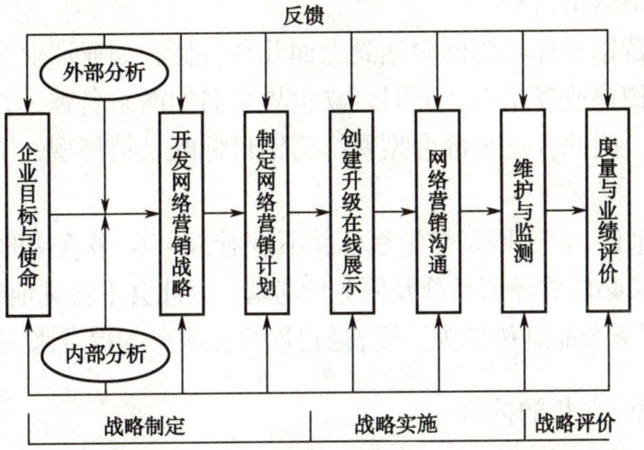

图 4-2　网络营销战略管理过程模型

从图 4-2 可以看出网络营销战略管理的全过程。网络营销战略由环境或形势以及营销计划的目标决定，在清晰定义的企业战略目标下进行开发。唯有通过设立现实的目标并评估它们是否实现了，企业才能确保基于网络的营销在发挥着作用。网络营销战略决定了网络营销计划是建立和进行在线展示的详细方案。图 4-2 中显示了目标设定与度量之间的关系。首先在网络营销战略中定义了目标，然后这些目标又形成了网络营销计划的输入，网络营销计划显示出这些目标应如何实现。同时，对网络营销进行监测，以评估战略目标是否实现并把有关信息反馈回去，进而影响未来战略和它的实施。

3．网络营销战略目标

网络营销战略目标，就是确定开展网络营销后达到的预期目的，以及制定相应的步骤，组织有关部门和人员参与。一般网络营销目标应考虑以下几种类型。

（1）销售型网络营销目标

该类型的网络营销目标是指企业为拓宽网络销售，利用互联网技术、计算机通信技术、多媒体技术等为顾客提供方便快捷的网上销售点。

（2）服务型网络营销目标

该类型的网络营销目标主要是为顾客提供网上联机、网上咨询、网上交易、网上反馈等服务。

（3）品牌型网络营销目标

该类型的网络营销目标主要是在网上建立自己的品牌形象，加强与顾客的直接联系和沟通，建立顾客的品牌忠诚度，为企业的后续发展打下基础，并配合企业现行营销目标的实现。

（4）提升型网络营销目标

该类型的网络营销目标主要是让传统的营销手段在网络上实现，用现代化的营销理念和营销手段管理企业，全面降低营销成本，改善营销管理并提升企业竞争力。

（5）混合型网络营销目标

该类型的网络营销目标是想同时达到上面几种目标，如亚洲亚马逊公司通过设立网上书店作为其主要销售业务站点，同时创立世界著名的网站名牌，并利用新型的营销方式提升企业竞争力，因此，这种混合型网络营销目标既是销售型，又是品牌型，同时还属于提升型。

对大部分企业来讲，由于网络营销目标并不清晰，所以，最直接的需求是向往销售型，但是在实施过程中又必然要经历品牌及服务的考验，因此会不自觉地进行混搭。对于此类企业，建议以线上服务及品牌传播为手段，通过网络化服务的提升来完成销售的终极目标。

4. 网络营销战略分析的内容

（1）顾客关系的再造

在网络环境下，企业规模的大小、资金的多少以及职员的文化程度高低等从某种意义上说已不再是企业成功的关键要素。网络营销的企业竞争是一种以顾客为焦点的竞争形态，争取顾客、留住顾客、扩大顾客群、亲密顾客关系、分析顾客需求、创造顾客的特性。企业要建立和巩固自己的顾客网络需要提供以下服务。

① 提供免费服务。提供免费服务是吸引顾客最直接与最有效的手段。例如，提供免费的商品信息服务，商品咨询服务，商品售前、售中、售后服务等。

② 提供网络社区优惠价格服务。例如，推出社区价、会员价等。

③ 组建网络俱乐部。网络俱乐部是以专业爱好和专门兴趣为主题的网络用户中心，对某一问题感兴趣的网络用户可以随时交流信息。

（2）定制化营销

定制化营销是指利用网络技术和平台，一对一地向顾客提供独特化、个人化的产品或服务。

（3）建立网上营销伙伴

由于网络的自由开放性，网络时代的市场竞争是透明的，谁都能容易地掌握同业与竞争对手的产品信息与营销行为。因此，网络营销争取顾客的关键在于如何适时获取、分析、运用来自网上的信息，如何运用网络组成合作联盟，并以网络合作伙伴所形成的资源规模创造竞争优势。建立网络联盟或网上伙伴关系，就是将企业自己的网站与他人的网站关联起来，以吸引更多的网络顾客。具体而言，有以下两种方式。

① 结成内容共享的伙伴关系。内容共享的伙伴关系能增加企业网页的可见度，能向更多的访问者展示企业的网页内容。例如，一个在网上销售婴儿食品的企业与网上销售

儿童玩具的企业结成伙伴，在他们卖出婴儿食品（或儿童玩具）的同时提供儿童玩具，达到相互配合的作用。

② 交互链接和搜索引擎。交互链接和网络环是应用于链接相关网站来推动交易的重要形式。在相关网站间的交互链接有助于吸引在网上浏览的顾客，便于他们一个接一个地按照链接浏览下去，以提高企业网站的可见性。网络环只是一种更为结构化的交互链形式，在环上一组相关的伙伴网站连在一起，并建立链接关系，访问者可以通过一条不间断的“链”，看到一整套相关网站，从而给访问者提供更为充实的信息。

（4）网络营销竞争战略分析

在当今竞争激烈的社会环境中，网络营销的企业必须加强自身能力，改变企业与其他竞争者之间的竞争对比力量，网络营销企业须做好以下几方面的工作。

① 巩固企业现有竞争优势。利用网络技术可以对现有的顾客进行全面细致的深入调查，了解顾客的需求和建议，对企业的潜在顾客也须进一步地了解，制定的营销策略和营销计划须具有一定的针对性和科学性，便于实施和控制，顺利完成营销目标。

② 加强与顾客的沟通。网络营销以顾客为中心，其中数据库中存储了大量现在顾客和潜在顾客的相关数据资料。企业可以根据顾客需求提供特定的产品和服务，具有很强的针对性和时效性，可大大地满足顾客需求。顾客的理性和知识性，要求对产品的设计和生产进行参与，从而最大限度地满足自己的需求。通过互联网和大型数据库，企业可以以低廉成本为顾客提供个性化服务。

4.1.2 从 4P 到 4C 的营销战略分析

1. 传统的 4P

传统的 4P 是产品（Product）、价格（Price）、促销（Promotion）和渠道（Place），这 4 个要素就是所谓的营销策略组合，也称 4P’s。该理论由密西根大学教授杰罗姆・麦卡锡（E.Jerome Mccarthy）于 1960 年提出。

（1）产品

产品就是人类活动或者劳动的任何产物。产品可分为有形产品和无形产品两种。其中有形产品就是生产出来的产品可以用金钱买卖和交易，如消费品、生产资料等有实物形态和物质载体的产品，包括农产品、工业品、房屋等建筑产品等；无形产品是指生产的产品不可以用金钱买卖和交易，而用来直接进行享用的产品，包括专利权、非专利权、商品权、著作权、土地使用权、商誉等。

（2）价格

价格的制定手段很多，如竞争比较法、成本加成法、目标利润法和市场空隙法，这些方法的目标是使产品成为可交换的商品。企业以盈利为目标，所以定价要具有兼顾销售效率和企业效益的双重考虑。打价格战是一种定价和竞争策略，但价格低并非总是奏效的。

信息不对称，使价格中蕴涵了太多的附加臆测信息，如品质、期限、真伪、质量、效用，价格不仅与产品本身相关联，也与品牌的附加内涵和价值相关联，与市场的供求关系相关联，与所选择的购物场所的信誉相联系。房地产项目的价格制定也和多重因素相关，如地段的外部环境特征、品牌的历史和业绩、推广所营造的品牌理念、产品的稀缺性、生活方式的营造等。而当前的房产价格除了自身的价值外，还附加了消费需求预期的附加值。

（3）促销

促销是指将产品用一种方法卖出去，传统意义的促销是人员推广、广告、攻关活动和销售促进。这些方式在营销过程中有着非常广泛的应用。例如，在房地产的销售过程中就有媒体广告组合（如报纸、网络、户外、电视和展会等），销售员（现场售楼员和团购代表等），活动组织（开盘、结点活动和节庆活动等），按付款方式及不同销售时点的销售折让（小团购特惠价、特价房、开盘优惠）等。

（4）渠道

渠道是指产品从生产方到消费者终端所经历的销售路径。普通消费品会经过代理商、批发商、商场或零售店的环节。B2C 模式中也有电话直销、电视直销、网络直销、人员直销和专卖店直销等模式。直销模式大大缩减了从厂家到买家的中间环节，将中间利润让渡给消费者或作为新的营销模式所产生的额外费用的补偿。B2B 模式中也可能采取厂家对厂家的直接销售或选取代理商的中间销售模式。

2．现代的 4C

现代的 4C 是在 1990 年，美国学者劳特朋（Lauteborn）教授提出来的，4C 的核心是顾客战略。而顾客战略也是许多成功企业的基本战略原则，如沃尔玛“顾客永远是对的”的基本企业价值观。4C 的基本原则是以顾客为中心进行企业营销活动规划设计的，从产品到如何实现消费者需求（consumer's needs）的满足，从价格到综合权衡消费者购买所愿意支付的成本（cost），从通常的产品流动到实现消费者购买的便利性（convenience），从促销的单向信息传递到实现与消费者的双向交流与沟通（communication）。

（1）消费者的需求（consumer's needs and wants）

公司生产什么样的产品必须紧紧围绕着消费者的需求而决定，即消费者的需求是公司生产产品的第一依据。

（2）消费者获取满足的成本（cost and value to sarisfy consumer's needs and wants）

公司生产产品的成本，必须考虑消费者是否能够承受。公司的产品成本核算必须以消费者获取满足为依据，这样的产品其销路就会很好。

（3）购买的方便性（convenience to buy）

消费者购买公司产品时必须十分方便，手续十分简单，售前服务要良好。

（4）沟通（communication with consumer）

买卖双方必须建立在互相平等基础上进行营销，双方必须建立一种友好健康的关系，公司更要注重售后服务。

3. 从4P到4C的转变

由4P为基础的传统营销策略转变为以4C为基础的网络营销策略彻底改变了传统市场营销策略的基础，极大地拓展了原有的市场和营销的概念。具体体现在以下几方面。

（1）从产品策略到消费者的需求策略

我们可以将其解释为：产品不再墨守成规，只停留在企业目前所生产的产品，而必须要开发符合消费者需要的新产品，不断创新，不断满足消费者的需求，这样的产品才有生命力，才能站稳脚跟，抢占市场。

（2）从按成本定价到按满足需求定价

传统的产品定价策略基本上是按“生产成本+生产利润+销售利润+品牌系统”来确定的。在这种价格策略中，生产厂家对价格起着主导作用。对于这种价格策略能否为消费者和市场接受，在很大程度上是一个具有很大风险的未知数。

而现代营销策略则与其相反，厂家根据消费者和市场的需求来计算满足这种需求的产品和成本。按这种成本开发出来的产品和制定出来的产品价格风险相对是较小的。

（3）从传统商业到现代商业的运作模式

在网络环境下的消费者购买商品的渠道相当多，通过在Internet上的电子商务网站中直接点击站点中的购物表单、电子邮件、邮购、电话、直销等都可以购得商品。问题在于如何使用户更加方便地去购物。

在传统的商业或营销策略中，由于受地域的限制，企业在制定各种营销策略时，不得不考虑到营销的渠道和地域问题。于是，厂家在制定营销策略时，一定会受到厂家所在地和目标市场所在地，以及用什么样的渠道来销售产品的限制。而商家在制定营销策略时，一定会受到所在地区的商业覆盖范围、收入和消费水平、特点和职业结构等限制。

在现代商业或营销策略中情况就大不相同了。企业和商业的营销过程没有了地域的概念，整个地球可以看成一个村庄，营销渠道和宣传策略也变成了电子商务的过程。电子商务信息的交换和处理取代了原有商务运作过程中的大部分工作。在这种情况下，企业和商家主要考虑的是如何满足消费者和市场的需求，如何用丰富的商品信息资源来吸引消费者，如何使所开发的电子商务系统既安全又方便于消费者的购物。

（4）网络在线的实时沟通

从营销策略的4P到4C，可以说4P所代表的是以制造商为核心的商业世界观，4C则代表以消费者为核心的商业世界观。在以消费者为核心的商业世界观中，厂家所面临的最大挑战之一便是如何实现与消费者的实时沟通。可以通过组织内部的实时沟通、商业信息的实时沟通、文化和感情上的沟通、与消费者的直接沟通等方法，以达到提高经营效率和赢得更大利润的目的。

① 组织内部的实时沟通。如果将网络技术和商务信息的传递用于企业内部管理，就构成了目前讨论的Intranet。企业内部各单位、各部门和各个销售点之间的沟通是提高工作效率、保证经营管理质量和保持企业活力的重要保障。

② 商业信息的实时沟通。在各单位之间及时沟通商务信息，也是企业营销的重要组成部分。这些信息包括原材料的价格、金融期货市场的状况、商品信息和物流配送公司的动态联系、厂家的产品信息和生产状况等。

③ 文化和感情上的沟通。在网络上树立自己公司和产品的形象将会是4C营销组合中的重要内容。今后这部分的内容也会像商标、商誉等一样成为企业重要的无形资产。这是一种文化和感情上的沟通，这种沟通是双向的。企业在树立自己公司和产品形象的同时了解到消费者感兴趣的内容，开始构思新的产品、开发新的服务和不断丰富、完善这个形象的过程，最终使消费者对自己的网站发生兴趣并记住它。

④ 与消费者的沟通。企业营销策略中与消费者的沟通分为两部分：一是如何在网络上介绍自己的产品并"营造"出一个良好的购物环境；二是通过对访问站点人数的统计，了解消费者的购买意向并发现产品和经营中的一些问题，及时地改进。

这里特别要指出的是：企业与消费者之间要沟通的已不再是一个单一的物质产品信息，而是一种综合服务的理念。这是一种更广泛意义上的产品。

4.1.3 营销战略规划与实施

1. 网络营销战略模式选择

企业要引入网络营销，首先要弄清楚网络营销通过何种机制达到何种目的，然后企业可根据自己的特点及目标顾客的需求特性，选择一种合理的网络营销模式。

（1）留住顾客、增加销售

现代营销学认为保留一个老顾客相当于争取5个新的顾客。而网络双向互动、信息量大且可选择地阅读、成本低、联系方便等特点决定了它是一种优于其他媒体的顾客服务工具。通过网络营销，可以达到更好地服务于顾客的目的，从而增强与顾客的关系，建立顾客忠诚度，永远留住顾客。满意而忠诚的顾客总是乐意购买公司的产品，这样，自然而然地就提高了公司的销售量。

德国的媒体集团"贝塔斯曼"在上海总部以"贝塔斯曼书友会"的形式开展网络营销和传统营销并行的销售活动。在开始的阶段，"贝塔斯曼书友会"将工作放在发展新会员上，有一定的效果。但是后来发现不断增加的新会员并没有给公司增加相应的销售额，而老顾客的减少却使销售量有较大幅度的降低。针对这种情况，"贝塔斯曼书友会"在留住顾客、增加销售量上做文章，策划了许多相关的营销活动，果然取得了比较理想的效果。

（2）提供有用的信息刺激消费

向顾客提供有用的信息以达到刺激消费的目的。这种模式尤其适用于通过零售渠道销售的企业，它可以通过网络向顾客连续地提供有用的信息，包括新产品信息、产品新用途等，而且还可根据情况适时地变化，保持网站的新鲜感和吸引力。这些有用的新的信息能刺激顾客的消费欲望，从而增加购买量。

（3）简化销售渠道、减少管理费用

使用网络进行销售对企业最直接的效益来源于它的直复营销功能。即通过简化销售渠道、降低销售成本，最终达到减少管理费用的目的。本模式适用于将网络用做直复营销工具的企业。

利用网络实施直复营销，对顾客而言，必须购买方便，减少顾客购物时时间、精力和体力上的支出与消耗；对企业而言，实现简化销售渠道，降低销售成本、减少管理费用的目的。在网上，书籍、鲜花和礼品等网上商店是这种模式的最好应用。

（4）让顾客参与、提高客户的忠诚度

新闻业已有一些成功运用此模式的例子。报纸和杂志出版商通过它们的网页来促进顾客的参与。它们的网页使顾客能根据自己的兴趣形成一些有共同话题的“网络社区”，同时也提供了比传统的“给编辑的信”参与程度高得多的读编交流机会。这样做的结果是有效地提高了订户的忠诚度。

（5）提高品牌知名度以获取更高的利润

将品牌作为管理重点的企业可通过网页的设计来增强整个企业的品牌形象，如CoCaCola、Nike、Levi Strauss 等著名的品牌都已采用网络作为增强品牌形象的工具。企业可以通过网页的设计，突出品牌宣传，树立整体的企业品牌形象，建立顾客忠诚度，实现市场渗透，最终达到提高市场占有率的目的。

（6）数据库营销

网络是建立强大、精确的营销数据库的理想工具，因为网络具有即时、互动的特性，所以可以对营销数据库实现动态的修改和添加。拥有一个即时追踪市场状况的营销数据库，是公司管理层做出动态的、理性的决策的基础。传统营销学中的一些仅停留在理论上的构想，通过网络建立的营销数据库可以实现，如对目标市场的准确细分、对商品价格的及时调整等。数据库营销模式是传统营销模式的现代化，具有科学性和预测性的优势。

2. 网络营销战略规划

企业在确立采取网络营销战略后，要组织战略的规划和执行。网络营销不仅是一种简单的新营销方法，还通过采取新技术来改造和改进目前的营销渠道和方法，涉及企业的组织文化和管理各方面。如果不进行有效的规划和执行，该战略可能只是一种附加的营销方法，不能体现出战略的竞争优势，相反只会增加企业的营销成本和管理复杂性。战略规划分为下面的几个阶段。

（1）目标规划

在确定使用某一战略的同时，识别与之相联系的营销渠道和组织，提出改进目标和方法。

（2）技术规划

网络营销很重要的一点是要有强大的技术投入和支持，因此，资金投入和系统购买、安装以及人员培训都应该统筹安排。

（3）组织规划

实行数据库营销后，企业的组织须进行调整以配合该策略的实施，如增加技术支持部门、数据采集处理部门，同时调整原有的推销部门等。

（4）管理规划

组织变化后必须要求管理的变化，公司的管理必须适应网络营销的需要，如销售人员在销售产品的同时，还应记录顾客的购买情况，个人推销应严格控制以减少费用等。

3．网络营销战略的实施

网络营销战略的实施是系统工程，首先应加强对规划执行情况的评估，判定是否充分发挥此战略的竞争优势和有无改进余地；其次是对执行规划时的问题应及时识别和加以改进；再次是对技术的评估和采用。采用新技术可能改变原有的组织和管理规划，因此对技术进行控制也是网络营销中的一个显著特点。

网络营销的实施不是简单的某一个技术方面的问题或某一个网站建设的问题，它还需要从整个营销战略方面、营销部门管理和规划方面，以及营销策略制定和实施方面进行调整。

4.1.4 产业网络营销战略分析

企业可根据自己所在行业的特点以及所处的市场环境，选择合适的网络营销策略来实施企业网络营销战略，最终达到企业的网络营销目标。不同企业由于自身特点和目标市场不同，在选择网络营销策略时必须做出适当的调整。下面分类型讨论不同性质的企业如何采用适合自己的网络营销策略。

1．制造业

制造业作为工业经济时代的主要产业，在网络时代到来时，它所面对的更多的是一种机遇和挑战。

（1）背景分析

目前制造业企业面临怎样的生存环境呢？

① 产品过剩。以彩电行业为例，每年产量为4500万台，而销售量只有3000万台。也就是说，目前有效需求不足，在这个行业显得尤为突出。

② 微利时代。现在，彩电行业的平均利润率在5%以下。

③ 市场差异性太大。中国东西南北地区的差异性很大，甚至比欧洲还突出。企业在这种差异性大的个性化消费时代里，怎样来维持统一性和规模，是一个大难题。

④ 同质化时代。所谓同质化，是指基本上你想到的东西别人也都想到了。例如，产品，你很难做得到独一无二。再如营销、资源、管理、技术等，也处于一种同质化时代。

（2）认清自己的生存之本

企业到底靠什么生存？可以有以下几种方式。

① 资源和技术。资源控制，我们举个简单例子。在海南一家有名的椰子汁生产企业，但如果在北京生产椰子汁，那绝对比不过在海南的企业，这就是一种资源的控制。还有如矿产、黄金等资源。技术领先，比如波音、微软、英特尔、索尼等公司拥有关键技术，我们国内的中成药厂拥有祖传秘方，这就是通常所说的产品打天下。

② 品牌。这主要体现在百年企业，像可口可乐、麦当劳。麦当劳的优势不在于先进的技术，而是在于它有很强劲的品牌拉力。

③ 市场网络。欧美比较流行的是戴尔，国内比较出名的是联想、TCL。与国外企业相比较，中国大多数企业的优势就在于第三种方式——市场网络。而创维的生存之道就在于选择一个好的营销模式，做好市场，拥有一支战无不胜的营销队伍。

（3）整合资源

营销是对各种内外资源进行整合的一种行为，就是将社会上的一切资源为你所用，生产出产品后再提供给消费者。在这里要提到营销的两种力量，即拉力和推力。

① 拉力：拉力就是品牌建设问题。在产品短缺时代，品牌的建立可以在很短的时间内起到很好的作用。但到目前的产品过剩时代，在短时间内要将品牌树立起来，是要付出很大代价的。所以说，这是一个长期的大量持续的投资行为。同时，它还是一个企业文化的运动，必须有一个文化理念，不是靠单纯的广告就能解决的。企业的品牌需要长期规则的、持续的投入，更重要的是它还需要细心的维护。

② 推力：主要就是 6 个字，即铺货、渠道、网络。在过剩经济时代，若把产品摆在一个不显眼的角落里，是很难吸引消费者的。比如创维电视机，如果其他地方都没有而只有广州黄埔有，那消费者也不可能都跑到那里去买，因为这是一个竞争的时代。所以，第一个要解决的就是铺货率问题。怎么样才能把货都铺到你家门口，为你的购买提供方便，这是一个大问题。第二个就是渠道终端问题。要靠什么渠道、什么卖场来提高铺货率，是自己建还是利用人家的？另外，也不可能要求经销商经销企业的一种品牌或一种产品，有实力的经销商一定经营多品牌。而第三个问题就是如何把经销商、消费者、厂家结成网。这是一个难题，目前为止，还没有一个满意的答案。

2．服务类产业

服务产业和消费一体的特征，使得服务行业受到时间和空间的限制。网络可以作为一种跨时空限制的信息沟通渠道，给服务性行业带来的更多是机遇。服务行业可以通过网络营销实现远程服务。例如，银行开通网上服务可以为顾客提供全天候而且不出门即可以享受的服务，同时，服务业还可以通过网络加强对顾客的服务。中国银行在网上开展的个人网上银行，可以为用户提供各种服务，如个人理财、网上汇市、网上证券、网上保险、网上贷款和银行卡服务等。

3. 信息类产业

信息类产业的产品和服务主要是以信息方式表现出来的，如媒体、通信、软件等行业。这种类型企业的一个共同特点是他们的产品和服务都是可以通过网络进行传播的。网络给信息类产业带来的既是机遇又是挑战。企业面对机遇是指通过网络可以改变传统产品形式和销售方式,面对挑战是由于产品形式变化而带来的营销策略整体变化的冲击。

信息类企业由于突破了传统的实物配送限制，因此，营销的关键是建立品牌和吸引消费者对产品进行了解和关注，从而购买和使用产品。其次还需要关注以下几点。

（1）理念创新，树立绿色营销和资源营销新理念

随着工业经济的发展，消费者已意识到环境变化对其生活质量和生活方式的影响。他们需要工业生产销售对环境污染最小和对人体健康损害最小的绿色产品，以维护人类社会长远发展。信息类产业只有顺应消费者的绿色需求，制定和实施绿色营销战略，开展绿色营销活动，才能最终赢得顾客，使企业不断发展壮大，也才能实现经济可持续发展。信息类产业可利用自己强大的有形资源（包括科技资源、网络资源）和无形资源（包括商誉、口碑）大力开展资源营销。

（2）产品创新，开发绿色通信产品

信息类产业的企业要不断开发绿色通信产品和提供绿色服务。一方面，顺应绿色消费的时代潮流，全力开发绿色产品。另一方面，还要以顾客为中心，着力开发中、低收入群体的用户群市场，满足不同消费层对业务多样化的需求。

（3）服务创新，实施顾客满意战略

信息类产业企业的最大特点是生产和消费同时进行，没有用户就没有消费，营销要围绕用户展开，破除独家垄断，唯我独尊的思想。全方位为用户着想并为用户服务，真正实施顾客满意战略。实施顾客满意战略，是市场竞争日趋激烈的客观需要。在追求规模扩大的同时，要想在竞争中争取主动权，就必须完善服务体系，提高服务水平。例如。增加服务种类，突出产品和服务的差异等，在全面合作的基础上，建立与用户的服务关系。

（4）价格创新，实施弹性价格策略

应该充分发挥弹性价格在营销中的积极作用，对于不同的客户采用不同的标准资费和资费方案。

4.1.5 网络营销的心理优势

1. 网络营销是一种强调个性化的营销方式

在网络环境中，消费者概念和消费者行为都发生了很大的变化，消费者是网络营销策略要考虑的重点对象。网络营销的最大特点在于以消费者为主导。消费者将拥有比过

去更大的选择自由，他们可根据自己的个性特点和需求在全球范围内寻找自己所需要的商品。通过进入所感兴趣的企业网址或虚拟商店，消费者可获取产品更多的相关信息，使购物更显个性化。

这种个性消费的发展将促使企业重新考虑其网络营销战略，以消费者的个性需求作为提供产品及服务的出发点。此外，随着计算机辅助设计、人工智能、遥感和遥控技术的进步，现代企业将具备以较低成本进行多品种小批量生产的能力，这一能力的增强为个性化网络营销奠定了基础。

2. 网络营销具有极强的互动性

传统的营销管理强调 4P（产品、价格、渠道和促销）组合，现代营销管理则追求 4C（顾客、成本、方便和沟通），然而无论哪一种观念都必须基于这样一个前提：企业必须实行全程营销，即必须由产品的设计阶段就开始充分考虑消费者的需求和意愿。

在网络环境下，可通过电子布告栏、线上讨论广场、BBS、用户调查表、电子邮件等方式，以极低的成本在营销的全过程中对消费者进行即时的信息搜集，消费者则有机会对产品从设计到定价和服务等一系列问题发表意见。这种双向互动的沟通方式提高了消费者的参与性和积极性，更重要的是它能使企业的营销决策有的放矢，从根本上提高消费者满意度。

3. 网络营销满足消费者对购物方便性的需求

相对于传统购物，网络营销能够更加方便地满足消费者购物需求。

（1）传统购物过程

在传统的购物方式中，从商品买卖过程来看，一般需要经过看样→选择商品→确定所需购买的商品→付款结算→包装商品→取货（或送货）等一系列过程。这个买卖过程大多数是在售货地点完成的，短则几分钟，长则数个小时，再加上购买者为购买商品去购物场所的路途时间、购买后的返途时间及在购买地的逗留时间，无疑大大延长了商品的买卖过程，使消费者为购买商品而必须在时间和精力上做出很大的付出。同时，拥挤的交通和日益扩大的店面更延长了消费者购物所耗费的时间和精力。然而在现代社会，随着生活节奏的加快，使得人们越来越珍惜闲暇时间，越来越希望在闲暇时间内从事一些有益于身心健康的活动，并充分地享受生活。在这种情况下，人们用于外出购物的时间必然会越来越少。

（2）现代购物过程

现代化的生活节奏已使消费者用于外出在商店购物的时间越来越短。网络营销给我们描绘了一个诱人的场景，使购物的过程不再是一种沉重的负担，而是一种休闲、一种娱乐。

① 售前：向消费者提供丰富生动的产品信息及相关资料（如质量认证、专家品评等），而且界面友好清晰，易于操作执行。消费者可以在比较各种同类产品的性价比以后，做出购买决定。

② 售中：你无须驱车到很远的商场去购物，也无须排着长队耐心等待交款，最后也无须为联系邀货而与商场工作人员交涉。在网上，一切都是那么简单迅速。坐在家中即可逛虚拟商店，用电子倾向结算等，省却了许多麻烦。

③ 售后：在使用过程中发生的问题，你可以随时与厂家联系，可以得到来自卖方及时的技术支持和服务。

总之，网络营销能简化购物环节，节省消费者的时间和精力，将购买过程中的麻烦减少到最小。

4．网络营销能满足价格重视型消费者的需求

网络营销能为企业节省巨额的促销和流通费用，使产品成本和价格的降低成为可能。而消费者则可在全球范围内找寻最优惠的价格，甚至可绕过中间商直接向生产者订货，因而能以更低的价格实现购买。

消费者迫切需要新的快速方便的购物方式和服务，以最大限度地满足自身需求。消费者价值观的这种变革，呼唤着网络营销的产生，而网络营销也在一定程度上满足了消费者的这种需求。

5．网络营销产生的现实基础——商业竞争的日益激烈化

随着市场竞争的日益激烈，为了在竞争中占优势，各企业都想方设法吸引顾客，很难说还有什么新颖独特的方法能出奇制胜。一些营销手段即使能在一段时间内吸引顾客，也不一定能使企业盈利增加。市场竞争已不再依靠表层的营销手段的竞争，更深层次上的经营组织形式上的竞争已经开始。经营者迫切地去寻找变革，以尽可能地降低商品在从生产到销售的整个供应链上所占用的成本和费用比例，缩短动作周期。

而对于经营者的这种要求，网络营销可谓一举多得。开展网络营销可以节约大量昂贵的店面租金，可以减少库存商品资金占用，可以使经营规模不受场地限制，可便于采集客户信息等，这些都使得企业经营的成本和费用降低，动作周期变短，从根本上增强企业的竞争优势，增加盈利。

4.2 网络营销策略

网络营销策略思维的创新对企业至关重要，一个适合企业发展的营销策略思维将把企业引向光明之路。近几年，营销策略思维创新不断，这些新思维从不同方面反映了对营销问题的新见解，把握这些新的营销策略思维，指导企业面对日益严酷的市场竞争，争取顾客，赢得竞争优势，击败竞争者，无疑是非常重要的。

网络营销策略是多层次的，如图 4-3 所示。每一个层次的策略独具特点，作用也不一样，或综合运用，或先后运用，或交叉运用，或改良运用，只要协调一致，往往就会产生神奇的营销效果。

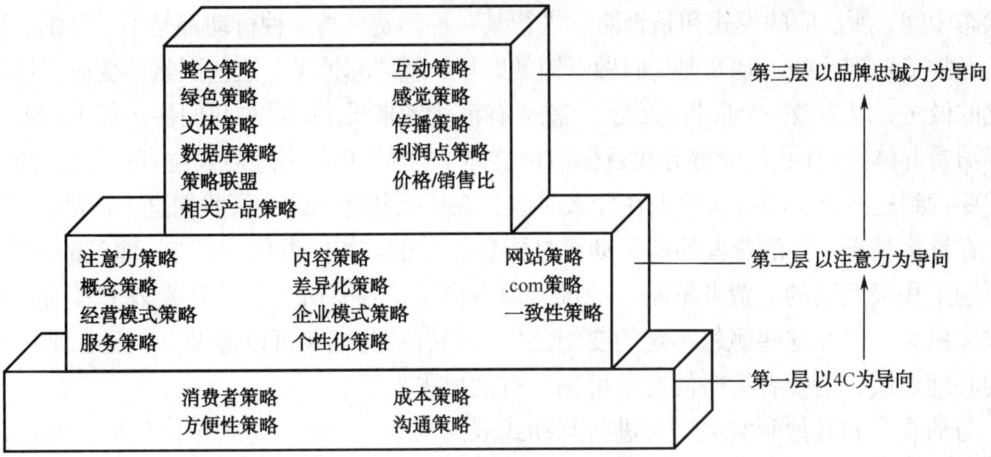

图 4-3　网络营销策略层次

4.2.1　网络营销策略层次

1．第一层次网络营销策略

（1）消费者策略

营销的目的是要有消费者来购买你的产品，因此进行网络营销，首先应找到目标消费者在哪里。据 CNNIC 2007 年 1 月统计的数据表明，中国网民总人数为 13 700 万人，网站总数为 843 000 个，上网计算机总数为 5940 万台，全国网页数为 44.7 亿个，网页字节数为 122 305 737 000KB。网民的性别分布是男性占 58.3%，女性占 41.7%。

毫无疑问，对于综合性网站和专业性网站，其消费者的定位是不同的。然后，需要进一步接近和了解目标消费群，并学会和他（她）们一样进行思考，进而找到有效的、互动的沟通和传播途径。

网络营销传播的出发点和终结点均是消费者导向的（consumer-criented）。这是整合营销传播的基本要求。主张“消费者想要的是什么”，而不是寻求“我们想要的消费者”，不仅应实实在在地体现到网络营销传播过程中的每一个环节，而且应持续不断地贯穿于下一轮网络营销传播的始终。随着整合营销传播在网络营销中的运用，“消费者为上帝”已不再是一句空洞的口号。网络营销的重点不是争取消费者，而是保持并增强消费者群体。网络商业服务把消费者推上权利的宝座，给予消费者以从未有过的选择自由，同时也使得拥有消费者数量成为判断商家实力的标准。这个时候，消费者是无价之宝，是一个网站发展的主要基础和重要保证，谁拥有消费者，谁就拥有未来。

很少有企业真正去研究消费者平时是怎么生活的，一般只使用一个简单的方法：随机或者非随机地抽几个人去研究，但是我们实际生活的情景可能远不止这样。比如说，有些人愿意出很高价格购买奢侈品，而有些人却舍不得买一支冰棒。处在不同的社会关系和生存状态中间，所反应的模式和是否愿意进行某一种消费、某一种行动都是不一样的。平时我们经常接触到这些，但等到我们做营销的时候，就“忘掉了”这些因素，变成了极其简单化的做法，以为做一个广告放出去，就会有消费者来买了。过去我们甚至都不知道寻找目标消费群体，现在我们懂得寻找目标消费群体了，但是我们不理会人还有目标生存状态。我们要找到这些人，明白这些人在什么时候，在什么状态下才会买我们这个产品。

在许多情况下，消费者的购买动机是飘忽不定的。如何抓住一“点”而过的消费者，需要制定积极互动的消费者策略。虽说“萝卜白菜，各有所爱”，且爱萝卜者随时会转变成爱白菜，但在这些飘忽不定的变幻之中，仍有一些规律可以遵循。一旦你掌握了他们的心理之后，消费者策略便有章可循、有的放矢。

与消费者和其他利益关系人进行互动式双向沟通，而非只进行单向沟通，应该是网络营销过程中消费者策略的重要特征。中美企业的最大差异表现在对企业核心竞争力的理解与把握上。中国的企业家往往把企业的核心竞争力看成资金、经营规模、广告策划、战略决策、能人点子等方面，而美国成功企业的核心竞争力是为客户创造价值。

（2）成本策略

新的观念告诉我们：应该暂时忘掉固有的定价策略、价格战，而应去了解消费者为满足自己的需要所愿意付出的成本价值（Cost）。

如果说很久以前认为消费者在认购名牌时大笔大笔地花钱而不问其价值是一种消费冲动和非理性的行为，那么现在才真正了解，对于当今消费者，价格并不能完全说明问题，付出的钞票，仅仅是成本的一小部分而已。比如，网络购物中的折扣策略，非常能“扣”住消费者的购买心理；又如名牌时装，如果昂贵的价格能被“光彩照人”、“上流阶层”、“名服名流”这些所抵消的话，消费者认为付出的成本价格其实并不高。价值，不再只是“布好裁工好”，它像是一个复杂的方程式，各种不同类型的消费者，完全可以自己决定那些制约因素。

（3）方便性策略

方便性策略就是指忘掉固定的分销渠道，而重视消费者购买商品和享受服务的方便性。简单地说，就是一切以消费者的方便与否为中心展开网络营销工作。方便性策略是网络企业竞争力的又一关键点，是网络营销传播在品牌忠诚力经济下诠释消费者就是企业上帝的又一基本表现。

（4）沟通策略

网络企业一次又一次地尝试多种营销手段时，经常发现不完全奏效。消费者往往一“点”而过，一“击”不回。这是为什么呢？到底是传播的方式不对，还是互动手法存在问题？所以，最后应提出沟通（communication）策略。这是营销传播的更高层次。其实际就是双向传播。

网络企业将商品、服务和品牌信息传递给消费者，然后像朋友一样，消费者也乐于将其感受及意见反馈回来。这种形成企业、商品、服务、品牌与消费者之间的联系，就是沟通。长期的良好沟通，将在企业、商品、服务、品牌与消费者之间建立起一种牢固而稳定的友谊。这种友谊的最高级别为“一对一”的关系。将消费者都发展成企业、商品、服务和品牌的个人化的朋友，令消费者因情感归属，甚至是荣誉感，而发生购买行为，这就是关系营销。正是这种关系营销构成了网络营销的关键，而只有通过整合营销传播，这种关系才得以建立。如果网络公司和消费者没有达成双向的沟通，双方的关系一旦破裂，消费者就会拂袖而去；一旦关系成立，双方当事者之间的持续沟通（循环）便水到渠成，源源不断。然而，要想和消费者建立关系，而不单单只是交换信息，网络公司还必须注重各种形态的传播，形成一致的诉求，才能建立起与消费者的良好、有序的关系。

2．第二层次网络营销策略

第二层次网络营销策略包括注意力策略、内容策略、网站策略、概念策略、差异化策略、.com 策略、经营模式策略、企业模式策略、个性化策略、一致性策略和服务策略等。

（1）注意力（或眼球）策略

我们都知道，网站之争就是眼球之争，策划网站就是策划注意力（或眼球）。最典型的是李嘉诚的 Tom.com 上市，利用李嘉诚的名人效应，堆积一个网站的注意力，堆积一个神话；还有张朝阳的演讲以及个性化的炒作，都是为了提高搜狐的注意力；8848 的成功在很大程度上是注意力理论应用的成功。世界最高峰珠穆朗玛的高度 8848 米成了网站的名称和域名，在短时间内积累了巨大的注意力。

但应该知道，注意力作为一种资源和网站品牌知名度关联度较大，但和网站品牌美誉度关联度较小，注意力所起的作用只是短期效应。对于这种理论不可滥用，要考虑网站的发展战略和营销策略，科学评估所起的效果，还应考虑网站目标对象、注意力的真实性、承诺能否实现、目标对象的反应等。在未来的网站竞争中，没有注意力不能成功，至少不能快速成功；但有了注意力，未必都能成功，因为注意力不是网站制胜的主要因素。网站制胜的决定性因素是：鲜明的发展战略、优秀的人才、科学的管理、保持长久竞争优势的品牌。有相当一段时间，我们经常听说某某网站的工作人员声称，自己今年的任务就是要花掉几百万，这其实就是造势。现在其实更应该重视业务人员、设计人员、销售人员、网络营销专家等个人素质及其编辑设计的网站内容。最早的互联网人是最早预见到互联网技术应用的未来前景的人，他们中大多数是技术人员，不仅对即将来临的经济形态的变革缺乏理论认识，而且在市场运作上也缺乏理论驱动，所以，最早的实践者只是技术上的实现者，他们的付出几乎无一例外地成为为中国互联网交出的第一笔学费。

这一局面在“注意力经济”概念西风东渐时彻底得以改观。原先缺乏理论的中国互联网的先行者们终于找到了发展的出路。互联网内容提供商（Internet Content Provider，ICP）风起云涌，业界真正意识到了互联网实际上是一种全面变革经济的力量，国内也纷纷认同了“5 年内将没有非互联网企业”的预言。“注意力经济”带来的一个直接影响，就是网站在风险资金的驱动和资本市场的召唤下，展开了争夺眼球的大战，免费用餐和巨额投入（做推广），成为两道让公众“拍案惊奇”的风景线。

（2）内容策略

作为一个品牌，是由内容和形式组成的。品牌本来是几个文字、几个符号、几个标志，这是形式。品牌的内容是提供的实在的服务、对消费者的承诺以及对消费者的忠诚反应。新浪的名称起得响亮，浪就是互联网的海浪，新就是全新的海浪。新浪的标志能给人强烈的视觉冲击。最关键的是新浪的品牌内容：最快的滚动新闻、最全的新闻、最快的更新速度、最简洁的栏目结构、最让人放心的服务承诺。品牌不是喊出来的，而是做出来的，是每一个员工脚踏实地的结晶。

内容策略最富实质性的意义，在于它不仅是提升品牌形象的利器，也是品牌价值最有力的催生者。新经济发展到今天，已不再是一顶漂亮的帽子，谁都可以拿来加冕，然后四处招摇。在今天的互联网业，“资本游戏”的做法已经有些过时，讲“传奇故事”的再也无法获得投资家们的青睐，把自己的企业贴上“e”标签越来越不重要，而且反倒显得有些俗不可耐，那么剩下的就是我们的“站主”该考虑如何去赚钱了。互联网要发展，不能总是停留在炒作网络概念的层面上，既然“com”的标签不重要了，那我们就应该考虑互联网的商业模式和营销模式了。也许贝索斯在客户市场上无限度地“跑马圈地”的模式有些好高骛远，因为互联网业拒绝“执著”，需要灵活的、面向市场变化能够做出快捷反应的商业模式。内容策略加上有效的商业模式和营销模式，是网络公司绝处逢生的有效规则。

（3）网站策略

在互联网时代，新网站模式的出现日新月异，成熟模式的网站之间的市场竞争也达到白热化的程度。目前互联网模式可分为以下 3 种。

1）门户网站模式

该模式的网站像雅虎、搜狐、新浪等，以媒体的方式出现，以新闻信息为主要内容，又可提供娱乐、聊天之所，这类网站收入的来源是提高访问率以获取网上广告，属于“眼球经济”。在中国的工厂业发展过程中，这些网站扮演了拓荒者的角色。然而，从长远发展来看，门户网站是访问企业或因特网上的应用程序、信息和其他资源的集中点。门户网站提供了一个来自因特网或来自协作网或内部网的应用程序和信息的门户桌面视图。随着中国网民的成熟和互联网业竞争的深入，门户网站必然会发生深层次的整合，那些规模较小的、缺乏特色的门户网站要么及早实现转型，要么被大的网站所收购甚至挤垮；而生存下来的，也会实现功能和结构上的多元化，这一趋势现在已经越来越明显。

2）专业网站模式

例如，理财网站、MTV 网站、女性网站、旅游网站、生活城市网站竞相登台。大家在疯狂“圈地”之后，进入了“深挖井”阶段。从现实来看，专业网站不断增多，尽管其专业性必然导致大批普通客户的流失，但是必定会“稳”住大量客户，从内容走向服务，从广播走向窄播。它们将选择一专多能的道路发展，除了将“本职工作”做好之外，还将关注诸如新闻、软件之类的一般内容。可以预想，专业网站的数量和质量在不远的将来还会有极大的提高，而且会培育出自己固定的客户群体，用户的忠诚度和黏度也会增强。

3）社区网站模式

例如，网易、ChinaRen、RenRen。从整个互联网与现实空间的相似性来看，未来最有前途的可能是日渐兴旺的社区类网站，中国互联网发展的未来必然是门户网站、专业网站和社区网站的三足鼎立和共同繁荣。从目前现实情况来看，社区网站具有更为重要的意义。

（4）概念策略

概念策略是网络早期盛行的一种因炒作互联网概念而得名的营销行为。其主要表现为地毯式广告轰炸、免费大餐之类的烧钱营销，并靠树品牌形象争取微薄的广告收入，堪称注意力经济时代的产物。随着品牌力经济和销售力经济的崛起，这一策略正在退出网络营销的舞台。

（5）差异化策略

网站的专业化是网站发展的必然趋势，在经历了“人们想要看”的消费心态后，“人们看什么”的消费心态日渐成熟。面对各种各样的网民，其消费心理差异很大，尤其是网民队伍发展壮大以后，这种趋势更明显。面对这种竞争态势，科学地制定差异化营销策略是关键。

（6）com 策略

有分析认为：1999—2001 年是中国电子商务由起步迈入繁荣的阶段。从 2000 年春天开始，传统企业纷纷涉足电子商务，互联网向传统行业的渗透以及传统行业对电子商务的深入应用，全面提升互联网服务价值。

证券、教育、旅游、人才、房地产、汽车、IT 产品、生活、图书、媒体、健康和娱乐……各种类型的“com”成行成市，网络经济脉络若隐若现。

但是，电子商务绝不是在公司名称后加一个 com 那么简单。它需要一个熟练掌握商业运作模式的公司管理层，需要一个把各个商业环节集合在一起的软件平台，更需要一个把产品直接运到用户面前的服务体系。

即使公司投入上百万做广告，消费者也很难记住公司的名称，如果再选择一个不知名的域名，消费者可能根本不会访问这个站点，所以，选择恰当的域名很重要。com 似乎成了时代标签，不过，越来越多的公司已经放弃这条独木桥，开始使用非 com 的域名，毕竟，在全球 200 多个国家域名中，有许多是非常适合商业用途的。

（7）经营模式策略

创造 21 世纪的成功营销策略，需要一个可以在品牌关系建立过程中套用的全新且不断改进修补的商业运作模式。现在网络企业的最大忌讳就是经营模式被证明是错误的或者不适合的。目前主要的经营模式有 B2C，C2C 和 B2B 三种。

五花八门的网站运营方式和操作方法同样使人受益匪浅。它一改积累资金、从小到大的传统企业创业模式，一开始就吸引风险投资，高投入、高起点，在资本市场期望得到迅速回报。它所采用的操作模式、管理模式、运营模式都力求和国际接轨，是一套全新的国际化模式。当今从美国读完 MBA 回来操作网站的人可谓比比皆是。这是一个花别人的钱，长自家本事的行业，是一个学习和掌握国际模式的极好环境，在这个行业里磨炼一番，会使思维方式和经营理念发生重大改变。

（8）企业模式策略

目前，网络企业的热门话题之一就是“模式”，包括经营模式、盈利模式和企业模式。努力寻找适合本企业发展的新模式，成为几乎所有网络企业的追求。

过去，网站经常采用的企业模式有两种：一是 ICP，即互联网内容提供商，为消费者提供内容服务；二是 ISP，即互联网服务提供商，为消费者提供接入服务。

如今，许多网络企业不再满足于采用这两种模式，为了拓展网络企业的发展范围，同时给投资者和股市提供有力的利润回报，开始探索新的互联网企业模式。

于是又涌现出 ESP 模式和 WSP 模式。前者以焦点网和长江网为代表，号称电子商务服务提供者，即用电子商务服务改造传统产业，提供适合各类企业网络化的工具（长江网模式）。或者自己不卖商品、帮助别的商家或者别的电子商务网站卖商品（焦点网模式），其主旨是在自己的网站上为别的电子商务网站服务，故亦称比较购物，就是将上百家，甚至成千上万家网上商店的东西均陈列到自己的交易平台中，并进行分类，然后提供给消费者进行比较和选择。

（9）个性化策略

网络营销既是一门科学，又是一门艺术。我们能否找到它与人性共存的平衡点？现在很少有企业意识到，在凸显品牌特点的过程中，人性化策略已成为加大一个企业在市场竞争中优势的不容忽视的筹码。每个网络企业不仅应制定以消费者为中心的整合营销战略和高科技应用技术，而且应以崭新的艺术思维去极力营造网络亲和力。

网络环境的新鲜气息，将会给消费者以全新的感觉，谁不想领略一下网络内容和形式的新奇？充满审美情趣的、注重人性的网页设计风格，会让消费者在艺术化的享受中感受现代网络的无穷魅力。仔细琢磨消费心理，融入艺术和娱乐基因，尊重消费习惯的设计思想和内容，定会潜移默化地感染消费者，从而使弥漫在网络中的亲和力，成为提高网络竞争力的“黑马”。

所以，网络竞争的趋向已不仅是科技的竞争、营销的竞争，同时也是艺术的竞争。“形象策划无定局”，如何讲究主题与颜色的配合？背景颜色、文本颜色和链接颜色如何艺术性地融合？文化背景与企业形象如何有效地表现？考虑这些问题均应重视人性的消费心理，顺应人性的冲浪习惯和迎合人性的欣赏方法；任何强加给消费者的，都是违背人性的。从这一意义上讲，人性化策略在网络营销传播过程中，具有独特的文化意义。

（10）一致性策略

一致性策略指的是网络公司综合协调所有品牌形象、定位和口碑的信息，以及传播和整合环节的目标信息。各阶段和各类信息的一致性越高，网站在消费者心目中就越鲜明、越清晰、越容易掌握。同时，一个网站越鲜明、越容易掌握，就越容易识别，给人的印象就越深，也就越值得消费者信赖。相反，如果网站所说的与所做的越不一致，它的形象就越不明确、越散漫、越模糊。从消费者角度看，一致性策略意味着网络公司“不会做出令人惊愕的事”，同时容易识别。也就是说，一致性策略只有从消费者和其他利害关系人的观点出发才具有实际意义。

保持内容和服务、沟通和整合的一致性，应该是网络营销的一项基本法则。一个完整的网络营销计划，必须确保不同层次、不同时间、不同空间的一致性。它包括的元素主要有：企业核心价值观和企业任务，以消费者为中心的营销哲学，内容功能与服务质量，品牌定位与识别，营销传播。一旦一致性策略到位，网站品牌价值便指日可待。这是因为，一致性策略可以通过加强信任、与信息结合或减少矛盾信息而建立起网络公司长久的形象和品牌关系。

（11）服务策略

互联网经济的特征在于，每一个互联网的消费者直接与网站内容和服务的生产发生互动，网站应千方百计地提供各种有效的服务，以满足和创造消费者的需求。它与传统经济的最大差别就在于信息消费的多样性和个性化，消费者的选择性很大，很难被捕捉和粘住，如果内容和服务不能持续、迅速更新完善，网站就无法将注意力转化为忠诚度，从而牢牢地将消费者固定在自己的网站上。所以，提高和改善服务对于商业网站而言，不仅至关重要，而且是加速发展的最佳突破口。

见表 4-1，为中国网民对互联网的满意度，从表中的数据看来并不乐观（表中的数据源自第 18 次 CNNIC 中国互联网络发展状况统计报告）。

表 4-1　中国网民对互联网的满意度

项目	非常满意	比较满意	一般	不太满意	很不满意
网络速度	4.3%	37.3%	37.6%	15.3%	5.5%
费用及收费规则	2.8%	15.2%	47.1%	26.5%	8.4%
安全性	2.3%	15.0%	49.5%	25.1%	8.1%
中文信息的丰富性	9.4%	43.8%	38.9%	6.2%	1.7%
内容的真实性	3.0%	28.4%	45.8%	18.0%	4.8%
内容的健康性	2.8%	27.3%	46.2%	18.1%	5.6%
对个人隐私的保护	3.0%	18.2%	50.1%	22.0%	6.7%
操作简便	10.3%	50.6%	32.8%	5.0%	1.3%
总体满意度	2.9%	42.2%	47.6%	6.4%	0.9%

3．第三层次网络营销策略

（1）整合营销策略

整合营销是一个营销新理念，是当今营销领域里一个很热的词，它有以下几方面的含义。

1）传播资讯的统一性

整合营销是帮助企业与其顾客和关系利益人发展，维护和强化品牌关系的商业模式，最终提升品牌价值。其中“整合营销传播”是其不可缺少的一环。它们之间的关系如同化妆品与形象塑造之间的关系一般。也就是说，实施整合营销需要一个整合的组织结构，以及一个可以同时传达信息和倾听关系利益人声音的沟通渠道。

企业以统一的传播资讯向消费者传达，即用一个声音来说话，消费者无论从哪种媒体所获得的讯息都是统一的、一致的。其目的是运用和协调各种不同的传播手段，使其发挥出最佳、最集中统一的作用，最终实现企业与消费者之间建立长期的、双向的、维系不散的关系。

2）互动性

消费者可与公司开展富有意义的交流，可以迅速、准确、个性化地获得信息、反馈信息，如果说传统营销理论的实质是“消费者请注意”，那么，整合营销所倡导的格言就是“请消费者注意”。虽然只是两个词之间位置的转换，但消费者在营销过程中的地位却发生了根本的变化，营销策略已从消极、被动地适应消费者向积极主动地与消费者沟通、交流转化。

3）目标营销

企业的一切营销活动都应该围绕企业的目标来进行，实现全程营销。

整合营销已从理论上离开了在传统理论中占中心地位的4P理论，而逐渐转向4C理论为基础和前提。整合营销主张是要以消费者的需求为中心、以消费者的需求成本为中心、以消费者方便为中心、以沟通为中心。以上4个因素之间的关系是围绕消费者为中心展开的，一切为了消费者，一切从消费者中来，又回到消费者中去。

（2）互动营销策略

互动营销指的是企业应该想方设法向消费者提供比功能性利益更多的好处，把营销活动延伸到产品的过程之前、之中和之后，并在各个层面加强与消费者的互动，培养与消费者的关系。企业一方面应使消费者在互动过程中培养品牌体验、提高品牌忠诚度，另一方面，企业也应通过与消费者的互动更深刻地了解顾客和市场。

互动式营销要求企业在三大方面与消费者进行交互式活动。这些利益包括以下内容。

① 功能上的利益，指的是产品及其性能特点、质量、价格等，营销者应从消费者的需要出发，在产品开发、定价及宣传沟通等多方面充分采纳消费者的意见。

② 流程上的利益，是指消费者从开始考虑购买产品，到具体购买，到消费，到售后服务，一直到重复购买的整个过程中所享受的利益。

③ 关系上的利益，是指消费者通过与企业建立长期稳定的关系而享受的利益。它包括消费者长久以来良好的产品体验，企业基于个人化服务为消费者带来的额外价值，消费者通过与企业分享信息所获得的好处，以及不同的忠诚度计划给消费者带来的好处等。

（3）绿色营销策略

绿色营销是指企业在经营过程中，注意保护地球环境、节约资源与实行可持续发展的战略，促进经济与生态的协调发展，以实现企业自身利益、消费者利益以及生态环境利益的统一，绿色营销中绿色的含义是多重的，而不是单一的。它既指一种产品，也指一种行业，还可以指一种经营哲学和行为规范，如绿色食品、绿色饮料、绿色包装和绿色管理等。

绿色营销与传统营销相比具有以下一些特征。

① 营销的目标从最大限度地刺激消费者转为追求可持续消费。传统营销以满足消费者的需求为中心，企业的营销战略组合是围绕消费者的需求和欲望来设计的。而绿色营销除了要满足消费者的需求外，还强调可持续发展，要节约资源，强调以少量的物质来满足消费者的需求，提高消费质量。

② 研究的重点从企业、消费者、竞争者三者之间的关系转向了企业经营活动同大自然、消费者身心健康的关系。

③ 绿色营销中的顾客性质发生了变化。传统营销仅把人看成消费者，而绿色营销则把人看成社会人、多样化需求的人，它研究人的物质和精神两方面的需求。

④ 对于顾客的满意度的定义加以扩展了。传统营销中的顾客满意是指消费者消费产品和服务时得到的满足，是一种瞬间的满足，而绿色营销中的顾客满意还包括消费后的包装、产品废弃物的回收处理，是一个过程性的顾客满意。

⑤ 企业的文化发生了变化。传统营销强调竞争优势、竞争获胜。绿色营销不仅强调竞争还强调合作，企业在营销过程中把竞争对手看成环境保护的合作者。

⑥ 绿色营销的产品注重绿色表现。绿色营销是社会营销的一个组成部分。保护环境、节约资源、可持续发展只是企业社会责任的一个方面。社会营销还包括企业营销活动中存在的社会价值观、伦理道德等其他社会问题。而生态营销则指与保护生态环境有关的营销，它仅是绿色营销的一个方面，是绿色营销的核心部分。

绿色营销战略的内容应包括树立绿色营销观念、开发绿色资源、研发绿色产品、树立绿色品牌、研制绿色产品、制定绿色价格、选择绿色渠道、开展绿色促销、评审绿色营销活动、控制绿色营销过程以及引导绿色消费等。

（4）感觉营销策略

随着物质产品的过剩与人们收入的不断提高，“感觉”变成一种新的商品，“感觉价值”已经成为消费者的核心价值的一部分，甚至有些已经发展成为最关键的价值。“感觉消费”也开始席卷全球产业。在感觉逐渐成为一种新的产业标准的时候，特别是感觉成为核心消费价值的时候，各行各业的企业都发现：未来竞争的关键战场是感觉。因此，感觉营销也成为了企业制胜的武器。

感觉营销需要把握以下原则。

① 必须认识到感觉无处不在，必须从战略上重视感觉营销与感觉设计。

② 必须认识到不同消费群体的感觉是有差异的，必须学会从消费者需求出发进行认真的市场细分，了解消费者感觉的核心与基础，并且有针对性地进行感觉设计。

③ 设计感觉需要把握清楚感觉的种类，根据消费需要进行设计。

④ 要积极塑造消费者亲身参与体验的感觉。

（5）文化营销策略

在现代社会，文化的功能日益突出，正在各个领域影响着人们的生活，同样，也影响着企业的营销。不同文化的人价值判断的标准是不一样的，对同样的商品其认可的价值也会有差别。企业要依文化不同而采用不同的定价策略、促销渠道、营销方式等。文化与营销是紧密相连的，是相互影响的，也是相互作用的关系。

文化营销的具体内容表现为产品文化营销、品牌文化营销以及企业文化营销 3 个层次，具体如下。

1）产品文化营销

产品文化营销是指提供市场在人们选取使用和消费中满足人们的某种需要的一切实体或价值观念的综合体现。产品文化营销包括产品的包装、设计、使用和生产诸多方面。

① 文化包装是通过产品的包装来体现某种核心价值观，唤起消费者的认同感，使消费者得到文化上的满足，而忠于企业产品。

② 文化广告是在广告创作中把文化当做一种工具或表现手段，以文化来达到与消费者进行沟通，唤起消费者的认同感。文化广告的重点在于唤起消费者潜在的文化意识。

③ 新产品文化营销则通过新产品体现的文化核心价值来吸引消费者和满足消费者的认同感与满意感。

④ 产品文化营销也会有一定的生命周期，企业要利用产品文化营销的周期性来进行有针对性的营销。

2）品牌文化营销

品牌文化营销是指有利于识别某个销售者或某个销售群体的产品或劳务，并使之与竞争对手的产品或劳务区别开来的名称、名词、标识符或设计或它们的组合，以及它们所代表的利益、认知情感、属性、文化传统或个性形象价值观念的总和。

品牌文化营销是产品文化营销的延伸和拓展，它包括整个社会对品牌的信任和保护。名牌效应与企业创立名牌产品、生产名牌产品的行为等有着密切的关系。品牌文化营销是利用文化来进行品牌的设计、创建和生产的过程，利用品牌文化来提升品牌的竞争力。

3）企业文化营销

企业文化营销是指企业文化传播介绍给消费者，让企业文化成为社会文化的一个有机组成部分，引起消费者的认同或满意。

企业文化营销是企业根据自身文化内涵的特色，选择恰当的方式进行系统的革新与有效的沟通，以在消费者心中树立起有鲜明个性的企业形象，并以此达到企业经营目标的一种营销方式。

（6）传播营销策略

传播营销策略是网络营销传播的重心所在，应该表述得正确而适当、简明扼要、持续而统一，并能使所有共同从事营销传播工作的团队成员达成共识。一份切实可行的传播策略应该为整个网络营销目标服务。

那么究竟该设定什么样的目标呢？目标实现与否怎样测量？在这些目标中，消费者接收到的信息是否是我们想要传递给他的、他想要的信息？策略实施后，消费者会做出什么反应？你希望消费者有什么反应？策略所要讨论的这些问题必须在网络营销人员中达成共识，一致同意，不至于在执行中导致分歧。如果没有达成目标则应该重新检查策略传播内容与执行时的情况，并进行修改，最终说服消费者。

传播策略包括以下具体执行步骤。

① 确定传播目标；

② 区分消费者需求；

③ 提供消费者利益点；

④ 确认消费者心目中的品牌定位；

⑤ 在个性品牌上进行传播；

⑥ 找出说服消费者的理由；

⑦ 考虑如何才能有效地接触消费者；

⑧ 评价策略成功与否，建立评估标准；

⑨ 确认未来市场需要，做出修正。

自始至终，策略的关系都是以“消费者为导向”，向消费者有效地传播信息。确认他们需要你的服务时，他们是谁，在哪里？当他们最可能接受网络信息时，是谁，在哪里？当你的频道内容和服务对他们产生最大利益时，又是谁，在哪里？这种做法是网络整合营销传播的精华所在，与传统营销不同，它更具说服力，沟通的手段是以个别的方式进行一对一的谈话。

（7）数据库营销策略

数据库营销策略的建立与运用，就是探讨如何使资料库成为以关系为主的网络营销计划中的一部分。换句话说，网络企业成功与否，不是数据收集数目的多少，而是如何利用数据库，将这些数据转换成切实可行的网络营销策略与计划。

一般而言，一个回合的网络营销传播需要 3 个步骤：

① 激发消费者的反应；

② 对消费者的反应进行测量和控制；

③ 建立资料库，整理消费者行为模式。

如此循环，资料库将获得越来越详细、越来越准确的消费者资料。也就能够更好、更有效地发展消费者导向的网络营销传播，从而实现真正的关系营销。循环本质，正是网络营销传播的真正价值之所在。

建立一个以跟踪消费者互动、结合现有消费者资料库的营销策略无疑是网络企业的关键工作。它可以帮助你留住现有的最有利的消费群体，找出对你可能带来效益的潜在消费者队伍。具有互动意义和基础的资料库的运用不仅应该推动更多的品牌信息，同时还应该使消费者可以轻松地获得他们想得到的信息内容和网络服务。所以，以资料为动力，以消费者为中心的网络营销是一种比直销更周密的策略，它所代表的意义是资料的收集，以及运用这些资料来发展关系策略，打通双向互动的沟通渠道，设计个人化信息和增加消费者忠诚度。

在网络营销中，建立数据库的有效途径包括：回头次数、注册会员、会员俱乐部、保证卡、赠送礼品、电子邮件与网站等。

（8）利润点营销策略

一个企业存在的价值，主要表现在两个方面：首先是这个企业能否向社会提供需要的产品或服务；其次，这种产品或服务是否赚钱。

就目前而言，网络公司的利润点有3个方面，即信息服务费、网络广告费和技术服务费。在国内成千上万的综合性网站中，站点信息大多数都不是自己的一手资源，因此各ICP出于提高访问量的目的，很少敢开口收费。其次是网络广告，据易观国际研究表明，2006年中国网络广告整体市场规模为9.77亿元，其中关键字广告市场规模继续快速增长，达3.03亿元。但是，在这样的繁荣之后，中国网络广告到底能走多远，走多久，将取决于能否摸索出符合国情的盈利模式，能否培育出一个健康健全的网络广告监督管理体系。

正是对收入的迷茫，整个网络行业弥漫的是如何融资。引入风险基金，高速增长，就能获得国外的风险资金。在西方上市公司股票价格暴涨的示范效应下，在国内外软硬件供应商的炒作下，办网络公司似乎成了暴富的捷径。其实，融资的目的是为了获得更多的盈利，如果融资不能带来更多的盈利，这种投入意味着负投入，也意味着风险的增大。

（9）策略联盟营销策略

策略联盟在IT行业还是新鲜事，它的出现，不仅是市场使然，也是利益驱动使然，值得网络营销人员在进行营销策划时给予高度重视。

策略联盟主要有3类：第一类旨在垄断利润，第二类旨在互利资源，第三类旨在制定行规。尽管目的不尽相同，策略同盟体现的中心点还是各成员的利益。

（10）价格/销售比策略

与门户网站相比，垂直领域网站更灵活，造价更便宜，因而更有价值。同美国相比，中国没有那么多的收入模型。你可以“拷贝”一个成功的美国模型。

在美国，网络业已经形成了一个融入其社会体制的“利润分配”的架构，每个经营者——企业家、管理层、风险投资商、投资银行、用户都可以参与这次商业盛事，分享部分的金融收益。但是在中国，这样的价值链和利润分配周期尚未建立。例如，中国的网络用户只是贡献出他们的“网页浏览量”，而不能够在开放的市场购买网站的股票，这虽失公道，但毕竟是事实。

当“经营重点”由“电子”转向“商务”时，每种传统的商业病症都发作了。现在我们讨论两者之间的连接，也就是在英文中E-commerce之间那个小小的连字符。10年前，商业经营表现的最高衡量标准是价格/利润比率。后来软件公司经营者们开始采用价格/销售比率来衡量软件公司的价值，因为对于软件公司来说，有时候市场份额比当前利润更为重要。

（11）相关产品策略

相关商品策略亦称离线（Offline）策略，是指综合利用网络资源，对网络中各频道和举办的各类活动中出现的各类信息、名称和事件进行相关产品的生产、发行、销售或其他形式的开发。这一策略的法律背景是“知识产权”。

其实，网络、小说、电子杂志、电视、电影、游戏是一个完整的生态系统，一个渗透了许多媒体和市场的食物链。在网络市场日益激烈的竞争环境下，谁能够极大化地围绕网络主题在不同的市场层面进行立体化的投资，谁就能成为网络经济时代的真正赢家。

该策略源自好莱坞电影营销模式。电影相关产品市场，亦称后市场，或者叫做下游产值，其价值经常超过电影本身。网络营销将它借鉴过来，美其名曰离线（Offline）策略。

一段时间，归国学子在国内掀起了互联网创业热潮，搜狐 CEO 张朝阳可谓最早带回风险投资的“洋务派”，以后像伊丽人、Chinaren、易趣、eLong、亿唐等哈佛、斯坦福和麻省理工背景的莘莘学子也都跟进，然后我们就能在大街小巷上看到他们创造品牌的各种广告，不过后一轮的投资者将会和那些在 Offline（离线）方面有很强的品牌，在传统行业有很好经验的佼佼者合作，换句话说两轮的差异在于后一轮更青睐那些希望通过互联网提高效率，降低成本的业内人士，而不是外来者。所以，如何将网上技术和信息与网下资源和财富相互磨合、结合，将是事关网络企业前途的关键所在。找准接合点，创造新财富，繁荣新经济，为网络企业营销人员提供了前所未有的良机。在这个结合点上成就大事业，将促使思维方式和营销理念发生重大转变。

4.2.2 网络营销的关系

1. 关系营销的概念

关系是指人和人或人和事物之间的某种性质的联系。在社会学上，关系是随着人类社会的诞生而出现，随着社会发展而发展的。与主要客户建立起“一对一”关系或对话的任何营销战略，基本都可以称为关系营销或忠诚度营销。它既能像目前有集中的“后台”数据库的网站一样复杂，又能十分简单，就像那些直邮推广，使用特惠打折或优惠券的常客优惠活动，或者是那些吸引回头客的促销品。

关系营销的着眼点不像传统营销观念那样只有一个，而是两个，即赢得客户与拥有客户。过去，市场营销的重点很大部分放在怎样“赢得”而不是如何长期“拥有”客户上面；而关系营销的目的正是在于使服务、质量和营销这三者环环相扣，使赢得客户与保有客户这两方面呼应和结合。因此，关系营销的导向是：将服务、质量和营销融为一体，客户服务和全面（全公司范围内的）质量决策是以竞争性营销战略为背景而出现的。

2. 关系营销的基本模式

（1）关系营销的中心——顾客忠诚

在关系营销中，怎样才能获得顾客忠诚呢？那就是：需求——满足需求并保证顾客满意——营造顾客忠诚，构成了关系营销中的三部曲。

① 企业要分析顾客需求，衡量顾客需求满足与否的标准是顾客满意程度，满意的顾客会对企业带来有形的好处（如重复购买该企业产品）和无形产品（如宣传企业形象）。

有营销学者提出了导致顾客全面满意的 7 个因素及其相互间的关系：欲望、感知绩效、期望、欲望一致、期望一致、属性满意和信息满意。欲望和感知绩效生成欲望一致，期望和感知绩效生成期望一致，然后生成属性满意和信息满意，最后导致全面满意。

② 从模式中可以看出，期望和欲望与感知绩效的差异程度是产生满意感的来源，所以，企业可采取以下的方法来取得顾客满意，如提供满意的产品和服务，提供附加利益，提供信息通道。

③ 顾客维系，市场竞争的实质是争夺顾客资源，维系原有顾客，减少顾客的叛离，这要比争取新顾客更为有效。维系顾客不仅仅需要维持顾客的满意程度，还必须分析顾客产生满意程度感的最终原因，从而有针对性地采取措施来维系顾客。

（2）关系营销的构成——梯度推进

建立顾客价值的方法有以下几种。

① 一级关系营销的方法是，利用价格刺激使目标公众增加财务利益，这是维持关系的重要手段。

② 二级关系营销的方法是，在建立关系方面优于价格刺激，增加社会利益，同时也附加财务利益，主要形式是建立顾客组织，包括顾客档案和正式的、非正式的俱乐部以及顾客协会等。

③ 三级关系营销的方法是，增加结构纽带，同时附加财务利益和社会利益。与客户建立结构性关系，它对关系客户有价值，但不能通过其他来源得到，可以提高客户转向竞争者的机会成本，同时也将增加客户脱离竞争者而转向本企业的收益。

（3）关系营销的模式——作用方程

企业不仅面临着同行业竞争对手的威胁，而且在外部环境中还有潜在进入者和替代品的威胁，以及供应商和顾客的讨价还价的较量。

企业营销的最终目标是使本企业在产业内部处于最佳状态，能够抗击或改变这 5 种作用力。作用力是指决策的权利和行为的力量。双方的影响能力可用下列 3 个作用方程表示。

①"营销方的作用力"小于"被营销方的作用力"。

②"营销方的作用力"等于"被营销方的作用力"。

③"营销方的作用力"大于"被营销方的作用力"。

引起作用力不等的原因是市场结构状态的不同和占有信息量的不对称。在竞争中，营销作用力强的一方起着主导作用，当双方力量势均力敌时，往往采取谈判方式来影响、改变关系双方作用力的大小，从而使交易得以顺利进行。

3．关系营销的特征

（1）关注

关系营销者关注其顾客的福利。他们想要满足甚至超越顾客的期望，为顾客带来满意或快乐，关键是要密切注意顾客的期望。顾客期望是个人需要和经历、企业口碑、营销沟通等要素相结合的产物，因而顾客期望是动态的。动态意味着企业不仅仅理解或追踪顾客期望的变化。通过与顾客的媒介和人际沟通，营销者可以在一定程度上对顾客期望产生影响。当然，仅在很少的情况下，营销者才能够决定顾客的期望。

（2）信任和承诺

信任和承诺是关系营销研究的重点。许多学者专门探讨信任在开发成功的关系中的作用。因为信任和承诺可以鼓励营销者，具体有以下几方面的内容。

① 与交换伙伴合作来保持关系投资。

② 抵制有吸引力的短期替代者，从而维护与现有伙伴保持关系的顾客长期利益。

③ 审慎地看待潜在的高风险行动，因为营销者相信他们的伙伴不会机会主义地行事。当信任和承诺同时存在时，它们就会产生能够促进效率、生产率和效益的结果。

（3）服务

服务是指在关系信任和承诺的环境中对顾客的关注，对顾客的信任和承诺。关系营销要求整个组织承诺提供高品质的服务，这种服务应该是可靠、感情移入和易起反应的。

关系营销是实现盈利目标的一种手段，因此关系营销者相信优质服务能够改善企业获利率。服务质量的提高将推动顾客满意度的成长，从而会增加企业与顾客的关系强度，会延长企业与顾客的关系寿命，会带来顾客关系获利率的成长，这是一种良性循环。

4．关系营销中产品的质量

在关系营销中，质量正接受着重新的审视和思考。传统上以“符合规格标准”为准则的质量观念正被“面向客户的质量水准”所替代，也就是客户所感受并予以首肯的质量水准。而且，“全面质量”这一思想将“质量”所包容的范围动态地集中于公司与它的客户、供应商以及其他必不可少的市场主体之间全方位的关系上面。

过去，解决质量问题的典型办法就是对最终成品进行检查，而如今这一点正在发生变化，现在采取的途径主要是对关键的过程进行严格的监控，同时为其他过程提供有关的技术指导。从检查成品到监控变化中的生产过程，这一转变对流通销售行业和服务行业有着特殊的重要性，因为在这两个行业，传统的质检手段总是不太适用，甚至根本就毫无成效。随着质量管理技术从生产车间向前推进到采购部门，向后延伸到分销部门，以新的方式来沟通交流、制定计划的需要也就更加突出了。在这里需要指出的是：必须以客户的观点为准来理解质量。

4.2.3 网络营销的价格竞争

1．价格竞争策略

价格竞争策略是企业营销策略中最富有灵活性和艺术性的策略，是企业的一种非常重要的竞争手段，是企业营销组合策略的重要组成。在网络营销中，企业应特别重视价格策略的运用，以巩固企业在市场中的地位，增强企业的竞争能力。

2. 影响价格竞争策略的因素

营销价格是指企业在营销过程中买卖双方成交的价格。企业营销价格的形成是极其复杂的，它受到多种因素的影响和制约。一般来说，影响企业产品网上定价的因素主要有成本、供求关系、竞争因素以及其他因素（如产品、营销渠道、促销手段、消费者心理因素、企业本身的规模、财务状况和国家政策等）。

3. 企业定价目标及网上营销价格的确定程序

（1）企业定价目标

企业定价目标是指定企业通过制定产品价格要求达到的目的。它是企业选择定价方法和制定价格的依据，企业定价目标不是单一的，而是一个多元的结合体。在网络营销中，企业定价目标有以下几种：

① 以获得理想利润为目标；

② 以获得适当的投资报酬率为目标；

③ 以提高或维持市场占有率为目标；

④ 以稳定价格为目标；

⑤ 以应付或防止竞争为目标；

⑥ 以树立企业形象为目标。

（2）企业网上营销价格的确定

企业网上营销价格按以下几个步骤来确定：

① 分析测定市场需求；

② 估计产品成本；

③ 分析竞争对手营销价格与策略；

④ 选择定价目标；

⑤ 选择定价方法；

⑥ 确定可能的价格；

⑦ 征询消费者的意见；

⑧ 确定最终价格。

4. 网上定价策略

网上定价的策略很多，既有心理定价策略，也有折扣定价策略、地理定价策略和信用定价策略。

（1）个性化定价策略

个性化定价策略就是利用网络互动性的特征，根据消费者对产品外观、颜色等方面的具体需要来确定商品价格的一种策略。网络的互动性使个性化行销成为可能，也将使个性化定价策略有可能成为网络营销的一个重要策略。企业可根据消费者特殊需要的程度，来确定出不同的价格。

（2）声誉定价策略

在网络营销的发展初期，消费者对网上购物和订货还存在着许多疑虑。例如，在网上所订购的商品，质量能否得到保证，货物能否及时送到等都是消费者所关心的问题。在此情况下，对于形象、声誉较好的企业来说，价格相应可高一些；反之，价格则低一些。

（3）折扣定价策略

在实际营销过程中，网上折扣价格策略可采取如下几种形式。

1）数量折扣策略

为了鼓励消费者多购买本企业商品，企业在确定商品价格时，可根据消费者购买商品所达到的数量标准，给与不同的折扣。购买量越多，折扣可越高。在实际应用中，其折扣可采取累积和非累积数量折扣策略。

2）现金折扣策略

对于付款及时、迅速或提前付款的消费者，给予不同的价格折扣，以鼓励消费者按期或提前付款，加快企业资金周转，减少呆、坏账的发生。

4.2.4 网络营销的非价格竞争

1. 价格竞争弊端

随着市场的演进，企业间竞争的程度日趋激烈，价格竞争已无法再发挥往日的威力。在一定条件下，价格竞争是必要的，但是把价格看成决定交易成败的唯一因素，难免会造成价格竞争的泛滥。事实上，单纯依赖价格竞争有很多弊病。

① 价格竞争是竞争对手易于仿效的一种方式，很容易招致竞争反击，以致两败俱伤，最终不能提高经济效益。

② 以削价为手段虽然可以吸引顾客于一时，但一旦恢复正常价格，销售额也将随之大大减少。

③ 定价太低往往迫使产品或服务质量下降，以致失去买主，损害企业形象。

④ 价格竞争往往使资金力量雄厚的大企业能继续生存，而资金短缺、竞争能力弱的小企业将蒙受更多不利。

2. 非价格竞争

非价格竞争是指企业运用价格以外的营销手段，使本企业产品与竞争产品相区别，并使之具备差别优势，以推动产品销售的竞争方式。在现代市场经济条件下，非价格竞争已逐渐成为市场营销的主流。从市场营销环境来看，经济、技术各方面的发展，也为非价格竞争创造了良好的条件。经济的发展，消费层次的提高，使得购买者的注意力并不仅仅停留在商品价格上，已不再是价格越低的商品越畅销，而是越能满足某种特定市场需要越好卖。科学技术的发展使得企业与消费者能够更有效地从商品自身构造包括质量、功能、商标、包装、服务等各方面上区别竞争商品。

3．非价格竞争策略

（1）差异化竞争策略

网站的专业化是网站发展的必然趋势，在经历了“人们想要看”的消费心态后，“人们看什么”的消费心态日渐成熟。面对各种各样的网民，其消费心理差异很大，尤其是网民队伍发展壮大以后，这种趋势更明显。面对这种竞争态势，科学地制定差异化营销策略是关键。

差异化竞争策略是指通过提供与竞争产品在造型、花色、性能等方面具有不同特征的产品，来争取消费者选购的差异，以扩大本企业产品销售。

差异化竞争策略并非无中生有，它建立在科学的市场细分基础上，而市场细分又建立于顾客需求的差异上。推行差异化战略要求企业具备更娴熟的营销技巧，有足够的实力影响和调节市场需求。

差异化竞争策略具有一定的风险，具体体现在以下几方面。

① 无意义的服务差异化。服务差异化的创新，应该是从市场和用户的需要中产生，适应市场并能创造市场和领导市场的潮流。不具体了解市场和用户的实际需要，就实行一些主观的差异化，不仅不能给企业带来效益，相反会浪费企业的资源。

② 要创造和保持服务的差异化，是以提高企业的成本和费用为代价的。由于企业的资源是有限的，特别是稀缺资源（如资金，优秀的人才）更是如此。差异化策略并不意味着忽视企业的成本，而是企业服务创新的重要方面，它是以提高企业的效益为前提的。实行差异化必然要增加企业的成本，因此企业应该建立一种合理的成本和服务差异化标准并适当地安排、实行一定成本的差异化，在达到差异化的目标下尽量降低企业的成本。同时，要考虑不同市场和不同用户的特点，过高的差异服务导致的额外费用需要有一定的限度，超过一定的程度必然导致用户宁愿牺牲一些个性化及特殊的服务转而选择价格低的服务。针对成熟和初级市场、城市和农村市场、年轻人和老年人等用户要考虑提供不同的服务和价格。

③ 服务差异化导致竞争对手的策略随之改变，并能推出相同或类似的差异化策略，导致用户的流失。服务差异化策略要有效增加用户的转换成本，利用用户的惰性，最大限度地留住老用户。因此，企业的差异化并不是一成不变的，要与时俱进，不断推陈出新，形成企业的服务创新机制。

④ 服务差异化创新好像与企业的集中化策略以及成本领先策略有一定的冲突和矛盾，实际上服务创新都是企业竞争在不同阶段所采取的不同手段，目的都是提高企业的不断盈利能力。

（2）战略联盟竞争策略

战略联盟竞争策略是指两家或两家以上公司为了达到某些共同的战略目标而结成的

一种网络式联盟，联盟成员各自发挥竞争优势，相互合作，共担风险，在完成共同的战略目标后，这种联盟一般都会解散，其后为了新的战略目标，公司又可能与新的合作者结成新的联盟。战略联盟反映了一种适应市场环境变化的新型竞争观念，它以一种合作的态度来对待竞争者。通过建立双方的信任关系，实现优势互补，借助对方来加强各自的竞争力，在合作的基础上展开竞争，从而不断提高竞争的水平，促进社会经济和技术的进步。

（3）情感营销竞争策略

情感营销竞争策略是指一种融亲情、友情、热情和温馨于一体的营销策略。随着人们生活水平的提高，高技术、高价值、高档次的产品不断增多，产品的差别化、个性化特征越来越明显。消费者对产品的认识不仅包括质量、价格等理性层面的理解，而且越来越强调以文化知识、个性、品位等为主要内容的情感因素，消费者的情感性消费不断增加。现代营销应适应消费者从“量的需求”阶段、“质的需求”阶段向“情感”需求阶段的转变，从设计、包装、商标、广告、公关、服务、环境等方面进行情感设计，把传统经营活动引入一个全新的情感营销领域。

（4）商业科普竞争策略

商业科普竞争策略是指以高知识含量为特征的服务过程。它通过把商品知识传授给顾客，使顾客产生认同，从而实现以知识创造市场。

企业通过科普活动实现以知识创造市场，是一个贯彻于经营管理活动始终的过程。在这个过程中，企业可以采取各种形式提高营销活动的知识含量，同顾客建立结构性的层次关系。商业科普的形成，应从商业科普环境、商业科普服务、商业经营科普、商业管理科普以及社会公益科普等方面提高消费者的科技素质。商业科普策略的运用，必将带来巨大的经济价值和文化价值。

4.2.5 网络营销的知识营销

网络营销中的知识营销是一种营销新方式。人类即将进入知识经济时代，知识经济时代必将对人类社会历史进程产生划时代的影响，在此背景下，知识营销也势必成为一种新的营销方式。

1. 知识营销的特征

与传统的营销方式相比，知识营销具有以下特征。

（1）营销环境发生了质变

随着计算机技术、通信技术、信息技术及多媒体技术的发展，知识经济时代企业的营销环境将发生巨大变化。首先是竞争日益激烈，这里包括国内和国际之间的竞争，随着世界经济一体化的不断演进，“国内市场国际化，国际竞争国内化”将逐步成为现实，竞争将越演越烈。其次，竞争的方式也将发生变化。大家共有信息技术，共享知识资源，共同开发市场，在合作中竞争，在竞争中合作，形成良性循环的竞争环境。

（2）营销产品发生了质变

传统营销产品逐步被知识型产品所替代。知识型产品即为高科技产品的升华，产品科技含量高，如数字化彩电等。对于这些知识型产品的营销必须要求营销者是具有高素质、高学历、高水平、懂行的人员，他们不仅要深谙营销技巧，同时也要掌握产品的知识含量，不仅如此，还要将这些知识推销给消费者，并能说出产品的技术含量、使用功能、维修知识和特点，使消费者感到高新技术并不是深不可测、高不可攀的。

否则，如果营销者对这些知识一知半解，甚至对消费者的询问含糊其辞，产品售出发生故障时也不能迅捷提供售后服务，那么消费者将疑云重重，营销也就很难成功。

（3）营销方式发生质变

随着计算机技术和网络技术的飞速发展，特别是 Internet 的发展使得营销信息系统更加完善。传统的营销方式主要是靠传统的媒体（如报纸、电视、广播）、广告等向消费者传递产品信息的。这种信息传递是单向的，并受时间、地域、空间等因素的影响，往往是营销者比较主动而消费者处于被动地位，信息反馈速度慢并有限，而且成本较高，因而往往不能制定适宜的营销战略。而在知识经济时代，网络化的实现使营销渠道四通八达，特别是 Internet 的发展使得营销者发布自己的产品信息时，可以不受时间、地域、空间的限制，将产品信息迅速传达给消费者，大大减少了营销环节，从而降低了成本。而且消费者可以足不出户通过网络与营销部门进行对话，提出自己的愿望与要求，促使厂家生产出更适合市场需求的产品。

2．知识营销的内容

21 世纪知识经济不同于 20 世纪的工业经济，智力资本将成为第一资本，决定着企业面向未来的竞争优势。智力优势是知识经济时代的最重要优势，比尔·盖茨的微软公司在资产负债表上的资产总额只有通用汽车公司资产总额的 4%左右，而它的市场价值却相当于通用汽车市场价值的 4 倍。之所以如此，是因为微软生产经营的是知识经济时代的重要产品——电脑软件，而通用生产经营的是工业经济时代的典型产品——汽车。在知识经济时代，企业的营销观念也要相应转变，即树立知识营销观念。知识营销观念是知识经济发展的产物，是与知识经济相适应的一种新营销观念。它高度重视知识、信息和智力，凭知识和智力而不是凭经验在日益激烈的市场营销战中取胜。

知识经济浪潮正在拍岸，在这样一种全新社会形态下，知识营销应包括以下内容。

（1）学习营销

知识经济时代人类将进入学习社会，实现真正意义上的“活到老，学到老”。知识和信息的大爆炸决定了知识经济时代的营销是“学习营销”，它主要包括两个方面内容：第一，是企业向消费者和社会宣传产品和服务，推广普及新技术。向消费者传递信息，实现产品知识信息的共享，消除顾客的消费障碍，从而“把蛋糕做大”。第二，是企业向消费者、同行和社会的学习。企业在进行营销的过程中不断地向客户及其他伙伴学习，发现自己的不足，吸取好的经验方法，补充和完善自己的营销管理过程。因此，“学习营销”是一个双向过程，互相学习、互相完善，最终达成整体的和谐。

（2）网络营销

21 世纪是网络营销的世纪，网络营销是知识经济与网络技术飞速发展的产物。简单地说，它就是利用 Internet 进行的企业营销。据 ForesterResearch 市场研究公司的数据，1999 年单在互联网上的商品销售总额已达 50 多亿美元，估计今年可望突破百亿大关。网络营销主要通过在 Internet 上建立虚拟商店和虚拟商业区来实现。虚拟商店又称电子空间商店，它不同于传统的商店，不需要店面、货架、服务人员，只要拥有一个网址，就可以向全世界进行营销活动。它具有成本低廉、无存货样品、全天候服务和无国界区域界限等特点。另外，在网络上还可同步进行广告促销和市场调查以及收集信息等活动。Internet 为企业和客户间建立了一个即时反映交互式的信息交流系统，拉近了企业与消费者之间的距离，具有很好的发展前景。

第 5 章

网络交易的手段与工具

5.1 信息发布是网上交易的主要手段

5.1.1 信息发布前的五项准备

信息发布是将我们手中的商务信息在网上进行发布的全部过程，它是网络营销的基础和前提。只有把我们手中的信息发布在互联网上，别人才能看得到，才能传遍四面八方，也才能找到客户和买家。

许多人以为：在网上发布商务信息，很简单，写上一条，贴在网上就行了。

其实不然，互联网是一个庞大而又浩瀚的信息海洋，一条信息好比一滴海水，放到大海里就很快没有踪影。为什么很多企业在信息化过程中普遍建立了自己的商务网站，也发布了很多产品的商务信息，却没有见到什么效果呢？这其中一个重要的原因，就是还没有把握商务信息发布的原则和技巧，特别是没有认真地做好商务信息发布前的准备。

1. 检查接收信息的通路

检查好接收信息的网络通路是做好商务信息发布前的第一道工序，也是最基础的准备工作。

发布商业信息的目的是要获得反馈信息，获得商业机会。但是，很多人忽视了在信息发布前先检查一下接受信息的通路是否通畅和健全这样一件非常重要的工作，而是盲目地以为：我们有好几个网上信箱，到时候留上一个信箱不就行了？接受信息的通路不会有问题。受这种想法的影响，很多人不注意去检查自己的信息通路，自信自己的信息通路是顺畅的，其实往往不是，或者是把电子邮件的地址写错了。这样的情况经常发生，特别是，相当多的人不注意去认真检查自己企业网站的信箱通还是不通，一旦有不通的情况，就会使你的信息接收受到相当大的影响，会丢掉或错失相当多的商业机会。

典型案例

有一个生产节水产品的企业，急于把自己的新产品打出去，花了 1.2 万元请人给建立了一个商务网站。网站建好了，企业老总一看还挺漂亮，就把钱给了网络公司，而网络公司没有给企业转交任何网站的建站资料。

一年以后，到了续费的时候，企业老总想起网站来了。“怎么咱的网站一年也没有飞进一个鸟来呢？”再一问：由于当初建网站的人没有交代，企业也不懂，结果建网站的单位没有把网站预留的联系信箱告诉企业。等找着个明白人帮助打开网站信箱一看，里面有 257 封来信，既有大量寻盘信息，还有直接求购函。由于这些信息没能及时看到，及时回复，错失了商机。

这种由于信息通路不畅给企业带来的损失是很大的。

作者曾对 100 个构建了商务网站的小型企业进行了调查，结果显示：这种情况很普遍，很有代表性。其中有 72.8%的企业不知道，没重视或根本没有使用过企业网站建站时给的企业邮箱。这就说明，有相当多的企业信息的联系通路是不通的，或者是“半闭环”的。

为什么当前信息渠道这么多、这么通畅反而会造成企业的信息通道不畅呢?

这主要是由于很多企业和企业家，包括相当一批网页或网站制作者不懂得在建立商务网站的过程中，网络邮箱的作用。事实上企业在申请建立企业网站时网络服务商一般会提供 5～10 个企业信箱。这其中的第 1 个信箱是域名的主要联系信箱，也理所当然是主要信息联系信箱。很多人觉得这样的信箱或者不是很好用，或者不如新浪、网易、搜狐的邮箱有名气、好记，就把这个信箱荒废了，以致装满了邮件也无人问津，人为地造成了信息的渠道不通。

因此，我们在商务信息发布以前一定要进行这种信道的检查，若在检查时发现了这种情况就应该把信息渠道理顺或打通。

2. 提炼主题

一则商务信息，要包括题目、内容、信息发布人（或单位）、发布时间、联系方式、有效期等。有的商务网站十分规范，还可能包括产品价格、数量、包装、最小供货量、运输情况等相关内容。

这些内容中，最重要的是信息的主题。它是一则信息的主旨和精髓。因此，一定要下工夫提炼主题，万不可大笔一挥，信手一写就行了。

要提炼主题首先要研究和审视信息资源。

一个产品往往有很充实、很丰富的产品说明和技术资料，要把这些内容浓缩成一个很简短、很凝练、很有说服力和吸引力的商务信息并且发布在网上也是很不容易的，这就需要首先对拟发布的信息的技术资料和相关资料进行审视。

审视信息的出发点是全面理解和把握信息的主旨和本质，审视信息的落脚点是要抓住重点，浓缩和凝练信息。

只有这样才能去掉那些无关的、多余的、冗长的修饰词语和病句，抓住本质的、关键的、有说服力的语句和中心，写好一则商务信息。

提炼主题的关键，是要深刻的理解信息的特点和内涵；提炼主题的核心，是要把该产品的附加值和核心竞争力提升出来。只有抓住了这两个重点，其他内容才能紧紧围绕主题展开和阐述，才知道在有限的字数内怎样把应该讲清的问题讲清、说透。这样一句话，说起来容易，做起来难。

3．精炼内容和文字

信息的初稿写好了，还要进行文字的精炼。精炼不仅是对主题的进一步提升，也是增加商务信息文字张力的一个重要手段和重要环节。精炼包括内容和文字两个方面。

不仅一定要把无关的内容去掉，还一定要去掉那些不必要的字、词、句。对含有数字内容的信息要进行核对，对不准确的标点符号要进行改正。对整条信息的字数要进行统计，一般来说，一条信息的字数宜控制在 100 ~ 150 字。不得超过 150 字（包括标点符号在内）。这些字数的要求还要包括题目、正文、信息发布人姓名和联系电话。

为什么要对信息的字数要求这么严格呢？因为有的信息发布引擎，对拟发布信息的字数有严格的规定：超过 150 字是不能发送的。

4．进行图文搭配

如果拟发布的产品信息有图，而拟发布的网站又允许放置图片，则需要提前将图片用扫描仪进行扫描。扫描好的图片，可以保存在文件夹中，发布信息时，用压缩软件压缩一下就行了。一般网站要求图片不得超过 50KB，也有的网站要求不得大于 8KB。由于不同网站对页面上图片如何放置、图片的大小的要求是不一样的，因此必须根据各网站的具体要求对上传的图片进行具体压缩。

图 5-1 为“国美在线网”产品图片放置样式。

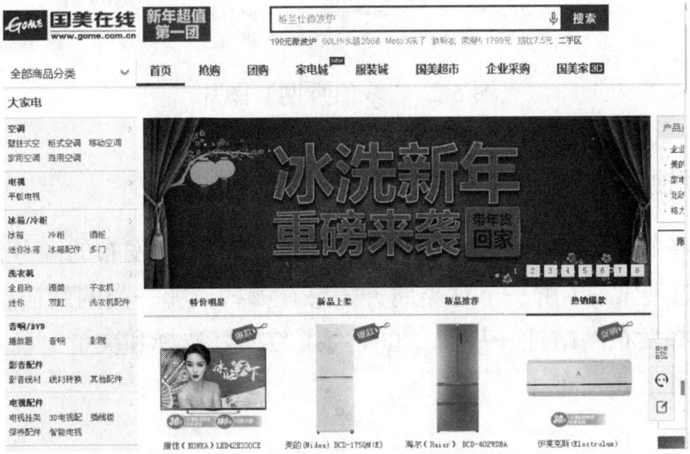

图 5-1 “国美在线网”产品图片

当前，许多商务网站提供免费的网上商店的模板一般是固定的，这就要求我们在剪切图片时要根据该模板的样式确定剪切图片的尺寸和样式。剪切好以后，上传到网上就可以了。这种图文并茂的效果生动而形象，能给客户一个直观的真实感觉，会产生一个很好的发布效果。

在“e 大中华网”的“网上商店”主页上摆放产品照片一定要做好较充分的准备。宜多放些照片，网页才会显得丰满和充实。因为网站给予你的是整个网页的使用权。放置图片过少就会使人感到冷清而商气不足，那就会影响浏览量。

图 5-2 所示的“八佰拜网”是一个网站自身的家电商城，它的每一个网页上可以登载多条不同单位的商情信息。每一个单位一般只可以发布一条商情信息，并配上图片登载在网页上。这两种网站的不同情况是我们一定要注意的。

图 5-2 “八佰拜网”图片

5. 进行前期搜索

商务信息准备好了，一般不要急于发布。先要依据你要发布的商务信息的内容进行相应的搜索。通过搜索，了解一下这类商务信息在哪些或哪一类网站信息量大、内容多，以便为下一步选择发布网站打好基础。心中有了数才好选择和决策，确定在哪些商务网站发布和采取哪种形式发布。

5.1.2 商务信息发布的五个原则

1. 优选发布网站的原则

有了信息，在哪个网站发布，也是很有讲究的。往往很多人觉得自己信息的含金量很高，为什么发布以后没有效果呢？其中一个重要的原因，就是没有注意优选发布网站。不同的网站，其发布结果是相差甚远的。

优选发布网站是提高网上成交率的一条重要原则。网上站点很多，在茫茫的信息大海中，要找到目标网站是很难的，但实践中又是有规律可循的。依据这些规律，我们就可以很顺利地找到目标发布站点。

优选发布站点的方法，主要是要把握以下几点。

（1）针对站点的商气优选发布网站

商气，是商业网站的核心竞争力和对客户的吸引力，商气足的网站，商机才多。因此，选择有商气的网站，是选择信息发布站点的首要条件。

在传统营销中，没有商气的商店，被称为冷店。冷店是无人进的，没有客流，你把商品摆进去，其结果只能是摆上多日，无人问津。同样的道理，我们在网络营销中，也必须把自已的商品信息放在一个商气旺的网站发布，才能有较多的浏览者看到你的信息，才能找到商机，实现最短距离连接，最快速度成交。

但现实中，网站如此之多，怎样去判定一个商业网站有没有商气呢？

1）考察网站的综合信息量

一个网站的综合商务信息量，是该网站商气的外在表现。

评价一个商务网站的综合信息量，可以先看栏目设置。栏目很少，一般而言，综合信息量不会很多。但实践中，对一个网站综合商务信息量的多少，也要全面权衡，不能光看栏目设置。栏目只是一个商务网站的架构，光有栏目而无内容，或栏目挺多，内容挺空，等于只有骨头而无肉。这样的“排骨”网站是没有竞争力和吸引力的。

图 5-3 所示“中华商务网”上的贸易信息中有大量“贸易机会”的信息，可供选择参考。

2）考查网站的信息更新量

网站信息能不能经常更新，每日更新，是衡量该网站商气足不足的试金石。

信息的动态更新量，反映了一个网站的管理机制是不是能动的，反映了该网站的信息资源是不是具有吸引力的，更反映了该网站的后备信息资源是不是充足的。这就像一条河，如果没有涓涓细流时时流入，怎能汇成奔涌的波涛呢？

如果一个网站，它的全部信息全是 10 天前或几个月前的信息，即使陈旧信息量很大，而动态更新信息不足，那也说明该网站的商业价值是很弱的。这样的网站，如果我们把信息放上去，岂不等于把商品放入了没人问津的冷店？信息发布的效果就会大打折扣。

图 5-3 “中华商务网”上的贸易信息

考察一个网站的商务信息的动态更新量，还要注意的一个问题是不能只看一种产品、一个栏目。因为有时一个栏目、一种产品，不能客观地反映一个网站的全貌。所以，起码要分析和浏览 3～5 种产品，3～5 个栏目以上，才能确定。

以“中国物流资源网”为例，它共设有行业动态、商业机会、最新技术、专题研究、物流论坛等 9 个栏目。该网站不仅栏目较多，而且在“商业机会”中又设有最新信息发布专栏，且每日滚动更新。该专栏中的信息既有产品销售，又有产品求购，还有项目招商、寻求代理栏目，商情信息十分充实，且范围较为广泛。这就决定了该网站具有较强的吸引力和客户群。

还应指出，该网站首页的左侧，有免费申请会员栏目和会员发布信息栏目。这种提供免费资源的做法，对商家就是一种吸引力，这就为该网站吸引庞大的客户群奠定了基础。

图 5-4 为“中国物通网”的主页。从该网站的最新信息发布，我们可以清楚地看到该网站的信息更新量是很大的。就一般情况而言，信息更新量大，反映出该网站商气较旺，后备信息资源充足。

3）考查网站的环境信息量

商业网站的环境信息能力，是一种满足客户需求的整体服务能力和综合服务能力，是网站商品意识、服务意识的一种综合表现和反映。

当前，网站都在表白：要提供优质的个性化服务。其实，任何个性都是存在于共性之中的，共性中包容着个性，孕育着个性。要解决好每一个客户在网络营销中遇到的个性化问题，首先要解决好所有客户普遍遇到的共性问题。因此，商务网站的环境信息量，已经成为评价一个商务网站综合服务能力、整体服务能力的重要指标。

图 5-4 “中国物通网”的主页

商业网站环境信息应包括的主要内容如下。

① 网络营销过程中涉及或需要延伸服务的相关信息。它包括：法律法规、决策参考、物流配送、进出口代理、保险、报关、快递公司等网络营销延伸服务所需要的相关信息。

② 网络营销过程中需要查找和参考的资料信息。比如：网站主动提供的行业动态、政策法规、各地价格行情等需要查找的资料信息。这些信息会成为客户进行商务运作中重要的参考资料，会很受客户的欢迎。因为，考察这些资料的情况和价值，对于判断一个商务网站的信息价值和商务价值，具有重要的作用。

③ 网络营销中决策前需要的专题信息。专题信息主要指：行业发展趋势的研究、价格变动趋势的研究、物资整体流向的研究和国际国内最新商展情况的动态反映。这些信息是网络营销客户需要获得的重要商情信息，对他们的整体决策是非常有帮助的，因此它也是营销客户经常关注和浏览的重要内容。

这些环境栏目及大量的相关信息，会成为我们在网络营销中一个极好的“贸易助手”和不见面的咨询师。比如：有的网站提供在线 QQ，有的网站提供“贸易通”、“商务通”、“及时通”等网上交流工具，有的网站还提供客户的诚信情况介绍和查询等众多服务。通过这些环境信息和相关服务，我们可以加深对产品和对客户身份、资质及诚信情况的了解，便于尽快地做出决策和判断，提高网上商务的成交率。

4）考查网站论坛信息量

商务网站论坛（或社区）信息量是网站商气和人气的一种反映。论坛是网站联系客户的纽带和桥梁，是网友交流思想，交换心得，提出问题，请求帮助的一个阵地。一个商气很足的网站，其论坛也往往十分活跃；一个商气不足的网站，其论坛也往往冷清。论坛之所以成为考核网站商气的一个标准，是因为论坛本身具有一种文化效应。这种文化效应不仅是网站文化的一种表现，而且是网站商气和人气凝聚成的一种文化吸引力。这种吸引力不仅会吸引相当一批稳定的客户群，而且论坛内会有大量的好文章，这些文章，又会吸引大批的“采蜜者”前来阅读和下载。因此，商务网站的论坛从一个侧面反映了该网站的运营情况和商气情况。

（2）针对商品的销售对象和销售区域优选网站

实践中，许多商品是有一定的销售渠道和销售区域的，在优选发布网站时，应充分考虑这种情况，使之成为整体销售战略的一个重要组成部分。

因此，这种选择既有定向性，又有互动性，它会成为传统营销战略的补充和替代。如某化妆品公司生产的“绿森林”化妆品，在吉林和青岛两地热销，且被评为优质产品和受群众欢迎的品牌。

但是，该公司在两地均建有很大的办事处，每年两地办事处的开销高达 50 万元。为此，该公司确定了“地上办事网络化”的营销策略，准备逐步由网下营销，转为网上营销。根据这样一个营销思路，他们在选择该化妆品的信息发布网站时，就具有了明显的区域特征和区域指向。

于是，该公司分别以吉林和青岛为中心，本着向周边辐射的原则，优选了一批网站发布，取得了较好的效果。

（3）从成长中的行业网站优选发布网站

在日常浏览中经常会发现许多我们平时不了解、也不掌握的或新成立的商务网站，对于这些新发现的网站，可以试发一些信息，进行测试；也可以确定一个观察期（一周或一月）观察该网站的信息量和客户流的情况。经过一段观察或测试，若该网站确实商气很旺，就可以把它扩充进来，成为我们的目标网站或定点联系网站。

在这一类网站中，特别要注意专业性行业网站的崛起。这些行业网站，刚建立时往往人气、商气并不是很旺，但是这种行业网站具有一种业务吸引力和固定的客户群，发展起来的速度是很快的。因此，对这类网站的考察和判断一定要着眼于发展，着眼于未来。从营销实战讲，这一类网站会具有一批固定的专业用户。这些固定的专业用户，多半是该网站过去做传统营销时形成的客户群，这些客户群往往会带来一定的稳固采购量。因此，这样的行业网站，成交的机会要多于综合性网站。

以“中国化工网”为例，成立以来，年年赢利，已经成为化工行业一个稳定的，又深受行业客户欢迎的网上市场。图 5-5 为“中国化工网”主页。

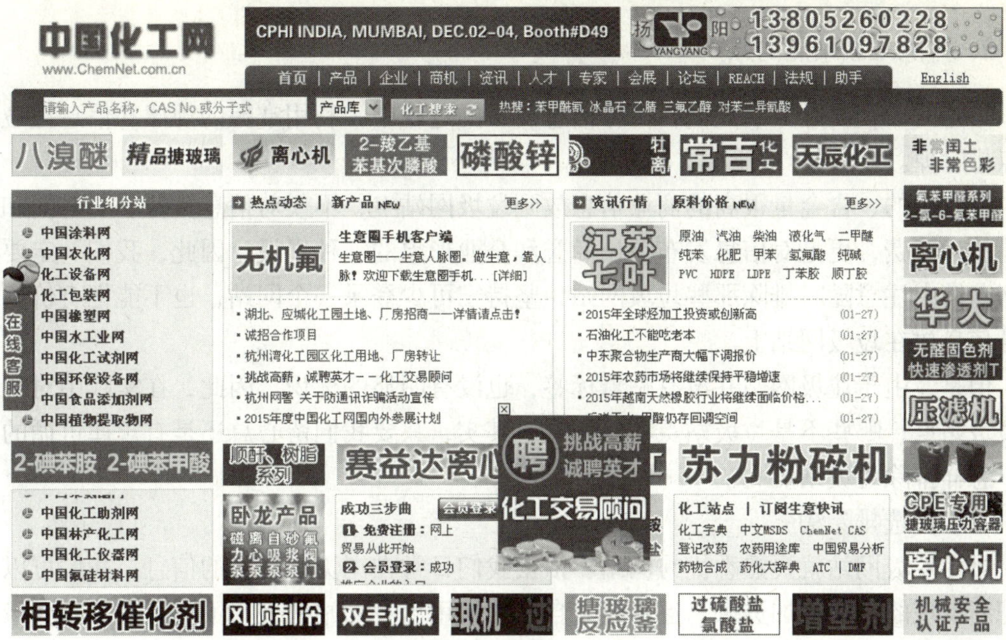

图 5-5 “中国化工网”

（4）从准备开辟的新销售区域试选发布网站

由于我国经济发展的不平衡，地区自然条件的差异性，生活水平的差异性，网民结构的差异性，文化风俗的差异性，必将在网络营销和电子商务发展中表现出区域差异。因此，我们在开辟新的销售区域的时候，必须注意这种区域经济的特点。选择对区域经济的发展有影响的、牵头的、商气旺的网站，才能有好的效果。

假如我们在内蒙开辟化妆品的新市场，还应该注意区域性语言的特点，因此可以考虑选取双语网站发布。

（5）根据浏览量优选网站

浏览量高的网站一般情况是人气较旺、商气也较旺。但是由于多数商务网站没有人气浏览量的显示，这就需要我们进行综合判断或根据经验确定。需要指出的是最近新浪、搜狐、中华网等纷纷开办了网上商城，新浪网还专门开设了“信息频道”和“企业广场”专栏。像新浪这样的大型综合网站日浏览量近 8000 万人。在这些专业频道上进行信息发布往往会取得较好的效果。

由于当前各个网站流量统计不一，有的有显示，有的无显示，特别是有的网站还在流量上弄虚作假，因此，绝对按浏览量优选网站将很难判断。这就要求我们做好两个结合。第一个结合，就是要结合世界网站排名一并观察。商气较好、流量较大的网站，在世界网站排名上是会有显示的，而且世界网站排名机构还会提供一个一个月或一个季度排名升降态势统计图表，从这里也可以明显看出该网站的发展情况和态势。

另一个可以结合采取的方法就是进行流量观察判断。进行这种判断可以对单篇文章的流量情况进行分析，判断总体流量的概况，以便决定是否优选该网站。

2. 排除垃圾站点的原则

排除的原则就是要求我们在商务信息发布的过程中，利用掌握的规律和信息把垃圾站点排除掉。

把有用的、含金量很高的商业信息放到垃圾网站上，不仅对信息资源、对时间和感情是一种浪费，更是对信息发布单位商誉和企业形象的一种损毁。因此，我们一定要在网络营销中注意随时排除那些垃圾网站，坚持宁可少登录一个网站，也不能把有价值的商务信息放在垃圾网站上。

但是，由于垃圾网站并没有贴着标签，也没有明显的标识，因此，在实践中对哪些是垃圾站点，哪些不是垃圾站点不好把握。其实，只要我们留心总还是有规律可循的。

怎样排除垃圾站点呢？

（1）优选排除法

排除垃圾网站就要熟悉优秀网站。依据我们日常在浏览中积累的信息，我们可以随时把新发现的网站增加进来，逐步建立自己的常用商务网站列表，不随意在没有登录列表的网站发布信息就可以了。

（2）判断排除法

判断排除法是依据我们的判断，确定或基本确定出哪些网站为我们的不登录网站。只要我们坚持日常浏览中留心，从接受的垃圾邮件中判断，从信息内容的实在性上把握，就可以筛选出一些不登录网站。

如：有的网站既没有人气，又没有商机，为了吸引上网者，竟编造一些假信息，写成电子邮件，大量向人们的信箱散发。以下为作者收到的某网站的假信息。

"我单位近接一大订单，向越南出口，急需以下产品：

方便面：100 000 箱；

毛巾：100 000 条；

肥皂：100 000 箱；

钢笔：100 000 打。"

这样的信息发布以后，起初很多人信以为真，但是很快人们就会发现，这只不过是为了诱使人们去登录他的网站的一个诱饵罢了。知道是这样的网站，自然很少再有人问津了。

（3）考察排除法

考察排除法是一种从实践中挑选网站的方法。考察的方法很多，主要有以下两种方法。

1）反馈统计考察法

运用现代统计技术对我们在网站上发布的信息进行统计分析，会使我们明确了解每一个商务网站的信息反馈情况，依据反馈情况的对比，再确定经常发布的网站，是一个非常行之有效的方法。

作者曾对 10 个商务网站，进行过一次《信息发布后反馈情况的统计调查》。调查为期 3 个月，选中的 10 个商务网站，每天同时向他们发送同样内容、同样条数的高新技术产品信息，然后同时对他们各自的反馈情况进行统计分析，考察的结果表明：反馈率最高的是“阿里巴巴网站”，百条商品信息的反馈率为 62%。

2）浏览考察排除法

该方法适合于新发现的网站，或在邮箱中收到的我们并不熟悉的网站。对这类网站，可以采取先考查后发送的原则。按照本章前面所讲的原则进行考查，优则列入发布信息列表，否则把它排除掉就行了。

对那些在邮箱经常收到垃圾邮件的网站，我们当然要把它排除掉。

3. 多点发布重复发布的原则

信息发布，是我们在网络营销中最经常、最大量的工作。进行信息的“一点多发”是一种最基础、最积极的低成本运营的信息发布策略。

在网上发布商务信息，不是发布一次就可以一劳永逸了。全世界几十亿个网页，我们发布了一则信息，只不过是沧海中的一只小舟，往往很难被人发现。为了提高已发布信息的成功率，就要采取一点多发或多点连发的办法，进行信息的广域覆盖。只有最大限度地进行信息的多点覆盖，才能提高被搜索率，才能更好地取得信息的发布效果。

进行信息的多点发布是大家最近才注意到的现实问题，它既可以节约上网时间和上网费用，又可以提高信息的被查找率，因此当前许多网站都在探索和研究信息多点发布的办法和相关的应用软件。

信息的多点发布主要有“一点多发”、“多点连发”和“短信群发”三种形式。

信息的多点连发，既是一种商务信息的快速发布方法，又是一种实现信息广覆盖的有力措施。

图 5-6 为“中国动力设备网”主页。

至于短信信息发布大家都比较熟悉了，使用短信发布商业信息要求文字更为精练和简短，这就要求企业注意培养自己的短信写手。如果自己既没有短信写手，又没有短信群发技术，可以找到短信外包的专门单位，交由他们办理就可以了。

仅仅做到多点发布是不够的，还要进行商务信息的重复发布。

信息的重复发布是指同一条信息间隔一段时间重新发布一次至多次的做法。这种做法利用了信息的时间间隔，通过信息重复发布的办法，用以解决信息的纵向扩展问题。可以人为地组成一条信息地毯，有效地解决信息发布以后不易被人发现的问题。

根据多数网站的规定，一条商务信息发布以后，不得立即重发同一条信息的原则，信息间隔发布的时间以 5 ~ 7 天为宜。

4. 组成地毯式发布链的原则

（1）什么是地毯式信息发布链

在网上发布信息，绝不是也绝不能以为发布一次，就可以一劳永逸，坐等旱地捡鱼了。一则信息，往往很快就被淹没在信息流的汪洋大海中了。特别是自建的商务站点，知道的人不多，浏览量不大，信息发布以后，不会很快被人发现，往往收不到预想的效果。因此，网上的商务信息，不仅需要多点发布和重复发布，而且需要采取多种措施形成一个地毯式信息链才行。

图 5-6 “中国动力设备网”

地毯式信息链是由商务信息的发布者，通过同一条商务信息的横向广泛发布和纵向广泛发布组成的一个信息地毯。在网络中形成一个既有广覆盖的地域性，又有顺时发布的延时性的一个商务信息发布的地毯式链条，用以提高信息的被浏览量，使每一条商务信息都能获得尽可能多的反馈率。

（2）地毯式信息发布链的作用

商务信息的地毯式发布既是一种提升已发布信息的价值和作用的有效方法，又是提高商务信息商务价值的有效方法。

多点发布可以提高商务信息被发现和被阅读的范围；组合发布可以使信息在浏览量大的网站“冒尖”和“突现”；间隔发布可以适应浏览人不天天上网的情况，使需求信息的人，不至错失机会；吸引发布是针对客户需求重复发布相关信息，把客户资源吸引到自己的身边来；变类发布是扩展信息的应用领域和客户群。

以上所有这些信息发布方法的整合，就会形成一条多点捕捉商机的地毯链，极大地提高信息发布后的反馈率和商机的促成率。

（3）地毯式信息链的发布方法

进行信息的地毯式发布仅仅采用信息的多点发布和重复发布是不够的，还要采用更多的方法和手段，在更大范围内，扩展商务信息发布的效果。

1）进行信息的组合发布

所谓信息的组合发布，是指一条商务信息发布了以后，还要选择有声望的、有较大浏览量的知名站点再组合成多种格局进行发布的做法。这样，把信息的广泛发布和信息的深度发布组合起来，形成一个信息发布的点面联姻格局，或者顺序发展格局，用以提高信息发布以后被广泛浏览的可能性。

2）信息的吸引发布

商务信息发布以后往往需要吸引式发布。吸引式发布，是针对我们在进行信息搜索时发现了大量求购信息后，所进行的一种有针对性的重复信息发布活动。

实践中往往出现这样的情况：那就是我们发布了某种产品的信息，然而，并没有接到反馈信息。但是，当我们在某个网站进行搜索的时候，会发现有大量的求购者在寻找我们发布过的产品。这可能是由于我们发布的信息没有覆盖到该网站，或是求购者没有能看到我们发布的产品信息。针对这种情况，就需要我们立即在该网站将我们发布过的信息重新进行一次发布，以便吸引购买者的眼球，促使买、卖双方的信息对接。这种有针对性的重复发布的效果一般都是相当好的。

3）信息的变类发布

信息的变类发布是信息发布中的一条重要原则，也是一种重要方法：由于相当多的商务网站分类不细或分类不准。往往一条商务信息在发布时，不知道应该在哪一个类别中。这就为我们变换类别进行多次发布提供了现实可能性。再有一种情况是：一种商品可以放在两种类别中。比如中国结这个产品，既可以放在商贸类网站发布，也可以在旅游类网站发布。因为旅游景点、旅游饭店、旅游网站都可能成为“中国结”的重要销售渠道和销售阵地。类似以上这种情况，就都可以变类重新发布。

这种变类重新发布，不仅是类别的改变，而且是销售领域和销售范围的扩大。往往有些商品发出信息以后反馈不好，其实和我们选择的发布类别不对关系很大，改变类别重新发布以后，往往就能找到真正的买家。

采用以上多种信息发布方法进行发布以后，在互联网上留存的不再是一条单元素的商务信息，而是一条广覆盖的链状的信息地毯。这不仅将极大地提高信息被发现和被搜索的概率，而且极大地提升了信息的商业机会。

5. 请求删除的原则

由于在商务网站上发布的信息往往是有时效性的，因此，应该注意对已过了时效的信息，及时进行清除。但是，由于各商务网站对网上信息的时效性要求不一，管理情况也不一样，或者由于一些网站无信息时效性设定的要求，这就需要我们主动地给网站去信，请求把早已过期，或已经成交的、过时和无用的信息删除掉。这种做法就是请求删除的原则。

实践中在运用这条原则的时候，要区别不同的情况采取不同的处理方法。

有的网站可以自由地对信息发布的保留期进行设定。如：有的网站规定了 1 周、1 个月、3 个月、6 个月或 1 年的保留期限。在这样的网站进行商务信息发布时，只要确定一个合理的保留期限，并进行点击确定就可以了。

也有很多的网站，特别是网站流量和信息量较少的网站，一般没有进行信息发布后停留时间的限定。这就要我们主动和该网的管理员进行联系，请求他把这条无用的信息删除掉。

也还有一种情况，是我们在别人网站上建立的企业主页或网上商店。对在这类地方发布和放置的产品信息和商业信息，凡是自己可以进行后台信息维护和管理的，我们就可以登录该网站进入维护空间，自行把无用和过时的信息删掉。

5.1.3 信息发布的策划

1. 什么是商务信息发布策划

商务信息发布也是需要技巧的。同一条商务信息，发布技巧不一样，效果是大不一样的。所以一定要用心去研究商务信息的发布技巧，把握商务信息发布的规律才能收到理想的发布效果。

由此，商务信息发布策划应运而生。

所谓商务信息发布策划就是在商务信息发布以前，把商业策划引入信息发布过程中，对商务信息发布的形式、格局、特点等进行系统性思索和整合性设计，并在商务信息发布过程中融入商业智慧，对信息发布结果进行追踪分析，以便使发布的信息产生和获得最佳发布效果。

2. 把握特点，突出产品卖点

把握特点、突出产品卖点是一个重要的商务信息策划技巧，也是商务信息发布策划中的一个基本原则。

在一则商务信息中一定要抓住产品的卖点，才能开掘出明显的价值趋向，才能有大量的商业机会。因此，我们要紧紧围绕这个卖点提炼主题，围绕卖点进行网上推介，才能取得好的营销效果。但是，在实践中为了取得显著的信息发布效果，往往需要多种手段、多种方法的整合。这就需要在信息发布策划中注意多种手段、多种方法的整合运用。

策划的方法和思路很多。为了说明这个问题，下面以“稀土系列复合保温涂料信息发布策划书”案例来说明。

典型案例

1. 产品名称

稀土系列复合保温涂料（专利号：921054079）

2. 产品简介

（略）

3. 卖点分析:

该涂料是由多种无机隔热保温材料制成的高科技节能新品。它抗震性能强，导热系数低，干熔重轻，具有保温、防冻、防水、防腐、耐酸碱、不易老化、无毒等特点，施工简便，工程造价低，可应用于-25 ~ 800℃内的化工、冶金、电力、制药、建筑、锅炉、石油、造纸、纺织、交通、国防等行业，国家科委曾发文推广。

在对这则信息进行策划时，我们首先要通过分析找出它的产品卖点。只有使产品卖点成为群众的记忆点、产品的激励点，才能收到较好的效果。

该产品的卖点在于它是由稀土材料制成的，可用于 800℃以下的高温管道保温。这是一般涂料做不到的。

为了宣传推介好这一产品，在将此信息上网发布前，进行了如下的策划。

4. 策划意见

（1）发布形式

原则：覆盖发布和专业发布相结合，图文发布和论坛反馈相结合，网上发布和网下推介相结合，主页发布和多点群发相结合。

操作:

1）依据第一个结合使该信息实行双覆盖

第一层覆盖，用一点多发软件进行，依次覆盖 1000 个网站。

第二层覆盖，手动进行，覆盖“中国化工网”、“中国锅炉”等 14 个专业网站。

2）依据第二个结合，扩展网上吸引力

优选 30 个可以上传图片的网上商城，配上使用效果图上网发布。通过实际效果进行验证性说明，显示出该稀土涂料的使用和适用范围以及实际效果。

把使用效果的反馈情况有针对性地粘贴在相关网站的公告版和论坛中，进行配合和映射。

3）依据第三个结合进行效果整合互动

第一步：先行组织在《中国建材报》、《中国化工》、《涂料》、《锅炉》等两报、两刊选写推介文章，随后将这些文章上网，放在主页上，给信息发布创造“先声夺人”的效果。

4）依据第四个结合，扩大发布效果，构造信息发布链

在主页上全面、集中介绍产品的同时，利用邮件群发软件向 15 个行业目标客户群进行邮件群发。同时在企业网站上放置应用企业采用后的视频展示，并和已经发布的信息提供热链接；在可以直接建立热链接的网站建立热链接，使上门推介和上网查询均可以得到直观效果，以便实现动、静的结合和互补。

（2）进行发布反馈追踪

① 进行反馈追踪。

设计好全面介绍产品的邮件列表，对每一个对产品感兴趣的人分别寄上更详细的资料和介绍，使目标人群得到更加完全的信息，产生对该产品的吸引力。

② 进行反馈跟进。

开通网上互动视频，给每一个对产品感兴趣的、想对该产品做进一步了解的人提供互动的沟通机会。对有较明确购买意向的人，立即寄上微包装的产品样品。

③ 安排专人了解和收集他们对实际产品样品的进一步反馈，关注和研究他们的个性化需求。

④ 与此同时进行重复性发布。

这个信息发布策划书运作以后，收效很好。在网络营销中，对重点产品我们是可以借鉴这种做法的。

3. 信息发布策划中怎样融入商业智慧

信息发布策划的闪光点在于在商务信息发布的过程中融入了商业智慧。商业智慧融入以后会使技术性发布站点的选择具有了战略思索和商务运作，使单纯的商务信息发布活动进行了多种方法、多种手段和多种形式的资源整合，使商务信息的单调发布活动具有了资源整合的效果，使无声的商务信息具有了网络传神的作用。

因此，这种商务信息发布策划的过程，实际上是一种对商务信息资源进行深度加工和配套推广、整合销售的过程。这样，往往会极大地提高已发布商业信息的成功率和成交率，获得明显的反馈效果。

许多纯技术派网络营销专家往往看不到这一点。他们只看重技术、只注重技术在网络营销中的作用，认为只要把信息发布到网上就大功告成了，就可以等着顾客敲门了。其实，商业智慧能使网络技术产生的能量进行扩散和释放，能使技术达到的境界扩展和延伸，找到新的赢利点和创收点。

小贴士

河北的白洋淀盛产芦苇。为了把大量的芦苇卖出去，很随意地向网上发布了一些出售芦苇的信息。信息发布以后，收到了东莞的反馈，他们按照反馈的要求寄去了样品。但是，人家并不满意。一来觉得芦苇的外面很脏，无法在家具上使用，二来颜色也不鲜亮。

本来，这已经是一桩告吹的生意了。但是，在商人的眼里，褒贬的是买主。于是对这则反馈进行了认真的分析，获得了两个创新点，找到了两个改进点。

两个创新点是：

首先，芦苇能在家具上使用，这是一个创新点，是他们原来根本不知道的新用途。

其次，客户嫌弃熟了的芦苇颜色不鲜亮，那么半熟的芦苇是鲜绿色的。半熟的芦苇能不能当成品卖？如果可以，不仅缩短了芦苇的生产周期，而且可以增加一个新品种。

两个改进点是：

首先是作为商品的芦苇一定要把外面的泥洗净。

其次是要把成品的芦苇存放时用塑料薄膜盖一下，以保持苇子颜色的鲜艳。

他们及时进行了改进，不仅重新给客户邮寄了样品，还增加了那种颜色鲜亮的半熟芦苇样品。没想到这次的样品大受欢迎，一个很大的订单拿到了手。

这个鲜活的案例说明，在网络营销中一定要融入商业智慧。用商人的视觉和思路去研究和分析营销过程中出现和遇到的各种问题，就会极大地提高网络营销的成交率。

5.1.4 商务信息发布后的效果跟进

一则商务信息发布到网上以后，不是发布工作的结束，而是发布工作的开始，后面会有大量的工作要做。

有哪些工作要做呢？根据一般的经验有 4 方面的跟进工作。

1．了解已发信息的活跃度

就是要了解该信息被浏览的情况。通过了解其网民关注度，掌握该信息的活跃度。一般而言，关注度越高，活跃度越高。了解信息的关注度可以查看该信息的被点击率，关注该信息的留言，还要关注此信息的被转载率。

2．关注同类信息的活跃度

就是要了解同类信息的被浏览、被关注的情况。通过了解其网民对同类产品的关注度，掌握别人产品信息的活跃度。如果别人产品的信息活跃度高，那么就应该和同类产品进行性价比较了。

这类对同类信息活跃度的关注周期，一般为 1 周、1 旬或 1 个月。

3．留心信息在不同网站的存留期

信息发布以后是需要一个稳定的存留期的。有一个存留期才能确保你的信息能被目标买主发现，你才能找到商机。但是，当前的信息接收网站，特别是新信息量大的网站，一般实行信息滚动下移的方式，发上一条新信息，顶下一条比较陈旧的信息。

对这样的网站，你的信息就需要进行重发、多发，确保 24 ~ 48 小时之内的上网者都能看到你的信息。这样才能提高你的信息被浏览、被发现的概率，取得比较好的信息发布效果。

5.1.5 信息发布后的再策划和再发布

往往有的信息经过第一次发布，效果并不是很理想，或者活跃度不够。对于这样的信息往往就要再策划、再发布才行。

信息的再策划和再发布一般有 3 种做法。

1．进行简单重复发布

上面讲到的对于那种由于发布信息的网站流量太大，信息在网站主页停留时间过短的，只要进行重新发布、反复发布就行了。重新发布的时候，可以对原有的发布网站进行筛选，发布效果不好的网站可以更换。

实践中，有的网站对你已经发布在网上，但是已经到期的信息会告知你或提示你进行重新发布。比如阿里巴巴就进行这样的提示，到时候网站会发给你一封提示信，要你选择和确定哪些信息需要进行重发。

2．重新变类再发布

有的信息在发布网站的产品分类中起初选择的分类不一定十分合适，再发布的过程中，就需要支换一个产品类别，再重新把信息发布一遍：比如“玻璃杯”这个产品，在产品分类中，既可以把它放在“生活用品”类，也可以放在“家庭用品类”，还可以放在“旅游用品类”。如果第一次在“生活用品”类发布，再发布的时候就可以选择在“家庭用品类”中发布了。

3．变换发布策略

有的产品不仅需要在发布网站的分类中进行变换，而且往往需要我们对发布策划的方法和思路进行变换，进行再策划和再发布。有时还需要把拟发布的信息设计成全面介绍产品的邮件列表。采用邮件群发软件进行重新发布，就可以在更大的范围使目标人群得到更加完全的信息，产生对该产品的吸引力。还可以开通网上互动视频，和每一个对产品感兴趣的反馈者进行进一步的沟通和交流，扩展对该产品的宣传，以便促成每一个商机。

5.2 搜索——创造性获取商机的工具

随着 Internet 的飞速发展、网上信息迅猛增加，要在互联网中找到大量的用户所需要的目标信息是十分困难的事情。搜索引擎以一定的策略在互联网中搜集、发现信息，对信息进行理解、提取、组织和处理，并为用户提供检索服务，从而起到信息导航的目的。搜索引擎是网络营销的载体和工具，学会熟练地使用各种搜索引擎，应当成为网络营销人员的基本功。

5.2.1 搜索引擎的分类

目前，搜索引擎的种类很多，分类方法也不一样。按语言可以分为单语种搜索引擎、多语种搜索引擎、跨语言搜索引擎等。按查询方式可分为浏览式搜索引擎、关键词搜索引擎、全文搜索引擎、智能搜索引擎。按其工作方式可分为目录式索引类搜索引擎、全文搜索引擎和元搜索引擎。

1. 目录式搜索引擎

目录式搜索引擎是最早出现的基于 WWW 的搜索引擎。以雅虎为代表，我国的搜狐也属于目录式搜索引擎。目录式搜索引擎虽然有搜索功能，但在严格意义上算不上是真正的搜索引擎，仅仅是按目录分类的网站链接列表而已。用户完全可以不进行关键词（Keywords）查询，仅靠分类目录也可找到需要的信息。

目录式搜索引擎主要通过人工发现信息，依靠编目员的知识进行甄别和分类。由于目录式搜索引擎的信息分类和信息搜集有人的参与，因此其搜索的准确度是相当高的，但由于人工信息搜集速度较慢，不能及时地对网上信息进行实际监控，其查全率并不是很好，是一种网站级搜索引擎。

2. 全文搜索引擎

全文搜索引擎是名副其实的搜索引擎，国外具代表性的有 Google、Fast/AllTheWeb、AltaVista、Inktomi、Teoma、WiseNut 等，国内著名的有百度，都是从网站提取信息建立网页数据库。

从搜索结果来源的角度，全文搜索引擎又可细分为两种，一种是拥有自己的检索程序（Indexer），俗称“蜘蛛”（Spider）程序或“机器人”（Robot）程序，并自建网页数据库，搜索结果直接从自身的数据库中调用，如 Google、百度引擎；另一种则是租用其他引擎的数据库，并按自定的格式排列搜索结果，如 Lycos 引擎。

按搜索引擎的自动信息搜集功能分类，一种是定期搜索，即每隔一段时间，搜索引擎主动派出“蜘蛛”程序，对一定 IP 地址范围内的互联网站点进行检索，一旦发现新的网站，它会自动提取网站的信息和网址加入自己的数据库；另一种是提交网站搜索，即网站拥有者主动向搜索引擎提交网址，它在一定时间内定向向你的网站派出“蜘蛛”程序，扫描你的网站并将有关信息存入数据库，以备用户查询。

3. 元搜索引擎

元搜索引擎也叫集搜索引擎，是指在统一的用户查询界面与信息反馈的形式下，共享多个搜索引擎的资源库为用户提供信息服务的系统。著名的元搜索引擎有 InfoSpace、Dogpile、Vivisimo 等，中文元搜索引擎中具代表性的有搜星搜索引擎。

元搜索与一般搜索引擎的最大不同在于它可以没有自己的资源库和机器人，它充当一个中间代理的角色，接受用户的查询请求，将请求翻译成相应搜索引擎的查询语法。在向各个搜索引擎发送查询请求并获得反馈之后，首先进行综合相关度排序，然后将整理抽取之后的查询结果返回给用户。元搜索引擎的优点是返回结果的信息量大，查全率高，搜索范围更多更大，查准率比较高；缺点是不能充分使用元搜索引擎的功能，用户需要自行做更多的筛选。

5.2.2 搜索引擎的工作原理

搜索引擎起源于传统的信息全文搜索理论。它并不是搜索互联网，实际上是搜索预先整理好的网页索引数据库。真正意义上的搜索引擎，通常指的是收集了因特网上几千万到几十亿个网页，并对网页中的每一个词（即关键词）进行索引，建立索引数据库的全文搜索引擎。当用户查找某个关键词的时候，所有在页面内容中包含了该关键词的网页都将作为搜索结果被搜出来。在经过复杂的算法进行排序后，这些结果将按照与搜索关键词的相关度高低，依次排列，并返回给用户，如图 5-7 所示。

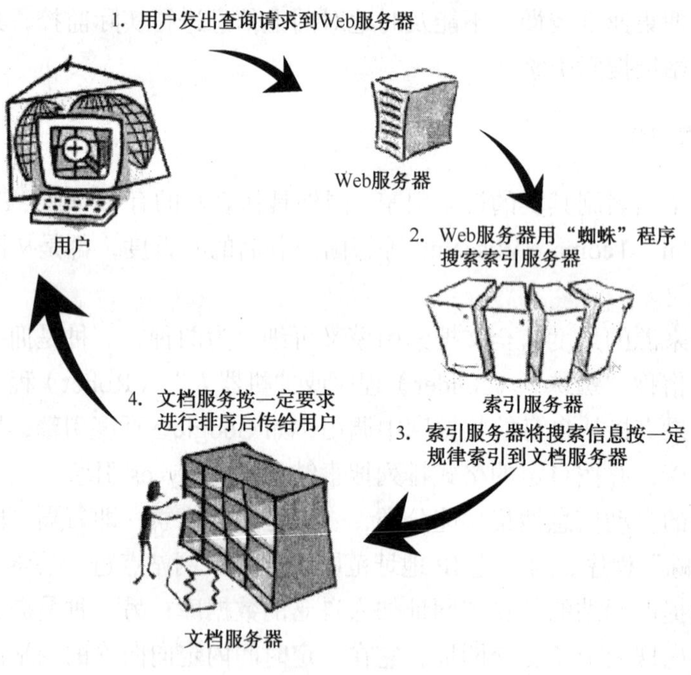

图 5-7　搜索引擎工作原理示意图

从图 5-7 中可知，搜索引擎的工作原理可以分为以下几步。

1. 从互联网上收集网页信息（抓取）

搜索引擎首先会派出一种被称为“蜘蛛”或者“机器人”的软件，根据一定规则扫描存在于互联网上的网站，并沿着网页上的链接从一个网页到另一个网页，从一个网站到另一个网站。为保证采集的资料最新，它还会回访已抓取过的网页。

2．建立网页索引数据库（索引）

由分析索引系统程序对收集回来的网页进行分析，提取相关网页信息（包括网页所在 URL、编码类型、页面内容包含的所有关键词、关键词位置、生成时间、大小、与其他网页的链接关系等），根据一定的相关度算法进行大量复杂计算，得到每一个网页针对页面文字及超链接中每一个关键词的相关度（或重要性），然后用这些相关信息建立网页索引数据库。

3．在索引数据库中搜索排序（排序）

当用户输入关键词搜索后，由搜索系统程序从网页索引数据库中找到符合该关键词的所有相关网页。因为所有相关网页针对该关键词的相关度早已算好，所以只要按照现成的相关度数值排序，相关度越高，排名越靠前。

4．组织返回搜索结果（结果返回）

由页面生成系统将搜索结果的链接地址、页面内容摘要等内容组织起来返回给用户。

5.2.3 搜索引擎的主要性能评价指标

1．搜索引擎建立索引的方法

数据库中的索引一般是按照倒排文档的文件格式存放的，在建立倒排索引的时候，不同的搜索引擎有不同的选项。有些搜索引擎对于信息页面建立全文索引；而有些只建立摘要部分，或者段落前面部分的索引。

还有些搜索引擎，如 Google 建立索引的时候，同时还考虑超文本的不同标记所表示的不同含义，如粗体、大字体显示的内容往往比较重要；放在“锚”链接中的信息往往是它所指向页面的信息的概括，所以用它来作为所指向的页面的重要信息。Google、Infoseek 还在建立索引的过程中收集页面中的超链接。这些超链接反映了收集到的信息之间的空间结构，利用这些结果可以提高页面相关度判别的准确度。由于索引不同，在检索信息时产生的结果会不同。

2．搜索引擎的受欢迎程度

搜索引擎的受欢迎程度体现了用户对搜索引擎的偏爱程度，知名度高、性能稳定和搜索质量好的搜索引擎很受用户的青睐。搜索引擎的受欢迎程度也会随着它的知名度和服务水平的变化而动态地变化。搜索引擎的服务水平与它所收集的信息量、信息的新颖度和查询的精确度相关。随着各种新的搜索技术的出现，智能化的、支持多媒体检索的搜索引擎将越来越受到用户的欢迎。

3．搜索引擎的检索功能

搜索引擎所支持的检索功能的多少及其实现的程度，直接决定了检索效果的好坏，所以网络检索工具除了要支持诸如布尔检索、邻近检索、截词检索、字段检索等基本的检索功能之外，更应该根据网上信息资源的变化，及时地应用新技术、新方法，提供高级检索功能。另外，由于中文信息持有的编码不统一问题，所以如果搜索引擎能够实现不同内码之间的自动转换，用户就能全面检索全世界的中文信息。这样不但可以提高搜索引擎的质量，而且会得到用户的支持。

4．搜索引擎的检索效果

检索效果可以从响应时间、查全率、查准率和相关度方面来衡量。响应时间是用户输入检索式开始查询到检出结果的时间，查全率是指一次要求搜索结果中符合用户要求的数目与用户查询相关的总数之比，查准率是指一次搜索结果集中符合用户要求的数目与该词搜索结果总数之比，相似度是指用户查询与搜索结果之间相似度的一种度量。查准率是一个复杂的概念，一方面表示搜索引擎对搜索结果的排序，另一方面却体现了搜索引擎对垃圾网页的抗干扰能力。总之，一个好的搜索引擎应该具有较快的响应速度、高的查全率和查准率，或者有极大的相似度，另外，搜索引擎的信息占有量也可以作为评价搜索引擎性能的指标。

5.2.4 国内外主要搜索引擎

1．中文雅虎

雅虎在全球共有 24 个网站，12 种语言版本。其中雅虎中国网站（www. yahoo.com.cn）于 1999 年 9 月正式开通，它是雅虎在全球的第 20 个网站，雅虎中国的主页，如图 5-8 所示。

雅虎中国网站为用户提供了强大的搜索功能，通过其 14 类简单易用、手工分类的简体中文网站目录及强大的搜索引擎，用户可以轻松搜索到政治、经济、文化、科技、房地产、教育、艺术、娱乐、体育等各方面的信息。

雅虎中国的分类目录查询做得相当出色，无论从网站的数量还是分类的合理性方面都可圈可点。站点目录分为 14 个大类，每一个大类下面又分若干子类，搜索十分方便。

2．百度

2000 年 1 月，百度创立于北京中关村，是全球最大的中文搜索引擎，百度的主页，如图 5-9 所示。2000 年 5 月，百度首次为门户网站——硅谷动力提供搜索技术服务，之后迅速占领中国搜索引擎市场，成为最主要的搜索技术提供商。2001 年 8 月，发布

baidu.com 搜索引擎 Beta 版，从后台服务转向独立提供搜索服务，并且在中国首创了竞价排名商业模式，2001 年 10 月 22 日正式发布 Baidu 搜索引擎。2005 年 8 月 5 日，百度在美国纳斯达克上市，成为 2005 年全球资本市场上最为引人注目的上市公司，百度由此进入了一个崭新的发展阶段。

图 5-8　雅虎中国的主页

图 5-9　百度的主页

百度除网页搜索外，还提供了 MP3、文档、地图、传情、影视等多样化的搜索服务，率先创造了以贴吧、知道为代表的搜索社区，将无数网民头脑中的智慧融入了搜索。百度每天响应来自 138 个国家超过数亿次的搜索请求。用户可以通过百度主页，在瞬间找到相关的搜索结果，这些结果来自于百度超过 10 亿个的中文网页数据库，并且这些网页的数量每天正以千万级的速度增长。

3. Google

Google Inc 创建于 1998 年 9 月，创始人为 LarryPage 和 SergeyBrin，他们开发的 Google 搜索引擎屡获殊荣，是一个用来在互联网上搜索信息的简单快捷的工具。Google 是目前全球使用最多、信息量最大、查询服务最好的网上搜索引擎之一，Google 的主页如图 5-10 所示。Google 开发出了迄今为止最便捷的网上信息查询方法，通过对 30 多亿个网页进行整理，为世界各地的用户提供适需的搜索结果，而且搜索时间通常不到半秒。现在，Google 每天需要提供 2 亿次查询服务。

图 5-10　Coogle 的主页

Google 提供常规及高级搜索功能，Google 高级搜索功能，如图 5-11 所示。在高级搜索中，用户可限制某一搜索必须包含或排除特定的关键词或短语。该引擎允许用户定制搜索结果页面所含信息条目数量，可从 10 至 100 条任选。提供网站内部查询和横向相关查询。Google 还提供特别主题搜索，如 Apple Macimosh，BSD UNIX，Linux 和大学院校搜索等。Google 允许以多种语言进行搜索，在操作界面中提供多达 30 余种语言选择，包括英语、主要欧洲国家语言（含 13 种东欧语言）、日语、中文简繁体、朝语等。同时，还可以在多达 40 多个国别专属引擎中进行选择。

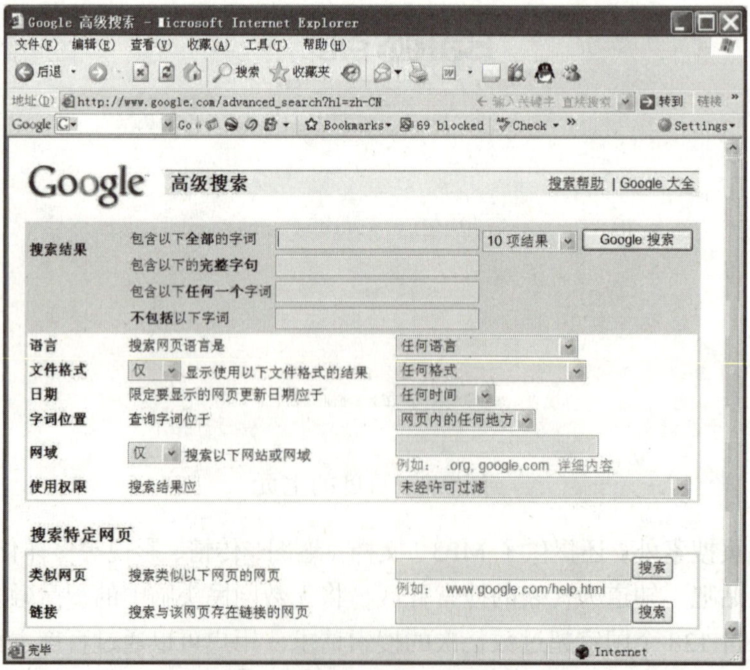

图 5-11　Google 高级搜索功能

Google 的实用性及便利性赢得了众多用户的青睐，它几乎完全是在用户的称赞下成为了全球最知名的品牌之一。作为一个企业，Google 通过提供广告服务来获取收入，使广告客户能够刊登与特定网页内容相关的、重要而有经济实效的在线广告。这不仅为用户提供了实用的广告信息，同时也给刊登广告的广告客户带来了好处。

AltaVista 的优点是：在所有的检索软件中，它的功能最全面，查全率和查准率最高，全文标引系统质量可靠；在检索语句上与传统的联机检索语言类似，更容易掌握；系统反应速度快；网页链接可靠。缺点是文件相关性评估的质量一般。

5.3 搜索引擎的营销

搜索引擎营销是最常用的网络营销方法之一。随着网络营销环境的日益完善和网络营销方法的不断出现，虽然搜索引擎营销已经不再是网络营销的核心，但搜索引擎仍然是人们发现新网站的基本方法。而且搜索引擎本身也不断发展演变，基于搜索引擎的营销手段也不仅仅是免费登录、分类目录，而是向更深层次发展，如提供高级服务的付费排名、关键词广告、关键词竞价排名、基于网页内容定位的网络广告等。随着国内主要搜索引擎全面开始付费登录，并未改变人们应用搜索引擎的热情，因此，在搜索引擎登录并获得好的排名仍然是网站推广的基本任务之一。

5.3.1 搜索引擎的营销概念

搜索引擎是网上天然的过滤器。无论是在全球还是在中国，搜索引擎市场正在如火如荼地进行。用户可以通过搜索引擎中关键词的查找过滤出自己感兴趣的信息，企业可以通过锁定不同关键词得到准确有效的目标客户。因此，搜索引擎营销在网络营销中占据极其重要的地位。

1．搜索引擎营销的定义

搜索引擎营销得以实现的基本过程主要在于：企业将信息发布在网站上成为以网页形式存在的信息源，搜索引擎将网站/网页信息收录到索引数据库中，用户利用关键词进行检索（对于分类目录则是逐级目录查询），在检索结果中罗列相关的索引信息及其链接，根据用户对检索结果的判断选择有兴趣的信息并单击 URL 进入信息源所在网页。这样便完成了企业从发布信息到用户获取信息的整个过程。

搜索引擎营销（Search Engine Marketing，SEM），是网络营销的主要手段，对于网站推广、网络品牌、产品推广、在线销售等具有明显的效果。它通过较高的搜索引擎排名来增加网站的点击率，即浏览量，从而获得产品或服务销售额的飙升。搜索引擎营销就是根据用户使用搜索引擎的方式，利用用户检索信息的机会尽可能将营销信息传递给目标用户，从而有效地利用搜索引擎来进行网络营销和推广。其中搜索引擎优化就是网络营销非常有效的一种手段。

2．搜索引擎营销的发展

搜索引擎营销的发展历程是随着搜索引擎工具的发展而发展的，在搜索引擎营销发展中最值得关注的一些重要事件主要是：分类目录型搜索引擎的诞生，自动提交到搜索引擎的软件，基于网页 HTML 代码中 META 标签检索的搜索引擎，搜索引擎算法与网站链接广度，按照点击付费的搜索引擎关键词广告等。下面简单地介绍其发展历程。

① 1994 年，Yahoo、Lycos 等分类目录型搜索引擎相继诞生，搜索引擎表现出网络营销价值，搜索引擎营销的思想开始出现。

② 1995 年，自动提交到搜索引擎的软件诞生。网站管理员可以轻松地一次将网站提交到多个搜索引擎，但由于部分网站滥用这种软件，不断提交同一个网站或者同时提交同一网站中大量的网页以求网站总处于最新位置，或者占领搜索引擎收录网页的主要内容，因此这种软件的问题很快被搜索引擎发现，并且开始拒绝这种自动登录软件提交的信息。

③ 1995—1996 年，基于网页 HTML 代码中 META 标签检索的搜索引擎技术诞生。利用 META 标签改善在搜索引擎中排名的技术很快成为搜索引擎营销的重要内容——这就是搜索引擎优化方法的萌芽。

④ 1997 年，搜索引擎优化与排名自动检测软件问世。这使得网站管理员或网络营销人员可以检查网站搜索引擎优化设计的水平，并且了解被搜索引擎收录的情况，据此可以进一步制定针对性的搜索引擎营销策略。

⑤ 1998 年，“搜索引擎算法”开始关注网站之外的链接，与此同时，网站优化者也开始制造“网站链接广度”（link popularity）。

⑥ 2000 年，出现按点击付费（Pay-per-click）的搜索引擎关键词广告模式（overture），搜索引擎广告诞生。

⑦ 2001 年，搜狐等部分中文分类目录开始收费登录，网站登录每年要交纳数百元到数千元不等的费用，付费搜索引擎营销开始走向主流。

⑧ 2002 年后半年，在网络广告市场最低潮中，搜索引擎关键词广告市场增长强劲，占 2002 年网络广告市场的 15%，搜索引擎带动整个网络经济复苏。

⑨ 2003 年，出现基于内容定位的搜索引擎广告（Google AdSense）。

⑩ 2004 年，搜索引擎全面引领互联网经济潮流，搜索引擎营销的价值被企业普遍接受。

5.3.2 搜索引擎的营销技巧

关键词可以被称为是整个搜索应用的基石。对用户和搜索引擎来说，关键词是双方互动的媒介，难以想象如果不使用关键词，我们如何来达到快捷有效的信息查询目的。在搜索引擎营销中，关键词也起着重要的作用。

1. 关键词的重要性

搜索引擎营销的整个环节中，关键词的选择是最为重要的，如果你选错了关键词，可能会导致以下严重的后果。

① 如果选择的关键词完全错误，那么后面的所有搜索引擎推广工作都等于白做。因为选择的关键词根本就很少会有人来用，即使获得了较好的排名，进行了关键词广告投放，也无法带来流量。

② 如果选择的是热门的不够准确的关键词，那么将会浪费大量的人力、时间和推广费用，甚至太多的垃圾流量会造成网站浏览速度减慢等。

③ 如果选择的是非热门的不够准确的关键词，这些关键词因为不够准确，所以转化率非常低，虽然可以为网站带来一定的流量，但是却带来不了订单。

因此，对企业而言是希望更多的潜在客户通过某种渠道在最短的时间内找到企业，而这在搜索营销中则反映为企业所选择的关键词是否正好迎合了用户特定的搜索目标。用户在查找产品或服务信息时，通常会以产品服务的特有名称、行业名称，甚至是企业名称等为条件进行搜索，而这些搜索条件正是搜索营销的诉求点。可以说，关键词是决定搜索营销推广成败的关键。

2. 选择关键词的原则

在选择关键词的问题上，一般都会认为是一件很简单的事，其实不然。如果不注意其中的技巧，往往会误入歧途，造成投入和产出不成正比。在选择关键词时企业应该注意以下几方面。

① 选择与网站内容相关的关键词。即便是一个对关键词选择技巧一无所知的人，常识也会让他避免在销售家电时选择诸如“食品”之类的毫不相干的关键词。同样道理，如果靠不相关的关键词吸引来的用户，对企业产品/服务的销售起不到任何作用。

② 选择具体的关键词。关键词覆盖范围并不是越宽越好，因为意义越宽泛的关键词，其对应的信息需求种类也越多。有的用户以该关键词搜索的目的可能是要购买相关的产品，但更多的也许是其他方面的需求，并不一定会导致消费行为。

这一点在关键词竞价排名当中体现得尤为突出。由于企业必须为用户的每一次点击付费，企业当然是希望尽量只为那些能够转化成企业客户的人支付点击费，而含义宽泛的关键词却恰好会产生相反的结果。

③ 注意关键词的投资回报率。对搜索营销了解不多的人可能并未意识到，即使是同一类的关键词，其投资回报率也是有差别的。这方面除了有一个特定的基本标准外，还要靠我们在实践中进行科学的调整和总结。有时候，尤其是在商业活动中，数据往往比任何概念和理论都更具说服力。

3. 关键词的插入

将关键词插入适当的位置也是提高搜索引擎优化推广效果的重要手段，插入关键词的方法主要有以下 5 种。

（1）将关键词或描述性的语言插入网页代码中的 Title 和 Meta 标签中

例如，网易中关键字的设置：

```
<title>网易</title>
<base target="_blank"/>
<meta name="Keywords" content="网易，新闻，体育，娱乐，女性，旅游，文化，论坛，短信，数码，汽车，手机，财经，科技"/>
<meta name="Description" content="网易，新闻，体育，娱乐，女性，旅游，文化，论坛，短信，数码，汽车，手机，财经，科技，专业报道门户网站"/>
<mate name="robots" content="index,follow"/>
<meta name="googlebot" content="index,follow"/>
```

（2）将关键词插入超链接文本（锚文本）中

除了在导航、网站地图、锚文本中有意识地使用关键词外，还可以人为地增加超链接文本。例如，某大学的校园网站可以通过加上以下学校资料链接——浙江大学、清华大学等含有“大学”的文字链接来达到增加超链接文本的目的。

（3）将关键词插入 Header 标签中

Header 标签是正文标题<H1></H1>中的文字，搜索引擎比较重视标题中的文字，将关键词插入 Header 标签，有助于搜索引擎对关键词的搜寻。用<B></B>加粗的文字往往也是关键词经常出现的地方。

（4）将关键词插入图片的 Alt 属性中

目前搜索引擎不能抓取图片，因此制作网页时在图片属性 Alt 中加入关键词是对搜索引擎友好的一种好办法，它会认为该图片内容与你的关键词一致，从而有利于排名。

（5）将关键词插入网页正文最吸引注意力的地方

正文内容必须适当地出现关键词，并且“有所侧重”，要考虑因用户阅读习惯而形成的阅读优先位置，或从上到下，或从左到右，包括页面靠顶部、左侧、标题、正文前 200 字以内等。

5.3.3 搜索引擎的优化

搜索引擎优化（Search Engine Optimization，SEO）是一种通过对网站的调整，使网站符合搜索引擎的喜好，从而使网站在不同的搜索引擎上占据较高排名位置的方法。例如，对于基于 META 标签检索的搜索引擎，在 META 标签中设置有效的关键词和网站描述，对于以网页内容相关性为主的蜘蛛型搜索引擎，则通过在网页中增加关键词的密度，或者专门为搜索引擎设计一个便于检索的页面（如 sitemap.htm、roberts.txt）。搜索引擎优化是搜索引擎营销的常见形式之一。

1．搜索引擎优化的优势

搜索引擎优化的优势表现在以下几点。

① 搜索引擎推广是最低廉的广告方式。与新闻、杂志或电视上的广告相比，搜索引擎推广的花费很低，同时还可以为网站带来更多的流量，从而带来更好的投资回报率。

② 搜索引擎优化将为网站带来更高质量的业务流量，由此对公司产生更多的销售。

③ 搜索引擎优化加强了品牌的网上知名度。

2．搜索引擎优化的缺陷

搜索引擎优化的缺陷具体表现在以下几点。

① 搜索引擎优化的效果存在着很多不确定的因素。因为搜索引擎的排名结果由搜索引擎自身来控制，如果没有绝对的把握使自己获得很好的排名，则只能尽可能地利用搜索引擎优化技术把自身的网站打造成优秀的网站，去迎合搜索引擎的“品味”。所以，排名结果不会被人为绝对控制。

② 搜索引擎优化的效果出现得比较慢。网站通过搜索引擎优化调整合理后，不会立刻就获得很好的排名，还必须做大量的工作，才能逐步提高网站在搜索引擎中的评分，促使排名逐步提高。一般一个新网站在搜索引擎中的排名提升到前三页，最少需要一个月以上的时间，热门的关键词、竞争激励的关键词会更久。

③ 要付出较多的时间和精力。要通过搜索引擎优化提高一个网站在各个搜索引擎中的排名，还需要做大量的工作，耗费大量的时间。不过，通过自身的努力获得好的排名之后，效果还是非常超值的。

3．搜索引擎优化的推广操作

搜索引擎优化的推广很多，主要包括对域名和主机的优化，对关键词的优化，对链接策略的优化，对网页设计的优化等。这里主要介绍其中的两种优化手段：对域名的优化和对关键词的优化。

（1）对域名的优化

对域名的优化包括对域名的选择和命名两项内容。

1）对域名的选择

为域名选择单独的 IP 地址：出于多方面的考虑，服务提供商往往将多个域名共享一个 IP 地址，这样会带来风险。因为如果同一个 IP 地址下有一个弊端，有些搜索引擎就会对该 IP 地址下的所有网站进行惩罚，并消除这些域名或者降低它们在搜索引擎中的排名。

不要选择二级域名：主要原因是当主域名受到惩罚的时候，二级域名也将受牵连；有些搜索引擎对二级域名的收录数目有限制，超出范围的域名将不会得到收录；当域名供应商停止营业时，二级域名也将停止；二级域名的流量多将计入顶级域名下。

2）域名的命名

关键词域名：关键词域名就是以关键词作为前缀的域名，比如搜索关键词“china tour”的时候，如果选择“china-tour.com”作为域名，就会非常有利于搜索引擎排名。

包含关键词的域名：关键词的域名资源有限，好的关键词域名大部分已经被抢注了。如果你所在的行业早已存在这种情况，就可以采用包含关键词的域名。

（2）对关键词的优化

在关键字分类中，可以分为品牌关键字、行业关键字、目标客户关注关键字，针对品牌关键字，可以从自身品牌、加盟品牌和其他品牌 3 个层次去丰富推广内容，如图 5-12 所示。

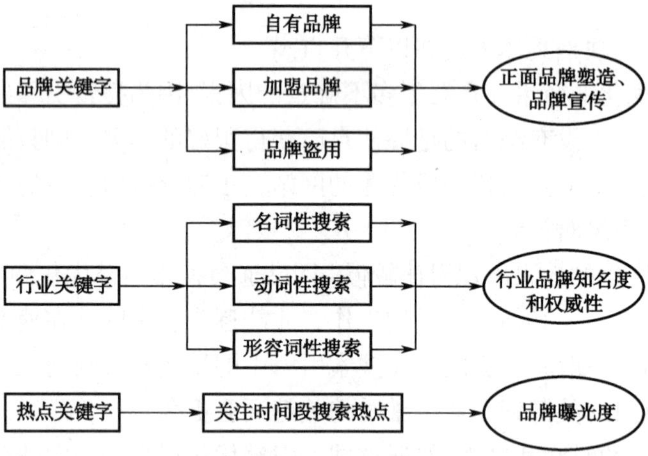

图 5-12　关键字分类

强化正面品牌塑造和品牌宣传；针对行业关键字，可以行业核心关键字为基准，根据客户不同搜索习惯，如名词性搜索、形容词性搜索和动词性搜索等，进行关键字拓展丰富网站内容，强化行业品牌知名度和权威性；至于目标客户搜索关键字，可以查询不同时段搜索热点，进行循序渐进的新闻内容更新，强化品牌大面积度。

对关键词的优化包括以下几方面内容。

1）关键词密度

关键词密度是许多搜索引擎，包括 Google、Yahoo 和 MSN 的搜索算法之一。每个搜索引擎都有一套关于关键词密度的数学公式，合适的关键词密度可使用户获得较高的排名位置。关键词密度就是在一个页面中，关键词占该页面中总的文字的比例，该指标对搜索引擎的优化起到重要作用。一般关键词密度在 1%～7%较合适，超过或者低于这一标准就有过高或过低之嫌。

2）关键词的选择

选择关键词一般有以下几点技巧。

① 站在客户的角度考虑搜索引擎选用的关键词，并控制关键词数量，一页中的关键

词最多不要超过 3 个。

② 将关键词扩展成一系列词组和短语，如商务→电子商务。可以通过改变短语的词序，创建不同的词语组合。

③ 不要使用意义太广泛的关键词。

④ 应该选用自己的品牌或地理位置做关键词，不要用与自己无关的关键词。

⑤ 查看竞争对手使用的关键词，对自己已经选择好的关键词进行补充。

3）各类网站的关键词选择策略

① 资讯类网站：这类网站追求的是流量大，想通过搜索引擎带来较大的流量，首先要考虑的就是热门关键词。资讯类网站可以为关键词制作专题内容，然后合理地在搜索引擎中获得较好的排名。

② 大型网站：大型网站如果刻意地追求某一个关键词在短时间内获得较好的排名，而费时费力，那是不划算的。因为单一个关键词，就算它的搜索量再大，带来的流量也是有限的。而大型网站的信息量是非常多的，包含的关键词比较多，因此，必须考虑整体提高网页众多关键词的排名。

③ 电子商务网站、中小企业网站：这类网站追求的是通过网站带来订单，带来客户。选择关键词要坚持站在客户的角度思考，通过科学的方法选择出最准确的关键词。

4．优化网站内容

搜索引擎的排名算法是极其复杂而又被高度保护的机密，没有任何搜索引擎会公开发布一个排名算法有多少权重，有搜索引擎研究中说有 100 个因素，但是并非每个要素都同等重要，下面将对重要的排名要素予以介绍。

我们把影响排名的要素归为两类：第一类是页面要素，即页面内容本身要素，同时搜索排名更多还会依赖页面与输入请求无关的组成部分，如到网页上链接的力度，到网页上访客的数量等；第二类是搜索请求要素，即搜索者输入特定请求会有很大权重，搜索请求中的词出现次数，它们在网页上被发现的位置（标题、摘要、文章中、路径等），这些都将在决定排名结果中使用。

（1）网页排名要素

① 链接流行度：数量、质量、锚文本链接。

② 声望数据：搜索引擎对网站及网页声望（或信任度）的一个判断。

③ 网页风格：内容组织、版式，重复关键字是不可行的。

④ 更新频率：网页长时间不更新，可能会导致排名下降。

⑤ 站点组织形式：链接结构，URL 中有意义的词，使用最简单的版式和设计。

⑥ URL 的长度和深度。

⑦ 不要作弊：要遵守搜索引擎的规则，以免受到惩罚。

（2）与搜索请求有关的排名要素

① 关键词突出度。

② 关键词密度。

③ 关键词频率。

④ 搜索请求意图，即浏览型、信息型、交易型各不相同。

（3）优化网页内容

网页中的内容要以人为本，同时考虑搜索引擎的写作，如某数码相机在网页中的书写内容如图 5-13 所示。

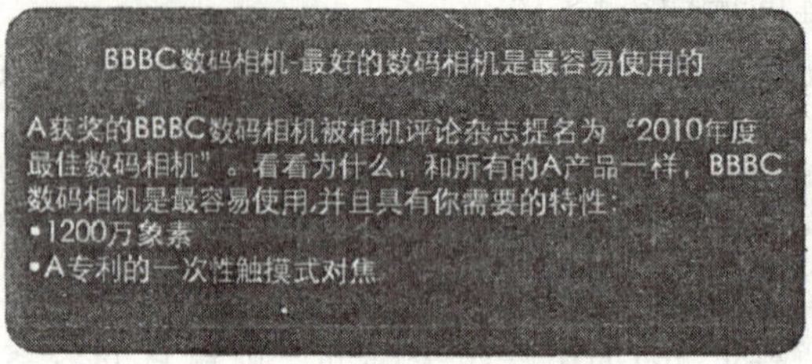

图 5-13　优化网页内容

5. 优化网页内容的管理工作

优化网页内容的管理工作有以下几个内容。

（1）对网站页面进行静态化处理

将网站的动态页面转化为实际存在的静态页面进行优化，其好处是可以提高页面的访问速度和稳定性，使得优化效果非常明显。目前，CMS 系统实现 URL 静态化的方法可以使用 MVC 三层架构，通过 Rewrite 技术实现了 URL 伪静态。URL Rewrite 方式特点鲜明，由于是服务器内部解析的地址，所以内容是实时更新的，也不存在文件管理和硬件问题，维护比较方便。

（2）采用 CSS+DIV 布局网站

采用 CSS+DIV 的网页要比传统采用 Table 编写的网页具有明显的优势。对于以内容为主的 CMS 系统来说，采用 CSS+DIV 的模式可以将文章的内容放到更加靠前的位置，以便于搜索引擎蜘蛛更快地找到它所需的内容。而且从网页浏览速度上考虑，采用 CSS+DIV 重构的页面容量要比 Table 编码的页面文件容量小得多，前者一般只有后者的 1/2 大小。使用 DIV+CSS 布局，页面代码变得精简。代码精简所带来的直接好处有以下两点。

① 提高搜索引擎蜘蛛的爬行效率，能在最短的时间内搜索完整个页面，这样对收录质量有一定好处。

② 由于能高效地运行，就会受到搜索引擎蜘蛛的喜欢，这样对收录数量有一定好处。

（3）对文章页面的 Keyword 与 Deion 内容进行优化

这里主要指的是文章页面的 Keyword 与 Deion，最好的办法是根据文章发布时生成的 TAG 来自动生成关键词，Keyword 部分可以直接调用具体文章的关键词，而描述可以自动截取每篇文章正文的前 100 个汉字放入 Deion 中。这样一来，文章无论是 Keyword

还是 Deion 都能很好地结合起来，大大提高了内容的相关度。

（4）Session ID 的生成

不少网站都会对所有访客自动产生 Session ID，这也十分不可取。因为搜索引擎蜘蛛每次来的时候都会得到一个不同的 Session ID，这样同一个页面就会产生多种 URL，造成复制内容网页。如果需要的话，应该是客户登录以后再产生 Session ID，对未登录的一般访问完全没有必要产生一个 Session ID。

（5）使用外部 Java 和 CSS 文件

使用外部 Java 和 CSS 文件可以提高页面的速度，因为 Java 和 CSS 文件都能在浏览器中产生缓存，在没有增加 HTTP 请求次数的同时可以减少 HTML 文档的大小。而内置在 HTML 文档中的 Java 和 CSS 则会在每次请求中随 HTML 文档重新下载，这虽然减少了 HTTP 请求的次数，却增加了 HTML 文档的大小。

（6）建立帖子导航

就是在每个话题的具体帖子下面出现一个与之内容相关的帖子导航。一种方式是为文章建立多个关键词，并在文章内容下面列出，当用户点击这些关键词时，自动进入该关键词的搜索页面。另一种方式是在文章内容下面提供相关文章列表，自定义规则、显示规则，如按哪个关键词，是按相关度来展示还是按时间展示等，在内容页中显示本类下的 TOP10、推荐文章，并建立一个随机内容区域，用来展示本类下的文章。

（7）生成 XML 格式网站地图

网站地图已经被人们经常熟悉地使用，但很多 CMS 系统只有生成 HTML 格式网站地图的功能，没有生成 XML 格式网站地图的功能。其实 HTML 格式是给网站浏览者看的，而 XML 却是给搜索引擎抓取的。所以，CMS 系统不仅要能自动根据设定的栏目名称和逻辑结构生成 HTML 格式网站地图，而且还要能生成 XML 格式的网站地图，并能够时实更新，然后将 XML 地图自动提交给搜索引擎网站。

第 6 章

网上交易操作与实用技巧

6.1 网上拍卖和竞买的技巧

6.1.1 网上拍卖——电子商务发展中的焦点

1. 拍卖的社会功能

（1）拍卖的起源和发展

拍卖是财产权利转让的最古老方式之一。有文字记载的拍卖活动产生于公元前 5 世纪，古希腊历史学家希罗多德在他所著的《历史》一书中，较为详尽地描述了古巴比伦城每年举行一次的拍卖已婚妇女的情况。当时的拍卖虽很原始，但不得不承认它具备了拍卖的基本特征。即拍卖要公开进行，拍卖成交要体现高者得的规则。

古罗马人将拍卖活动向前推进了一步。公元 2 世纪末，古罗马出现了拍卖行，拍卖物也较前广泛得多，雕像、挂毯和宫廷用品等都可采用拍卖转让。一些拍卖规则也开始建立起来。如：拍卖前发布拍卖公告并进行拍卖物鉴定，拍卖物底价的概念出现了，拍卖方式亦开始采用增价拍卖的方式等。

拍卖形成一种独特的行业，以其富有魅力的方式出售物品并被公众接受是 18 世纪以后的事，18 世纪中期以后，拍卖业首先在英国兴盛起来，相继成立的克里斯蒂拍卖行（1766 年）和索士比拍卖行（1774 年）是英国拍卖业兴盛的有力佐证。受其影响世界上大多数国家和地区都先后形成了拍卖市场，自此，拍卖成为公众日益喜爱的销售方式。

第二次世界大战后，随着一浪高过一浪的经济发展浪潮，拍卖业进入鼎盛时期。

丰厚的利润使各种拍卖行如雨后春笋般出现，一些老字号的拍卖行企图巩固并发展自己的阵地，一些新成立的拍卖行则四处出击。残酷的商战促使各拍卖行相继改变经营方式，增加服务内容，并走出国门，开辟海外市场，把触角伸向世界，使拍卖市场日益国际化。

与此同时，拍卖的标的物得到了扩展。从达·芬奇的笔记本、斯大林的手稿、希特勒的绘画到“概念拍卖”、“贵族头衔拍卖”、“单身美男拍卖”等应有尽有，就连火车头也走上了拍卖场。可以说，在拍卖师的木槌下，没有什么东西是不能卖的。

于是拍卖开始实现了由财产的最高价值，到“创造财产的最高价值”的战略转变。

这一转变，使某些特定物拍卖物的价值接连创下世界之最。1901年，拉斐尔画的《柯隆那祭坛》拍卖50万美元；1987年，梵·高的作品《鸢尾花》拍卖成交价创5390万美元的最高拍卖纪录；1990年，梵·高的另一幅作品《加歇医生》又以8250万美元成交。这些情况表明特定物的拍卖产生了轰动效应。

拍卖的价值和公开的交易方式，产生了巨大的引力和魅力。于是公物采用拍卖方式进行处理，成为了盛行于世的具有反腐倡廉作用的为世界各国所称道的处理方式。有些国家甚至通过立法，将拍卖方式作为公物处理的唯一方式。

在长期的拍卖实践中，各拍卖行总结出一系列适合于拍卖活动的规则，这些日益成熟的规则成为各国拍卖立法的基础。随着拍卖规则的趋于完善，拍卖立法日益健全。不仅有助于拍卖市场的规范化，也有助于平衡拍卖当事人的权利义务，促进了拍卖业的发展。

我国的拍卖业开始于19世纪中期以后。1874年，英国最大的一家拍卖行在上海开设了一家子公司——鲁意斯摩拍卖公司，至此，在中国大地上出现了蓝白方格旗。随后，一些外商洋行纷纷挂牌，开展拍卖业务。当时，类似于上海的拍卖公司及拍卖活动，在我国其他地区如北京、广东等地也有出现。

新中国成立后，由于历史原因，拍卖业一度从神州大地上消失了。中国拍卖业重新兴起是20世纪80年代末的事。

1986年，国营广州拍卖行成立，继此之后，上海、北京、天津等大城市拍卖行的兴起带来了拍卖业的繁荣。文物、珍宝、名人字画、优选号码、稀有图书逐渐进入了拍卖市场。

随着改革开放的深入和市场经济的发展，拍卖物的范围逐渐扩大，从有形商品到无形商品，从公物拍卖到名人别墅拍卖、版权拍卖、土地使用权拍卖，拍品范围得到了扩展和放大。拍卖立法也日渐完善，拍卖行业开始日益成熟。

（2）拍卖的社会功能

拍卖是一种古老的商品交易方式，但市场经济给拍卖提供了新的发展机遇和可能。

在美国，一星期内就可能有1000次以上的艺术品和古玩拍卖。在英国，茶叶50%是通过拍卖购得的。

在国际贸易中，毛货、羊毛、烟草、粮食等大宗交易也以拍卖为主，并且拍卖的成交价格对同类商品的国际市场价格的确定具有重要参考价值。拍卖在世界上这样流行和发展，足以说明它在现代社会中具有特殊的功能。

1）拍卖解决了许多商品的估价和定价问题

出自艺术家手中的雕塑、名画、稀有的古玩等艺术珍品，匠心凝聚，且年代久远，其价值很难估量。而通过拍卖，由竞买人竞相出价，则是确定这些物品价格，实现其价值的一种最好手段。

拍卖不仅可以解决年代久远的某些物品的定价，也是现代某些物品定价的首选方法。拍卖形成的价格不仅体现了物品的内在价格，也反映了市场的状况及购买者的个人偏好。

2004 年 5 月 5 日晚，在纽约苏富比拍卖行，西班牙艺术大师毕加索的名画《拿烟斗的男孩》卖出了 104 168 000 美元的天价，成为拍卖史上最昂贵的艺术作品。

同样，我国乾御制珐琅彩双耳瓶（图 6-1）也拍卖出全球最高价。御制珐琅彩“古月轩”题诗花石锦鸡图双耳瓶——这只仅巴掌高的小小瓷瓶在中国香港苏富比成功拍出的成交价达 1.15 亿港币，不仅是清代瓷器拍卖的世界纪录，也是艺术品在亚洲拍卖的最高价。

图 6-1　拍出最高价的乾御制珐琅彩双耳瓶

2）拍卖成为国际贸易中处理某些商品交易的特有方式

在当今的国际市场上，许多商品的交易采用了拍卖成交的办法。可以说通过拍卖成交已经成为一种被广泛采用的国际贸易方式。特别是许多积压、换季商品采用拍卖方式进行批处理，更是国际贸易中的普遍做法。

3）公物、强制拍卖物进行拍卖是一种透明公开的处置方式

完善的市场经济环境中，公物、强制拍卖物的处理，通过拍卖，可以做到公开、透明、公正，不仅降低了交易过程中的摩擦系数，而且有利于抑制腐败。

4）拍卖机制揭示的价格信息已成为许多产品的主要参考价格

拍卖行业的发展程度是市场化水平的标志之一。在市场经济条件下拍卖所揭示和所反映的拍品市场价格往往最能反映拍品的市场真实价格。因此，它往往成为许多行业、产品进行市场定价的一种主要参考价格。

5）拍卖对社会资源配置的效率和效益均有显著提高

拍卖方式在矿产开采权、土地等资源的处置中被普遍采用，从根本上解决了人为因

素配置社会资源形成的不合理的资源配置方式，使资源配置能找到最需要资源、最善于开发拍卖资源的人和组织，从而尽快、最大化地使资源得到有效利用和合理开发，并实现资源的增值。

2．网上拍卖的特点和优势

（1）什么是网上拍卖

网上拍卖是由拍卖网站组织在线进行的、在一定时间按照一定的章程和规则通过公开竞价而定价的方法，将出卖人的财物售给出价最高的应买人的一种网上商品交易方式。

1995 年，美国 eBay 作为网上拍卖先驱，创下了进行网上拍卖的骄人业绩，致使股价持续攀升。

惠特曼的目标是到 2005 年使电子港湾的营销收入达到 30 亿美元，网上交易额达到 300 亿美元。为了达到这个目标，电子港湾把网上拍卖从美国做到国外，并在欧洲、亚太 11 个国家和加拿大分别建立了网站，最近又兼并了拉美的一家网上拍卖公司。不仅如此，为了拓展网上定价销售，还收购了在网上定价销售二手货的“半价”公司；与此同时还大力投放网上广告，进一步提高自己的声威和形象。

这一来，电子港湾效应迅速扩展，不仅带动了 Yahoo、Amazon 等著名网站，连索斯比这样的老牌拍卖行也纷纷投身网络。这股网络拍卖旋风很快席卷全球。据 Forrester 统计，全球在线拍卖的交易量 1998 年为 14 亿美元，2003 年已经达到 190 亿美元。

（2）网上拍卖的形式与特点

拍卖网站是一种特殊的网上商店。现在网上拍卖的形式多种多样，但基本上是在两类网站上实现的。一类是像 eBay，Yahoo，Amazon 这种专为买卖双方提供商品或服务交易的平台式拍卖网站，一般采取 P—P 或 B—C 的经营模式；另一类是企业为推销自己的产品或服务而建立的专业拍卖网站，一般以 B—B 经营模式为主。

不管以上那种网上拍卖方式，其拍卖的基本运作方式都是：卖家在拍卖网站上展示欲出售物品的图片及资料，供人挑选。买主可以随时登录到拍卖网站上，挑选自己想购买的拍品，出价竞标，并实时查看整个拍卖过程，直到拍卖结束。这种以竞拍方式进行的网上交易，能让卖家争取到公平的市场价格，让买家找到相对廉价的所需物品。

因此，在线拍卖有许多与传统拍卖不同的特点。

1）在线拍卖是一种大众化的网络交易方式

交易双方不受时间、地域的限制。个人可以自由出入，随时买卖各种物品，也无须支付中间人费用。因此被称为“平民之间的自由交易”。

2）拍卖网站既可以是拍卖主体也可以不是拍卖主体

这种主体的不确定性，使拍卖网站不一定是拍卖人，卖方也不一定是委托人。事实上，许多拍卖网站只是提供一个虚拟的交易场所或者在线交易平台，供所有参拍人在线进行拍卖活动。

3）不必事先缴付保证金

凭借网站自建的信用评价系统，借助所有用户的监督力量和支付方式，在线拍卖网站营造了一个相对安全的交易环境，买卖双方可以通过在线交易平台，找到自己的交易伙伴。

4）买、卖各方在竞价过程中可以自由交流和沟通

拍卖网站一般都提供网页供用户发布求购信息，或协助寻找厂商或卖方。不仅如此，买、卖各方在竞价过程中还可以自由交流，如对拍卖品进行提问、回答、讨论与留言等。

5）卖方可选择出价者中的任何一方成交

卖方可根据买方的信用情况，选择出价者中的任何一方成交，不一定是“价高者得”。国内的“易趣网”就是采用这种方式，卖方可以依据买方出价竞价的情况，最后选择买方，与其联系并完成交易。

6）网上拍卖极大地提高了交易效率

网上购物、网上拍卖等这些活动都能通过网络视频设备方便快捷地完成。通过视频电子商务，企业间还可以保持密切联系，共享经验、共同解决客户问题。视频电子商务大大提高了交易效率，减少了各种不必要的开支。相信这种新的贸易方式将获得人们的认同，获得迅速发展。

3．网上拍卖和传统拍卖的不同

网络拍卖和传统拍卖交易是有很多区别的，主要表现在以下方面。

（1）拍卖标的分析

1）拍卖标的权属不同

传统拍卖中，拍卖物品为委托人所有或依法处分的物品。其中，依法处分的物品包括国家行政机关没收的物品或人民法院依法没收的物品；网络拍卖中，拍卖物品一般为“委托人”（即卖方）所有。

2）拍卖标的范围不同

传统拍卖中，拍品一般局限于价值昂贵的物品，种类有限。虽然也有民品拍卖，但种类有限；物品一般是小到玩具，大到汽车。而网络拍卖物品的范围极其广泛，房地产、艺术品、破产企业、广告版面、土地使用权、公司法人股、产品销售代理权等全都进入了拍卖领域。拍卖品的种类已经不仅限于有形资产，而且大量的无形资产已经成为热拍品。

（2）拍卖人分析

传统拍卖中，拍卖人是指依照《拍卖法》和《公司法》设立的从事拍卖活动的企业法人，设立拍卖企业必须具备《拍卖法》规定的六个条件，拍卖活动应由有拍卖师主持，拍卖师的资格取得也有严格的规定。

网络拍卖中，“拍卖人”和“委托人”既可以同为卖方，也可以不是卖方。“拍卖师”被网络技术平台的交易程序所代替了。

（3）拍卖程序分析

传统拍卖中，拍卖委托、拍卖公告与展示都应当遵循严格的程序与规定，拍卖人对委托人身份、拍卖标的不仅有审查的义务，也有审查的权利。

网络拍卖中，所有交易过程都按照技术平台预先设计的程序进行。因网络交易技术平台的提供者无法准确地审查卖方身份和物品的真实性，因此，一般采取由 CA 认证中心进行身份认证的办法，来确认参拍者的真实、合法身份。

（4）拍卖中各方法律关系分析

传统拍卖中，委托人和拍卖人之间是一种委托合同关系，作为受托人的拍卖人是以自己的名义而不是以委托人的名义从事拍卖活动。

在传统拍卖中，委托人和竞买人之间不直接发生关系，拍卖人与竞买人之间处于缔约关系，拍卖人在缔约过程中和竞买人形成拍卖服务合同关系；拍卖成交后，拍卖人按照约定向委托人交付拍卖标的的价款，并按照约定将拍卖标的移交给买受人。此过程中，拍卖人与买受人之间成立买卖合同关系，而拍卖人按照约定向委托人交付拍卖标的的价款的行为标志着委托合同的完成。即一个完整的拍卖合同应该由委托拍卖合同、拍卖服务合同和买卖合同三部分组成。

网络拍卖中，网络服务商向卖方（商品提供商）提供了一个网络交易技术平台，卖方在技术平台上展示其要出售的商品，由买方竞价购买。网络交易平台提供商只是提供这个在线商场的网络空间、发布服务和交易程序（交易系统），本身并不发布商品信息，也不参与交易。因此，网络交易平台提供商只是提供一种为买卖双方达成买卖合同的服务，它和卖方形成的是基于这种服务而产生的一种服务关系。

在网络拍卖中，买卖双方之间成立的是买卖合同。买卖双方在技术平台上就某物品达成买卖协议，并实现拍卖物品和拍品货款的交付，至此即标志着网络交易平台提供商为买卖双方交易这个过程所提供的服务的结束。

从交易的类型、参与交易活动的空间、交易活动结束的方式、活动的成本、中介机构的服务等两种拍卖方式也有很多不同。

综合以上说明：网络拍卖不是传统拍卖在网络上的延伸，更不属于传统拍卖。

网络拍卖本质上是：在网络平台上进行的以竞价、议价为主，其他交易形式为辅的一种网络化的、便捷的、崭新的在线交易方式和交易手段。

网络交易平台提供商只是为网络交易各方提供了交易空间、交易规则和相关的网络信息服务，与用户之间形成的是一种服务关系。

4. 我国网上拍卖迅速发展的特点

当前，网上拍卖已经成为电子商务中非常有吸引力和特色的一大亮点，平民化的商务模式正在逐步成为现代生活中不可缺少的一部分。

当前我国网上拍卖迅速发展具有五个明显特点。

（1）我国网上拍卖市场潜力巨大

根据艾瑞市场咨询（iResearch）推出的《2004 年中国网上拍卖研究报告》表明，2004 年中国网上拍卖市场规模实现了 217.8%的增长，全年成交金额从 2003 年的 10.7 亿元人民币增至 34 亿元。初步预期，国内网上拍卖市场今后三年的市场规模年均增长率将达到 84%。

2004 年，中国拍卖网站所有注册用户当中，有过成功交易体验的用户约为 400 万人，占全体非重复注册用户群的三分之一。

2004 年，中国网上拍卖市场上总共约有 4250 万件商品登录，其商品的成交率约为 40%，总成交商品量约为 1700 万件，平均交易价格约为 200 元。这些情况表明：中国的网上拍卖市场是巨大的。

据慧聪国际资讯公司的调查，有 32.2%的人表示自己比较喜欢网上拍卖，表明网上拍卖市场的后续资源充足。易趣、雅宝、网猎为首的拍卖类网站人气急升，成为了中国电子商务发展进程中的“兴奋点”。

在我国，一些著名的门户网站也开始介入在线拍卖这一商机无限的市场，许多网络服务商准备将其作为发展电子商务的切入点。1999 年 6 月正式开通的雅宝竞价交易网，是中国内地开通最早，也是当时访问人数最多、物品数量和种类最丰富、交易最活跃的专业竞价交易平台。开通半年其日访问量已超过 5 万人次，注册用户人数超过 30 万人，在线物品数量约 20 000 件，竞标率达到 70%左右。

1999 年 8 月开通的为个人用户服务的易趣网，开办不到 3 个月，注册用户达 43 000 余人，登录物品超过 35 000 件，网上成交数高达 10 000 余件。

不仅如此，网上拍卖市场已经开始从大城市向中小城市延伸。

从地理位置上看，中国大多数网上拍卖公司设在北京、上海和广州。拍卖商考虑到这些富裕城市的人更加开放，网络观念强，基础设施也更加先进，更容易利用网络交易平台参与网上拍卖交易。

但是随着网上拍卖市场竞争的加剧，网上拍卖参与人数的增多，网上拍卖交易的便捷和影响力的扩展，相当一部分中小城市的网民已经进入拍卖市场。

（2）网上拍卖物品的种类越来越丰富

从销售物品上看，从多明戈演唱会门票到珠宝玉器，从新产品到二手货，从房屋到国际 MBA 课程，从有形资产到无形资产，极大地扩展了拍卖交易的领域和范围。以湖北天马拍卖有限公司为例，近四年来，拍卖成交额近 4 亿人民币、成功地举行 200 多场拍卖会，拍卖的项目有艺术品、破产企业、广告版面、土地使用权、公司法人股、房地产、产品销售代理权的拍卖等。同时，开始与外地拍卖公司合作，多次进行跨地域拍卖，提供了大量高效优质的拍卖服务。

值得一提的是：在众多的拍卖网站中，二手产品的拍卖发展迅速，它不仅满足了人们的多种现实交易需求，而且符合建立节约型社会的需求。

（3）各种网上拍卖技术和方法得到创新应用

当前，由于我国网上拍卖发展迅速，为完善网上拍卖，各种先进的网上拍卖技术和方法将得以应用。比如，进一步降低交易成本、增加潜在的买者和卖者之间的交流、改善搜索功能、使用多媒体技术展示产品、使用智能代理等技术参拍等新的网上拍卖方式都得到了积极的探索。

作为电子商务中最具活力的组成部分，网上拍卖的发展方兴未艾，其商业潜力尚待发掘，发展的空间还非常巨大；作为一种方便的交易方式，网上拍卖的过程充满乐趣和智慧，正日益成为人们时尚生活的一种方式。

（4）为“平民竞买者”赢得了更多的商业机会

喜欢“尝鲜”的网民们在得知网上购物为“平民竞买者”赢得了更多的商业机会以后，纷纷将注意力转向了各种类型的网上购物。形形色色的拍卖电子商务网站如雨后春笋般拔地而起，成为第二代网站的中流砥柱。其中以淘宝、易趣、雅宝、网猎为首的拍卖类网站更是人气急升，成为了中国电子商务成长中的“兴奋点”。

特别是，由于网上拍卖放宽了对拍品数量的限制，不必费时、费力凑足一定量的拍卖品才能开拍。更重要的在于：它使得拍卖从少数有钱人对昂贵物品进行的角逐，转变成普通百姓日常选择购物、比价购物的一种手段；不仅拍卖的东西可以多种多样，而且拍卖品的价格也实现了真正的“平民化”。

一项调查显示，对于参加网上竞买的消费者来说，最有吸引力的莫过于能够买到低于市场价的商品，再就是节省了时间、提高了效率。卖方有没有货、有多少货、价格如何、有没有竞争力，都可以在网上一目了然。

为了解决网上交往既不见人，又不见货的问题，“易趣”的解决方式比较具有代表性。他们在上海市中心的徐家汇，免费于每周末开设用户交易点，让买卖双方面对面进行交流。这种交流和沟通，成为了在线交易的一种延伸和补充，取得了很好的实效。

这样一来，网上拍卖的大门就向广大的平民百姓敞开了。平民百姓不仅通过网络化在线交易进入了网络时空，而且成为了网络拍卖中的交易主体。这种网上交易的平民化趋势，不仅充分地显示出交易主体的选择性，而且可以使交易主体获得实在的效益，还带来了交易的放量和交易市场的扩展，给众多的平民网民带来了新的商机。

如图 6-2 所示，为中国网上拍卖用户成功者所占比例分析图。

从分析图中可以看到：中国网民参与网上拍卖成功者正在大量上升，这说明广大的网民正在成为中国拍卖市场的主体。

（5）推动了社会信用评价体系的建设和发展

针对网上拍卖中恶意竞价、暗中抬价乃至中途变卦的现象时有发生的情况，以及信用的不确定性，许多商务网站开始建立网上的信用评价体系和信用评价制度。比如“易趣”就不仅通过建立一套信用评价系统来规范交易、倡导信誉，而且根据用户信用度累计来淘汰“淘气”的网民，并定期将买卖双方的信用评价公之于众，以方便网民自行选择交易对象。与此同时，“易趣”还别出心裁地推出了会员制度，使交易人能把握交易参与人的真实的资料，从而提高网上交易的信用度与成交率。

网上商务对社会信用体系的强烈需求，推动了社会信用体系的发展。自 1999 年 5 月起，中国人民银行上海分行、上海市信息办和上海市信息中心联合召开了“上海开展个人消费信用联合征信试点研讨会”，并率先在全国开展个人消费信用联合征信试点。1999 年 7 月，由人民银行上海分行和上海市信息办共同牵头，在上海组建了全国首家征信机构——上海资信有限公司，并于同年 7 月 1 日对外出具了中国内地第一份个人信用报告。2002 年上海企业联合征信系统顺利开通，上海社会信用体系的基础工程已初具规模。

2005 年春节前全国个人信用联合征信体系的建设已经开通运行。这不仅消除了存在于金融机构间的“信用盲点”，降低了商业银行的信贷风险，促进了个人消费信贷业务的发展，而且，已经促成崭新的群体理财意识和市民普遍关注的社会信用的整体提升。这必将进一步规范社会经济秩序，降低社会交易总成本，有利于维护企业和众多网上消费者的合理权益。

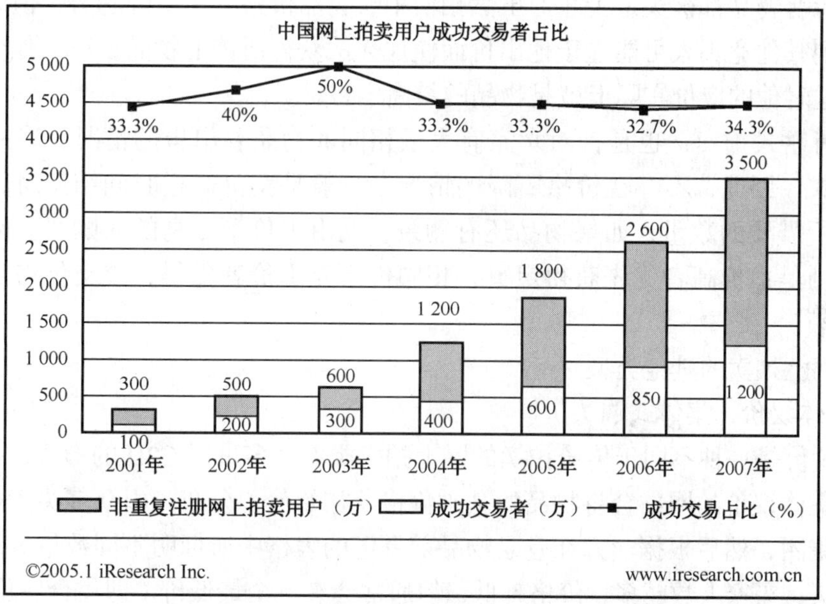

图 6-2　中国网上拍卖用户成功者所占比例

6.1.2　网上拍卖的类型和流程

1. 网络拍卖的主要类型

目前在互联网上出现的网络拍卖交易方式中有一些是从传统拍卖中某些交易方式演变而来的，另一些是针对互联网本身的特点和消费者的喜好而出现的新的交易方式，这交易方式主要有以下几种。

（1）网上英式拍卖和荷兰式拍卖

1）网上英式拍卖

英式拍卖也称公开拍卖或增价拍卖，是传统拍卖中最常见的拍卖方式。这种拍卖方式被网上拍卖所采用，成为了网络拍卖中最基本、最常见的在线交易方式。

网上英式拍卖采用的是正向竞价形式。这种拍卖的出价规则是最后一位出价人的出价要比前一位的高，竞价截止时间结束时的最高出价者可获得竞价商品的排他购买权。

在拍卖过程中，买方可以通过浏览历史价格（当前其他买家的出价）决定自己对物品的最高报价，其电子竞价系统会立即将其所出的价格和历史价格同时显示在网页上。

2）网上荷兰式拍卖

荷兰式拍卖是一种公开的减价拍卖，又称“出价渐降式拍卖”。荷兰式拍卖多是量大的物品。在传统拍卖中，物品价格每隔一定的时间会下降一些，在此过程中，第一个出价人可以按照他出价时的价格购买所需的量。如果他买完后物品还有剩余，降价过程继续，直到所有物品都被买走为止。虽然拍卖中，物品价格处于下降趋势，但第一个出价人因考虑到其他竞买人可能先于他出价而使他无法获得所需的物品，所以他会先于其他人出价，这时他的应价实际上就是物品的最高出售价。

网上荷兰式拍卖，也是针对卖家有大量相同的物品要出售的情况，采用的却是逆向竞价形式。因此，不存在价格下降的情况，一般是竞价截止时间结束时，出价最高者获得他所需要的数量；如果物品还有剩余，就由出价第二高的人购买。网络荷兰式拍卖的原则是：价高者优先获得宝贝，相同价格先出价者先得，成交价格是最低成功出价的金额。

（2）网上拍卖的其他类型

1）集体议价（集体式购买）

集体议价是一种不同于传统拍卖的网上拍卖类型，多采用 C2B 的形式，并无竞价过程；提供集体议价的网站会将物品的基础价格（初始价）公布，由众多买家构成一个庞大的购物集团，然后根据卖方在登录物品前登记的表格中所标明不同数量等级物品的单价进行购买，买家人数越多，价格越低，但通常会有一个最低价（即集合底价）。集体议价实质上更像网站替一批不认识的人去批发购买他们想要的商品。

2）逢低买进

逢低买进也是不同于传统拍卖的一种交易形式，买家可以暂不投标加入，而是根据商品的价格曲线，选一个自己认可的价格段，一旦价格降到此价格段上，系统会发送通知，告诉买家目前集合的人数已达到他所期望的价位并将他自动加入购买集体之中。这种突然杀进来的竞争者，很可能很快成交。

3）反拍卖（标价求购）

反拍卖（标价求购）中由卖方出价，卖方成为了“买方”，其竞争的是向消费者提供服务的机会。反拍卖具体指消费者可以提供自己所需的产品、服务需求和价格定位等相关信息，由商家之间以竞争方式决定最终产品、服务供应商，从而使消费者以最优的性价比实现购买。

4）一口价

一口价指在交易前卖家预先确定一个固定的价格，让买家没有讨价还价的余地。交易完成后，买家根据卖家预先设定好的价格（即一口价）进行付款。如果卖家出售数量是大于一的多数商品，则交易将持续到买家以一口价购完全部商品或在线时间（竞价截止时间）结束。一般在网络拍卖的实际运用中，一口价的买卖方式可以单独使用，也可以结合其他交易类型（如网络英式拍卖）一起使用。

2. 网上拍卖的一般流程

（1）发布拍卖公告

网上拍品的公告一般分为：房地产、股权、债权、经营权、机动车、罚没物品、其他等分类。参加网上拍卖就要关注网上的拍卖公告。经常浏览网上的拍卖公告。

小贴士

北京中贸拍卖行房产拍卖公告

2005年7月25日

受金融机构委托，我行于2005年8月2日对下列房产进行现状整体拍卖：位于北京市崇文区白桥大街甲2号白桥苑小区3套住宅，1-104、2西-101（半地下）、2西-502/602。

有意竞买者请于即日起至2005年7月28日前持有效证件到我行办理竞买手续并交纳保证金。

拍卖时间：2005年8月2日上午10：00

拍卖地点：丰台区丰葆路168号北京国际花园D12栋本行拍卖厅

预展时间：即日起至2005年7月28日

预展地点：崇文区白桥大街甲2号白桥苑小区

联系人：张先生　电话：81936296

另有办公设备一批（服务器、电脑及家具），有意竞买者请电话垂询。

（2）了解拍卖规则

在线拍卖必须熟悉和了解其拍卖规则。但是，由于目前网站很多，尚没有一个统一的网上拍卖规则。就需要我们参加哪个网站的竞拍，就要了解该网站的拍卖规则。

下面我们重点介绍一下“淘宝”的拍卖规则。

淘宝的拍卖规则规定：“卖家为宝贝设定一个起拍价，有兴趣的买家在规定时间内出价，拍卖结束后，出价最高的人就可以得到宝贝；相反，到拍卖结束前，如果没有人出价，该宝贝就会流拍。”淘宝并就下列名称做出了解释和说明。

① 起拍价：就是卖家可以接受的最低成交价格。

举例：如果卖家打算拍卖一件工艺杯子，起拍价设为1元，到拍卖结束时，只有一位买家出价，该商品就会以 1 元成交。

② 加价幅度：就是出价的买家为了超越前一个人的出价在当前出价上增加的金额。卖家在发布宝贝的时候可以自定义加价幅度，也可以使用系统自动代理加价。系统自动代理加价的加价幅度随着当前出价金额的增加随之增加。建议使用系统自动代理加价。买家在出价前要看清楚加价幅度的具体金额。

③ 代理出价：作为买家，淘宝将根据你出价时输入的最高价格，在有其他买家出价时，自动帮你以最小加价金额向上出价，以维持你最高出价者的位置，直到你的最高出价被其他买家超过为止。你所输入的最高价格对其他会员是保密的。代理出价功能只适用于单件拍卖。只要在出价时输入你能接受的最高价格即可；拍卖结束时，如果没有人出价超过你，你就是获胜者，你将以目前出价金额购买你想要的商品。

举例：如果卖家打算拍卖一件工艺杯子，起拍价设为 1 元，加价幅度为 1 元，你作为买家第一次出价时输入了 50 元，出价记录里只显示 1 元。到拍卖结束时，另外一位买家出价 2 元，系统会帮你代理出价，最后该宝贝就会以 3 元成交，你是获胜者。

④ 单件拍卖：首先卖家设置参加拍卖的宝贝起拍价，加价幅度。买家可根据自己实际情况，输入系统需要的最低价格，也可以输入自己可以接受的最高价格，让系统代理出价。拍卖结束时，出价最高者获得宝贝。

⑤ 多件拍卖（荷兰式拍卖）：在淘宝网，如果你看到两件或者以上宝贝在同时拍卖，那么就意味着卖家选择了荷兰式拍卖。和单件拍卖不同，荷兰式拍卖可以有多个获胜者。

荷兰式拍卖的简单原则是：价高者优先获得宝贝，相同价格先出价者先得。成交价格是最低成功出价的金额。

请注意：如果卖家符合参加荷兰式拍卖的条件，在发布宝贝时，填写的宝贝数量大于 1，则默认为使用荷兰式拍卖。目前淘宝设定二心级以上（含二心级）卖家才可以使用荷兰式拍卖。代理出价功能在这里不适用。

此种拍卖和单件不同，为了避免交易误会，请先仔细阅读拍卖规则，再设置数量。

首先卖家设置参加拍卖的宝贝起拍价和宝贝数量。所有宝贝必须符合相同的条件，例如，同样的 5 只趴趴熊，同样的 10 件摄像头，买家在宝贝页面出价，输入需要的数量和愿意付出的价格；所有获胜的出价者对每件宝贝都以相同的价格付款，即最低成功出价的金额。此金额可能低于你的出价，出价较高者优先获得所需数量的宝贝，最后一位获胜者可以拒绝购买未达到所需数量的宝贝。例如，如果你出价购买 5 件宝贝，拍卖结束后仅得到 2 件，则你不必购买其中任何一件宝贝。

荷兰式拍卖举例：

例一：一位卖家拍卖 10 个摄像头，起拍价格是 1 元。10 位买家各出价购买一个摄像头，出价金额均为 1 元。在这种情况下，所有 10 位出价者都将以 1 元的价格赢得一个摄像头。

例二：一位卖家拍卖 10 个摄像头，起拍价格是 1 元。10 位买家各出价购买一个摄像头，出价金额均为 1 元。然后又有 3 位买家出价，到拍卖结束的时候，出价记录如下：

最低成功出价的金额为2元，3位获胜的出价者都将以2元购买此宝贝。因为前两位出价者出价较高，所以都能得到自己需要的数量（出价相同的，先出价者排前面）。最后一位出价者因为出价较低，所以只能得到8件（因为没有得到自己需要的数量，可以放弃购买）。

⑥ 无底价拍卖：无底价拍卖又称无估价拍卖，即拍卖公司对拍卖品不设定底价，由竞买人自己竞相报价，由报价最高者购得。早在1997年，东方国际拍卖公司就以北京报国寺为基地，定期举行民间收藏品拍卖会。由于采用了无底价的方式，聚集了京城收藏者的人气和买气，被称为“老百姓的拍卖会”。

而嘉德在线的网上无底价拍卖则先是将拍品收来做细致的鉴定，然后将照片发布到网上，收藏者可以在网上竞价，随后在每个月末定期举办拍卖会。这种交流的便利性和其拍品价格档次的丰富性，使得拍卖更加接近寻常百姓，因为它降低了艺术品收藏的门槛，让收藏成为一种大众消费和大众文化，使收藏这种保护历史遗物，传承民族文化的高雅行为具有更大的普遍性。

藏宝于民，自古有之。国宝级藏品固然弥足珍贵，但毕竟是凤毛麟角，是金字塔的“塔尖”；更多散落民间的一般文物则是“塔身”。过去国家文物部门对于那些低档次、低品位的流散文物不愿收购，致使人们手中大量具有一定文物价值的旧货被排斥在正常商业流通之外，没有出路。无底价拍卖为大众提供了一个以合理方式转让藏品的公开渠道。

3. 参与网上拍卖必须了解的流程和规则

（1）参拍者要掌握拍卖网站的限拍产品规则

许多网站对限拍产品有严格的规定，参拍者一定要熟悉和了解这些规定。下面为阿里巴巴发布的“禁止和限发拍卖信息的产品规则”。

阿里巴巴规定：用户在发布产品拍卖信息前，应当仔细阅读本《禁止与限制发布拍卖信息的产品规则》，并予以遵守。

禁止发布供求信息的产品，包括：

- 毒品；
- 原油；
- 野生动物、国家保护类动物、濒危动物活体、内脏、任何肢体、皮毛、标本及其制品，特别是象牙及玳瑁制品；
- 国家或地方法律法规中明文规定重点保护的珍稀植物及其制品；
- 任何形式的发票；
- 股票、公司债券及其他证券，不具有效性和流通性的为收藏目的转让的情况除外；
- 彩票，不具有效性和流通性的为收藏目的转让的情况除外；
- 任何形式的国家机关的公文、证件、印章，公司、企业、事业单位、人民团体的印章，企业公章，档案，各类许可证、介绍信、学历证书、身份证等；
- 伪造、变造的物品，如伪造的证件、票据、钱币、执照和许可证等；

- 人体器官、遗体；
- 黄色淫秽物品、性服务；
- 含有反动、淫秽、种族或者宗教歧视或其他法律禁止内容的出版物、文件、资料等；
- 非法所得之物，如走私、盗窃或抢劫所得；
- 任何形式的枪支、弹药及仿真枪等，如枪械、枪械仿制品（如仿真枪）、子（炮）弹、消音器、火药、麻醉注射枪等；
- 易燃、易爆物品、有毒、有腐蚀性的化学物品，如火药、烟花、爆竹等；
- 管制刀具，如匕首、三棱刀（包括机械加工用的三棱刮刀）、带有自锁装置的弹簧刀（跳刀）以及其他类似的单刃、双刃、三棱尖刀；
- 警用和军用物品、设备，如监视、监听类设备、警服、警徽、警用器械等；
- 窃听、窃照等专用间谍器材；
- 其他武器，如具有较大杀伤力的弓弩；
- 其他可能危害他人安全或利益或用于违法目的的物品，如撬锁设备、强效催情用品/药品、解密软件、导弹发射程序、个人私密资料、汽车反雷达测速仪、电子狗、GPS 报警器等；
- 需执照或政府许可才能使用的设备，如广播发射台、碟形人造卫星天线；
- 赌具，如吃角子老虎机、透视麻将、透视扑克等；
- 烟草；
- 任何侵犯他人知识产权的物品，如假冒名牌商品、侵犯他人版权或者专利权的产品；
- 流通人民币，任何人不得出售或购买正在流通的人民币；
- 特殊药品（治疗性功能障碍、肿瘤、糖尿病、艾滋病、癫痫、红斑狼疮、性病、乙肝、白癜风药品、戒毒药品、抗生素成品、麻醉药品、精神药品、药疗用毒性药品、放射性药品和医疗机构制剂等）；
- 《中华人民共和国文物保护法》第五十一条规定不得买卖的文物；
- E-mail 地址列表、网址列表、在中国互联网信息中心（CNNIC）注册的域名；
- 无注册号的磁带或光盘，共享软件，Beta 级或未公布的软件，未同设备捆绑出售的 OEM 软件；
- 国家法律法规存在强制性质量或者安全标准/规定但未能符合签署强制性质量或者安全标准/规定的产品；
- 国家法律规定适用许可证管理规定而不能提供相关许可证的产品；
- 根据法律、法规禁止销售或本网站认为违反公共良俗而不应贩售的物品。

一旦阿里巴巴发现有任何违反本规则的产品信息，阿里巴巴有权立即予以删除，并保留警告，暂停服务，直至终止服务的权力。请各位用户自觉遵守。

（2）参拍者要了解拍卖网站的经营模式

1）平台式拍卖网站

这类网站拍卖的商品一般都由第三方提供，拍卖服务主要采用 P—P 或 B—C 模式，网站的经营目标是促成用户之间的在线交易。用户登录到网站后，即可通过页面或电子邮件进行交易或跟踪拍卖的进程。目前，这类网站的经营服务方式主要有：

介绍买卖双方相识后马上撤出，由买卖双方自己磋商达成交易，网站从成交后的某一方或双方收取一定的服务费。

网站作为中介服务商先将拍卖品买下，然后通过网站拍卖出去，从中获取差价。采取完全中间商的方式，即买卖双方的竞价、销售、付款、发货等环节均以匿名的方式进行，网站从中收取中介服务费。收费标准也不尽相同，一般以商品数量和拍卖成交额为基数按照一定的收费比率来计算。

平台式拍卖网站最终的赢利一般取决于物流是否顺畅以及价格是否合理。物流顺畅就是快速高效地将成交的商品转交给购买者，这需要精确的设计和规划。从技术角度看，提供竞买过程的跟踪和管理是网上拍卖的关键。

2）专业拍卖网站

虽然目前专业拍卖网站还为数不多，但由于他们有明确的目标市场，因此比平台式拍卖网站更具优势。调查表明，目前在全球成功拍卖的记录中，对于相同的拍卖品，在专业拍卖网站的成交率比平台式拍卖网站要高出 30%～40%。

这类网站也有三种拍卖模式。

① 独立拍卖：买卖双方委托拍卖网站为其创建一个相对独立的拍卖系统，并通过该网站进行交易。它相当于电子索斯比拍卖行，网站从成交额中提取一定比例的佣金作为服务费用。目前在 Internet 上这种独立拍卖的网站有 Imxex-Change、OnSale 等。

② 商品拍卖：它有点类似于芝加哥贸易局的服务，即买卖双方聚集到某个第三方的网站上，对买卖的商品进行快速交易和换手。该方式的主要特点是交易商品特别多，一宗买卖在几分钟内敲定后，马上拍卖另一种。Fastparts 是一家专门拍卖电子器件的网站，它实时显示出货条件和竞价动态等，任何瞬时的变化都有可能是成交的机会，因此颇有刺激性。

③ 资格限制方式：这类网站对参加拍卖的竞买人进行了限制，未经注册的用户不能参加。与前两种方式不同的是，这种方式往往是卖货人自己设立拍卖网站，拍卖自己的货物。如美国一家从事计算机设备销售的公司在 1997 年建立了 auctionblcok.com 网站，向 2 万多授权用户在线拍卖他们的存货。对他们来说，建设网站的目的不是要赢利，而是要减少存货造成的损失。

（3）警惕拍卖风险

虽然拍卖法第 18 条规定，拍卖人有权要求卖家说明拍卖标的的来源和瑕疵，但是拍卖行在每次拍卖之前一般会做这样的声明："本行不能保证拍卖标的的真伪或者品质，如发现作品任何瑕疵，本行概不负责。"拍卖行一旦发表了这样的声明，就可以不承担担保责任，这是《拍卖法》第 61 条所明确规定的。

这就更增加了网上拍卖的风险。因此，参与网上拍卖和竞买的人一定要有风险竞价意识。

应当指出的是：近年来，虽然个别艺术品加大了检测力度，在拍卖之前也会经过专家的多道手续鉴定，但是随着科技水平的日益提高，当代一些伪制的艺术品已经可以达到以假乱真的程度，不可避免地会让一些“李鬼”混入拍卖市场，让人不得不发出“假作真时真亦假”的叹息。

另外，无底价拍卖也带来了拍卖市场“托儿”盛行的欺骗现象。由于起拍价较低，当叫价未能达到卖家预期的理想价位时，有些人会选择找个“托儿”购走拍品。这种雇“托儿”的现象虽然仅存在于某些非正当盈利的商家中，但已影响了拍卖行业的正常秩序，受欺骗的是收藏者。

因此，这里要提醒收藏者，一定要有自我保护意识，因为任何一家拍卖网站都不能百分之百地保证不“漏眼”。现在几乎所有人都承认，拣漏的几率越来越小了。原来拣漏的希望是 30%，再往后也许是 10%，甚至只有 1%；可只要有希望，就会有人参与。

也许，这就是网上无底价拍卖的魅力。

但是，懂得规避网上拍卖风险的人岂不是更有魅力！

6.1.3 网上拍卖的技巧

1. 竞买人网上参拍前的准备技巧

（1）熟悉拍卖规则

竞买人参加网上拍卖，不仅应熟悉普遍的拍卖规则，而且由于拍卖网站的不同、拍品的不同，会有一些特殊的规定。因此，参加拍卖会的竞买人应仔细阅读不同拍卖网站的拍卖规则。特别是应该留心各网站在网上新发布的拍卖规则。

在网上拍卖市场还没有完全规范的情况下，许多网站的拍卖规则是不断变化和完善的。如果不留心这些新拍卖规则往往就不能发现，也不知晓。不理解拍卖规则就好比驾驶汽车却不了解交通规则一样，怎能这样冒冒失失地去参与网上竞拍呢？

如图 6-3 所示，为“中国拍卖网”主页。

图 6-4 为海峡钱币网在论坛中发布的拍卖规则中关于拍卖时间的修改。

从以上“海峡钱币网”新拍卖规则中可以看到：拍卖时间有了变化。

在这个关于时间的变化中指出：在晚 9：00 拍卖结束前，“最后一个谁的出价高，产品就是属于谁的”。这一点，将直接影响竞买者在“最后一分钟”的出价技巧。

对新拍卖规则有不理解的情况，或其他特殊情况，可以直接向主办单位提出专项咨询，一定要得到明确的答复。

图 6-3 “中国拍卖网”主页

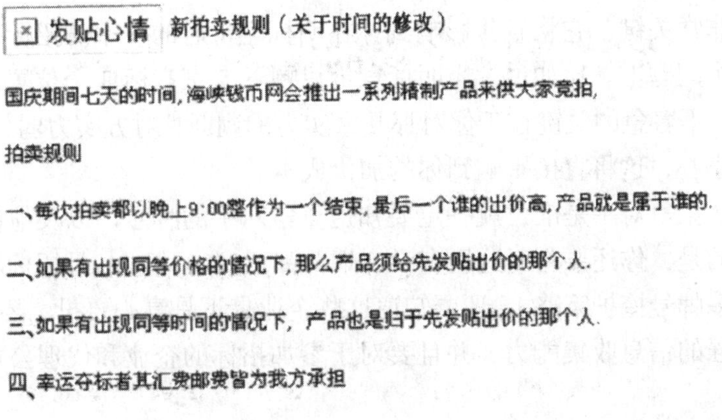

发贴心情 新拍卖规则（关于时间的修改）

国庆期间七天的时间，海峡钱币网会推出一系列精制产品来供大家竞拍，

拍卖规则

一、每次拍卖都以晚上9:00整作为一个结束，最后一个谁的出价高，产品就是属于谁的.

二、如果有出现同等价格的情况下，那么产品须给先发贴出价的那个人.

三、如果有出现同等时间的情况下，产品也是归于先发贴出价的那个人.

四、幸运夺标者其汇费邮费皆为我方承担

图 6-4 海峡钱币网在论坛中发布的关于拍卖时间的修改

（2）仔细看样，定好心理价位

看样，是竞买活动顺利进行的第一个步骤。顾客在观看拍卖样品过程中，应对物品的真伪、成色、规格等细细观察。如果发现与拍品目录不符或有未注明的瑕疵，可及时向拍卖网站提出询问，然后决定是否参与竞买。遇到拍品上如果标有参考价的情况，顾客可先到相关商店或市场去了解一下同类产品、同样档次的价格，将几个价格相比较后，确定自己竞买的最高出价，即“心理价格”。心理价格是受顾客对某件物品的喜好程度、该物品的市场价格和增值潜力等影响的。有了心理价格，上线竞买以后，出价时心里就有了一个底线。

2．在线参拍的技巧

（1）如何准确预估并填写价格

价格预估历来没有英雄。因为中标后没有人再去关心当初的价格预估是高了还是低了，而价格估高了，吃了亏也只有自己知道。一个老拍卖师说过：10年来，我们有估得准的，也有没估准的时候。但是，我们在这过程当中越来越了解什么因素影响中标价格，每个因素影响的程度。靠拍脑袋或凭直觉预估出来的价格，存在很大的误差。

由于在价格预估方面，有的商务网站提供独有的全套价格预估模型，并在网上指导填写。这些经验是值得参加竞价者学习的。

如何迅速判断一个价格的意义？

当一个竞拍价格出来后，你不能迅速判断它是否划算，该怎么办？

当某个标的物最终中标价格出来后，你能不能迅速判断这个价格是什么意义?它是涨是跌？涨跌幅是多少？对于下一个标的物有什么影响？

这些答案必须要求你在一两分钟甚至几秒钟内做出准确判断。你凭什么能够做到这点？经验、完备的数据准备、快速计算能力、对参加招标企业的熟识等非常重要。只有善于学习，平时有丰富的经验积累，才能迅速判断并做出果断的决策。

（2）如何快速判断你的竞争对手及其实力

这个问题非常关键，它将直接影响到你在明标竞价时的效率。招标现场很多经典案例就发生在这个问题上。比如说，当明标竞价只剩下5家竞标3个位置的时候，你应该怎么办？着急、不着急的关键在于你对那几家实力的判断，对方实力弱，或许你不着急；但此时，你要小心，这将直接影响到你的加价成本。

要快速判断竞争对手是准，就一定要知道竞争对手的牌号，以及他们背后是什么企业。而更复杂的是，你还要判断这里有没有烟幕弹（2003 年 11 月招标就上演了三家润滑油企业大搞多牌号掩护策略），还要知道这些企业是不是真心要投。要了解这些很难，这就要有相当强的信息收集能力，并且要对于参加招标的企业和代理公司非常熟悉和了解才行。

（3）网上拍卖、竞买需要注意的问题

这个问题很复杂，一定要根据你的实际状况确定营销策略和执行方案。

具体说来，在参加竞拍要注意的有以下几个问题。

1）要调整好心态

首先要明确自己是抱着什么目的去参加竞拍的。如果你是为投资而行，就必须以将来拍品是否升值作为出发点，看重拍品未来价值；其次，心中要拿得起，放得下。竞拍是一种公开竞争的商业行为，也许别人比你更看重某拍品的潜在价值，所以，能竞拍成功，拍品归属自己是一种高兴，竞拍拍品归属别人也同样是一种喜悦。

2）参加拍卖公司举行的拍品预展最好邀请行家同行

在听取举办者对拍品的介绍后，要多向行家咨询，要多查询关于拍品的资料，做到心中有数。

3）自我设定一个科学可行的拍品最高价位

要根据市场走势、竞争对手情况、自己经济实力，确定一个合理的价格区间，尤其对最高价位的确定非常重要。如果竞拍价位超过自己预定最高价位，个人投资者应毫无疑问地放弃。

4）冷静点击

个人投资者在拍卖现场不要被拍卖师的语言煽动而不能自控。要冷静地分析竞拍对手的意图，能勇敢地举牌，也能冷静地放弃。同样，参与风上竞拍，也要冷静地出价，慎重地点击。

（4）怎样进行批拍卖

批量物品和一般的多数量卖法是不一样的。批量是指把多个相同或相似的物品打包成一批出售，买家只能以批为单位来购买，而不能只选其中的一件或一部分。

在批量卖法里，你可以指定你有多少批物品要卖，每批包含多少件物品。

图 6-5 和图 6-6 为批拍卖中拍卖数量的标注。

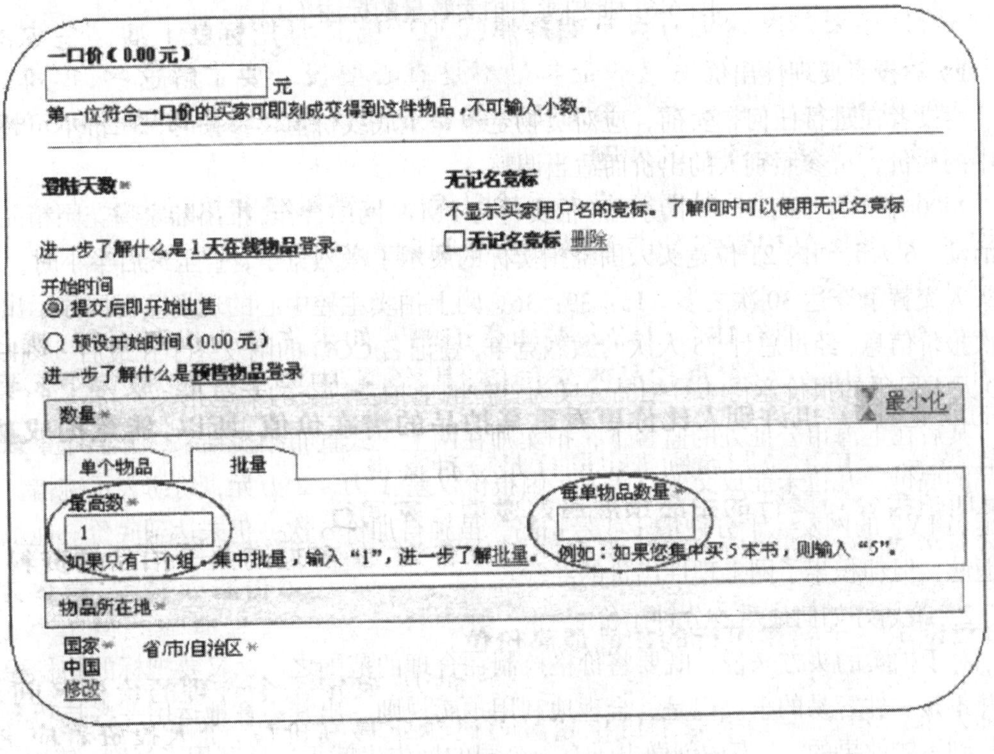

图 6-5　批拍卖中拍卖数量的标注（1）

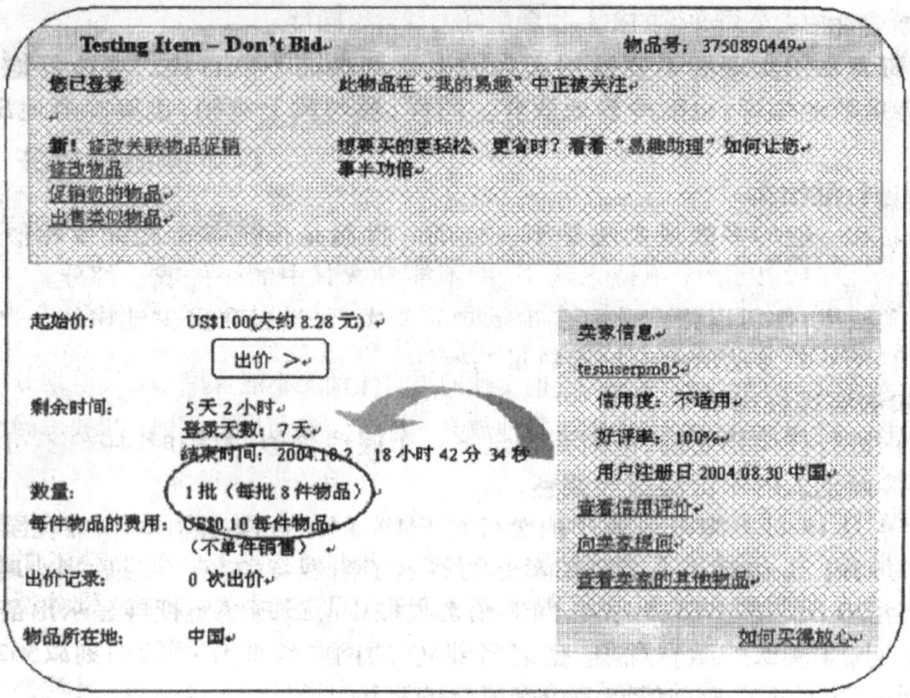

图 6-6　批拍卖中拍卖数量的标注（2）

1）竞投者要理性出价

竞投者在进行任何拍卖前，应对货物定下一个底线价值，参拍时，叫价不可超过心目中的底价，可参照别人的出价而适当调整。

2000 年 4 月 18 日上海市房地产拍卖行与 FMW 网站合作，推出陆家嘴花园精品房拍卖活动。6 天时间内 21 位竞买人围绕拍卖标的展示了激烈竞争，直至最后半小时，10 位竞买人交替争夺达 30 次之多。15：39：36，网上拍卖主控中心的现场监视屏显示出最后一次报价信息，经过总计 75 人次的激烈竞争，登记名 CGQ 的网友终于在最后一刻以 302 000 元人民币的报价竞得 4 号拍品，成为首位网上拍卖成交的幸运儿。

其后在上海市公证处的监督下，拍卖师在网上正式宣布拍卖结果，并公布了未成交拍品的底价。几位未能成交的竞买人，因报价仅差 1 万 ~ 2 万元，纷纷表示惋惜。一位登记名 LYF 的网友，十分钟情于 3 号拍品，虽独自加价 5 次，仍未达到底价。他虽然感到遗憾，但却积累了网上理性出价的经验。

2）策划好如何最后一分钟出价

对于拍卖的买方来说，既要将价格控制在合理的范围之内，又要把标的物稳稳地拿下并不是一件容易的事。但是，合理地利用拍卖规则，出其不意地运用一些技巧，是可以收到不错效果的。上海矽创微电子有限公司的柯先生就很好地利用了规则，使用了"最后一分钟"的出价技巧，顺利地将两批拍品收入囊中。

在阿里巴巴中文站库存拍卖专区内，清楚地记录了当时的竞拍场景。一批闹钟拍品，拍卖结束时间为 2005 年 5 月 24 日 10 点 10 分。矽创微电子有限公司于拍卖结束前的 10 点 09 分 48 秒出价，此时距离截止时间仅仅 12 秒！由于是多拍，矽创公司以低于出价近一半的价格拿下了这批闹钟。

另一批拍品紫外线防伪验钞器，拍卖结束时间依然为 2005 年 5 月 24 日 10 点 10 分，矽创微电子有限公司于结束当天的 10 点 08 分 54 秒出价，比结束时间仅仅提前了 1 分 06 秒。由于是单排，此前的四位买家只能全部出局。而矽创公司在最后一刻顺利地将 8000 件拍品全部收入囊中。

那么，时间这样精确的出价是否仅仅是巧合呢？

“不是的，我们这样出价是事先进行了精心的筹划，在出价当天也进行了布置，这是我们使用的一个技巧。”

从紫外线防伪验钞器的出价记录的分析中，我们看到，矽创公司曾在 5 月 20 日出过一次价，不过很快就被别的买家超越。后来矽创公司就一直潜伏着，并没有继续出价，直到拍卖结束的最后一刻。

这就是一个出价时机和出价战略的精心设计和运用。

3．产品投放技巧

（1）处理好单拍和多拍的关系

刚开始参加在线拍卖，很多人认为自己的商品价格很低，一定会有人来买。拍卖商品总价有 5 万元，很多人都给吓跑了。一件商品单价虽低，但如果数量巨大，总价就很可怕了。

后来该网友转变了策略，把商品改为多拍（拆开来卖），结果一下子就有 50 多个汽车磁带转换器卖出去了。不仅如此，这个客户又订购了 2000 个汽车充电器，全部货款都是通过支付宝完成的。

尝到甜头之后，于是就所有的商品都拆开来卖，比如原来按摩器是 1000 件起拍的，现在 5 件起拍。这样参与的人多了，价格反而上去了。算一下：如果是单拍的话，最终成交价格是出厂价的 20%；如果多拍，最终成交价格是出厂价的 40%。

（2）抓住回头客从专一入手做大

网络成交以后，回头客很重要。有网友讲了一个非常生动的案例。他说：“东莞市某电脑配件经营部的陈经理，前前后后参拍了我们的 7 款产品，其中有 6 款产品陈经理都是从网上拍卖成功的。”

“一个买家为什么会那么多次地购买我公司的产品，原因只有一个，就是我们的产品种类、产品质量、产品价格都得到了客户的认定。希望参加在线拍卖的公司一定要把握好这三点。这些经验是非常重要的。”

（3）注重网上和网下的互动

在网上，大宗商品的拍卖一定要注意叫顾客看货或看样。

网上成交，许多人心里没有底，不敢出价。因此，除了在网上提供详细的拍品介绍资料以外，还可以允许出价参拍人看货。对外地的客户还可以提供网络视频服务。这种网上和网下的互动非常重要，它不仅将坚定购买者出价的信心，而且可以给对方安全感。

6.1.4 典型网上拍卖公司的营销案例

美国的 Onsale（网上拍卖）公司是网上拍卖的开拓者，是全球最大的网上拍卖公司，网上零售业的领导者，其业务开展得很有特色。

1. 公司创业构思

1994 年 Jerry Kaplan，一名企业家和技术创新家和他的老朋友 Alan Fisher，一个成功的企业家，有 16 年的软件开发经验，开始寻找可以在因特网上运作的业务。

当时，已有很多企业正在建立自己的网站，包括分类并邮寄订单的公司。然而，在网上可以得到的商品，与这些商家自己的货架上及零售店里的商品通常很雷同，甚至网上商品通常没有价格优势。因此，Kaplan 和 Fisher 认为，现有的网络经营者的失败在于没有开发网络的媒介优势，包括动态改变商品组合、商品定价和商品陈列的能力。

两人决定推出一个新的商业计划，使他们能运用因特网的关键特征。他们设想的产品是 Onsale，一个网络拍卖行来为消费品营造一个电子交易场所，通过供求来决定价格。于是，他们创造了一种新的零售形式，其最大的优点是，可以真正实现大量的卖者和买者同时谈判。

2. 公司经营业绩

Onsale 公司从 1995 年开始，以在线拍卖的方式，向顾客提供过剩的和翻新的物品。起初，公司业务主要集中在电脑产品上，但如今，它拥有拍卖和网络超级市场两大业务，经营范围包括电脑产品、软件、电子产品、家庭和办公用品、运动和健康产品、旅游和度假服务等。1996 年公司转亏为盈，此后，公司加大投资于营销和基础设施，而在亏损的情况下进行运作。

到 1998 年，虽然它仍不能与实力雄厚的网络经销商如 Dell，Amazon 相提并论，Onsale 的销售收入已可与大的网络公司，如 Yahoo 匹敌。

Onsale 的收入也超过了其最大的经营在线拍卖的三个竞争对手——surplus Auction，WebAuction 和 Ubid 的总收入，而且，Onsale 还有了来自付费广告的收入。它是为数不多的几个天生具有广告收益能力的商业网站之一。自 1997 年 8 月以来，公司开始在自己的网站上接受广告，并在第一个季度里获得了 75 000 美元的收益。对 Kaplan 来说，这简直像是“天下掉下来的馅饼”。

到 1998 年年底，Onsale 的登记顾客已接近 100 万，其中大多数是老顾客，他们平均每年竞拍 20 次。不管是为了竞拍，还是仅仅为了看看拍卖过程，平均每个到访者每次大约花 42 分钟。另外，在 Onsale 网站，虽然每个购买者每年平均花费仅 800 美元，但大约 10%的顾客每年平均花费高达 4400 美元。

公司调查结果显示，66%的顾客访问 Onsale 是想买到某种特殊的、理想的东西。多数（80%以上）的购买是顾客自用或用做礼物，其余的则为小企业商用。Onsale 越来越受到欢迎，到 1998 年年底，它每天吸引的访问者多达 150 000 人次，其中有一半以上是首次到访者。

3．拍卖过程

Onsale 于 1995 年 5 月进行了首次拍卖。到 1996 年，每周拍卖 3 次，拍卖周期为 2 天；到 1998 年，每周拍卖 7 次，拍卖周期为 1 天。在任何时间内，都有数百种商品供拍卖，每种商品的数量从一件到几百件；价格差异也很大，这要依赖于商品和拍卖的进程。拍卖过程中，公司在自己的网站上连续不断地在线传送待售商品的说明和图像。

顾客可以每周 7 天、每天 24 小时进行拍卖。若想成为网站的登记用户，顾客须在 Onsale 的网站上填完一份简单的电子登记表（包括 E-mail 地址和其他人口统计信息）。要参与拍卖，顾客必须通过另外的步骤建立一个在线“身份证（ID）”，同时呈交信用卡信息。有了自己的身份证，顾客就能随心所欲地进行拍卖和拍卖了。

一旦投标被接纳，Onsale 的网站上就会迅速更新，并显示当前投标者的签名、所在地以及中标者关于自己竞标的自由评论。当顾客的出价低于别人时，就会收到一个示警的 E-mail，并通过回发 E-mail 或返回公司网站，给他们一次增加标的的机会。

顾客也可以在网上监视自己的投标情况。在规定的时间里，一定会决出中标者，并且 Onsale 会向他们发出 E-mail 以确定他们的购买行为。这样就产生了一个订单，赢者的信用卡将自动付款，商品也会由 Onsale 公司或原始卖方负责装运。

4．五种基本拍卖方式

Onsale 尽量保持“游戏”对竞拍者的趣味性，通过经常改变商品的组合，并提供多种拍卖形式，吸引参与者来尝试。最基本的拍卖方式有如下五种。

① “英式拍卖”：在同一时间提供大量的相同的待售商品，当拍卖结束时，出价最高者将以其所出的价格赢得该商品。

② “荷式拍卖”是另外一种拍卖方式。Onsale 同时提供大量的待售商品，出价最高者可以以出价最低的成功竞拍者的价格获取该产品。

③ 在“标准拍卖”方式下，提供单一产品，并只能由出价最高者赢取。

在“卖或拍卖”方式下，Onsale 允许顾客在竞拍时，出价等于甚至低于底价，以期以更低价格购买该产品。

④ 在“直销”方式下，Onsale 按标价推出商品，顾客照价下单即可成交。

拍卖方式的多样性，使顾客可以针对不同的拍卖方式采取不同的策略，从而使拍卖过程既生动有趣，又富有挑战性。

⑤ “At-Cost”模式。

Kaplan 还在考虑在其网站中增售全新的电脑产品。Onsale 并不打算抛弃现有的业务，而是在同一网站中经营两种不同的业务：对过剩商品感兴趣的消费者，可以按传统的模式“竞拍”或“购买”；对全新商品感兴趣的消费者，则可以在网站按“At-Cost”模式购买。

在“At-Cost”模式下，Onsale 将按从分销商或制造商处购买的成本价向顾客提供商品，然后加上 5 ~ 10 美元的固定佣金，佣金与商品的成本无关。Onsale 甚至打算“分解”并核实价格，这样，顾客就可以核实 Onsale 的购买单据上的每一价格元素，当然，顾客还须另外支付装运和处理费用。但这种模式也带来了以下问题。

- 时至今日，Onsale 能避免与在线世界最大的电脑零售商直接竞争，主要是它集中经营过剩商品，但在“At-Cost”模式下，情况就不再如此了。Onsale 将如何面对激烈的竞争？
- Onsaie 的品牌形象是建立在在线拍卖概念之上的。事实上，它通过杠杆运用社会心理学的动力以及拍卖的形式，才建立起忠诚的顾客基础。因为其大部分的增长归功于热衷于讨价还价的“网民”的口传，所以 Onsale 才得以以少量的营销费用实现增长。为了同实力雄厚、地位稳固的在线零售商竞争，Onsale 可能不得不进行大量的营销努力。
- “At-Cost”模式要想成功，就会特别依赖于同供应商的紧密联系。现在还不清楚它们对 Onsale 提供全新产品计划的反应。

这些是 Kaplan 在 1998 年考虑的问题，如今已有了结果。不管怎么样，假如能够正确地贯彻现有计划，“At-Cost”模式将标志着由 Onsale 领导的网络零售的新时代的来临：“这将不会成为一个以利润为基础的业务，而将是一个以费用为基础的业务。”

5．评论：Onsale 公司赢在何处

Onsale 是互联网营销的一个成功案例，其值得学习和借鉴之处可概括为以下几个方面。

（1）善于分析和发现市场机会

全美国每年 PC 市场的总容量估计超过 650 亿美元，由此，估计这一市场中，翻新和清货商品的市场容量超过 100 亿美元。清除这些过剩商品通常给制造商带来很大负担。而 Onsale 却为这些供应商提供了一种途径，使其过剩产品迅速进入市场。这避免了某些在其他渠道中典型的盘点损失。它迅速更新的电子交易形式，可以容纳无法预测的大量简短商品信息。并且，由于它集中于过剩产品，可以使供应商避免渠道内的竞争。Onsale 的创始人之所以相信过剩商品特别适合于在线拍卖方式，是因为这些商品没有被广泛认可的一致的市场价值。相反，在新品市场，供应商通常设定了固定的商品价格。

（2）消费者导向的完善服务

公司的服务内容丰富，种类繁多，细致深入。其网站上有很详细的服务信息，可以

为顾客提供各种服务帮助，主要有以下几大类。

① 公司情况介绍，主要包括：总裁问候、投资关系、雇员情况、公司领导情况、商品收购信息、顾客意见反馈、拍卖规则等。

② 产品情况介绍，这包括两个大类——网上超级市场和商品拍卖。

③ 新顾客指南和登记、订单状况、电子杂志、商务。

④ 顾客服务，主要包括顾客订单状况、最新要求、竞价和订单问题、一般性问题。

每一项都包含了详细的内容，以最大的诚意为顾客服务。如竞价和订单问题服务项目下，包含了三大类十一种问题，涵盖了产品本身、竞拍过程、装运过程的各种问题。

（3）善于创新

① 定位创新：公司开始定位于“过剩”商品上，即清货的、翻新的或到期的计算机和消费电子产品，这种商品不仅数量庞大，价格低，供需两旺，而且经营者少，竞争不激烈，并且深受供应商欢迎。

② 模式创新：Onsale 设计了五种拍卖模式，并不断变化其组合，使顾客总有新鲜感，并且有多种选择，充分地调动了顾客的积极性。后来又陆续推出了快购模式，快速拍卖模式和 At-Cost 模式，使顾客的选择余地更大。这种模式的创新是建立在对顾客需求深入了解的基础上的。

③ 手段创新：开发互联网的特有资源，使他们能运用因特网的两个关键特征：一是能廉价地播发实时、动态的信息，二是能让人们形成一个实时的社会团体或交流平台，以沟通来自多种渠道的信息。

Onsale 还使用 E-mail 来对现有顾客进行积极的市场运作。到 1998 年年底，Onsale 每天要发的 E-mail 信息超过 50 万条，用以推出供拍卖的商品。

④ 观念创新。

网上购物娱乐体验。Kaplan 说：“我们正在做的就是减少渠道摩擦，我们正在努力促进信息的全方位流动，这将使我们有可能为顾客提供持续、高效的购物体验。我想给顾客营造一个讨价还价的环境，就像他们在 Costco 能体验到的一样，我也想带给顾客类似 QVC 的娱乐价值，类似股市操盘的小技巧，以及类似 Las Vegas 精神里的幸运因子，这样，它就真正是一种娱乐性、独特的零售形式。”

赢取而非购买。Onsale 用尽心思把拍卖设计得既滑稽可笑，又激动人心。拍卖方式在顾客心中营造了一种时不我待的气氛。Onsale 的顾客并非简单地购买商品，而是去赢取。这种在网站上时常发生的竞争和游戏事实上是一种精神上的竞争。Kaplan 认为，这种社会活力是关键所在，事实上，竞争性的环境是刺激顾客的关键，它在某种意义上是一种游戏、一种技巧比赛。他们把它称之为“像讨价还价一样富有诱惑，像打猎一样惊险无比”。

高服务低价格：传统观念认为，高服务和低价格是一对矛盾，因此，要么是高服务高价格，要么是低服务低价格。但 Onsale 化解了这一矛盾，通过利用因特网的独特优势，它做到了高服务和低价格的统一，Kaplan 声称，在 80%的情况下，其商品价格最低。

无疆界销售：由于因特网是无疆界的，所以，只要能上网的地方，就可以参与拍卖。这使网络零售企业不受地域的限制，突破了传统的商圈限制，使商圈的范围无限制地扩大，从而也使顾客的范围大大增加。

利润中心到佣金中心：Onsale 计划把“价格全透明”作为其商业努力的一个重要部分。Onsale分解价格组成，这样顾客就可能真正明白制造商和分销商得到的是哪些，Onsale得到的是哪些，以及装运和处理成本又是哪些。Onsale 将按成本价向顾客出售商品，在此基础上，只收取固定的佣金。这样，传统零售业的利润中心模式就转变成了佣金中心模式。

与顾客立场一致：利润模式中通常是按零售商的兴趣来提价，而在转入佣金模式——费用基础模式后，将在零售商和消费者之间掀起一场革命。零售商的兴趣是降低价格，这样顾客和零售商的目标就一致了。零售商就会如顾客所倡导的那样，站在资源的供应者和分销渠道的对立面，从而取得最低的价格。

超越竞争：在 Kaplan 看来，1999 年公司成长的最大障碍不是竞争，而是能否得到充足的供应。因为供应商乐于同最大的伙伴合作，没有足够的供应商品以供周转，其他竞争对手难以与其抗争。因此，看似存在竞争，并且确实存在上百家拍卖网站的较量，但你会发现充足的拍品会使你进行差异化拍卖，差异化拍卖就会不存在竞争了。

6.2 网上招投标的运作技巧

网上招投标活动是以网络为平台进行的一种重要的网络营销活动。

在很多有关网络营销的书籍中没有讲解网上招投标的内容，这是不应该的。但是，由于我国很早就已经颁布了《招标投标法》，招投标活动已经较为规范和成熟。因此，本节的重点，不是要全面讲解和介绍《招标投标法》的相关内容，而是要重点介绍网上招投标的特点、要素和技巧。

6.2.1 网上招投标的起源和发展

1. 招投标制度的起源和发展

招标是应用技术经济的评价方法和市场经济竞争机制的作用，通过有序化的活动，进行择优成交的一种相对成熟和规范化的交易方式。它是招标人在依法进行某项适宜于竞争性活动过程中，事先公布招标条件，邀请投标人投标并从中择优选定中标人，以实现投资综合效益最大化为目标的一种经济行为。

在早期的商品经济时期，个别买主为了获得更多的利润，有时会有意识地邀请多个卖主与他接触，以选出供货价格和质量比较理想的成交对象。这是一种早期的招标活动。

19 世纪上半叶自由资本主义的上升时期，机器大规模生产的应用从生产方式上为买方经济创造了供给条件，同时，社会专业化分工协作的发展也达到了前所未有的发达程度。这一时期成为现代招标方式产生和发展的历史起点。

自二战以来，招标影响力不断扩大，先是西方发达国家，接着世界银行在货物采购、工程承包中大量推行招标方式，近二三十年来，发展中国家也日益重视和采用设备采购、工程建设招标。招标作为一种成熟而高级的交易方式，其重要性和优越性在国内、国际经济活动中日益被各国和各种国际经济组织所广泛认可，进而在相当多的一些国家和国际组织中得到立法推行。

第一个采用招标投标这种交易方式的国家是英国。早在 1782 年英国政府就设立了文具公用局，成为负责政府部门所需要公用品采购的特别机构。继英国之后，世界上许多国家陆续成立了类似的专门机构。一些国家还立了法，通过专门的法律确定了招标采购及专职招标机构的地位。

1861 年，美国通过了《联邦政府采购法》，规定超过一定金额的联邦政府采购都必须使用公开招标方式，后来又进一步明确联邦事务管理总署专职采购招标。欧洲共同体在政府采购上也建立了统一的招投标制度。法国、意大利、奥地利、比利时等均以法律形式对政府采购的规则、程序、实施和招标机构做出了相应规定。

据史料记载，我国最早采用招商比价（招标投标）方式承包工程的是 1902 年张之洞创办的湖北制革厂，由五家营造商参加开价比价，结果张同升以 1270.1 两白银的开价中标，并签订了以质量保证、施工工期、付款办法为主要内容的承包合同。

1918 年汉阳铁厂的两项扩建工程也曾在汉口《新闻报》刊登广告，公开招标。到 1929 年，当时的武汉市采办委员会曾公布招标规则，规定公有建筑或一次采购物料大于 3000 元以上者，均须通过招标决定承办厂商。以上事实说明我国是开展招标较早的国家之一。

我国自 20 世纪 80 年代初开始逐步推行招标投标制度，首先在建筑业推行，取得了明显成效，节省了大量的项目资金。1999 年在认真总结我国推行招标投标制度的实践经验，并研究和借鉴了国际上招投标的通行做法的基础上，国家制定和颁布了《中华人民共和国招投标法》，以法律的形式规范了招标投标活动，充分发挥招标投标制度在我国社会主义市场经济中的重要作用。

党的十一届三中全会之后，经济改革和对外开放揭开了我国招标发展历史的新篇章。1979 年，我国内地土木建筑企业最先参与国际市场竞争，以投标方式在中东、亚洲、非洲和中国港澳地区开展国际承包工程业务，取得了国际工程投标的经验与信誉。国务院在 1980 年 10 月颁布的《关于开展和保护社会主义竞争的暂行规定》中指出："对一些适宜于承包的生产建设项目和经营项目，可以试行招标、投标的办法。"世界银行在 1980 年提供给我国的第一笔贷款，即第一个大学发展项目时，便以国际竞争性招标方式在我国（委托）开展其项目采购与建设活动。自此之后，招标活动在我国境内得到了重视，并获得了广泛的推广。

国内建筑业招标于 1981 年首先在深圳试行，进而推广至全国各地。

国内机电设备采购招标于 1983 年首先在武汉试行，继而在上海等地广泛推广。

1985 年国务院决定成立中国机电设备招标中心，并在主要城市建立招标机构，招标投标工作正式纳入政府职能。2000 年 1 月 1 日，《中华人民共和国招标投标法》正式施行，招标投标进入了一个新的发展阶段。

目前我国的基本建设项目、机械成套设备、进口机电设备、科技项目、项目融资、土地承包、城镇土地使用权出让、政府采购等众多领域，都推行了招标投标制度，为国家节省了大量的资金，缩短了项目周期，保证了项目质量。

2. 网上招投标得到快速发展的原因

（1）什么是网上招投标

网上招投标，是在网络的环境条件下，按照公开、公正、公平的原则，采用竞争的手段实现大宗货物和服务的采购最优化的竞争交易方式。

这种竞争交易方式有利于节省和合理使用采购资金，保证采购项目的质量。调查表明，54%的企业参与网上交易市场是为了节约成本，42%的企业希望通过网上交易市场实现商业流程自动化，36%的企业希望用它扩大供应商和客户的范围。网上招投标恰恰满足了企业的这些要求，因此，受到了企业的欢迎。

（2）网上招投标的好处

网上招投标极大地提高了招投标效率。它通过公开发布招投标公告，解答疑难问题，对投标书以及相关资料在网上进行传播，并可以进行电子身份认证，用电子标书取代传统文件，招投标双方皆可轻松在网上办理业务，以便公平、公开、公正，安全、快捷地实现网上招投标的全部过程。

这种竞争交易方式有利于创造公平竞争的市场环境，促进企业间的公平竞争。

公开的网上招投标，可使众多的投标企业之间形成公平竞争的局面，从中能够更快地淘汰高于社会必要劳动成本的投标企业，使企业降低了成本。企业在进行决策报价时，必然要把能获得的利润降到合理的限度才有可能中标。

网上招投标使项目投资得到节约。在投资总额一定的情况下，不仅使有限的资金发挥更大的作用，提高了投资效益，而且通过网上招标投标大大简化了合同谈判的过程，节省了大量人力、物力，节省了招标单位的会务费用和交通费用，特别是不需要出差和异地办公，大大降低企业的投标成本。

网上招投标还有利于堵住采购活动中行贿、受贿等腐败和不正当竞争行为的“黑洞”。

3. 网上招投标的流程

多年来，我国采购事业的发展趋于成熟，招标工作已驶入正轨。国家有关部门亦为此采取了法律措施：于 2001 年 1 月 1 日正式施行《中华人民共和国招标投标法》。针对政府采购工作也已相应出台了《中华人民共和国政府采购法》，并于 2003 年 1 月 1 日起实施。同时，随着网络化、信息化和数字浪潮的进步，电子商务和电子政务的应用逐渐普及，网络化办公可以充分体现招投标工作的“透明”特征，发扬“公开、公平、公正”

的原则。因此，近年来，网上招投标获得了快速的发展。

进行网上招标，从发布招标信息开始到在线招标结束大体上要经过 10 余个流程。有的网站在这些基本流程的基础上，又增加了新的功能。

网上招投标的大体流程，如图 6-7 所示。

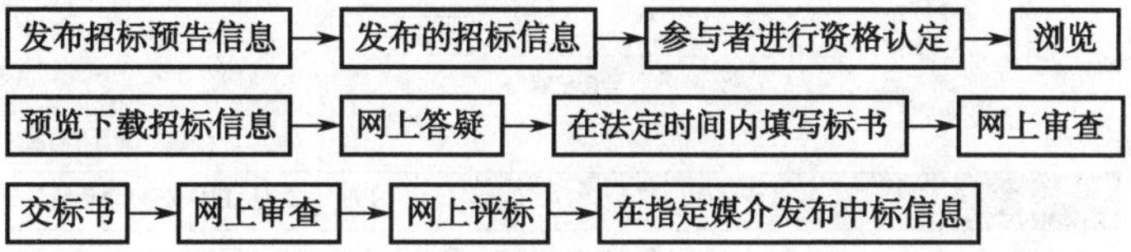

图 6-7　网上招投标流程示意图

4．关于招标公告的发布媒体

（1）指定发布的媒体

为了规范招标公告发布行为，根据《中华人民共和国招投标法》和国务院办公厅印发的《国务院有关部门实施招投标活动行政监督的职责分工意见的通知》的有关规定，原国家计委指定《中国日报》、《中国经济导报》、《中国建设报》和《中国采购与招投标网》（http：//www.chinabidding.com.cn）为发布依法必须招标项目招标公告的媒介。其中，国际招标项目的招标公告应在《中国日报》发布。

自 2000 年 7 月 1 日起，依法必须招标的招标公告，应按照《招标公告发布暂行办法》（国家计委第 4 号令）的规定在上述指定媒介发布。

以上就将国内项目和国际项目的招标公告的发布媒体做出了明确的规定。这也就是说，这些被规定的媒体是我们查询国内和国际招标项目的法定媒体。

（2）招标信息的分类和查询

了解招标信息的分类和查询的方法，对于实施正确的投标十分重要。一般招标信息分类采取两种分类方法。

1）按内容分类法

一般分为如下类型：工程招标信息、项目招标信息、货物招标信息、服务招标信息。

2）按关键字分类法

有的网站由于内容很多，为了便于大家搜索和查询，就采取了按关键字进行分类的方法，对不同类别的项目和工程分别进行招标。

以下为“中国建设招标网”中的热门关键字：

钢结构、高速公路、消防、装饰、装修、材料、拆除、道路改造、发电机组、放水、改建改造工程、钢材、管网工程、家具、酒店、科研楼、绿化、配套工程、弱电设备、输变电、水利工程、水泥、污水工程等。图 6-8 为“中国建设招标网”中的热门关键字。

图 6-8 “中国建设招标网”中的热门关键字

进入关键字分类的网站查询招标信息时，直接点击关键字就可以了。

5. 网上招标中的一些疑难问题

（1）网上投标如何能保证投标商的标书不会泄密

国内招投标网上平台采用了先进的客户端加密软件，投标商需要在开标前使用此软件将文件加密，然后才能成功上传投标文件。同时，投标文件只有在开标时间到了以后，在开标大厅中投标商对投标文件进行解密以后才能够打开。这样就保证了投标商的标书不被泄密。

（2）网上开标时如果由于网络原因故障未能排除该怎么办

就一般情况而言，在开标大厅中，招标机构可以对投标商进入开标大厅的截止进入时间做出设定，时间过期后投标商将无法再进入开标大厅。对于由于网络原因造成无法进入的，除应该及时联系招标机构和中国国际招标网寻求原因外，并应向已经进入开标大厅的人员做出说明。还应选派在开标大厅中等待开标结果的人员见证故障排除过程。

如在有效开标时间内，故障不能排除，应宣布择日延期开标。但是应对今日的故障情况做出说明，并经在场人员进行确认证明。

择日延期开标的，应将择日的原因告知大家，并应对上次参加开标的人员进行通知，以确保其投标人的知情权不受损害，并应在延期开标时就上次开标的技术故障情况做出说明。

（3）网上招标机构会向投标商公开中标结果并解释没有中标的原因

投标商可以使用自己的用户名和密码登录到国内招投标网上平台，查看此项目的中标情况，招标机构不会另行通知。当然，如需要知道没能中标的具体原因，可以询问招标机构。

（4）作为招标方在邀请招标的前提下是否可以自行控制开标时间

可以在获得各投标商的同意后，招标方可以缩短招标文件的公告期，即少于 20 天开标。招标方发布“招标变更公告”对开标时间做调整即可完成此项操作。

（5）招标方在操作过程中如果操作失误是否可以修改

对于“总项目”、“子项目”和“内容”需要做出修改的，可以直接点击页面中的“修改”按钮进行修改操作。对于其他修改内容，或不熟悉网上操作的，也可以把招标编号以及修改内容以传真的形式发到中国国际招标网，由招标网的技术人员协助进行修改。但是这样的情况必须进行修改确认。

（6）什么是评标报告，中标人是否有权获得评标报告

《招标投标法》第四十条规定，评标委员会完成评标后，应当向招标人提出局面评标报告，并推荐合格的中标候选人。招标人根据评标委员会可以直接确定中标人，也可以授权评标委员会直接确定中标人。

评标报告是评标委员会评标结束后提交给招标人的一份重要文件，它不仅要推荐中标候选人，而且要说明这种推荐的具体理由。评标报告作为招标人定标的重要依据，一般应包括以下内容：

① 对投标人的技术方案的评价，技术、经济风险的分析；

② 对投标人技术力量.、设施条件的评价；

③ 对满足评标标准的投标人的投标进行排序；

④ 需进一步协商的问题及协商应达到的要求。

招标人根据评标委员会的评标报告，在推荐的中标候选人（一般为 1 ~ 3 个）中最后确定中标人；在某些情况下，招标人也可以直接授权评标委员会直接确定中标人。

6.2.2 成功投标的策略与技巧

投标竞争的胜负不仅取决于各投标人的实力，也取决于投标人的投标策略和投标技巧运用得是否得当。投标人投标策略的制定，就是要使企业更好地运用自己的实力，在决定投标成功的各项关键因素上发挥相对于竞争对手的优势，从而取得投标的成功，最终夺标并盈利。在投标过程中有哪些可以运用的策略与技巧呢？

1. 网上投标的一般技巧

所谓投标技巧是按照招标文件条款的规定，在公平竞争的前提下，寻求中标和达到期望效益的一种技巧。

（1）选择合适的投标项目

1）要进行可靠性思考

对已获得的招标信息，先要进行筛选，选取本行业适合做的、有优势的项目进行投标。特别是工程招标项目，要对其进行投标可行性研究后，慎重做出投标决定。

在可行性研究中，主要考虑两个方面：一是研究本企业进行项目实施的可能性，二是考虑一次性投标要支出的费用和中标的可能性，以及是否有足够的技术力量可以投入，确保赢得该项目并获得相应的效益。

可行性研究应从投标的承包条件、投标的主观条件、投标的竞争形势、投标的风险预测等方面来进行衡量。

当总体衡量具有可行性后，还要进行可靠性衡量。可靠性衡量的重点是：是不是具有满足标书要求的技术和经济指标的实现的可靠性?

要认真研究招标文件，因为这是承包人投标与报价的依据。“投标须知”一般提出该工程的各种投标要求，如对图纸和报价单的要求与说明，所用技术规范与标准，投标保证金的金额与承包时间等。其次应随时了解掌握当地及国际市场材料、机械设备价格和运输费用，以及税率的变动情况，找出每年物价上涨的规律，以便灵活调整自己的价格。

在进行可靠性研究时应分析承接该项目能否达到招标人提出的预定指标以及达到其预定指标的可靠性程度。

2）要认真参加现场考察

现场考察是投标者必须经过的投标程序。按照国际惯例，投标者提出的报价单一般被认为是在现场考察的基础上编制的。一旦报价单提出之后，投标者就无权因为现场考察不周、情况了解不细或其他因素而提出修改投标书，调整报价或提出补偿等要求。

因此，投标者在报价以前必须认真地进行施工现场考察，全面、仔细地调查了解工地及其周围的政治、经济、地理等情况，预计周边环境对未来工程造成的影响。

现场考察结束后，招标方一般会安排标前会议，针对招标文件中不清楚的地方和一些容易造成理解上差异的问题做出说明，同时会回答投标人提出的一些与标书和投标相关的问题。投标人应积极参加此会议，利用这个机会获得必要的信息。

标前会议提出问题时应注意以下三个方面：对合同和技术文件中不清楚的问题，应提请说明，但不要表示或提出改变合同和修改设计的要求；提出问题时应注意防止其他投标人从中了解到本公司的投标机密；不宜在会上表现出过高的积极性。

（2）要认真研究慎重报价

要认真研究招标项目的特点，根据工程的类别、施工条件等综合考虑报价策略。在实际评标工作中，我们发现成功的投标商在报价时常常考虑如下策略。

① 研究工程性质与特点，制定工程业主愿意接受的价位区间，最后根据投标经验确定投标价。

② 适当采用不平衡报价法。不平衡报价是指一个工程项目的投标报价在总价基本确定后，调整内部各个项目的报价，以期既不提高总价，不影响中标，又能在结算时得到更理想的经济效益。

③ 计日工报价。如果是单纯报计日工的报价，可以提高一些，以便在日后业主用工或使用机械时可以盈利。但如果招标文件中已经假定了计日工的“名义工程量”，则需要具体分析是否报了高价，以免提高总报价。

④ 同时报选择性方案（建议方案）。对于有的工程招标项目，可以对工程设计进行优化，在主报价的基础上，同时提供选择性报价。为吸引业主，选择性方案的报价一般低于主报价。

⑤ 对于大型、复杂工程项目，可以选择合适的分包商进行分包。一是将一部分不是本公司业务专长的工程部位包出去，以达到既能保证工程质量和工期，又能降低造价的目的；二是这样做可以分散风险，即将某些风险比较大的、施工困难的工程部分包出去，以减少自己可能承担的风险。

⑥ 用降价系数调整最后总价。在填写工程量报价单的每一分项工程单价时，可提出一些降价指标。例如，先确定降价系数为 10%，填写报价单时可将原计算的单价除以（1-10%），得出“填写单价”，填入报单，并按此计算总价编制投标文件。直到投标前数小时，才做出降价最终决定，并在投标致函内声明：“出于友好的目的，本投标人决定将计算标价降低×%，即本投标价的总价降为×××元。同时，随同本投标文件递交的投标保函的有效金额相应地降低为×××元。”这种通过降价系数来调整最后总价的方法被大多数成功的投标商所采纳。

（3）合理使用辅助中标手段

承包商对工程招标进行投标时，主要应该在先进合理的技术方案和较低的投标价格上下工夫，以争取中标。但还有其他一些手段对中标有辅助性的作用，包括：许诺优惠条件、聘请当地代理人、与当地公司联合投标、与发达国家公司联合投标、开展外交攻关活动。

在投递投标书之前，应详细检查投标书内容是否完备。要重视印刷装帧质量，使工程业主或采购代理商能从投标书的外观和内容上感觉到投标人工作认真、作风严谨。递送方式可以邮寄或派专人送达。送达要掌握火候，例如可以在开标前一个小时送达，掌握报价的主动权。邮寄投标文件时，一定要留出足够的时间，使之能在标书截止时间之前到达发标人或发标网站中。

2. 把握好参与国际投标的技巧

（1）利用国际招标网站提供的机遇宣传自己

参与国际投标一定要熟悉和了解国际招标网站的服务内容。就一般情况而言，国际招标网站的服务内容有以下方面。

① 信息发布：在中国国际招标网上发布各类招标信息。

② 媒体代理：代为向其他指定媒体发布招标信息。

③ 标讯服务：提供中国国际招标网“标讯会员”服务。

④ 机构专栏：在中国国际招标网上建立加盟招标代理机构专栏。

⑤ 独家报道：对加盟企业进行独家专访并予特别报道。

⑥ 嘉宾礼遇：申请中国国际招标网提供的有偿服务。

⑦ 其他服务：针对加盟机构的需求量身订制。

要利用该类网站为国际招标服务，就要先对该网站进行定位分析和了解。比如在国际招标网站的以上服务内容中，有一条：“对加盟企业进行独家专访并予特别报道”，这就是一个直接利用网站向外方宣传中方拟投标企业的一个极好机会。抓住和利用好这一机会，就可以在这样一个外方关注的投标网站上树立起第一印象。

因此，利用好这一机会是非常重要的，可以增加企业在线上的知名度，在标的相同或接近的情况下会受到外方的青睐。

（2）把握好参与国际投标的八个关键要素

中国加入 WTO 之后，将进一步融入国际市场，越来越多的国际工程承包、成套设备出口及劳务输出将采用国际标准，按照国际惯例运作。由于国际招投标这种比较成熟、高级和规范化的国际贸易方式既是世界各国引进先进技术、管理的有效手段，也是我国商品、劳务打入国际市场的有力武器。因此，研究企业如何成功运用国际投标技巧，对成功地参与国际竞争具有重要的意义和作用。

国际投标竞争的胜负不仅取决于各投标商的实力，也取决于投标商的投标策略和技巧运用是否得当。投标商投标策略的制定，就是要使公司更好地运用自身的实力，在决定投标成功的各项关键因素上发挥相对于竞争对手的优势，才能成功夺标。

1）组织强有力的投标团队

投标团队的强弱对于能否顺利中标具有重要的作用。因此，要由市场营销、工程和科研、生产或施工、采购、财务、合同管理等部门的人员组成最强有力的阵容，而且应该吸收具有跨国营销经验和语境经验的人参与，各部门按照自己的专业和分工履行职责。

2）选择合适的项目投标

对已获得的招标信息，先要进行筛选，选取适合本公司投标的项目，再对投标项目进行可行性研究，慎重做出投标决定。这样做的目的，一是研究本公司进行项目实施的可能性，二是考虑一次投标要支出可观的费用，要有足够的技术力量投入，是否能够实现收支的平衡。

3）收集接标国的技术经济情报资料

投标报价涉及多方面的技术经济问题，必须做好调查研究与情报资料的收集和分析。应随时了解掌握当地及国际市场材料和机械设备价格的变动情况，运输费用和税率的变动情况，找出每年物价上涨的规律，并收集各国承包商的报价和投标情况，以便灵活调整自己的价格。

4）认真研究招标项目的特点，综合考虑后再报价

要认真研究招标项目的特点，根据工程类别、施工条件、供货范围等综合因素考虑报价策略。在国际工程评标工作中，我们发现成功的投标商在报价时常常采用如下策略。

既要研究工程性质与特点，考虑业主愿意接受的价位区间，又要根据投标经验确定投标价，还可以考虑采用不平衡报价法。在总价基本确定后，调整内部各个分项的报价，以期既不提高总价，不影响中标，又能在结算时得到更理想的经济效益。还可以考虑报选择性方案（建议方案），为吸引业主，选择性方案的报价一般应低于主报价。

5）对于大型、复杂工程选择合适的分包商进行分包或以联营体方式参加投标

但应注意不要出现废标，因为出现废标，业主将可能依照有关招标投标法律的规定向投标商提出索赔。因此要了解无效投标和废标的标准，以提高投标的质量。

6）认真参加现场考察和标前会议

按照国际惯例，投标商提出的报价一般被认为是进行了现场考察后编制的。一旦报价单提出之后，投标商就无权因为现场考察不周而提出修改投标书、调整报价或提出补偿等要求。因此，投标商在报价以前必须认真地进行现场考察，不仅要全面、仔细地调查了解工地及其周围的政治、经济、地理等情况，而且要了解当地的历史资料。现场考察结束后，业主一般会安排标前会议，针对招标文件中出现的不清楚的地方，回答投标商提出的问题。投标商应积极参加会议，获得必要的补充信息。

7）合理使用辅助中标手段

国内承包商参加国际投标时，主要应该在先进合理的技术方案和较低的投标价格上下功夫，以争取中标。但是还有其他一些手段对中标有辅助作用，如技术交流、附加优惠条件、选择合适的投标代理人和较好的投标咨询公司、与当地公司联合投标及必要的沟通外交活动等。

8）不要忽视最后一个环节——递送投标文件

在递送投标文件之前，应详细检查投标文件内容是否完备。要重视印刷、装帧质量，使业主能从投标文件的外观上感觉到投标商工作认真、作风严谨。

（3）编制好有竞争力的投标文件

投标文件的编制质量，会直接影响到能否中标。投标文件不仅反映出有关投标人实力，而且还能反映出投标人投标策略和投标技巧。

世界各国凡采用国际招标方式进行采购的项目，一般都在各行业和机构的“招标文件范本”基础上编制招标文件。目前流行的范本大多以世界银行发布的“招标文件范本”为基础，并根据各国的法律要求和项目的实际情况做出适当调整。

招标文件是投标的重要依据，因此，投标人应该在熟悉上述有关重要原则与观念的基础上，对招标文件进行认真细致的分析研究，要全面消化招标文件内容，不放过任何细节。

投标人要了解招投标活动的重要原则和观念，要认真分析招标文件的内容，对照招标文件的要求，结合国际贸易惯例，逐项应答，避免出现投标文件被拒绝的现象，从而通过编制完整的投标文件并运用各种策略来充分体现投标人的实力和能力，在竞争激烈的国际投标中取胜，进而获得更大的市场份额。

3. 怎样应对招标中的“串标”和围标现象

串标、围标是招投标活动中严重的违法行为，投标人不得相互串通投标，不得排挤其他投标人参与公平竞争，不得损害招标人或者其他投标人的合法权益。《中华人民共和国刑法》第 223 条规定：投标人相互串通投标报价，损害招标人或者其他投标人利益，情节严重的，处 3 年以下有期徒刑或者拘役，并处或者单处罚金。因此，投标人应认真应对招标中的“串标”和围标现象。

（1）什么是招标中的“串标”

串标是招投标中常见的一种顽疾，是指投标人为谋取中标而同招标人或其他投标人暗中合谋，具有很强的欺骗性和隐蔽性。当前由于法律法规的完善和监管工作的加强，投标企业与政府部门、国企业主及评标专家“暗箱操作”的势头得到遏制，但是一些不良企业却在串标上打起主意，致使合谋抬标、标书雷同、故意废标、代理招标、共同围标五大怪现象逐渐抬头。

（2）什么是招标中的围标

围标也称串通招标投标，它是指招标者与投标者之间或者投标者与投标者之间采用不正当手段，对招标投标事项进行串通，以排挤竞争对手或者损害招标者利益的行为。

围标包括两个方面。

1）招标者与投标者之间进行串通

主要表现形式有：招标者在公开开标前开启标书，并将投标情况告知其他投标者，或者协助投标者撤换标书，更换报价；招标者向投标者泄露标底；投标者与招标者商定，在招标投标时压低或者抬高标价，中标后再给投标者或者招标者额外补偿；招标者预先内定中标者，在确定中标者时以此决定取舍。

2）投标者之间进行串通

主要表现形式有；投标者之间相互约定，一致抬高或者压低投标报价；投标者之间相互约定，在投标项目中轮流以高价或低价中标；投标者之间先进行内部竞价，内定中标人，然后再参加投标。

尽管围标可能有不同的表现形式，但是通过不正当手段，排挤其他竞争者，以达到使某个利益相关者中标，从而谋取利益的目的这一点是相同的。

（3）围标的五种表现

1）合谋抬标

深圳市某水厂工程在建筑市场交易中心招标，标底为 9800 万元，经资格预审后，有

11 家投标企业入围。令人不解的是，其中有一家企业投标报价只比标底下浮 1%，而其他 10 家投标报价分别下浮 9%～29%不等。

将近 1 亿元的工程只下浮 1 个百分点，按现行评标办法，这一家投标企业无论如何也中不了标，要么就是这一家企业不想中标。既然不想中标，为什么还要投标呢？业内人士表示，实质上该投标人的目的是为了抬高“所有报价的平均值”，有他和没有他，平均值相差 2 个百分点，1 亿元的工程，2 个百分点就是 200 万元。可见，有了这个“1%”，无论谁中标都要多赚 200 万元，而国家就要多掏 200 万元。

2）标书雷同

广州某园林工程招投标过程中，专家评委在评标时发现，参加投标的企业中有 3 家的标书出现雷同现象，有串标的嫌疑。这种现象在目前的招投标活动中多次出现，如标书图表尺寸大小相同、报价说明书相同、标书中段落相同、标点符号相同，甚至连错的地方都相同。标书雷同的背后，实质是投标企业串通一气串标，而串标会导致围标、抬标、陪标等现象，这是明显的不公正行为。尽管有关法规明文规定，严禁投标企业相互串标，但标书雷同在当前招投标活动中却并不少见。

3）故意废标

深圳某运动场改造工程招投标中，只有 5 家有资质的企业入围，其中 1 家企业竟然到截标时弃权；2005 年 9 月，深圳某中心园林工程 11 家企业入围，到截标时有两家弃权。有关人士分析，弃权有多种原因：一是招标文件提出的要求太苛刻，技术参数要求太高，企业方达不到；二是企业方不想做该工程；三是给朋友陪标，多给朋友一个中标机会，当然这个机会也不是白给的，暗中会有某种利益交易。

4）代理招标

建筑工程招投标过程中，容易出问题的环节首先就是资格预审。有鉴于此，一些政府工程的业主为避嫌疑，将资格预审这一环节交给代理公司等中间机构去完成。但代理机构往往会做些手脚或是直接、间接地泄露相关信息。

2005 年 10 月，深圳市一家绿化工程业主（政府部门某单位）委托某公司代理做资格预审，预审结果是力量雄厚的市属企业没有一家入围。这种情况说明：在法制不健全的情况下，不能放手让中介机构去代理进行招标。

5）共同围标

某市交易中心道路工程投标报名 11 家，其中有多家投标报价呈规律性变化：在该道路工程第一项目中，有 4 家企业报价分别为 3780 万元、3755 万元、3670 万元、3786 万元；在第二项目中，这 4 家企业的报价同第一项目完全一致；在剩下 8 个项目中，这 4 家企业的报价仍然十分接近。

对于每一项工程，由于企业经营成本、管理水平、材料进价等多方面原因，企业之间的报价有差别才是正常的。但在多项不同工程中，却这么多企业投标报价十分相近，其实是企业串通一气，其目的在于围标或者抬高标的的价格。

（4）应对串标、围标的措施

在招标过程中中必须采取有效的应对措施，防止串标和围标现象的发生。由于串标问题非常复杂，涉及很多方面，这里仅谈具体招标工作中的几点应对措施，供大家参考。

① 推荐单位名额，增大选择面。除非情况特殊一律从报名单位中公平选择入围竞标企业。

② 对潜在投标人的信息加以保密。报名单位过多时，对入围单位的选择方式可以改常见的公开抽签为有监督不公开抽签方式。查看现场、答疑等活动要避免让潜在投标人有相互沟通的机会。如有条件可以用多媒体展示的方式来取代共同考察活动。

③ 明察暗访及时将诚信度差的企业排除出去。

④ 评标打分标准中的商务标底不仅仅考虑投标报价因素，避免投标人之间联手操控的可能性。

⑤ 注意发现投标书中暴露出的串标痕迹。通过实地考查或询标，核查投标书中重点内容的真实性；发现有串标和围标行为，一经查实，及时上报有关行政部门，重罚串标行为人。

⑥ 监管人借助于信息网络，加强对企业投标行为的管理，抑制滥投标、挂靠投标等行为。

4．做好证据保全公证

（1）什么是网上证据保全公证

许多招标单位为了公平、公正地做好招投标工作，纷纷请公证机关对招投标的全过程进行公证。

证据保全公证是指在诉讼活动以外的公证机构，根据公民、法人或者其他组织的申请，对与申请人有关的、日后可能毁灭丢失或难以取得的证据，加以验证提取，以保持其证明力的活动。

由于网络招投标中的直接证据恰恰具有容易丢失、改变、不易提取和保存的特点，因此公证机构根据其发标人的合法申请，对与申请人有关的网上活动的证据需要进行提取和验证。通过对网上证据进行保全公证的材料，就会成为日后解决纠纷时提供有效证据的最佳途径和最具客观性、合法性的证据材料。

（2）如何办理网上证据保全公证

办理网上证据保全公证，可以通过向公证处申请办理网上证据保全公证来实现。

在受理此申请前，公证处会要求申请人提出书面申请并审查其相关的资料，包括申请人的主体资格及申请人声称的被侵犯的权益审查。申请被受理后，公证员即与申请人开始进行网上查询。网上查询取证一般应在公证处的电脑上进行，公证员要对所有的电脑操作步骤、时间和进入网页的先后顺序及对出现在电脑屏幕上的网页内容的复制过程进行实时现场监督，实时打印或拍照。取证完成后，公证员依照真实合法的原则，应该向公证申请人出具具有法律效力的网页证据保全公证书。

（3）招投标公证需提交的证明和材料

就一般情况而言，招标方应提供主体资格证明和法定代表人身份证明，代理人代为申请的，代理人应提交授权委托书和本人的居民身份证及其复印件，主管部门对招标项目的批准文件，招标通知或公告，招标投标程序安排，评标、定标原则和办法，对投标人资格预审的文件，投标单位的资格证明及法定代表人或代理人的身份证明，中标单位投标书、评标人员及评标记录、标底等。

6.2.3 电子招标管理系统的应用

1. 电子招标管理系统的特点

电子招标管理系统是一个电子化的用于招投标管理的信息化系统。该系统的特征如下：

① 引进竞价竞标的理念和机制，深化招标功能和应用；

② 支持公开招标、邀请招标、一口价招标和竞价招标，采购系统的无缝集成；

③ 强大的评标专家管理和评标管理；

④ B/S/D 三层架构，逻辑清晰、资源优化、高安全性和扩展性；

⑤ 面向对象设计方法，基于 XML 的文档传输流程，良好的系统扩展性、灵活性；

⑥ 配置灵活，经济投资，高投资回报。

2002 年 3 月，北京铁路局首次通过自己的网上电子招标管理系统，通过网上采购平台购进了一批水泥枕木和木枕，供货商中标金额为 5000 万元，北京铁路局物资系统在这次采购当中共节资 620 万元。显示了电子采购招标管理系统的威力和作用。真正做到了物资采购公开、公正、公平。

北京铁路局物资工业处，年采购额达几十亿元，采购品种成千上万，其中金属、油品和机电设备及配件是其主要采购品种。为规范业务流程，促进业务发展。经过认真详细的市场调研和多次评估，最终采用亿特网华信息技术（北京）有限公司所提供的网上采购解决方案。

这个平台具有电子化料源渠道管理、货物采购/产品管理、询比价采购、公开招标/邀请招标采购、采购订单/合同管理/统计分析等功能，覆盖了全局物资采购的各个环节，实现了采购流程的电子化。供应商可以在平台上向物资采购方发布产品质量、价格、库存信息，进行报价、议价、投标，发布供求信息。

该平台还具有开放性，可作为分局等第三方进行渠道管理、招标采购的操作平台，还可以作为局内工业、两经企业宣传企业形象和推广产品的平台，同时支持“推荐产品”和“推荐企业”栏目的动态发表。通过这个平台，物资采购部门可在最大范围内寻找最低价格、最佳质量的服务供应商，拓展了采购途径，缩短了采购周期，降低了采购成本，促进了采购工作健康发展。货物在途管理、台账管理和库存管理的信息化和电子化，极大地提高了采购管理的效率。

2. 招投标管理系统的流程

（1）系统流程

招投标管理系统很多。这里介绍一种功能比较齐全、基于工作流技术开发的一套招投标管理系统。

该系统包括：招投标计划管理系统、招投标过程管理系统、合同执行管理系统、招投标效果分析系统、招投标成本管理系统、决策支持系统等，其流程如图 6-9 所示。

（2）系统的主要功能

1）招投标计划管理

能够帮助客户轻松实现招投标计划编制、招投标计划管理及招投标管理等。可以应用工作流技术自行设定计划编制流程与计划产品分类招标流程，同时可以自定义计划外产品管理流程，严格规范本单位额外招投标。其主要功能如下。

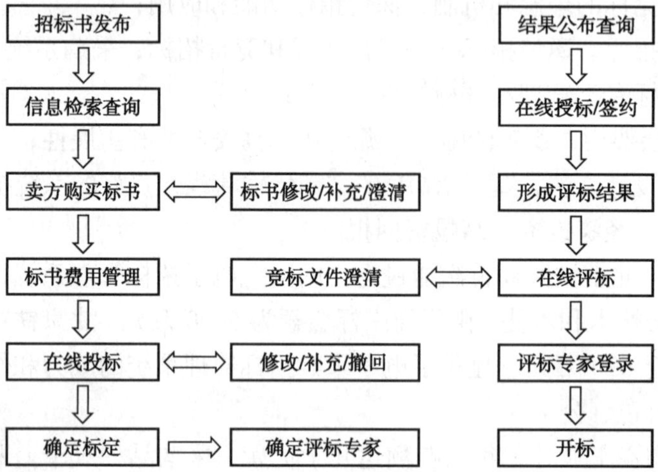

图 6-9　网上招投标管理系统流程图

① 用户可以实现年度、半年度、季度、月度招投标计划编制，并可以随时调整招投标计划。

② 用户可以实现对不同产品目录或不同产品的招标管理。

③ 用户可以实现对经常性招标产品与定期招标产品的方便管理。对于经常性招标产品，可以形成招标模板；对于定期招标，系统会在设定时间自动发送招标申请。

④ 用户可以实现对计划外的额外招投标规范管理。

⑤ 用户可以自主设定交易产品的产品属性和属性值。

⑥ 用户可自主设定竞价规则，包括竞价延期规则、信息披露规则、加权规则等，促成投标商之间竞争更加激烈充分，从而购买到性价比最优的产品。比如设定竞价延期规则，即设定竞价时间结束前几分钟（可以设定）内出现新的报价，竞价结束时间自动延期几分钟（可以设定），从而保证了各投标商公平的竞争地位，让其他投标商对某个投标

商在竞价即将结束前的报价有充分的时间去应变决策。

- 用户可以自主设定商业规则，包括保证金规则、样品规则、交货付款规则等。
- 投标商可以申请竞价，实时报价，并能查看其他投标商的报价情况。
- 对于已经确立了交易产品和交易方式的单位，可以通过申请获得或开通交易产品模板和交易方式模板，以便减少后续工作量。

2）招投标过程管理

该网招投标管理系统提供以下三种主要电子招投标方式：竞价招投标、谈判招投标和直接招投标。不同产品目录或不同产品，其适应的招投标方式也不一样。

① 竞价招投标：该网招投标管理系统的竞价招投标模块整合了国际上最先进的电子招投标技术和科学的招投标模式，并结合了中国国内企业招投标的实际情况，平台设计完美、功能完备。

② 谈判招投标：谈判招投标模块整合了国际上最先进的谈判招投标模式，提出了可定制的“谈判对象”概念。用户可以将谈判关系要素列入谈判对象，并确定谈判截止期，与供应商进行网上谈判。

③ 直接招投标：该网招投标管理系统的直接招投标模块，基于供应商目录和产品目录的资源支持，可以直接选择参与招投标者提供的市场价格透明的产品，并可以进行竞价招投标。

该网招投标管理系统的谈判对象可为商务谈判，如针对价格、质量保征、售后服务、交货付款等的谈判；同时，也可为商务或技术谈判，在技术谈判后再进行商务谈判。

在谈判进行中，用户可以定制谈判方式。可为一对一淡判，也可为一对多谈判，还可以与供应商进行灵活谈判。谈判截止期前任何时间，相关人员均可以查看谈判记录，还可以支持语音谈判和视频谈判。

招投标管理系统的直接招投标模块，基于供应商目录和产品目录的资源支持，可以直接设置参与招投标人员和相关产品目录浏览操作权限或不同产品直接招投标业务流程；可以设置不同产品目录或不同产品直接招投标业务关联的合同模板；可以由用户在线提交订单，并进行订单的在线确认。

本系统的合同执行管理模块凭借流程自定义功能，可以轻松实现在线合同签订、合同管理、合同执行状态跟踪和电子支付等；能提供数字证书认证机制和操作日志机制；并可以自定义对合同执行甲的发货、收货、入库、退货等环节，监控合同执行情况；还可以运用工作流技术，建立适合自身业务情况的支付流程，包括支付额度、审批权限等，提高招投标活动的效率与质量。

用户可以自行设定评估模型，包括项目最终成本和项目质量、项目数据、生产过程中的反馈数据和招投标成本管理系统数据以及投标商合同履行质量、招投标人员绩效等进行评估和分析。

本招投标管理系统的决策支持系统拥有强大的统计查询功能，主要为招投标决策提供依据。用户可根据业务需要自行设置多种统计查询模板，实现对招投标项目所关注信息的统计查询功能。其统计查询条件也可以自定义，如经营层可以统计查询战略性决策辅助信息，管理层可以统计查询管理性决策辅助信息，执行层可以统计查询决策辅助信息等，并可以及时地对统计查询结果进行打印。

第 7 章

网络营销风险规避和技巧

7.1 网络营销共性风险的规避

7.1.1 网络营销中的八种主要风险

1. 网络营销风险的主要类型

风险，对我们每个人来说都不陌生。因为，在我们的日常生活中，时时存在着风险。同样，在企业的经营活动中也处处存在着风险：火灾、盗窃、风灾、被骗、意外伤害、呆坏账损失等，随时都会给企业带来灾害或损失。

风险经营意识是中国企业在国际接轨中应着重增强的一种现代经营意识。正是由于风险的普遍性，决定了网络营销中存在风险的现实性。因此，在我们肯定网络营销带来的便捷和诸多好处的同时，必须清醒地看到网络营销中潜在的各种风险。

由于网络营销的风险很多，这一讲中我们重点研究和讲解网络营销中一些共性风险的产生、特点及其规避的方法。

（1）产品识别风险

网络提供了快捷、便利的信息传递手段。交易双方对目标产品的需求都可以到网上去查询。买、卖中任何一方在网页上捕捉到自己需要的目标产品信息时，往往忽略了一个十分重要的因素，就是由于信息传递中的失真，而存在产品识别风险。就一般情况而言，信息传递失真大致有以下三种情况。

1）客观性失真

由于我们在把一件立体实物转化为平面照片，再转化为网上照片的过程中，商品本身的一些基本信息会丢失。这种信息传递中的不完全性，使买家不能从网页上的文字说明或视觉资料中得到该产品完全和准确的信息，这就必然存在着一定的购买风险。

造成这种信息传递不完全的情况，还有另一个原因，那就是许多商务网站对网页照片上传的大小有所限制（如有的限定不得超过 100KB）。有的网站对商品文字说明限定不得超过 150 字节等。这些限制性规定，使商品的主人对放在网上的产品照片和文字说明，不得不痛下决心进行缩减。这样就造成不能完整、准确地对产品的性能、质量、特点等情况进行表述。

基于以上两方面原因，使我们在网络营销的产品识别上，就存在着和买方要求不一致之处。对这种由于信息表述不完全造成的对产品的不完全了解，如果不进行双向的、进一步的交流和沟通，就仓促签约购物，势必存在着一定的风险。

2）主观隐含失真

主观隐含失真，也是利用了网上商品信息传输中的不完全性，在介绍产品性质、特点等问题时，有意地隐去一些该产品与其他同类产品相比较为不利的信息和因素，突出地宣传和介绍其有利方面，使顾客不能完全地获取对该产品的全面的、真实的信息，进行全衡和比较。

这种隐含传递的不真实信息，尽管带有某种主观性，但由于它是隐含的，很难被人发现；即使被细心的买主再三追问发现，也奈何它不得。

因此，对这种隐含信息失真的情况，在网络营销中必须十分警惕和留心。否则，实物到货，钱物两清，买家就会大呼上当，到那时已经不好办了。

以图 7-1 所示网上发布的圣诞树供应信息为例进行说明。

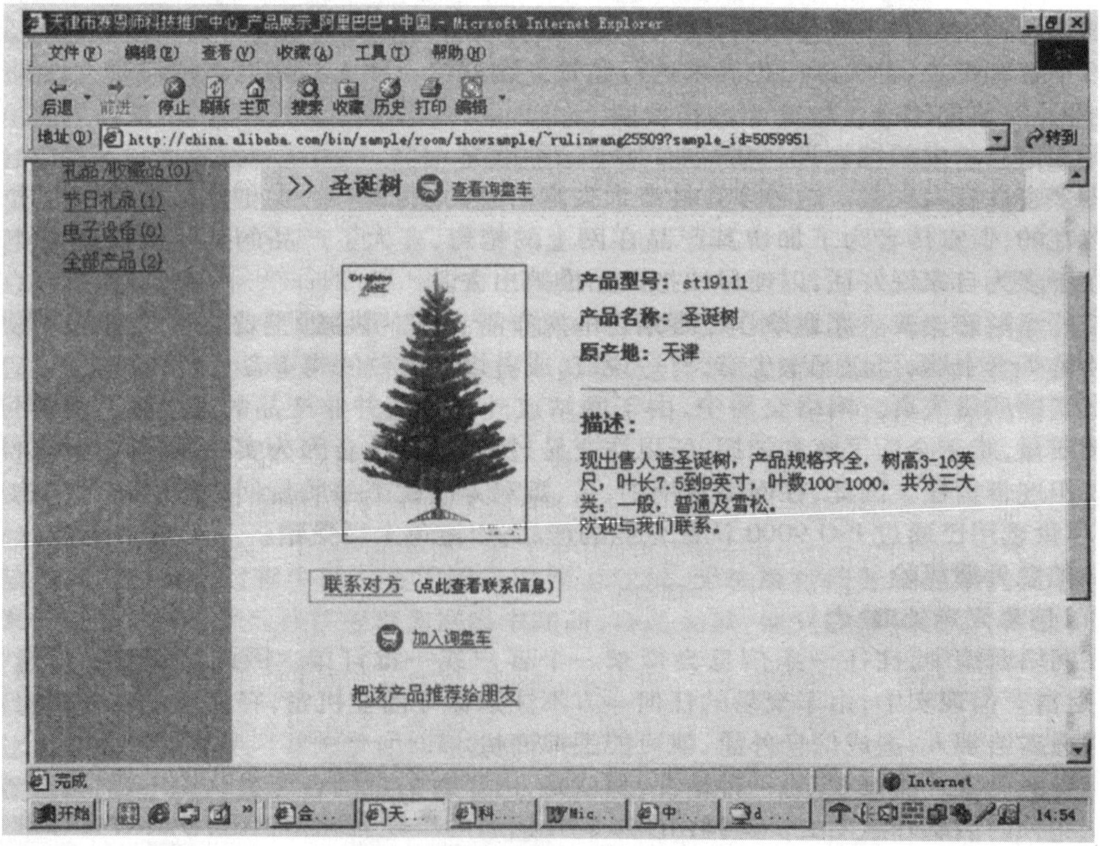

图 7-1　网上发布的圣诞树供应信息

网上的图片资料和文字说明，都是清清楚楚的，因此，甲方与乙方就签订了 2100 棵的订货合同。

但是，由于购买方粗心大意，不知道或不懂得排除和规避产品识别上由于信息隐含性失真所潜在的风险，就忽略了两个最基本，也是最重要的事实。

其一，网上的照片式样是不是甲方要购买的标的物的实样；其二，网上的照片实样和实物有没有“视差”。

当时乙方在网上信息中提供的圣诞树是 14 层树叶，甲方从网上观看的实物照片，很匀称，因此并无疑义。

但是，由于网站限定，每个产品只能上传一张照片，乙方传至网上的样品照片是 1 米以下的树样，而甲方订货要求的是 1.5 米高的圣诞树。也就是说，甲方在网上所看到的并非所要购买的标的物的实样，而甲方订货要求的 1.5 米高的圣诞树，依然 14 层树叶，从缩小了的照片上看不出来问题；但是当你把圣诞树展开、立起以后，就会发现树枝和树叶的密度显然太稀疏了。

但是，由于甲方对乙方提供的信息，当时并未提出异议，而是全部予以确认，并有电子邮件为证。等货到以后，发现问题时，已有苦难言了。

以上事实说明，对于网络营销中的产品我们必须认真加以识别，一定要排除和规避那种隐含失真的信息预留下的交易陷阱，才能顺利、安全地完成交易过程。

3）虚假性失真

网上信息的夸大性失真，具有一定的普遍性。传统营销中的夸大宣传是受限制的。比如：药品广告的宣传，属夸大治疗范围和治疗效果的，有关方面是会加以制止和管理的。这就有一定的约束作用、规范作用和监管作用。

网络营销中的产品宣传尚处在一种随意性阶段。上网的产品宣传资料是随意的，网站不进行审查和把关，有关部门也尚未进行监管。这就给一些人利用网络传递夸大性失真信息，大开了方便之门。

网上信息的虚假性失真，一般也有如下三种情况。

① 多言性夸大失真。这种多言性夸大失真信息的主要特点，在于产品的基本性质和特点是存在的，但宣传者为了加快其产品在网上的销售，夸大了产品的某些优点和特点。其目的在于多为自家说好话，以便尽快把产品推销出去。

② 恶意欺诈失真。恶意欺诈失真信息的发布者，带有明显的主观故意或过失。他们为了诱使购买者上钩，可以无中生有，有一说三，或者设计种种使购买者上当的陷阱。

③ 实物质量失真。网络交易中，由于网站或外贸公司并非产品的直接生产者，对产品的实物质量，难于全面了解和把握，所以在交易过程中，往往会因为实物质量与产品说明不符而承担连带责任。因此，在网络营销中，买、卖双方应就产品质量问题进行细致的沟通和交流，尽量选用已通过 ISO 9000 认证企业的产品，以避免上当受骗。

（2）信息外泄风险

1）信息无意外泄

在网络营销中，往往一条信息会带来一个客户或一批订单。因此，人们说，信息是金钱，是财富。但现实中，由于交易的任何一方不注意保守商业机密，轻易地把客户信息和商情资料透露给别人，造成信息外泄，就可能丢掉商机。

信息的无意外泄，还有另一种情况：那就是，由于对信息的含金量认识不足，公开、主动地把相关的信息外泄出去。这种由于缺乏对信息的审视力和预见力，把含有重要商情的信息，拱手送给别人而丢掉商机，是非常可惜的。

比如：某公司从网上获悉，荷兰一公司正在征集居室环保检测设备的中国代理。这是一个非常有前景的代理项目，特别是国内大量新居室内环境污染严重，因此，引进此设备后的市场空间很大。

但由于该公司没有这种市场开拓眼光，随手把这样一个重要商情信息给了另一家公司。另一家公司如获至宝，接过这一信息后即和对方签订了代理协议，并且进行了大量的广告宣传，很快就打开了销售市场。仅两年时间产值已超过亿元，成了这家跨国公司在国内的最大代理商。这样的教训是我们必须吸取的。

2）信息有意外泄

由于网络营销中的交易过程是依托网上信息的流转和传递完成的，在流转和传递的过程中，随时有信息外泄的可能。

信息的有意外泄，是企业或组织内部有意地将已获得的客户资源、订单、重要商业情报转移或告知竞争对手或相关单位的一种情况，这是网络营销中最忌讳的一种情况。

实践中信息外泄的情况也很复杂。有隐含进攻外泄和悄不吭声外泄两种情况。尽管都是有意外泄，但目的和结果是不一样的。

隐含进攻外泄，泄露方是主动的、故意的，是一种有意把自己的重要商情、商战部署隐含地透露给第三者或竞争对手的行为。透露的目的是出自战略进攻的需要。透露给对方的是一种并不真实的决策和意图，目的在于给对方造成某种错觉，从而使自己占据竞争中或商战中的有利态势。

因此，我们在网上商战中轻易地得到竞争对手的重要商业机密和重要战略决策信息时，一定要多问几个为什么，决不能轻信那些轻易得来的“机密信息”，而随意改变自己的决策。

悄不吭声外泄是最可怕的，它往往是由竞争对手用金钱或其他手段，收买了你单位掌握核心商业机密和重要客户信息资源的人员，采取悄不吭声的方法，“身在曹营，心在汉”地把你的核心商业机密窃取走。

在现代商机中，这种情况是很多的，是我们在网络营销中要着力加强防范和管理的重要内容。之所以形成这样的情况，往往是我们内部管理的松散，制度的不健全，纪律的涣散和人心的离散，给那些窃取商业机密的人洞开了方便之门。这一点是我们必须十分注意和警觉的。

（3）物权转移风险

物权转移中的风险是大家都十分注意防范的一种风险，特别是在网络营销中，物权转移过程中的风险更大，更应加以提防和警惕。但是，这种风险又和传统营销中的风险是不完全一样的。

（4）网上支付风险

网络营销中的支付风险，有以下五种情况。

1）信用风险

信用风险是支付过程中的一方因陷入清偿力危机，无法履行债务或短期内无款支付，而带来的风险。这种风险往往表现为网络中间商，自己无款，他只能等到出货，并收回货款后，才能支付原购货方的货款。

2）流动性风险

这是在支付过程中一方无法如期履行合同的风险。

流动性风险与信用风险的区别在于违约方不一定是清偿力发生危机，而仅仅是在合同规定的时间内无法如期、如数履行债务。但如果给予其足够的时间，该方可以通过变卖资产，筹措相应资金满足清偿的要求。

3）系统风险

系统风险指在支付过程中，一方因无法履行债务合同而造成其相关各方也陷入无法履约的困境。系统风险是支付系统中，各国货币当局最为关注的一种连带风险。由于支付系统的运转直接支撑着一国金融市场的运作，以及经济活动的进行，所以它的中断必然造成整个金融市场秩序紊乱。这种风险的危害性是相当大的。

4）非法风险

非法风险指人为的非法活动，如假冒、伪造、网络诈骗等。网上的非法活动严重损害了人们对网络支付系统的信心，阻碍了经济活动的正常开展。

5）后支付风险

后支付风险是网络营销中一个具有新特点的风险。它是许多网络骗子能够得手的一个重点发案区，也是我们要重点研究和防范的一种网上交易风险。后支付风险又叫“支付钓鱼风险”。这种风险的特点主要有四点：

① 先期支付全无风险；

② 两笔交易以后出现风险；

③ 产生风险的时候叫你意识不到风险；

④ 当你意识到风险的时候已无法挽回风险。

这 4 点中核心的问题在第三点，即产生风险的时候叫你意识不到风险。由于收货方先期的信誉度很高，但这种信誉度，只是为了使出货方失去警惕的一种钓鱼术、一种麻醉剂罢了。正因为你已经觉得收货方支付信誉很好，连续两单货到款清，你会慢慢地丧失了风险意识。当你完全丧失风险意识以后，风险就到来了。然而，这时你对已来临的风险，依然全无反应。这样你就丧失了挽回风险的第一反应速度和最佳时间。

这种后支付风险恰恰利用了网络交易中互不见面、互不了解的特点。当你预感到风险的时候，再去找对方，已是人去楼空了。所以这种后支付风险是我们在网络营销中千万要当心的一种网上交易风险。

（5）存货风险

它是指因市场变化、产品滞销等原因导致的大量库存产品跌价或因不能及时卖出自己的产品，资金大量沉淀而造成的风险。产生存货风险的原因可能有：国外进口产品挤占国内市场；商品已更新换代，库存产品已不能适应市场需求；或网上销售尚未打开市场等。遇有这种情况应主动决策，尽快采取有力措施，降低风险。

（6）担保风险

它是指因为给其他企业的贷款提供担保，由于其他企业无力还款，而需要代其偿还债务而造成的风险。传统企业中的这种引灾上身，承担连带责任的事情很多。在网络营销中，我们一定要谨慎办理担保业务，同时要完善反担保手续，以避免不必要的损失。

（7）汇率风险

它是指企业在经营进出口及其他对外经济活动时，因本国与外国汇率变动，使企业在换汇过程中遭受的损失。为避免这种风险，企业要及时清偿外币债务，密切注视各种货币的汇率变化，以便采取相应措施，避免和减少汇率风险。

（8）管理风险

网络管理上的漏洞也是造成网络营销交易风险的一个重要原因。管理上的漏洞主要表现在两个方面。

1）安全管理薄弱

其主要表现是大量的网络信息系统缺少安全管理人员、安全管理的技术规范、定期的安全测试与检查制度，以及缺少安全监控措施。

2）管理疏漏很多

特别是由于保密管理不严，潜在了相当多的漏洞，使内部人员可以轻易地掌握或拷贝商业机密，造成商业机密外泄，或者核心人员出走，带走了全部客户资源。

2．网络营销风险产生的原因

① 由于网上市场尚在发育阶段，各种游戏规则和管理制度尚不健全，网上电子商务和网络营销还没有一套规范的、严谨的、公认的交易原则和交易规范。

② 不仅网上参与交易的人群结构较为复杂，网站的情况也比较复杂。还有很多个人网站，其承办者和管理者素质和品质很难界定和管理。

③ 相当多的商务网站和网上交易者缺少网络营销中进行风险控制的经验和能力，遇到虚假信息很难识别，特别是对于虚假网站和利用木马病毒等复杂的技术手段进行网络诈骗更难识别。因此，在网络营销中存在着误入陷阱或误入骗局的可能性。

④ 网络营销中尚缺少严格的身份认证和身份界定，这就使一些网络骗子利用各种合法手段制造了各种网络陷阱，诱使一些人误入他们制造和设计好的许多陷阱和骗局。

⑤ 网络营销风险具有变化性和不确定性，难于识别。

由于网络营销是近年来新发展起来的营销模式，人们对于网络营销风险的特点、类型、产生方式等都还缺少深入的研究和了解，特别是许多网络骗子的手法在经常的、不断的变化当中，因此，使许多善良的人们很难识别和防范。这也是使一些人在网络营销中上当受骗的一个重要原因。

7.1.2 网络营销中风险的识别

网络营销中交易风险的识别，是我们积极、主动地预防和规避风险的一种努力、一种防范、一种斗争。要增强和提升网络营销中风险的识别能力，就要把握网络营销中各种网上骗术的特点和规律。下面，给大家介绍三种网络营销中常见的骗术。

1. 如何识别网络诈骗

美国头号网络诈骗案告破的信息，曾经令很多人震惊。该案曾经使美国“富人排行榜”中的前 200 人受害，涉案金额至少千万。

据报道，美国当地时间 3 月 20 日上午，纽约警方向媒体披露了一起让超级富翁们都心惊胆战的网络诈骗案内情。一名在餐厅打杂的男子只是利用当地图书馆里的几部电脑，便成功地制造了一起自互联网出现以来的数额最大的身份诈骗大案，跻身《福布斯》评选的“美国富人排行榜”前 200 名的富人成为了受害者。

据报道，这名黑客名叫亚伯拉罕·阿卜杜拉赫，还没有高中学历，却把目光瞄准了美国大富翁的钱袋。

他诈骗的目标不是盖国最走红的演艺明星，就是金融、企业界巨头，而他诈骗的手段相当高明。据警方介绍，亚伯拉罕突破名人银行、经纪业和信用卡的账号如探囊取物一般。受害的名人俯拾皆是：大导演斯蒂文·斯皮尔伯格、“好莱坞常青树”玛萨·史都华、大导演乔治·鲁卡斯、著名脱口秀主持人奥普拉·温弗瑞、曾参与总统竞选的大企业家罗斯·佩罗、时代华纳公司老板秦德·特纳，不一而足。

通过调查，警方发现了一个很有意思的现象，亚伯拉罕对众名人下手奇狠，诈骗的数目令人吃惊，但在多数诈骗案中，他却始终没有打全球首富比尔·盖茨的主意。警方分析认为，亚伯拉罕也许是因为盖茨名气太大了，诈骗世界首富容易被人识破，所以就放了盖茨一马。

多次避开警察的注意

靠着网络电话和网络声音邮件，亚伯拉罕成功地让自己成为隐身人，而他可以随时随地接听电话或传真。即使在纽约街头，这家伙也极少公开露面。如果他用受害人的信用卡到商场预订了某些珍贵商品，他决不会自己去领，而是打电话给快递公司，让快递公司替他去取。而且他会一再变更交货地点，这样一次又一次成功地避开了警察的注意。

经过周密调查，纽约警方于 2 月 23 日决定拘捕亚伯拉罕。调查人员在递交法庭的文件中称，阿卜杜拉赫曾发出一封电子邮件，要求从一位富翁设在美林公司的户头上转走 1000 万美元，此举让警方抓住了线索，从而得以侦破此案。

至少诈骗了千万美元

接着，警察对他的居处进行了严格搜查，结果令纽约这个犯罪之都的警察都倒吸一口凉气：他的床底下“珍藏”着一份复印的《福布斯》评选的“美国个人财富 400 人”名单。在每一页的富人、名人小传和照片的旁边，亚伯拉罕都标上了他们的家庭住址、移动电话号码、社会保险号码、银行和经纪业账号以及余额。更让人不可思议的是，亚伯拉罕连有些富人家的保姆姓名都一清二楚。

警察还在亚伯拉罕的住处找到了几个记载着富人们的详细情况的笔记本，另外还搜出了伪造的诸如 Goldman Sachs 和 Bear Stearns 等美国大公司的文件、橡皮图章。后来警方将把调查的重点放在亚伯拉罕使用过的电脑上，通过对这几部电脑上的纪录进行研究，警察有可能查清楚亚伯拉罕详细的行骗过程以及他骗取的金钱数目。警方保守估计，亚伯拉罕至少诈骗了千万美元!

骗术让人叹为观止

亚伯拉罕首次作案便瞄准了与美国名人、富人打交道的 Equifax、TRW 和 Experian 等大型信用评估公司，他通过伪造的证件，要求这些公司提供富人们的详细信用材料。这些公司对亚伯拉罕的要求没有任何怀疑，顺顺当当地把富人们的秘密数据提供给了他。

亚伯拉罕利用这些没费多大的劲就得到的数据，克隆了这些富人的身份，然后成功地突破了他们的信用卡和他们在投资或经纪业公司以及银行的账号。在长达 6 个月的时间里，亚伯拉罕几乎是如出一辙地进行诈骗活动。

亚伯拉罕的骗术之高明，连纽约警察也叹为观止。负责调查该案的侦探、纽约警察局电脑调查和技术部专家迈克·法波兹怀着复杂的心情对媒体说：“我与网络犯罪打交道的时间已经不短了，但亚伯拉罕是我遇到的最高明的骗子。”曼哈顿南部侦探小组的侦探加玛尔·戴斯也承认：“真的，你很少碰到手段如此高超的骗子。”

十几岁被判刑

亚伯拉罕今年 32 岁，长得又矮又胖，从小就不务正业，高中时学习成绩在班里一直倒数第一，后来承受不了老师和同学的白眼而辍学，到一家餐厅打杂。但亚伯拉罕的脑子并不笨，他十几岁时就因利用信用卡进行诈骗活动被判过几年刑。

警方介绍说，亚伯拉罕的犯罪生涯从 18 岁就开始了，他多次在纽约行骗，结果被联邦调查局拘捕过 3 次。当时他被指控的罪名都是进行信用卡和银行诈骗，并因此在监狱里蹲了好几年。没想到，出狱后的他并未悔过自新，反而更上一层楼，诈骗的层次越来越高，数额越来越大，直到再次被捕。

2．如何识别“网络钓鱼”

网上购物正被越来越多的消费者所接受，然而由网络引起的欺诈案件也开始增多，而“网络钓鱼”就是其中的一种。据介绍，诈骗者们往往通过在网上发布一些虚假的出售物品信息或是用低价作为诱饵，让购物心切的人们上当受骗。除此之外，“网络钓鱼”者还会利用一些网络技术四处传播木马病毒，窃取电脑机密，或者搭建虚假电子商务网站，伪造著名电子商务网站实施欺诈行为，从而达到“网络钓鱼”的目的。

一份调查报告显示，在 2003 年一年的时间内，每 5 个美国人中就有一个成为那些“钓鱼”者的目标（“钓鱼”者，phishing，也就是我们俗称的骗子）。

在美国有 5700 万消费者明确表示或者怀疑收到过这种“钓鱼”电子邮件。这些“钓鱼”的骗子通过给目标人群发送电子邮件来引导这些人访问那些看似合法的网站，在这些网站上人们将被询问各种私人信息以及与财务有关的一些问题。

这个调查揭示了“钓鱼”现象的普遍性与“创新性”，而那些落入圈套的人，将有很大的可能被人窃取私人资料。调查表明：在遭受欺骗的 400 万消费者中，有接近半数是在收到“钓鱼”电子邮件之后设立新账户的。而大约 180 万人承认自己遭到了“钓鱼”者的攻击，并且提供了自己的财务或是私人信息。

百分之三十的“钓鱼”邮件伪装自己是拍卖巨头 eBay 的合作者，而另外百分之二十九则说自己是 PayPal 网站的同盟，还有百分之十四宣称自己是 Citibank 的网站，而其他被人冒名伪造的站点包括 America Online，Bell South，Earth Link，Fleet Bank，Mierosoft，Wells Fargo 和 Yahoo 等。

“网络钓鱼”则是指犯罪分子通过使用“盗号木马”、“网络监听”以及伪造的假网站或网页等手法，盗取用户的银行账号、证券账号、密码信息和其他个人资料，然后以转账盗款、网上购物或制作假卡等方式获取利益，进行网络诈骗的一种骗人方法。

根据国家计算机网络应急技术处理协调中心的统计，仅 2004 年，该中心就接到“网络钓鱼”欺诈事件的报告达到 223 起，2004 年 7 月以来，该类欺诈报告更是以月均 26% 的速度递增。

（1）“网络钓鱼”的作案手法

由于网络钓鱼已经成为当前网络安全的严重威胁，因此在下一节中，我们将进行专门的讲解和介绍。这里只概况地进行必要的说明。

1）发送电子邮件以虚假信息引诱用户中圈套

如发现的一种骗取美邦银行（Smith Barney）用户的账号和密码的“网络钓鱼”电子邮件，该邮件利用了 IE 的图片映射地址欺骗漏洞，并精心设计脚本程序，用一个显示假地址的弹出窗口遮挡住了 IE 浏览器的地址栏，使用户无法看到此网站的真实地址。当用户使用未打补丁的 Outlook 打开此邮件时，状态栏显示的链接是虚假的。

当用户点击链接时，实际连接的是钓鱼网站 http：//**.41.155.60：87/s。该网站页面酷似 Smith Barney 银行网站的登录界面，而用户一旦输入了自己的账号密码，这些信息就会被黑客窃取。

2）建立假冒网上银行和证券网站，骗取用户账号密码实施盗窃

犯罪分子建立的域名和网页内容都与真正网上银行系统、网上证券交易平台极为相似，引诱用户输入账号密码等信息，进而通过真正的网上银行、网上证券系统或者伪造银行储蓄卡、证券交易卡盗窃资金；还有的利用跨站脚本，即利用合法网站服务器程序上的漏洞，在站点的某些网页中插入恶意 HTML 代码，屏蔽住一些可以用来辨别网站真假的重要信息，利用 cookies 窃取用户信息。

3）利用虚假的电子商务进行诈骗

此类犯罪活动往往是建立电子商务网站，或在比较知名、大型的电子商务网站上发布虚假的商品销售信息，犯罪分子在收到受害人的购物汇款后就销声匿迹。

4）利用木马和黑客技术等手段窃取用户信息后实施盗窃活动

木马制作者通过发送邮件或在网站中隐藏木马等方式大肆传播木马程序，当感染木马的用户进行网上交易时，木马程序即以键盘记录的方式获取用户账号和密码，并发送给指定邮箱，用户资金将受到严重威胁。

（2）防范“网络钓鱼”的主要措施

针对以上不法分子通常采取的网络欺诈手法，广大网上电子金融、电子商务用户可采取多种防范措施。

3．如何识别“网络说客”典型案例

2004 年 7 月新华网发表了一条消息：为筹学费，女大学生铤而走险网上诈骗 6 万元。报道说：北京市公安局删侦总队经过缜密侦查，协助上海警方一举将利用互联网进行诈骗的犯罪嫌疑人赵某抓获。

2004 年 5 月以来，上海市公安局陆续接到受害人报案，称有一名为 S-YUAN 的用户，在某网站上以出售服装及各类电子、电脑产品为名，让网上购物的客户给其两个银行账号汇款，当购物人将款汇出后，一直未收到所订购的物品。

据此，北京市公安局刑侦总队立即派人前往中国人民银行开展工作，证实了犯罪嫌疑人所用的两个账号均为储蓄卡。警方获悉两张储蓄卡的开户人均系河北省石家庄市人赵某。赵某今年 22 岁，正在北京某学院自费上学。侦察员于 7 月 3 日将赵某抓获。

经突审，赵某交代了在网站上虚构物品进行诈骗的犯罪事实。

第一步：在网上发布精美的商品图片和价格信息，给消费者一个直观的眼球刺激，造成“物美价廉”的假象。

第二步：在消费者心动之时，指令其往指定账户汇购物款和手续费。

第三步：收到汇款后，寄出少量比消费者订购品质量更好的产品，让消费者觉得物超所值，同时称剩余货品待寄。

第四步：自称公司领导主动打电话向受骗人介绍公司情况，说最近商品供不应求，

让受骗人更加深信这是一家有实力的大公司。

第五步：受骗人收到产品后，觉得比预期的质量要好得多，就会再次汇款，此次可就是“肉包子打狗——有去无回”了，再打电话已无人接听。

警方提醒广大市民：上网购物时要常持警惕心，认清工商注册标识，不要在未经资质认定的网上商场进行商品交易。一旦遇到网站的诈骗行为，应该立即报警，以便警方及时制定对策，打击不良经营活动和规范网络市场秩序。

7.1.3 规避网络营销风险的五招

网络营销中的交易风险的形成，除了网络骗子利用网络的特点公然进行网上诈骗外，多是由于我们网络技术中的漏洞，网络交易中的不规范、制度不健全和网络运营管理中的一些安全隐患给了他们以可乘之机。因此，只要我们加强网络交易中整体环境的综合治理，提高网络营销中风险经营的意识，就完全可以规避、预防和控制网络营销中的各种风险。

1. 实行身份认证规避虚假身份风险

商务活动中的一个最基本的前提是确认买卖双方真实、合法的身份。身份不确定、不合法、不真实，是促成网络交易中各种交易风险的最本质、最核心的诱因。因此，构建 CA 安全认证体系，确认交易双方准确真实的身份，成了网络营销中最现实、最有效的方法。

实行安全认证需要建立一个安全的、完整的、合理的、客观公正的安全认证体系。该体系由证书审批部门和证书管理部门组成。审批部门负责对申请者进行资格审查，并决定是否向申请者核发身份证书。管理部门则负责为已授权的申请者制作、管理和查询能证明其身份的安全证书。

这样一来，申请者获得了由权威授权认证中心发放的具有公信力的，包含有证书持有者基本注册信息的，可以用来证明真实身份的证明。这就使网络营销中交易双方的身份得到了确认。

那么，在网络营销中，我们该到哪去进行安全认证，又怎样才能取得安全证书呢?

（1）什么是数字证书

数字证书（Certificate Authority）亦称 CA 证书，它是一种包含了证书持有者信息、用于在网络上证明证书持有者身份的数字标识，而且可以对交换的数据进行加密。就像我们的身份证一样，数字证书目前在网上银行、在线证券交易、网络支付等电子商务领域获得了广泛的应用，它是我们进行网上经济及社会活动过程中重要的技术基础，同时也是我们进行电子政务、网络办公等领域用于提供数据安全保障的有力武器。

数字证书认证的主要用途和功能包括：保证网络各方的真实性，提供信任基础；加密信息，保证信息的完整性；保证网络行为的不可否认性、不可抵赖性、仲裁举证。任何涉及身份识别、信息加密、行为确认的电子商务或电子政务活动，都可以用数字证书认证技术加以保护，如网上交易、网上证券、网上保险、网上银行、网上工商、网上税务、网上海关、网上社保等。

（2）数字证书的体系结构

为了有效地对网上身份进行确认，数字证书通常由权威的、受到公认的第三方数字证书认证中心发放和管理，这个认证中心即我们通常所说的 CA（权威认证机构）。CA 执行数字证书的生成、保管、发放、验证、撤销等管理工作，并负责建立相关的应用程序接口。最早的 CA 产生于由 Visa 和 MasterCard 所共同倡导的安全电子交易（SET）标准，主要服务于 B to C 模式的电子商务；之后又融入了对 B to B 模式的支持，产生了以 PKI 技术为基础的 2.0 版本的 CA 体系。CA 是数字证书认证的核心设施，除了 CA 之外，SET 标准中还定义了安全电子商务操作中的其他三个主要的参与角色。作为消费者的持卡人必须从领取一张信用卡或银行卡开始，获取相应的数字证书。通过符合 SET 标准的应用程序（通常被称为电子钱包）与商家进行交互。商家使用的软件系统同样必须符合 SET 标准，并且商家需要在银行有相应的收款账户和数字证书。另外，还有一类称为支付网关的角色，类似银行与商家之间的中介，负责处理持卡人的付款和商家的收款等操作；该角色的职能可以由银行自身完成，也可以由第三方机构完成。

就国内的情况而言，消费者要进行网上支付等电子商务操作一般需要一张银行卡。比如我们去招商银行申请一张一卡通，并要开通网上支付功能，招商银行会在办理该业务时提供一份数字证书。这个数字证书通常是由银行向 CA 认证中心申请的。

而通过 Internet 购物的消费者可能持有不同的银行卡和数字证书。商家当然希望所有消费者利用自己习惯的消费工具就能进行购买；而在所有的银行开户及办理相关手续，成本很高也非常烦琐，所以运营规模较大的商家通常会申请第三方支付平台，即我们前面讲到的支付网关。在挂接了支付网关提供的接口之后，不论消费者通过何种银行卡及渠道进行支付，商家只要通过支付网关提供自己的账户，就可以完成所有的相关交易管理了。

（3）到哪些地方去申办 CA 安全证书认证

申办安全证书的管理单位是 CA 认证中心，也有的叫做数字证书管理中心。

CA 认证中心就是一个负责发放和管理数字证书的权威机构。对于一个大型的应用环境，认证中心往往采用一种多层次的分级结构进行管理。上级认证中心负责签发和管理下级认证中心的证书，最下一级的认证中心面向最终用户。

随着网络信息技术的飞快发展，当前全国已经建立了多家数字证书认证中心，见表 7-1。

表 7-1　全国各地认证中心一览表

认证中心名称	网　址
北京数字证书认证中心	http：//www．bjca．org.cn
天津 CA 认证中心	http：//www．ectj.net/ca/ca-1/ca.htm
上海 CA 认证中心	http：//www．sheca．com/php/index.php
山东省 CA 认证中心	http：//www.ca.gov.cn
三峡 CA 认证中心	http：//sxca．sanxia．net.cn/index．html
海南省电子商务认证中心	http：//hn．Cnca．net
广东省电子商务认证中心	http：//www．cnca．net
中国金融认证中心	http：//www．cfca．com．cn
湖北省电子商务认证中心	http：//www．hbeca．com．cn
山西省电子商务认证中心	http：//www.sxca．com．cn
中国数字认证网	http：//www．ca365．com
中国电子邮政安全证书管理中心	http：//www．chinapost．com．cn/ca/index．htm
国瑞数码 NCS-CA 系统	http：//www.ncs-cyber．com.cn/ca
重庆数字证书认证中心	http：//www.cqca．net

目前认证中心的建设和发展很快。除了表 7-1 所列已经建成的 CA 认证中心，海南、华北、大连等地都正在建设中。

（4）CA 认证中心的功能

CA 认证中心负责接收、验证用户（包括下级认证中心和最终用户）的关于数字证书的申请，备案，并根据申请的内容确定是否受理该数字证书申请，以及颁发数字证书、证书的更新、证书的查询、证书的作废、归档等事宜。

通过颁发这种数字证书，对网上业务过程中各方身份认证和访问控制、信息保密性、信息完整性和业务操作的抗抵赖性等安全需求提供了可靠的保证。

数字证书的使用范围涉及电子政务、电子商务和企业信息化建设等各个领域，目前包括政府、税务、工商、教育、邮政、银行、证券、期货、基金、保险、电信、移动、游戏、能源、烟草、钢铁、物流、制造业、IDC 和 ISP/ICP 等行业领域以及需求数字信任服务的个人。

（5）CA 数字证书的分类

1）按用途分类

数字证书按照用途分类通常可分为加密证书和签名证书两种。

签名证书主要对信息进行数字签名，以维持信息的不可否认性；而加密证书主要对信息进行加密处理，以维护信息的安全性和完整性。

2）按层次分类

由于 CA 本身是阶层式的，所以在实际操作中更多的是按照层级和范围来对 CA 和其发放的数字证书进行划分。

在顶层的根 CA（RCA）负责颁发根 CA 证书。

在第二个层级中，符合 SET 标准的证书被称为品牌 CA 证书（BCA），非 SET 标准的证书称为政策 CA 证书（PCA）。

在第三层，根据所应用对象的不同，符合 SET 标准的数字证书包括了持卡人 CA 证书（CCA）、商家 CA 证书（MCA）及支付网关 CA 证书（PCA），对于非 SET 标准的情况则统称为运营 CA 证书。

3）按地域及行业划分

目前我国已经建成了大量区域性和行业性的 CA，比如影响力较大的区域 CA 包括上海 CA 认证中心、广东 CA 认证中心以及行业性 CA 中国金融认证中心（CFCA）、中国电信认证中心（CTCA）等。

4）具体到数字证书

① 企业高级证书：适用于企业做金额较大的 B2B 网上交易，安全级别较高，可用于数字签名和信息加密。

② 企业普通证书：适用于企业用户用于 SSL、S/MIME 以及建立在 SSI 之上的应用，它的安全级别较低，建议用于金额较小的网上交易。

③ 个人高级证书：适用于个人做金额较大的网上交易，安全级别较高，可用于数字签名和信息加密。

④ 个人普通证书：适用于个人用户用于 SSL、S/MIME 以及建立在 SSL 之上的应用，它的安全级别较低，建议用于小额的网上银行和网上购物。

⑤ Web Server 证书：适用于站点服务器提供金额较小的 B2C 网上交易，若一个网站要提供 B2B 交易时，应申请 Direct Server 证书，并配合 Direct Server 软件来保证它的安全性。

⑥ Direct Server 证书：用于数字签名和信息加密。Direct Server 证书主要用于企业从事 B2B 交易时对 Web Server 的保护。

目前国内的 CA 发放的证书通常是一年期限，也有很多认证中心可以发放两年期限的。到期之后需要对数字证书进行“换发”，而服务好的认证中心通常会提前提醒申请者并帮助申请者处理好各种手续。

（6）数字证书的申请和审批

证书的注册审核机构设在各商业银行，面向最终用户，负责接受各自的持卡人和商户的证书申请并进行资格审核，将审核通过的证书申请信息发送给 CA，由 CA 签发证书。

证书申请信息中须包括实体鉴别所需要的信息、证书主体需要的信息。持卡人和商户的证书申请须按照各商业银行规定的证书申请方式办理。图 7-2 为 CFCA 网站。

图 7-2　CFCA 网站

1）证书申请

CFCA 授权的证书的注册审核机构（Registration Authority，RA）（各商业银行、证券公司等机构），面向最终用户，负责接受各自的持卡人和商户的证书申请并进行资格审核，具体的证书审批方式和流程由各授权审核机构规定。证书申请表直接到 RA 处领取。

2）证书审批

经审批后，RA 将审核通过的证书申请信息发送给 CFCA，由 CFCA 签发证书。

CFCA 将同时产生的两个码（参考号、授权码）发送到 RA 系统。为安全起见，RA 采用两种途径将以上两个码交到证书申请者手中：RA 管理员将其中授权码打印在密码信封里当面交给证书申请者，将参考号发送到证书申请者的电子邮箱里。

SET 系统——持卡人/商户到 RA 各网点直接领取专用密码信封。

3）证书发放/下载

CA 签发的证书格式符合 X.509 V3 标准。具体的证书发放方式各个 RA 的规定有所不同。可以登录 CFCA 网站 http：//www.cfca.com.cn 联机下载证书或者到银行领取。

4）证书生成

证书在本地生成，证书由 CFCA 颁发，用户私钥由客户自己保管。

5）证书存放介质

硬盘、软盘、IC 卡、CPU 卡、SIM 卡。

（7）数字证书的使用

每一个用户有一个各不相同的名字，证书认证中心（CA）给每个用户分配一个唯一的名字，并签发一个包含名字和用户公开密钥的证书。

如果甲想和乙通信，他首先必须从数据库中取得乙的证书，然后对它进行验证。如果他们使用相同的 CA，事情就很简单，甲只要验证乙证书上 CA 的签名；如果他们使用不同的 CA，问题就复杂了，甲必须从 CA 的树形结构底部开始，从底层 CA 往上层 CA 查询，一直追踪到共同信任的 CA 为止。

证书可以存储在网络的数据库中，用户可以利用网络彼此交换证书。当证书撤销后，它将从证书目录中删除；然而签发此证书的 CA 仍保留此证书的副本，以备日后解决可能引起的纠纷。

如果用户的密钥或 CA 的密钥被破坏，从而导致证书的撤销。每一个 CA 必须保留一个已经撤销但还没有过期的证书废止列表（CRL）。当甲收到一个新证书时，首先应该从证书废止列表（CRL）中检查证书是不是已经被撤销。

为了保证信息传送的真实性、完整性和不可否认性，现有持证人甲向持证人乙传送数字信息，需要对要传送的信息进行数字加密和数字签名，其传送过程如下：

① 甲准备好要传送的数字信息（明文）。

② 甲对数字信息进行哈希（Hash）运算，得到一个信息摘要。

③ 甲用自己的私钥（SK）对信息摘要进行加密得到甲的数字签名，并将其附在数字信息上。

④ 甲随机产生一个加密密钥（DES 密钥），并用此密钥对要发送的信息进行加密，形成密文。

⑤ 甲用乙的公钥（PK）对刚才随机产生的加密密钥进行加密，将加密后的 DES 密钥连同密文一起传送给乙。

⑥ 乙收到甲传送过来的密文和加过密的 DES 密钥，先用自己的私钥（SK）对加密的 DES 密钥进行解密，得到 DES 密钥。

⑦ 乙用 DES 密钥对收到的密文进行解密，得到明文的数字信息，然后将 DES 密钥抛弃（即 DES 密钥作废）。

⑧ 乙用甲的公钥（PK）对甲的数字签名进行解密，得到信息摘要。乙用相同的 Hash 算法对收到的明文再进行一次 Hash 运算，得到一个新的信息摘要。

⑨ 乙将收到的信息摘要和新产生的信息摘要进行比较，如果一致，说明收到的信息没有被修改过。

8）数字证书的更新和查询

认证中心可以定期更新所有用户的证书，或者根据用户的请求来更新用户的证书。

1）证书的查询

证书的查询可以分为两类：其一是证书申请的查询。认证中心根据用户的查询请求，返回当前用户证书申请的处理过程；其二是用户证书的查询。这类查询由目录服务器来完成，目录服务器根据用户的查询请求返回适当的证书。

当用户的私钥由于泄密等原因造成用户证书需要申请作废时，用户就需要向认证中心提出证书作废的请求，认证中心根据用户的请求确定是否将该证书作废。另外一种证书作废的情况是证书已经过了有效期，认证中心自动将该证书作废。认证中心通过维护证书作废列表来完成上述功能。

2）证书的归档

证书具有一定的有效期，证书过了有效期之后就将作废，但是不能将作废的证书简单地丢弃，因为有时我们可能需要验证以前的某个交易过程中产生的数字签名，这时就需要查询作废的证书。基于此类考虑，认证中心还应当具备归档管理作废证书和作废私钥的功能，以便使用者随时进行查询。

2．进行资信调查规避信用风险

（1）什么是资信调查

资信调查就是在商务交往中，为了规避交易风险，委托银行和专业资信调查机构对交易对手的资信情况进行的一种调查活动。资信机构会根据委托方的请求，通过调查，出具一个对方资信情况的调查报告。这将成为我们进行商务活动的决策依据，将使我们避免许多因对交易对方的资信情况不了解，而造成的交易风险。在网络营销中，资信调查具有更加重要的意义和作用。

信用是企业最根本的资源，是进入市场的通行证，是企业赖以生存和发展的基础。

在国际上，商务资信调查早已深入市场经济的每一个角落，成为社会经济活动中不可缺少的一项业务。以美国为例，从事这一行业的成员已达 1.6 万人，平均年营业额在 46 亿美元左右。在欧洲、日本等发达国家，商务资信调查被工商业主们誉为经济活动中“防止跌倒的手杖”，可见商务资信调查已经成为了商务活动中不可或缺的一部分，成为了规避商务风险的一项重要措施。

我国的资信调查工作起步较晚，相当多的工商企业资信意识较差，相当一部分企业尚未认识到资信调查对于商务活动中规避经营风险的重大作用。特别是网络营销中，多数企业对于网络商务信用环境处于抱怨阶段，而不注重开创网上崭新的信用空间，创造崭新的网络营销信用环境。

前不久，中国企业资信网——作为国内首家资信类电子商务网站，从诞生的那一天开始，就以推动国内企业建立健全信用制度和致力于向全世界推荐国内拥有良好信誉的企业为己任，为建设健康的、规范的网络资信环境起到了重要的作用。图 7-3 为“昌盛商桥贸易网”主页。

图 7-3 “昌盛商桥贸易网”主页

该网与商业银行联手推出了资信公告、资信调查等栏目。截至 2001 年 10 月 30 日，中国农业银行系统已有 13 个省市分行 15 617 家的 AA 以上信用企业成为中国企业资信网首批资信会员。他们还建立了完整的“资信企业数据库”，自 1995 年以来，已累计收集全国各地 197 000 万家企业的基本情况及大量有价值的信息资料，并与各商业银行、政府有关部门及企业建立了良好的合作关系；企业会员遍布各行业，截至 2004 年 10 月，会员企业已达 100 万家，日访问量已超过 100 万，成为了网络营销中重要的资信服务商务网站。

该网推出了资信通会员认证服务，这是中国信用在线为保证网上交易安全所采取的一种身份认证制度。企业会员通过提供权威机构的信用认证材料，来确保其身份的可靠、可信，从而建立网上贸易的诚信氛围。

不仅如此，该网还提供 28 个行业的新闻快报、市场行情、预测分析、行业点评，汇集了科研机构、科技成果、科技名人、中外标准、政策法规等近百种数据库资源，信息总量达 11 00 多万条，每年数据更新 60 万条以上，为广大商户提供了丰富的商业环境信息资源。

（2）资信调查的必要性

1）改革的变动性增加了交易中的风险性

在网络营销中开展资信调查的意义十分重要，当前我国正处在经济转型期，网下市场交易纷杂，网上市场尚在培育阶段，整体的、健康的交易环境尚未形成；特别是多数企业和商家正在进行资产重组和结构性调整阶段，企业的法人地位和资信情况处在一种大变动中，这种变动性更增加了交易中的风险性。因此，我们更应该加强和提升资信意识，才能规避和减少交易风险。

2）宏观交易环境的无序性增强了进行资信调查的必要性

就当前我国的商业资信状况而言，形势较为严峻。据北京多瑙河经济信息咨询有限公司在北京、武汉、上海等 17 个城市，就汽车、房地产、电子、空调等 14 个行业进行的信用调查表明：89.3%的企业受过对方不守信的损失。其损失程度见表 7-2。

表 7-2　受损企业最高一次受损情况

损失程序	100 万元以上	50 万～100 万元	10 万～50 万元	10 万元以下
百分比/%	1.3	14.5	51.8	33.4

损失的原因主要有：拖欠占 77.6%，拒还占 8.7%，欠款客户不知去向占 10.2%，其他占 3.5%。

目前企业信用问题主要表现在：产品假冒伪劣占 21.3%，广告虚假占 42.4%，售后服务占 36.3%。

3）网络骗案的连发性，提升了进行资信调查的紧迫性

在传统市场充满交易风险的同时，网络交易隐蔽性更大，陷阱更多，交易对手的不可知度更大，交易的风险性就更大。

据法新社报道，2003 年全美网上受骗上当的受害者多达 5.6 万人左右，损失金额高达 1.17 亿美元，已经对 90 人或公司提起刑事诉讼。20 岁的伊桑·艾伦是美国西雅图市人。他利用在网上发布虚假的电脑销售广告，诱骗对方上钩；当对方预付一部分款项时，他会给对方寄去一个包裹，对方以为货已寄出，其实，收到一看，只是一个空纸箱；在 18 个月的时间里，他骗到手了 12 万美元，全美各地 50 多名受害者被骗。

我国的福建省安溪四名犯罪嫌疑人，采用同样的手法在网上行骗。他们分别从广州、厦门，向全国各地的客户发送电子邮件，声称晋江某公司经销低价的电脑配件货物，并开出诱人的交易条件，客户被骗到晋江后，在“热情”接待中，使用调包手法行骗。

近年来，利用网上信息、电子邮件、网上“调包”、手机短信息作案的网络诈骗时有发生，网络骗案的连发性，提升了进行资信调查的紧迫性。

4）跨国交易的生疏性，增加了交易中的谨慎性

网络扩展了市场空间，形成了一个统一的、庞大的、无国界的交易市场。这种交易的广泛性相应带来了交易的多样性，交易的不规则性，交易地区文化的差异性和交易对手的不可知性。特别是我国的很多企业，尚缺少跨国营销的经验，还不明白规避风险的途径。

加入 WTO 以后，许多新的交易原则和规范都是我们不熟悉的。而且，跨国贸易，往往交易标的较大，更需要我们谨慎行事，才能避免和减少交易风险。

（3）资信调查的方式

① 通过国内往来银行，向对方的往来银行调查。这种调查通常是拟好文稿，附上调查对象的资料，发给往来银行的资信部。

② 直接向对方的往来银行调查。直接将文稿和调查对象的资料寄给对方的往来银行。

③ 通过国内的资信机构调查。

④ 通过国外的资信机构调查。国外有名的资信机构，不仅组织庞大，效率高，而且调查报告详细且准确；其调查报告均以密码编成各类等级，以估计财力与综合信用评价分为 High，Good，Fair，Limited 4 个等级。

⑤ 通过国内外商会调查。

⑥ 通过我国驻外商务机构调查。

⑦ 由对方来函自己判断调查。

⑧ 要求对方直接提供资信资料。

（4）信用调查的对象

凡是同该贸易业务有关的对方，都应进行不同程度的信用调查。

1）调查国外卖方（包括出口商和制造商）

在进口业务中，很容易出现：货物的品质规格与合同不符，货物的品质粗劣或品质不良；不正常的拖延装船；遇到价格上涨趋势，故意不履行契约等。所以对国外供应商的调查对进口业务十分重要。

2）调查国外买方

在出口业务中，国外买方即使使用开立信用证的支付方式，也有很多信用风险。例如，当该项产品价格下跌时，买方任意决定“不开立信用证”。虽然开立信用证的直接当事人是买方的往来银行（开证行），但是买方未向开证行交付开证申请，我国出口公司也不能指控对方的银行，所以，像这种情况就属典型的买方违约。有些国外买方，商业道德和信用恶劣，故意开立与合同不符但对自己有利的信用证，这会给卖方带来一定损失。

（5）各类信用报告的内容分类

1）基本信用信息报告

内容：包括企业概况、注册资料、主要管理人员、经营范围、相关媒体的报道等。

用途：可以了解企业的概貌，供常规小额交易或用于新的贸易关系的建立。

2）综合信用报告

内容：包括企业工商税务登记资料、股本结构、主要经营者情况、经营范围、财务报表、信用等级及信用风险能力等。

用途：综合信用报告一般内容详尽、全面、准确，综合性强，对全面了解企业信用状况有事半功倍之效，主要用于投资大型、合资合作项目等可行性研究，或大额交易、信贷咨询等。

3）专题信用报告

内容：包括银行信用、企业付款信用、行业现状、品牌竞争力、司法记录等多种专项信用分析，客户可根据自己的需要选择其中一种或多种。

用途：用于客户特定目的和需要，如诉讼准备等。

（6）资信公告

资信公告是资信制度的一种公示形式。对已获得资信认证的企业，网站定期发布资信公告，将获证企业的资信情况进行公开公告，以便其他企业进行查询和了解；同时也是一种企业形象的展示。图 7-4 为“中国信用信息服务网”的资信公告页面。

图 7-4 “中国信用信息服务网”的资信公告页面

目前，这种做法在国内尚不很普遍，但“中国信用在线”、“中国信用信息网”已经开了个好头。

（7）怎样进行涉外资信调查

资信是资产和信誉的简称。涉外资信调查是指在订立涉外经济合同之前，中方经营者对外国公司、经济组织或者个人的签约资格、资本状况、商业信誉、履约能力等，通过一定手段和途径进行考察、了解。在对外贸易交往中对外商实施必要的涉外资信调查，将有利于提高涉外经济合同的履约率和涉外经济交往的安全性，可以最大限度地避免被不法外商欺骗的情况发生。

涉外资信调查一般包括以下三个方面。

1）对外商签约主体资格的调查

① 若外方以个人名义与中方签约，则须了解该人按其本国法律是否具有法定的行为能力和相应的民事主体资格。如：是否达到了订约的法定年龄，是否患有精神疾病，是

否已被宣布为禁资产人等。中方可通过要求签约人提供身份证明、固定住所、营业地、委托权限、授权证书等征明材料来确定。

② 若外方是以企业等经济组织的名义与中方签约，则须了解对方经济组织的性质、资格、所属国籍及登记注册地、法定名称、住所、营业范围、主营业地的详细地址、董事长和经理的姓名等事项。

③ 若对方是公司，则还要了解该公司的性质。

必须注意的是在许多国家和地区，无论是个人独资企业、合伙经济组织还是有限责任公司，其登记成立与注册终止的时间都很快，有些甚至是为一时的商业急需而登记成立，业务完成就终止注册。要提防有些诈骗者用已经不存在的公司名义或者买来的“公司”名义行骗。

因此，签约前必须要求外方提供其所在国或所在地政府登记注册的合法证件副本或影印件，并通过我国驻外机构来确定其真伪。

2）对外商经济状况的调查

外商的经济状况包括注册资本情况、资产负债情况、生产经营情况等几方面，它是外商履约能力的标志。

① 注册资本总额是外商在注册机构登记的资本数额，它表示公司等法人经济组织依法成立必须具有的最低资本数额。值得注意的是，许多外国政府对法人经济组织注册资本的最低额很少限制，仅有几百美元或几千美元注册资本的公司大量存在，一旦经营失败，仅以注册资本承担有限责任，不足清偿债务时他们便宣告破产来逃避债务。

② 资产负债情况：了解外商所负债务与其注册资本的比例，确定其是否属于负债经营。可以要求外商提供经注册会计师核实的近期经营年报表和资产负债表、损益表以及有业务往来的金融机构出具的资本信用证书；也可以根据业务代理关系委托外国代理银行代为调查外商资金情况；还可以要求外商提供其开户银行的名称、账户，由中方通过银行、咨信公司或其他途径（如：通过国外的专门调查机构、华侨团体等）进行调查了解，必要时由外商提供经公证机构证明的担保证书。

③ 生产经营情况：主要了解外商近年来的盈亏情况、产品销售情况以及在国内国际市场上竞争能力的强弱情况。对外商的生产经营情况及发展潜力，可以从外商生产、销售数量和从事新产品、新技术开发等重要部门的雇员的人数、资历、报酬及他们的工作情况中得到估价。

3）在网络营销中哪些时候应考虑使用资信调查

就一般情况而言，需要使用信用调查的有以下七种情况：

① 与新客户进行第一次往来交易时；

② 老客户的资料超过一年时；

③ 客户改变交易方式时；

④ 遇有重大合作项目时；

⑤ 客户的订单过大、骤增或骤减时；

⑥ 处理与客户的各种纠纷时；

⑦ 特别是与生疏的客户进行跨国网络营销时更应该进行资信调查。

3．采用安全支付方式规避支付风险

随着网络营销的深入探索，已经出现了多种安全支付方式。比如阿里巴巴采用支付宝进行支付就是一种安全支付方式。支付宝运作的实质是以支付宝为信用中介，在买家确认收到商品前，由支付宝替买卖双方暂时保管货款的一种增值服务。

支付宝公司自 2004 年 12 月 18 日成立以来，短短的一年多时间、迅速成为会员网上交易不可缺少的支付平台，深受广大会员喜爱，引起业界高度的关注。截至 2005 年 12 月 31 日注册会员数量突破了 1000 万元，日交易额突破 2000 万元。

4．进行保理避免出口结汇风险

（1）保理业务概念

资料统计显示，目前赊销贸易已占全球贸易总额的 70%左右。许多出口商意识到，要在贸易竞争中立于不败之地，就必须采用赊销方式。这一点在向发展中国家出口时，显得尤为重要，但出口商如何防范收汇风险呢？这正是保理业务所要解决的。

国际保理，是保付代理的简称，也叫保收代理。它是保理商向以赊销方式出售商品或服务的出口商（卖方）提供的综合性金融服务，出口商将其现在或将来的基于其与买方（债务人）签订的货物销售合同或服务合同所产生的应收账款转让给保理商，由保理商向出口商提供贸易融资、销售分户账管理、应收账款催收、信用风险控制和坏账担保这四项服务中的至少两项。

当前，国际保理已经代替信用证在国际贸易中发挥越来越重要的作用。因此，在网络营销中也已经涉及国际保理的业务。

在国际保理业务中，通常由出口商所在国的一个保理商（出口保理商）与买方所在国的一个保理商（进口保理商）分工合作共同完成保理服务。出口保理商对出口商负责，向出口商提供融资和应收账款管理服务，与出口商签订保理协议；进口保理商对买方负责，为买方向出口保理商提供信用额度，催收未清偿发票款项，并保证买方到期付款；出口保理商与进口保理商相互负责，签订保理商间协议。由于进口保理商与买方同处一国，它的介入使对买方的信用评估变得相对容易。

（2）保理业务的具体做法

出口人事先与保理商签订保理协议。根据协议，出口人按买卖合同规定发货后，有关运输单据径直寄交进口人，而将应收账款的单据寄给保理商，由保理商通过其在进口地的代理人负责向进口人收款，保理商收到货款后，扣除一定的手续费，将货款交给出口人。

保理商在与出口人订立保险协议前，通常事先要对进口人进行资信调查，只有在进口人资信被认为确实可靠的前提下，保理商才接受办理保理事宜。

在这里，信用额度是一个风险限额的概念，它是进口保理商通过对买方资信进行调查评估而得出的针对出口商的供货买方所能承受的最大支付能力。这一额度可以是单笔额度，也可以是循环额度。但不管怎样，只要出口商在进口保理商已核准的信用额度内向买方供货，就可以获得进口保理商的付款保证。

在国际保理中，进口保理商做出担保付款的情形除了包括因买方资信原因导致的不付款，还包括因国家风险、不可抗力和自然灾害造成的付款风险。因此，可以说国际保理帮助出口商解决了国际贸易中最主要的风险：收汇风险。加之其所具有的无追索权融资功能，国际保理的优势是显而易见的。

但是需要强调的是，保理业务的某些交易特征含有潜在的不足，值得引起出口商注意。只要运用得当，保理仍不失为一种为赊销贸易服务、功能全面而有效的金融手段。

（3）对从事保理业务的几点建议

1）严格制定合同条款

从法律上，买方应根据买卖双方签署的销售合同对所购买的产品或服务付款，因此订立合同的内容和释义要清晰、明确。实务操作中，买方的争议通常是针对货物的种类、质量和数量提出，出口商可以在贸易合同中明确规定买方提出争议时所需要的法律文书，如买卖双主都认可的独立的质量检验机构出具的检验证书等，以便在发生争议时作为裁决的依据。

2）认真履约，不超额度发货

保理业务不是那些管理混乱、信用不佳、财务状况恶劣的公司的救命稻草，它只对具有良好成长性的公司有所帮助。国际保理的债权转让以出口商适当履行义务为前提，这包括严格履行销售合同义务和保理合同义务。出口商应保质保量、按时发货，将发货金额控制在进口保理商核定的信用额度内，并且还要注意按照与出口保理商签订的保理协议履行自己在保理业务项下的其他一些义务，才能真正获得保理商的保障。

3）注意单据质量和保存

保理项下的商业单据一般由出口商在发货后自行寄给买方，这是保理业务比信用证简便、灵活之处。但出口商仍应注意商业单据的质量，至少保证合同、发票、运输单据、检验证书、装船前要求的其他单据，以及其他履行销售合同的证明等内容完整一致、准确清晰、与进口保理商核定信用额度时的情况一致。这些证明文件都有可能使出口商在日后处理争议时处于主动地位。

4）选择信誉卓著、富有经验的出口保理商

保理商的服务质量是成功的关键。信誉卓著、富有经验的出口保理商可以帮助出口商对风险把关。因此，出口商应该预先查阅出口保理商的介绍资料，看看它的从业历史、业务规模、以往纠纷的解决情况、在保理商联行会的资格与排名、是否具有国际性大银行的背景等，以便选择高水平的合作者。

有些情况不可保理，包括：含有使进口保理商难以向买方收取款项的销售条件，比如代销、寄售、对销、退货或禁止转让；出具第一单发票时产品还未完工，如分期付款；

具有延续性义务的合同；大型成套设备的出口，出口商需要完成安装、调试、培训等一系列售后服务等。这些情况应及时向出口商指出。

5. 建立能动的预防风险的管理机制

在商界有一句格言："客户既是企业最大的财富来源，也是最大的风险来源。"所以要规避风险，就要加强对客户的资信管理。

（1）实行复核发货制

前面已经讲到，很多上当受骗的问题在于轻信对方的甜言蜜语就把货发了出去。因此，规避网络营销中的风险，非常重要的一点是要控制发货，复核发货，慎重发货。根据一些单位的经验，对网络营销中的标的较大的贸易一般要进行复核后发货。

复核一般情况下要换人进行，以避免"熟人相轻"，因为疏忽造成风险和损失。

（2）加强客户的资信管理

加强客户的资信管理的基础工作是客户的信息管理。

目前我国绝大多数企业的客户信息管理工作都无法满足对客户进行风险控制的需要，许多企业还停留在各个业务部门或业务员单独管理客户资料的阶段。存在的主要问题是客户信息不全、分散、陈旧。这种状况使一些企业宝贵的客户资源变成了某些业务人员个人的资本，一旦发生业务员跳槽或与公司出现利益纠纷，他们轻则带走客户关系，重则与客户内外勾结，往往会给公司带来重大的经济损失。例如，有一个公司，因为一个重要的销售人员不满意公司待遇，将自己掌握的几十个重要客户的资料和关系带到了另一个竞争对手的公司，结果造成该公司年销售额一下子下降 5000 万元。更为重要的是，由于该业务员带走了合同和发货单据，而使其中一个客户拖欠的账款无法追回。

因此，在网络营销中，实施对客户集中、统一、规范化的数据库管理方式和一整套严格的客户信息管理制度，是非常必要的。在应用外贸跟单管理软件的单位，要设定客户信息的分级管理制度和查阅权限，并要进行保密设定。只有这样，才能有效地控制由于客户信息失真或失控而带来的风险。

客户管理的另一项核心工作就是要对客户，尤其是有赊销业务往来的客户进行严格的资信调查和信用评估。了解了欠账单位的资信情况，对于催讨货款，果断决策，是有非常重要的意义的。

在信用风险损失中，人们往往想到的是追不回来的坏账。因为坏账损失将直接从利润中扣除，比较直观、也比较明显。然而，信用风险中的另一个损失是逾期应收账款利息损失。一位名叫爱德华的外国企业管理专家曾做过一项统计，发现几乎在所有的企业中，由于应收账款不能及时收回而造成的利息成本，竟然要高于坏账损失。

在我国企业中，应收账款拖欠成为一种普遍的现象。以一家大型国有企业为例，该公司逾期应收账款为 36 亿元，占全部流动资产的 51%，其中拖欠 1 年以上的为 24 亿元，占流动资产的 34%。每年因此造成的利息损失高达 1.5 亿元。由这组简单的数据不难看出，该企业承担多大的额外管理费用和机会成本。

一项调查表明，目前我国企业中应收账款占流动资金的比例平均在 40%～50%，而且逾期一年以上的账款占有相当大的比重。如此严重的拖欠，使我们不难理解，国有企业为什么难以真正摆脱亏损的困难，为什么经常发生流动资金紧张，为什么资金使用效率不高以及为什么没有市场竞争力。

鉴于上述情况，在全程信用管理中，企业应分别从对客户的信用额度控制和应收账款管理两方面进行规范化、制度化的管理。这也是发达国家中大多数企业的成功经验。

如果把前面介绍的“客户资信管理”称为“事前控制”，那么客户授信制度就是“事中控制”。事中控制是整个企业信用风险管理工作的核心，需要由专职管理人员承担。

应收账款管理，包括对信用期内应收账款的监控和发生拖欠的账款进行及时、有效地追收两个部分，称之为“事后控制”。它仍然需要我们在业务管理中，贯彻一套系统化、规范化、制度化的控制方法。中关村推出了《企业信用报告》服务。根据企业信用的具体情况，将企业信用分五个级别。把企业的重大失信行为在网上曝光。这是“建设诚信中关村”的一项重要举措。自 2001 年《中关村科技园区企业信用制度试点暂行办法》实施以来，该项工作已有初步进展。

这些经验值得各地学习。但是，由于我国尚没有信用法，因此推出的企业信用报告服务属于“自愿申请、有偿服务”，并非强制执行。但从发展看，一些信用较好的企业必将会率先申请评估，并最终形成信用企业的联盟，有利于提升中国企业的整体信用等级。在信用状况体系建立后，企业的基本信用信息可在网上无条件查询，对于一些企业的重大失信行为，也将在网上曝光，那必将对提升企业的信用质量发挥重大的作用。

7.2 “网络钓鱼”风险的防范

在网络营销的各种风险中，最为普遍、最有欺骗性、最有代表性的有两种风险，就是“网络钓鱼”风险和“尼日利亚骗局”风险。因此，从事网络营销的人，一定要会识别和应对这两种最典型的网络营销风险。

7.2.1 “网络钓鱼”风险的主要表现和危害性

1.“网络钓鱼”风险的危害性

（1）什么是“网络钓鱼”

网络钓鱼是网络上众多诱骗手法中的一种主要的，具有普遍性的网络骗局。由于这种网络骗子的骗人手法很像现实生活中的钓鱼过程，所以就被称为“网络钓鱼”。

网络钓龟的诱骗手段很多。

① 通过网络发布一些虚假的、低价的产品信息作为诱饵，诱使购物心切的人们上当受骗。

② 用一些假冒网站窃取用户银行卡的账号、密码等重要信息，让人们受到经济上的损失。

③ 网络钓鱼者还会利用一些网络技术四处传播木马病毒，窃取电脑机密。

④ 搭建虚假电子商务平台等实施欺诈行为，从而达到“网络钓鱼”的目的。

随着钓鱼式攻击技术的发展，新的攻击方式不断出现，其攻击手段越来越狡猾，基于即时通讯的攻击、利用 JavaScript 在合法的网页上隐藏的攻击等不断翻新和扩展。因此，网络钓鱼已经成为当前网络安全的重要隐患和重要的网络犯罪。犯罪分子每天发送数以百万计的“钓鱼邮件”，诱使一小部分警惕性较低的人上当受骗。

调查表明：截至 2005 年 5 月的一年中，有 7300 万美国互联网用户，人均收到过 50 多封网络钓鱼邮件，这个数字比 2004 年增加了 28%，比 2004 年前 6 个月网络钓鱼邮件的数量增加了 4 倍。也就是说，每 5 个美国人中就有一个可能成为那些“网络钓鱼”者的攻击目标。因此，网络钓鱼 2004 年给美国造成了近 10 亿美元的经济损失。

在亚太地区，网络钓鱼也已经成为目前银行业增长最快的非暴力犯罪行为之一。

根据国家计算机网络应急技术处理协调中心的统计，目前中国的网络钓鱼网站占全球钓鱼网站的 13%，名列全球第二位。2004 年一年，公安部侦破网络诈骗案件 1350 起，2004 年 7 月以来，该类欺诈报告更是以月均 26%的速度递增。2005 年一季废已侦破网络诈骗、盗窃案件 543 起，关闭六合彩等欺诈性网站 1361 个。2004 年全国两个月破获短信网络诈骗案 1623 起。

2004 年 12 月 8 日中国银行网站被假冒，用户登录这一假网站之后发现页面风格与真网站并无两样，但多出了要用户填写卡号一栏。用户如果填写卡号与密码，这一骗局就会得逞，就会造成用户信息泄露。

应该指出的是：这种情况不是个别的。仅 2004 年国家计算机网络应急技术处理协调中心就接到了金融网站和电子商务网站的仿冒报告 223 起，同比增加了上百倍。

2005 年 4 月以来，国内著名电子商务网站“淘宝网”连续发生数起卖家网上账户被盗事件。账户里的钱通过“网上转账”功能被异地划拨，而且都是工商银行账户。虽然几位“苦主”的失窃金额一般在 1000 元至 2000 元，但却给方兴未艾的个人网络交易市场带来了不小的恐慌。毕竟，国内仅淘宝、eBay 易趣两大网站的注册用户就超过 1800 万，买卖双方每月发生的交易金额就超过 4 个国美或苏宁店。

这类网上被盗事件的出现很可能是用户电脑不慎中了“网银大盗”电脑病毒，或者“宝宝病毒”。其中“宝宝病毒”是黑客专门用来偷中国工商银行与淘宝网等网站用户的账号和密码的，此病毒主要通过电子邮件进行传播，用户运行邮件附件之后就会被感染。

此类偷窃行为的一个“学名”就叫“网络钓鱼式攻击”。反病毒专家表示，网络钓鱼式攻击主要以骗取用户各种在线交易的账户、密码为目的，从而给用户造成严重的经济损失。这些钓鱼式攻击手法比较隐蔽，对中国电子商务的危害也最大。

这一切表明：网络钓鱼已经成为当前网络营销中的一个重要的网络风险。

（2）“网络钓鱼”的主要危害

网络钓鱼的发生其范围之广，影响之大，手段之复杂是少有的。因此，它给网络营销带来了巨大的危害。

1）恶化了网络营销的生态环境，搞乱了经济秩序

诚信原则，这是商业活动的基础。利用电子商务进行交易必然会涉及信用问题，比如说商品的品质，网上购物时的支付手段，以及商家的物流配送等环节都会与“信用”二字挂钩。但是，网络钓鱼等诈骗活动，会造成网络信用障碍，严重地影响了网络生态环境的建设。

电子商务交换模式的一个重要特点是要实现从看货到付款的“直接交换”，过渡到以信用工具和信用体系为中介的“间接交换”。这种间接交换的普遍性，就依赖于信用体系的有效性。电子商务的诚信伦理是传统商业伦理的新发展，它建设的好坏对于目前中国市场经济的规范化运作起着至关重要的作用。网络诈骗活动的发展和蔓延将使我们付出极大的信用建设成本，将影响电子商务生态环境建设的进程。

严重的是：这些堂而皇之的阳光下的行骗，不仅将老百姓的钱财顺理成章地据为己有，将一批又一批满怀投资希望的老百姓“洗”得一穷二白，更搅乱了国家的管理秩序、金融秩序、市场秩序。

2）骗取网民钱财使网民遭受经济损失

网上发布的海关查获的走私物品、二手汽车、超低价手机等诱饵具有极大的诱惑力，又有极大的欺骗性。一旦有人与他们联系，便以代缴税金、邮费、保险费等名义让受害人汇款。

据调查：这类诈骗犯罪涉及全国各地，受骗者既有工人、农民、知识分子，也有国家机关干部；既有城市居民，也有乡村群众。犯罪分子诈骗金额越来越大，几万元、几十万元，甚至上百万元，使有的受害者倾家荡产，甚至有的机关、企业财会人员不惜挪用公款汇给骗子，给国家集体和个人财产造成重大损失。

小贴士

湖南株洲市某公司出纳员为担任所谓的香港“六合彩”湖南总代理，先后 6 次挪用公款 37 万元；广州市某工商局出纳员为得到“六合彩特码”，将 200 万元公款汇给诈骗犯罪分子；广东省东莞市农民陈某，3 天之内先后 22 次汇款给骗子，一共被骗走 101 万元；北海市地角村一伙无业青年以出售网络电子游戏的装备为名，诈骗 16 个省市数百群众的 200 多万元。所有这些网络诈骗活动都使网民遭受了很大的经济损失，甚至倾家荡产。

（3）挤占信道影响正常通讯秩序

据有关部门统计，国内 2.8 亿手机用户，平均每天发送的短信数量超过了 3 亿条。在数量庞大的短信背后，垃圾短信、骚扰短信以及利用短信诈骗的问题也愈加严重。有人做过调查，结果显示几乎 100%的手机用户都曾收过陌生的短信服务，从天气预报到广告，

从交友信息到时事新闻，从“中奖”到提供“六合彩”特码等，内容五花八门。

在此类犯罪严重的地方，大量的群发短信占用了通信网络，导致一些地方短信中心信道严重阻塞，移动通信基站经常发生信道被挤占，影响了系统的正常运行和手机的正常使用，干扰了群众的日常交往和联系，也阻碍了正常的经济往来。

2.“网络钓鱼”的主要作案手法

（1）网上拍卖不给商品

美国联邦贸易委员会最新公布的《扫荡网络诈骗》报告中，列举了全球十大最流行、最猖獗的网上欺诈手法，其中以网上拍卖名列榜首，受害人大多数是中标付款后却收不到商品。据 2002 年美国全国消费者协会调查，2001 年，美国有 41%的网上拍卖交易买方投诉被骗，人均损失 326 美元。而据 IFCC 调查，网上拍卖活动中发生的诈骗案件占全部网上诈骗案件的 43%。

这种最直白的行骗手法在我国也大行其道。山东泰安的王先生，他在雅宝拍卖网上（www.yabuy.com）通过网上竞价的方式购买了一部 Nokia8810 手机，汇款给卖主后，王先生就和这位名叫“kiss590069”的物主失去了联系。后经调查发现：这位“kiss590069”还通过类似的方法，骗取了另外四位网友的钱。在警方的介入下，才得以挽回了损失。类似的案例在网上比比皆是。

（2）发送电子邮件以虚假信息引诱用户中圈套

如一种骗取美邦银行（Smith Bamey）用户账号和密码的“网络钓鱼”电子邮件，该邮件利用了 IE 的图片映射地址欺骗漏洞，并精心设计脚本程序，用一个显示假地址的弹出窗口遮挡住了 IE 浏览器的地址栏，使用户无法看到此网站的真实地址。当用户使用未打补丁的 Outlook 打开此邮件时，状态栏显示的链接是虚假的。

当用户点击链接时，实际连接的是钓鱼网站 http：//**.41.155.60：87/s。该网站页面酷似 Smith Barney 银行网站的登录界面，用户一旦输入了自己的账号密码，这些信息就会被黑客窃取。

（3）建立假冒网站骗取用户账号密码实施盗窃

犯罪分子建立起域名和网页内容都与真正的网上银行系统、网上证券交易平台极为相似的网站，引诱用户输入账号密码等信息，进而通过真正的网上银行、网上证券系统或者伪造银行储蓄卡、证券交易卡盗窃资金；还有的利用跨站脚本，即利用合法网站服务器程序上的漏洞，在站点的某些网页中插入恶意 HTML 代码，屏蔽住一些可以用来辨别网站真假的重要信息，来窃取用户的真实信息。

又如 2004 年 7 月发现的某假网站，网址为 http：//www.lenovo.com；而真网站的网址为 http：//www.lellovo.com，诈骗者利用了小写字母 l 和数字 1 很相近的障眼法，通过 QQ 散布“××集团和××公司联合赠送 QQ 币”的虚假消息，引诱用户访问该假网站。

用户一旦访问该网站，首先生成一个弹出窗口，上面显示“免费赠送 QQ 币”的虚假消息。而就在该弹出窗口出现的同时，恶意网站的主页面就会在后台通过多种 IE 漏洞下载病毒程序 lenovo.exe（TrojanDownloader.Rlay），并在 2 秒后自动转回到真正的网站主页，使用户在毫无觉察中就感染了病毒。

病毒程序执行后，将下载该网站上的另一个病毒程序 bbs5.exe，用来窃取用户的传奇账号、密码和游戏装备。当用户通过 QQ 聊天时，还会自动发送包含恶意网址的消息。

（4）利用虚假的电子商务进行诈骗

此类犯罪活动往往是通过建立电子商务网站，或在比较知名的大型的电子商务网站上发布虚假的商品销售信息来进行网络钓鱼的。一旦犯罪分子在收到受害人的购物汇款后，就销声匿迹了。如 2003 年，罪犯佘某建立“奇特器材网”网站，发布出售间谍器材、黑客工具等虚假信息，诱骗顾主将购货款汇入其用虚假身份证在多个银行开立的账户，然后将钱款转移后提出。

从事这类网络诈骗活动的不法分子，大都采用在知名电子商务网站如“易趣”、“淘宝”、“阿里巴巴”等发布虚假信息，以所谓“超低价”、“免税”、“走私货”、“慈善义卖”的名义出售各种商品。很多人在低价的诱惑下上当受骗。

由于网上交易多是异地交易，通常需要汇款。不法分子一般要求消费者先付部分款，再以各种理由诱骗消费者付余款或者其他各种名目的款项，等到钱款汇到或他们的伎俩被识破时，就立即切断与消费者的联系。

（5）利用木马和黑客技术窃取用户信息后实施盗窃

木马制作者通过发送邮件或在网站中隐藏木马等方式大肆传播木马程序，当感染木马的用户进行网上交易时，木马程序即以键盘记录的方式获取用户账号和密码，并发送给指定邮箱，用户资金必然受到严重威胁。

曾在网上出现的、盗取某银行个人网上银行账号和密码的木马 Troj_HidWebmon 及其变种，甚至可以盗取用户数字证书。又如木马“证券大盗"，它可以通过屏幕快照将用户的网页登录界面保存为图片，并发送给指定邮箱。黑客通过对照图片中鼠标的点击位置，就很有可能破译出用户的账号和密码，从而突破软键盘密码保护技术，严重威胁网上证券交易安全。

还有一些网络钓鱼者在个人网页上种植木马病毒，凡访问该网站者就会中毒。通过其向访问者的计算机下手，窃取访问者的银行账户和密码，再通过电子银行转账实施盗窃行为。如某市新华书店网站（http：//www.**xhsd.com）就被植入了“QQ 大盗”木马病毒。当善良的人们进入该网站后，页面显示并无可疑之处，但主页代码却在后台以隐藏方式打开另一个恶意网站 http：//www.dffxhsd.corn/icyfox.htm（Exploit.MhtRedir）。后者利用 IE 浏览器在用户完全不知情中下载恶意 CHM 文件并运行内嵌其中的木马程序。木马程序运行后，将把自身复制到系统文件夹，同时添加和更改注册表项。这样在 Windows 启动时，木马就会自动运行，网络骗子借此机会盗取用户 QQ 账号、密码甚至身份信息。

（6）网址欺骗

网址欺骗是网络骗子利用人们很难记住众多网址的特点，采用以假乱真的手法进行的又一种“网络钓鱼”诈骗活动。中国一名捐款者用搜索引擎查找到一个名为“中华慈善总会”的网站 www.chinaeharity.cn.net，结果却发现真网址应该为 www.chinacharity.cn。前者比后者只多了个 net，已经完全到了以假乱真的地步。

（7）利用用户弱口令等漏洞破解猜测用户账号和密码

不法分子利用部分用户贪图方便的特点，在一些网站设置弱口令的漏洞，对银行卡密码进行破解。如 2004 年 10 月，三名犯罪分子从网上搜寻到某银行储蓄卡卡号，然后登录该银行网上银行网站，尝试破解了弱口令，并屡屡得手。

（8）利用手机短信进行诈骗

手机的普及使犯罪分子觉得利用手机短信进行诈骗，十分方便而又快捷。于是，近年来利用手机短信进行诈骗的活动猖獗起来。2004 年全国两个月就破获短信网络诈骗案 1623 起。

一对夫妇经营着一个巨大的手机“中奖”短信息制造中心，由电脑控制的 24 部手机，每部手机以 3 秒一条的速度日夜不停地向全国手机用户发送所谓的中奖短信。如果不是恶意透支 12 万元巨额话费而引起警方介入，该夫妻俩的短信息制造中心可能仍在继续运转。

查抄作案窝点的重庆市万州区公安局刑侦支队民警进入作案分子的小屋时发现：清一色的 24 部诺基亚 510 手机，蜘蛛网似的连在几个“群发器”上，由一部存储着手机号码的电脑控制。“群发器”的屏幕上自动翻滚着不同的手机号码，平均 3 秒就发出一条短信息。

而更令人震惊的是，被视为高度机密、连警方办案都提取不到的各省市移动电话号码分段表，在犯罪分子的电脑里居然可以查到。不仅如此，作案者的电脑里的控制软件还有自动识别功能。尾数为“8888”等吉利数字的手机，给它发出的短信的“中奖奖品”起码是一辆汽车。软件设计者显然知道，用吉利数字的电话号码者多是有钱人。

在缴获的电脑里，警方调出一些正在发送的中奖短信。内容为“本公司周年庆回报社会，恭喜你的手机号码被随机抽中特等奖。奖品是一辆价值 19 万元的雅阁轿车。请你尽快与本公司联系，电话：***（手机号码）”。中奖奖品等级不一，内容涉及多个方面。

这些犯罪嫌疑人利用自制的手机短信群发器，在 1 分钟内就可以向全国各地发出一万条诈骗信息，如果一万个人中有几个人上当，他们的收入就很可观了。

据了解，这些不法分子可以通过电脑上的群发软件，在几秒钟之内将虚假信息发送到上万个用户的手机上。但不法分子在办理手机入网手续时，往往用的是假的或捡来的身份证，有的是用不明真相的外地民工的身份证。由于目前手机运营商对入网手机采用的是后付费方式，不法分子正是钻了这个空子，通过透支话费的方式大量进行群发短信，然后再更换新的手机号码。

另外，从技术和法律上来讲，手机运营商目前还无法控制这类不良短信的发送。一方面，手机短信本质上属于公民通信隐私，很多通信内容运营商是无权查看的；另一方面，不法分子都是异地号码发送短信，而各家运营商只能对本省范围内自家的号码进行监控，对于外省号码和其他运营商的号码，须经过层层报批才能对其进行相应的管理。这在一定程度上也增大了管理的难度。

针对手机诈骗现象严重的问题，韩国早在 2001 年起，就采取一户一网、机号一体的手机号码入网登记制，并规定广告商在发布手机短信广告时，必须注明“广告”字样和发送者的单位、电话及手机号码。如果手机用户不愿意接收该信息，所产生的电话费将由广告发送者承担。为保护客户的隐私权，商家在每天晚 9 时至第二天上午 8 时之间不得发送短信广告。还规定，对滥发垃圾短信者将处以最高 8500 美元的罚款。此后，短信诈骗案大为减少。

7.2.2 防范网络钓鱼的措施和技巧

为了防范和战胜网络骗术，人们在和网络骗子的斗争中想出了很多办法。这些办法对于防范网络钓鱼起到了重要的作用。

网络营销中一些有效的、具有可操作性的防范措施和技巧很多，这里介绍一些主要方法。

1．申请并安装数字证书

（1）什么是数字证书

数字证书是驾驶执照、护照和会员卡的电子对应物，你可以通过出示电子数字证书来证明你的身份从而获得访问在线信息或服务的权利。

数字证书将身份绑定到一对可以用来加密和签名数字信息的电子密钥，能够验证一个人使用给定密钥的权利，这有助于防止有人利用假密钥冒充，确保交易中各方身份的真实。

数字证书由 CA 认证中心发放，一个数字证书一般包括：所有者的公钥、所有者的名字、公钥的失效期、发放机构的名称（发放数字证书的 CA）、数字证书的序列号、发放机构的数字签名等。

被广泛接受的数字证书格式由 CCITT X.509 国际标准定义，因此任何符合 X.509 的应用程序都可读写证书。

数字证书可以向银行或第三方安全认证机构去申请。中国金融认证中心（CFCA）就是金融行业权威的第三方安全认证机构，也是数字证书的发放机构。老百姓申请 CFCA 证书，可以到已经获该证书审批的多家商业银行进行申请。银行会把申请人的信息传送到 CFCA，经审核后，申请人会获得相应的密码，凭这些密码就可登录到 CFCA 的网站下载数字证书，并把它保存在 USBKEY（电子钥匙）上。

以后每次使用，在电脑上插入 USBKEY 就可以了。个人用户申请 CFCA 数字证书一年约为 10 元，企业客户一年约为 200 元。

作为提供权威数字证书的第三方，如果是由于 CFCA 原因使客户受到损失，CFCA

会承担相应的赔偿责任。目前标准是企业客户最高赔偿 80 万元，个人客户最高赔偿 2 万元。

（2）数字证书使用中的两个注意事项

① 注意在登录所有国内商业银行第一次进入网银项目时，要先下载数字证书。用户有了证书，就可以通过检查安全证书来确定身份。

② 注意点击浏览器右下角状态栏上的挂锁图标后，就可查看证书内容，确认所显示的证书信息，以便检查安全证书是否仍在有效期内。

2. 规范使用操作

实践证明：规范使用操作其实是一种非常简单的自我保护方式，可以从连接来源、证书使用场合等方面，通过规范使用场合来规避和预防网络诈骗案件的发生。

（1）做到“三及时一避免”

及时安装并升级杀毒软件，及时安装个人防火墙，及时安装操作系统补丁，避免下载来路不明的文件。

（2）不在不安全的地点进行在线交易

使用网络银行时，选择使用网络凭证及约定账户方式进行转账交易，不要在网吧、公用计算机上和不明的地下网站做在线交易或转账。

（3）不盲目接受英文邮件

大部分的“网络钓鱼”信件使用英文，除非你在国外申请该服务，不然应该收到中文信件。遇到可疑信件不随意打开，也可转发给网络安全机构。

（4）认真查对短信的来源

对银行发来的手机短信，如涉及账号问题要和银行进行验证性电话确认。

（5）对要求重新输入账号信息要进行电话验证

但凡接到“要求重新输入账号，否则将停掉信用卡账号”之类的邮件应提高警惕性，不仅不要回复或者点击邮件的链接，而且可以通过电话对该信息的真伪进行确认。

（6）访问网站一定使用浏览器直接访问

输入网址前，有必要确认网址的来源。点击邮件中的链接、短信即时通信工具如 QQ 和 MSN 中的链接都是不可取的，特别是进行网络商务交易的过程中千万不要那样做。

3. 掌握网上银行安全使用技巧

进行网上支付，有许多严格的使用规则和技巧。很多使用者不注意认真地阅读网上银行的支付说明及其相关规定，这是造成失手或被骗的一个重要原因。

为了让大家能掌握网上银行安全使用技巧，下面以中国工商银行的网站为例做个介绍。

进入网上银行后，在看到输入框时，不要急于输入信息，此时要检查 IE 是否启用加密连接（看看是不是有小锁的图标），并检查证书是否有效（双击小锁图标，打开“证书”

界面，查看其有效期），最好还要检查证书是否与地址栏的地址相匹配（在“证书”界面中选择“证书路径”，并查看“证书路径”最后一项是不是与地址栏中的地址一致），如果有其中一项不符合或不一致，那么就要先停止支付操作，进行原因追踪。

接下来，为了防止计算机中可能有木马窃取重要的信息，建议输入卡号与密码时采取如下方式：

如卡号为“123456789”，密码为“654321”，输入卡号时先输入“567891234”，再利用剪切/复制功能改为正确的卡号。这样，记录键盘操作的木马就无法取得你正确的卡号，这就避免了木马窃取卡号的风险。

有的银行登录密码和取款密码可以设置为不同的密码，如果银行有这样的服务，请一定将取款密码与查询/登录密码设为不同密码，这样即使查询/登录密码泄露，也不会影响资金安全。

在输入密码时先输入一次错误密码，不仅可以防止木马记录键盘操作，更可以防止克隆网站情况的发生。一些克隆网站常常会给出“系统忙”、“服务器出错”等信息，假网站的面目就会暴露。

应该指出的是：如果使用正确密码登录经常出错，无论什么原因，都应该立刻修改密码。

4．安装使用“反钓鱼专家”

由于“网络钓鱼”的网络诈骗手段令人痛恨，因此，制止和反击网络钓鱼的软件和工具应运而生。雅虎免费推出了“反钓鱼专家”下载版本，就是可以智能分辨真假银行网址，让用户放心使用网络银行，为网民提供网上安全交易环境的一款安全服务软件。

网民可登录“雅虎”网站，免费下载“反钓鱼专家”。启用“反钓鱼专家”后，无论用户访问任何网站，都会通过 IE 窗口右下角对用户进行安全提示。该安全提示为三个不同颜色的提示灯，用户可以根据该提示灯察看该网站是否安全。除了上述的主动提示功能，“反钓鱼专家”还整合了上网助手的举报和系统诊断功能，并对反钓鱼名单库定期进行更新升级，给用户提供多重保护，从而避免用户被假银行网站欺骗。

现在只要安装了上网助手新版，当你在 IE 地址栏中输入某个银行的中文名称（例如：中国银行），回车后，上网助手就会自动帮你打开该银行的网上银行网站，这样，你就永远也不会因为输入假的银行网站地址而误入歧途了。

因此，以后登录网上银行时，如果你不记得网址，就可以通过这种方法来正确登录网上银行的网站，做到万无一失。

5．采用动态口令密码技术，用刮刮卡输入密码

中国建设银行首先推出了动态口令密码技术，用刮刮卡输入密码。每张刮刮卡覆盖 45 个不同的密码。客户在登录网上银行后，需要输入交易密码时，只要按顺序输入刮刮卡上的密码就行了。

这种动态口令技术在欧洲已有 6 年多的应用时间，在网上银行发达的北欧十分普及。动态口令是一种动态密码技术，客户使用不同的一次性密码，进行身份认证和交易确认，而且每个密码只可以使用一次，不容易被网络骗子发现规律和进行破解。

目前，该项技术已经在辽宁、宁波、浙江三个分行进行了试点。

6．采用规范性安全操作方法

防范网络钓鱼等网络欺诈的发生，除了采取多种防范技术和防范措施，还需要采用规范性的或适应性的具有防范作用的网络操作方法。

（1）使用软键盘输入密码

在网上银行登录页面输入账户和密码时，最好使用软键盘来实现。现在，有些网上银行比如“中国建设银行”就内置了软键盘。这时，可以通过输入法上的软键盘来辅助输入密码。通过软键盘输入密码，可以有效地防止那些通过记录键盘击键记录来盗取密码的恶意程序，保护了我们的隐私。

（2）使用收藏夹避免误入假网站

网络骗子在进行“网络钓鱼”时，就要通过制造形似而实非的假网站，使人们陷入假银行网站的陷阱。针对这种情况，我们在正确登录网上银行后，就可以单击 IE 浏览器中的“收藏夹”→“添加到收藏夹”将网上银行网站添加到收藏夹中，下次就可以直接从收藏夹中调出网上银行页面了。这就防止了误入假网站的陷阱，是一种简单、有效的对付假网站的办法。

7．清除登录网上银行的痕迹

在登录网上银行退出后，要将登录网上银行的历史记录清除掉，以避免木马程序跟踪我们的登录情况，获取我们在网上银行的相关信息。

其清除的方法有两种：其一是使用 IE 自身的清除功能进行清除，其二是利用“上网助手”有选择地清除上网记录。

总之，只要增强网上风险意识，做到精心操作，规范操作方法，就能战胜和排除各种网络骗子的干扰，安全地使用网上银行。

第 8 章

商务网站的推广和建立网上商店

在网络环境下，企业网站已经成为展示营销策略、产品特点、经营理念的主渠道和主窗口。同时，企业网站建设已经成为基础的网络营销服务内容之一。离开了企业网站，许多网络营销策略将无用武之地，企业的网络营销整体的效果也将大打折扣。因此，企业网站既是企业在互联网上的代表，也是企业进行网络营销的重要工具。

8.1 企业网站规划初步

8.1.1 网站规划原则

网站是企业向用户和网民提供信息（包括产品和服务）的一个虚拟市场、一个阵地、一种方式，是企业开展电子商务的基础设施和信息平台。当企业建立自己的网站时，网站的规划将贯穿着网站建设的整个过程，是网站建设中最重要的环节。在网站规划中应注意以下几个原则。

1. 目标明确，主题鲜明原则

企业网站的建设是一项操作性很强的工作，必须围绕企业营销的目标来展开。首先应确定建立网站的主题和目的，确定网站设计的最终目标及总体指导方针。明确建设网站的目标，这是网站规划中的核心问题，需要非常明确和非常具体，建立网站的目的也就是一个网站的目标定位问题，目标明确以后，网站的功能和内容也就基本确定了。

建立网站可以有多种目的。例如，从事产品生产的生产型网站、从事商品流通的流通型网站、从事信息服务的服务型网站，以及作为与客户交流的工具等，不同类型的网站其表达方式和实现手段是不一样的。

规划网站时必须首先明确设计网站的目标。企业建立网站所要达到的效果，一般可能有以下两个目的，第一，企业利用网站树立形象、宣传产品及推广服务，进行简单的电子商务业务活动；第二，企业欲建立完整的电子商务系统，并通过网络开展电子商务业务活动。其次，根据目标进行网站的构思创意，即主题设计切忌目标太多、主题太杂，即使有多个主题，也必须选择中心主题，进行精心设计，并以此来吸引浏览者，否则，将会影响网站效果。另外，要点必须鲜明，要以言简意赅的语言和画面体现网站的整体风格及特色。

将企业网站建设成一个对客户富有吸引力的网站，其信息内容的确定是成功的关键，与网站的主题相关的信息内容越丰富，登录上网的浏览者就越多。如果要达到第一种目标，要在布局、色彩、字体及浏览方式等整体效果考虑，激发用户的兴趣。如果要达到第二种目标，要根据企业的特点设置与之相匹配的信息内容及目标用户，根据网络具有的及时、新鲜等特性突出主题，丰富与主题相关的信息内容，使网站对客户具有吸引力。

2．目的性和用户需求原则

电子商务网站的设计是展现企业形象、介绍产品和服务、体现企业发展战略的重要途径，因此，必须掌握目标市场的情况，受众群体是否喜欢新技术，需求范围，受教育的程度是否较高，是否经常上网等，从而做出切实可行的设计计划。要根据消费者的需求、市场的状况、企业自身的情况等进行综合分析。牢记以“消费者”（customer）为中心，而不是以“美术”为中心进行设计规划。

电子商务网站建设的目的性应该是经过成熟考虑的，其主要包含以下几点。

（1）目的性定义明确

目的性定义应该是明确的，而不是笼统地说要做一个平台、要搞电子商务，应该清楚主要希望谁来浏览，具体要做到哪些内容，提供怎样的服务，达到什么效果等。

（2）从实际出发

电子商务网站的规划应该从实际出发，在当前的资源环境下能够实现的，而不能脱离了自身的人力、物力、Internet 基础以及整个外部环境等因素盲目制定目标，尤其是对外部环境的考虑通常容易被忽略，结果只能成为美好的一相情愿。

（3）主次分明循序渐进

如果电子商务网站建设的目标比较庞大，就应该充分考虑各部分的轻重关系和实现的难易度，想要一步登天的做法通常会导致投入过大且缺少头绪，不如分清主次循序渐进。

3．结构合理，内容清晰原则

合理的网站栏目结构，无非是能正确表达网站的基本内容及其内容之间的层次关系，站在用户的角度考虑，使用户在网站浏览时可以方便地获取信息，不至于迷失，做到这一点并不难，关键在于对网站结构重要性有充分的认识。

网站结构包括目录结构与链接结构，是网站规划与设计的关键，主要体现网站的板块、分类等。共性较多的内容尽量划分到同一版块，没有共性的内容要严格分开，不同版块的内容尽量不要交叉重复。

目录结构指建立网站时创建的目录，链接结构指页面之间相互链接的拓扑结构，其质量对浏览者影响不大，但对于站点本身的维护、内容的扩充及移植影响较大，因此要注意以下几点。

（1）目录合理

在规划目录结构时，不要将所有文件都放置在根目录下，那样将分不清需要编辑、更新的文件及需要删除、关联的文件，从而造成文件管理混乱，影响工作效率。应该按企业性质划分结构，依据结构设定主栏目内容，建立相关子目录，如果需要链接的内容较多并经常更新，可以建立独立的子目录，而对于一些相关性强，不需要经常更新的栏目（如网站简介、企业介绍等），为了维护管理可合并统一目录。除此之外，通常在每个主目录下创建独立的 Images 目录，由于每个站点的根目录下都有默认 Images 目录，如果将所有图片都存放在此目录里很不方便，如果删除栏目，图片的管理相当麻烦，因此，要为每个主栏目创建独立的 Images 目录，可方便管理。

注意：目录的层次不要太多，一般不要超过 3 层；不要使用中文目录，以免对网址的正确显示造成困难；不要使用太长的目录，尽量使用意义明确的目录，以便记忆和管理。

（2）链接明确

链接结构建立在目录结构基础之上，每个页面是一个固定点，存在于立体空间中，两个固定点间的连线就是链接。其中，一个点可以和一个点连接，也可以和多个点连接，具体包括树状链接结构及星状链接结构两种基本方式。树状链接结构（一对一）按照层次结构组织，首页链接指向一级页面，一级页面链接指向二级页面，浏览时逐层进入逐层退出，条理比较清晰，用户可清晰辨别所处的路径，但从一个栏目的子页面到另一个栏目的子页面，必须再回到首页进行，因此，浏览效率低。星状链接结构类似网络眼务器的链接，每个页面相互之间建立链接，这种结构浏览比较方便，用户可以随时到达需要的页面。但是由于链接太多，容易使浏览者搞不清路径。因此，在实际网站设计中，一般将这两种结构结合起来使用，采用首页和一级页面之间用星状链接结构，一级和二级页面之间用树状链接结构，使浏览者既可方便快速到达自己需要的页面，又可以清晰地辨别所在的路径。

（3）内容清晰

不同类别的企业网站，在内容方面的差别很大，由于企业建站目的不同，内容也不相同，网站内容规划没有固定的格式要求，要根据企业需要来制定。例如，一般信息发布型企业网站内容应包括：公司简介、产品介绍、服务内容、价格信息、联系方式、网上定单等基本内容；而完整的电子商务类型网站要提供从会员注册、产品搜索、产品和服务信息、定购下单、定单确认、支付手段及付款、物流配送、相关帮助等。为方便与客户交流，企业网站最好设有与客户进行在线交流的栏目，如 BBS、社区论坛、留言板等。

4. 企业专业特性介绍的原则

（1）对外介绍专业信息

对外介绍企业自身，最主要的目的是向外界介绍企业的业务范围、性质和实力，从而创造更多的商机。在介绍专业信息时应注意以下几点。

① 应该完整无误地表述了企业的业务范围（产品、服务）及主次关系。

② 应该齐备地介绍企业的地址、性质和反馈信息。

③ 应该提供企业的年度报表，这将有助于浏览者了解企业的经营状况、方针和实力。

④ 如果是上市企业，应该提供企业的股票市值或者到专门财经网站的链接，将有助于浏览者了解企业的实力。

（2）对内提供信息服务

对内提供信息服务时，应该注意以下几点。

① 信息的全面性。对所在行业的相关知识、信息的涵盖范围应该全面，尽管内容本身不必做得百分百全面。

② 信息的专业性。所提供的信息应该是专业的、科学的并有说服力的。

③ 信息的时效性。所提供的信息必须至少是没有失效的，这保证了信息是有用的。

④ 信息的独创性。具有原创性、独创性的内容更能引起得到重视和认可，有助于提升浏览者对企业本身的印象。

5. 网站版式设计原则

网页设计作为一种视觉语言，要讲究编排和布局，虽然主页的设计不等同于平面设计但它们有许多相近之处，应充分加以利用和借鉴。

版式设计通过文字图形的空间组合，表达出和谐与美。一个优秀的网页设计者也应该知道哪一段文字或图像该落于何处，才能使整个网页生辉。多页面站点页面的编排设计要求把页面之间的有机联系反映出来，特别要处理好页面之间和页面内的秩序与内容的关系。为了达到最佳的视觉表现效果，应讲究整体布局的合理性，使浏览者有一个流畅的视觉体验。

色彩是艺术表现的要素之一。在网页设计中，根据和谐、均衡和重点突出的原则，将不同的色彩进行组合，搭配来构成美丽的页面。根据色彩对人们心理的影响，合理地加以运用。按照色彩的记忆性原则，一般暖色较冷色的记忆性强；色彩还具有联想与象征的特点，如红色象征血、太阳，蓝色象征大海、天空和水面等。

网页的颜色应用并没有数量的限制，但不能毫无节制地运用多种颜色，一般情况下，先根据总体风格的要求定出一至两种主色调，有 CIS（企业形象识别系统）的更应该按照其中的 VI 进行色彩运用。在色彩的运用过程中，还应注意的一个问题是：由于国家和种族、宗教和信仰的不同，以及生活的地理位置、文化修养的差异等，不同的人群对色彩的喜恶程度有着很大的差异。例如，儿童喜欢对比强烈、个性鲜明的纯颜色，生活在草原上的人喜欢红色，生活在闹市中的人喜欢淡雅的颜色，生活在“沙漠”中的人喜欢绿色。在设计中要考虑主要读者群的背景和构成。

6. 实用性功能服务应切合实际需要原则

网站提供的功能服务应该是切合浏览者实际需求的且符合企业特点的。例如，网上银行提供免费电子邮件和个人主页空间就既不符合浏览者对网上银行网站的需求也不是银行的优势，提供这样的功能服务不但会削弱浏览者对网站的整体印象，还浪费了企业的资源投入，有弊无利。

因此，网站提供的功能服务必须保证质量，并且还应注意以下几点。

① 每个服务必须有定义清晰的流程，每个步骤需要什么条件、产生什么结果、由谁来操作、如何实现等都应该是清晰无误的。

② 实现功能服务的程序必须是正确的、健壮的（防错的）、能够及时响应的、能够应付预想的同时请求服务数峰值的。

③ 需要人工操作的功能服务应该设有常备人员和相应责权制度。

④ 用户操作的每一个步骤（无论正确与否）完成后应该被提示当前处于什么状态。

⑤ 服务成功递交以后的响应时间通常不应超过整个服务周期的 10%。

⑥ 当功能较多的时候应该清楚地定义相互之间的轻重关系，并在界面上和服务响应上加以体现。

8.1.2 网站规划内容

对于不同类型的网站，根据不同的需要和侧重点，网站的功能和内容会有一定差别，但网站规划的基本步骤是类似的。一个网站的成功与否与建站前的网站规划有着极为重要的关系。在建立网站前应明确建设网站的目的，确定网站的功能，确定网站规模、投入费用，进行必要的市场分析等。只有详细的规划，才能避免在网站建设中出现的很多问题，使网站建设能顺利进行。

网站规划是指在网站建设前对市场进行分析、确定网站的目的和功能，并根据需要对网站建设中的技术、内容、费用、测试、维护等做出规划。网站规划对网站建设起到计划和指导的作用，对网站的内容和维护起到定位作用。网站规划书应该尽可能涵盖网站规划中的各个方面，网站规划书的写作要科学、认真、实事求是。一般来说，一份完整的网站规划书应包括以下几方面的内容。

1. 建设网站前的市场分析

建设网站前需要对以下几方面的内容进行分析。

① 相关行业的市场是怎样的，市场有什么样的特点，是否能够在互联网上开展公司业务。

② 市场主要竞争者分析，竞争对手的上网情况及其网站规划、功能和作用。

③ 公司自身条件分析，公司概况、市场优势，可以利用网站提升哪些竞争力，建设

网站的能力（费用、技术、人力等）。

2．建设网站的目的

建立网站是为了宣传产品，进行电子商务，还是建立行业性网站，是企业的需要还是市场开拓的延伸，这是网站规划中的核心问题，需要非常明确和具体。建立网站的目的也就是一个网站的目标定位问题，网站的功能和内容，以及各种网站推广策略都是为了实现网站的预期目的。建立网站可以有多种目的，例如，从事直接网上销售、作为产品信息发布工具、信息中介服务、教育和培训等，不同类型的网站其表达方式和实现手段是不一样的。

3．域名和网站名称

一个好的域名对网站建设的成功具有重要意义，网站名称同域名一样具有重要意义，域名和网站名称应该在网站规划阶段就作为重要内容来考虑。有些网站发布一段时间之后才发现域名或者网站名称不太合适，需要重新更改，不仅非常麻烦，而且前期的推广工作几乎没有任何价值，同时对网站形象也造成一定的伤害。

4．网站主要功能

在确定了网站目标和名称之后，就要设计网站的功能了，网站功能是战术性的，是为了实现网站的目标。网站的功能是为用户提供服务的基本表现形式。一般来说，一个网站有几个主要的功能模块，这些模块体现了一个网站的核心价值。

5．网站技术解决方案

可以根据网站的功能确定网站技术解决的方案，一般有以下几种。

① 采用自建服务器，还是租用虚拟主机。

② 选择操作系统，用 UNIX，Linux 还是 Windows 2000/NT。分析投入成本、功能开发、稳定性、安全性等。

③ 采用系统性的解决方案，如 IBM，HP 等公司提供的企业上网方案、电子商务解决方案，还是自己开发。

④ 网站安全性措施，如防病毒方案。

⑤ 相关的程序开发，如网页程序 ASP、JSP、CGI、数据库程序等。

6．网站内容规划

不同类别的网站，在内容方面的差别很大，因此，网站内容规划没有固定的格式，须根据不同的网站类型来制定。

① 一般企业网站应包括：公司简介、产品介绍、服务内容、价格信息、联系方式、网上定单等基本内容。

② 电子商务类网站要提供会员注册、详细的商品服务信息、信息搜索查询、定单确认、付款、个人信息保密措施、相关帮助等。

③ 如果网站栏目比较多，则考虑采用网站编程专人负责相关内容。注意：网站内容是网站吸引浏览者最重要的因素，无内容或不实用的信息不会吸引匆匆浏览的访客。因此，可事先对人们希望阅读的信息进行调查，并在网站发布后调查人们对网站内容的满意度，以便及时调整网站内容。

7. 网站测试和发布

在网站设计完成之后，应该进行一系列的测试，当一切测试正常之后，才能正式发布。网站主要测试内容包括以下几个方面。

① 网站服务器稳定性、安全性。

② 各种插件、数据库、图像、链接等是否工作正常。

③ 在不同接入速率情况下的网页下载速度。

④ 网页对不同浏览器的兼容性。

⑤ 网页在不同显示器和不同显示模式下的表现等。

8. 网站推广

网站推广活动一般发生在网站正式发布之后，当然也不排除一些网站在筹备期间就开始宣传的可能。网站推广是网络营销的主要内容，可以说，大部分的网络营销活动都是为了网站推广的需要，如发布新闻、搜索引擎登记、交换链接、网络广告等。

因此，在网站规划阶段就应该对将来的推广活动有明确的认识和计划，而不是等网站建成之后才考虑采取什么样的推广手段。由此也可以看出，网站规划并不仅仅是为了网站建设的需要，而是整个网络营销活动的需要。

9. 网站维护

网站发布之后，还要定期进行维护，主要包括以下几个方面。

① 服务器及相关软硬件的维护，对可能出现的问题进行评估，制定响应时间。

② 网站内容的更新、调整等，将网站维护制度化、规范化。

10. 网站财务预算

除了上述各种技术解决方案，以及内容、功能、推广、测试等内容应该在网站规划书中详细说明之外，网站建设和推广的财务预算也是重要内容，网站建设和推广在很大程度上受到财务预算的制约，所有的规划都只能在财务许可的范围之内。财务预算应按照网站的开发周期，包含网站所有的费用明细清单。

8.1.3 网站规划资源

企业网站建设作为一种工程进行规划，任何一种工程都需要有一定的资源，企业网站工程也不例外，必须对建站所需的人力、物力、财力等进行分析和规划，以保证建设目标的顺利实现。企业网站建设的各个部分都相当专业，所以人员的配置也将是决定网站优质与否的关键。下面介绍人力配置、费用预算、进度规划 3 个方面内容。

1. 人力配置

一个完整的企业网站建设所需要的人力配置包括以下几个内容。

① 系统策划师：也就是网站策划人员，主要任务是对网络市场和竞争对手进行详细的比较和分析，确定网站的目标、策略及总体规划，并要有网站建设目标书、策划书等材料。

② 项目经理：主要任务是负责企业网站建设项目的规划、项目进程管理、人员分配和组织、资源规划、进度控制、质量审核等。

③ 网站规划师：主要任务是负责网站总体设计、搭建系统构架、安装服务器系统及相关的软件、按照策划书要求形成文档等。

④ 程序设计师：主要任务是负责程序的编写、调试、运行、维护等工作，并根据企业的需要不断地研究和开发新的软件、系统操作手册等。

⑤ 美术编辑师：主要任务是按照网站总体设计书的要求做出漂亮、实用的网页页面。并要将页面设计出具有企业特色的、色彩适合的网页等。

⑥ 录入员：也就是信息编辑处理人员，主要任务是输入、编辑和处理大量的用户信息，商品交易信息等。

2. 费用预算

一般电子商务的总体费用包括以下几个方面。

（1）线路接入费用

不同的 ISP，不同的接入方式和速率下的费用也不相同，速率越高，月租费越昂贵。IP 地址一般和线路一起申请，也需要交纳一定的费用，具体费率可以向当地的 ISP 服务商咨询。表 8-1 为 CERNET 教育用户 Internet 接入分担通信费用一览表。

（2）域名费用

域名是企业进入 Internet 时给人们留下的第一印象，同时也反应了网站的文化层次、服务对象定位等。所以一般域名的选用和确定对企业电子商务网站来说是一件非常重要的事情。域名注册有英文域名和中文域名，注册域名后，每年需要交纳一定的费用以维护该域名的使用权，不同层次的域名收费也不同，表 8-2 为 2010 年 6 月份的域名价格表。

表 8-1　CERNET 教育用户 Internet 通信费用一览表

2Mbit/s（含 2Mbit/s)以下接入带宽 国内带宽包月+国际流量计费		2Mbit/s 以上接入带宽 国内实测带宽包月+国际流量计费	
接入速率	包月（元/月）	实测带宽	包月（元/月）
≤64Kbit/s	2 000	≤10Mbit/s	9 000
64kbit/s，速率≤128bit/s	2 500	10Mbit/s，带宽≤34Mbit/s	15 000
128kbit/s，速率≤256bit/s	3 000	34Mbit/s，带宽≤100Mbit/s	30 000
256kbit/s，速率≤512bit/s	4 000	100Mbit/s，带宽≤200Mbit/s	58 000
512kbit/s，速率≤1Mbit/s	6 000	200Mbit/s，带宽≤300Mbit/s	85 000
1Mbit/s，速率≤2Mbit/s	6 500	300Mbit/s，带宽≤400Mbit/s	110 000

表 8-2　域名价格一览表

域名名称	价格（元/年）	备　注
国际域名.com/.net/.org	80	com 域名是目前国际最广泛流行的通用域名格式，全球的用户超过 1000 万个。所有国际化公司都会注册.com 域名；当然也可以选择.net/.org 以.com 为结尾的国际域名
中国国家顶级域.cn，.com.cn，net.cn，.org.cn	80	.cn 域名也是国际顶级域名，是由我国管理的国际顶级域名。它也属于地理顶级域名(ccTLD)，地理顶级域名一般由各个国家或地区负责管理。当前 cn 域名在全球具有最大的市场
中文通用域名　中文.中国/中文.CN/中文.公司/中文网络	320	.中国/.公司/.网络/中文.cn 中文域名符合中文语言文化习惯，解决了中英文域名互通问题
中文国际域名中文.com/中文.net	198	资源丰富，前景无限
英文域名.asia	200	.asia 域名作为亚洲的网络门牌，具有独特鲜明的标识性，使用具有独特鲜明的标识性的 asia 域名将使企业和个人能够锁定全球最大的互联网社区，.asia 域名将成为促进全亚洲甚至全球网上活动和商贸通信的重要平台
手机域名.mobi	160	.mobi 域名是全球唯一专为手机及移动终端设备打造的域名，是为 ICANN 批准的全新国际顶级域名，其致力于将互联网信息传送到手机等移动设备上。它由爱立信、GSM 协会、Google、微软、诺基亚、三星电子、Syniverse 科技、T-Mobile 等全球顶级知名手机厂商和相关行业协会共同投资
新国际域名.cc	350	.cc 作为全球通用域名，原是位于澳大利亚西北部印度洋中 Cocos 和 Keeling 岛的官方授权域名。由于“cc”可以理解为英文 CommercialCompany（商业公司）的缩写，含义明确、简单易记

续表

域名名称	价格（元/年）	备注
新国际域名.info	160	作为信息时代最明确标志，.info 的发展空间毋庸多说，它将成为网络信息服务的首选域名。.info 为通用顶级域名，代表一般的信息服务使用。它最大的特点是全球通用，易于使用，具有很强的识别性，可以替代.com 的通用顶级域名，非常适用于提供信息服务的企业
新国际域名.name	80	.name 作为个人域名的标志。允许个人注册，尤其适合学生体会网络的开始
新国际域名.tv	500	随着网络宽带接入的成长，全新的.tv 域名的目标市场是非常明显并且非常巨大的。tv 域名将作为宽频时代的主流域名，其站点将应用在视听、音乐视频、电影、电视会议
新国际域名.biz	160	.biz 为英文“business”的缩写，代表着商业领域，在.com 资源日渐枯竭的情况下，.biz 必将代替.com 成为企业注册域名的首选
gov.cn 域名	298	.gov.cn 为政府专用 cn 域名，因国家有特殊要求，须提交政府组织机构代码证才能注册

（3）服务器硬件设备费用

如果是租赁专线自办网站，还需要路由器、调制解调器、防火墙等接入设备及配套软件，采用主机托管或虚拟主机则可免去这一部分的接入费用。

（4）主机托管费用

所谓主机托管（Server Co-Location）指的是用户提供自己的硬件服务器，并可选择自行提供软件系统或者享受专业的服务器托管服务，包括稳定的网络带宽，恒温、防尘、防火、防潮、防静电。用户拥有对服务器完全的控制权限，可自主决定运行的系统和从事的业务。

如果进行主机托管或租用虚拟主机，那么可能要支付托管费用或主机空间租用费。表 8-3 为某 ISP 的主机托管价格一览表。

表 8-3　主机托管费用一览表

名称	服务范围	费用
5GB 双线主机 （电信网通双线机房高速互连互通，适合目标客户覆盖全国范围）	操作系统：Windows Server 2003 网页空间 5GB．IIS 限制 600 个 支持 Access，送 100MB 数据库 送 100MB 企业邮局 支持 ASP，PHP，ASP．NET 支持 FSO/ASPJEPG/ASPUPLOAD/JMAIL	30 元/月
双线路虚拟主机 （电信网通双线机房高速互连互通，适合目标客户覆盖全国范围）	单 IP 单服务器双线路方案，解决了其他双线方案的数据同步、维护麻烦等问题，不论是南方电信、还是北方网通用户，均能快速访问到客户网站，彻底解决电信、网通之间的互访瓶颈。分六款不同类型的空间 GB 防火墙，数据智能备份、恢复访问统计、日志下裁、流量分析	150 元/月至 1500 元/月

续表

名　称	服 务 范 围	费　用
基本型虚拟主机（适合中小型企业“及个人用户快速低成本地创建网上家园）	分 6 款不同类型的空间 支持 PHP、CGI，ASP 等，赠送企业邮局 支持 Access、MsSQL、MySQL 数据库 Windows/Linux 系统，电信、网通任选 GB 防火墙，数据智能备份、恢复 访问统计、日志下载、流量分析	60 元/月至 400 元/月
精品型虚拟主机（更好的性能、更高的可用性，打造专业高效标准完美网站）	分 6 款不同类型的空间 支持 PHP、CGI、ASP、.NET、JSP 赠送企业邮局，支持 Access、MsSQL 等 Windows/Linux 系统，电信，网通任选 GB 防火墙，数据智能备份、恢复 访问统计、日志下载、流量分析	500 元/月至 3000 元/月
论坛型虚拟主机（支持企业及个人用户开设的各式论坛，稳定、快速）	分作 6 款不同类型的空间 支持 PHP、CGI、ASP 等网页脚本 支持动网、雷傲、VBB 等各类论坛 Windows/Linux 系统，电信、网通任选 GB 防火墙，数据智能备份、恢复 访问统计、日志下载、流量分析	150 元/月至 5000 元/月
ShopEX 网店虚拟主机（支持企业及个人用户开设网上商店，稳定、快速）	通过本系统可以建立各种类型的网上商店和网上商城，如网上书店、网上花店、网上点卡店、网上保健品店、网上数码产品店、网上成人用品店等。ShopEX 内置几十种网上支付网关，内置数十套精美模板	500 元/月至 1200 元/月

（5）系统软件费用

其包括操作系统、Web 服务器软件、数据库软件等的费用，这些费用视市场供货情况和所在地域略有不同。

（6）开发费用

软件硬件平台搭建好之后，必须考虑具体的 Web 页面设计、编程和数据库开发以及后期的平台维护费用。网站的开发维护可以委托给专业的网站制作商，费用可以一起算清。

（7）网站的市场和经营费用

其包括为各种形式的宣传活动所支出的费用，为内容的授权转载而付出的费用以及其他网站经营过程中所付出的额外费用等。

8.1.4　网站建设工作流程

1. 网站建设流程图

网站建设流程，如图 8-1 所示。

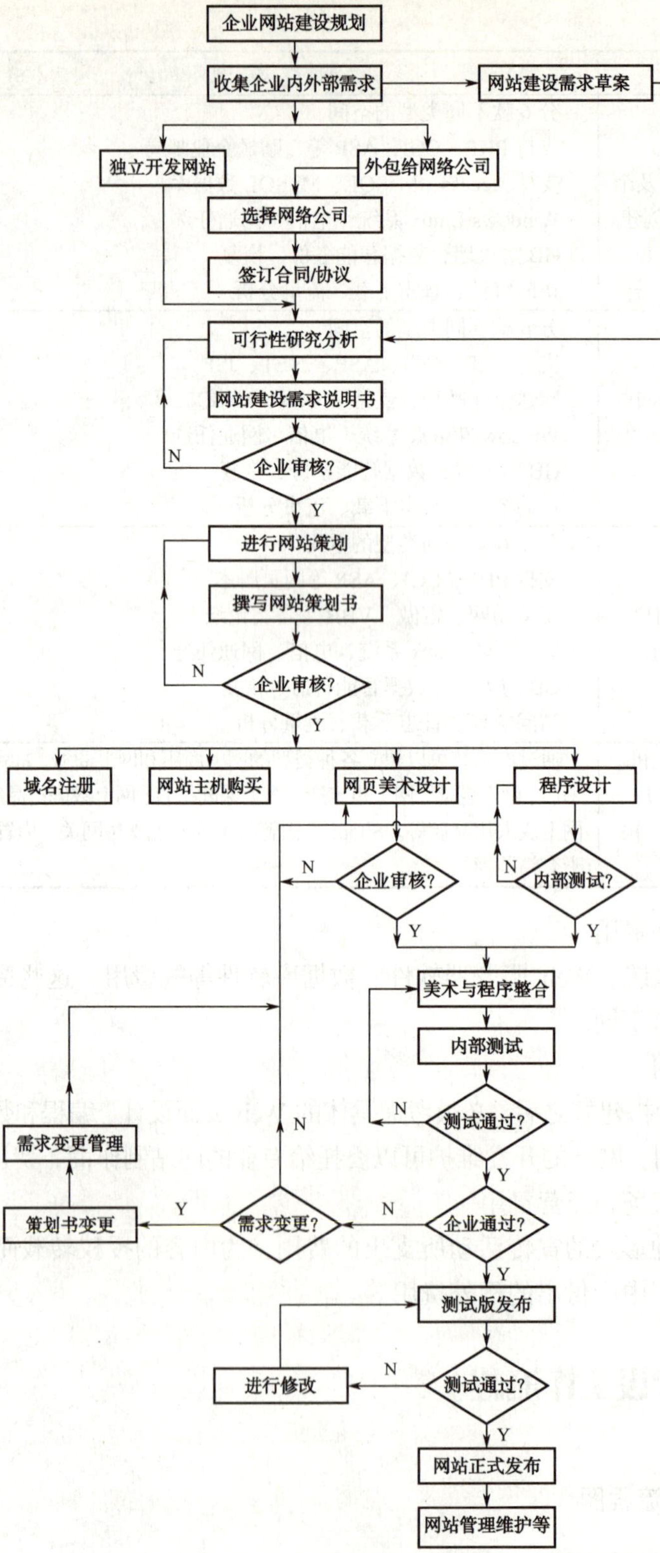
企业网站建设规划
收集企业内外部需求
网站建设需求草案
独立开发网站
外包给网络公司
选择网络公司
签订合同/协议
可行性研究分析
网站建设需求说明书
企业审核?
N
Y
进行网站策划
撰写网站策划书
企业审核?
N
Y
域名注册
网站主机购买
网页美术设计
程序设计
企业审核?
N
Y
内部测试?
N
Y
美术与程序整合
内部测试
测试通过?
N
Y
需求变更管理
N
策划书变更
Y
需求变更?
N
企业通过?
Y
测试版发布
进行修改
N
测试通过?
Y
网站正式发布
网站管理维护等

图 8-1　网站建设流程图

2. 网站建设步骤

从图 8-1 可知企业网站建设流程可分为以下几个阶段。

（1）调查研究分析

这一阶段是企业网站建设工程的第一阶段，它的总任务是回答“企业网站必须做什么”，当用户提出建站需求后，专业策划人员将对用户的内部经营环境、行业背景、服务对象等进行全面调查分析。这一阶段的主要任务如下。

① 企业网络的功能要求。划出企业网络系统必须完成的所有功能，这一点应在网络设计人员和网络用户之间达成统一意见。

② 企业网络的性能要求。如联机系统的响应时间、处理的商业事务是要求到实时响应还是可以分时实现，系统需要的存储容量及后援存储容量，整个网络所要求的健壮性、容错程度、网络安全性要求等。

③ 企业网络运行环境的要求。这类需求主要表现为网络运行所处的环境要求，如使用的网络操作系统是什么，采用哪种网站建设语言，是否与企业原有的网络兼容等。

④ 企业网络将来可能提出的需求。例如，企业增加一个部门，这个部门局域网络要求加入企业网络，或者企业网络系统要求进行软件或硬件的升级换代等。这些用户需求虽然不属于企业网络系统当前开发阶段的任务，但是属于用户对网络系统生命周期的要求。要保证企业网络可扩充和可维护性，在设计网络系统时应兼顾这些需求。

（2）收集企业内外部需求阶段

这一阶段是根据调查所得到的结果，向用户提出网站建设初步方案。这一阶段的主要任务如下。

① 弄清为什么要建立网站，是为了宣传产品，进行电子商务，还是建立行业性网站，是企业的需要还是市场开拓的延伸。

② 整合公司资源，确定网站功能。根据公司的需要和计划，确定网站的功能，如产品宣传型、网上营销型、客户服务型、电子商务型等。

③ 根据网站功能，确定网站应达到的目的作用。

④ 企业内部网（Intranet）的建设情况和网站的可扩展性。

（3）确定网站开发形式

这一阶段是根据企业内部情况所得出的结果，是否有可能企业本身独立开发，还是外包给网络公司或者与外单位联合开发。这一阶段的主要任务如下。

① 弄清内部资源情况。

② 如果外包给网络公司开发，需要选择某个网络公司。

③ 根据合同法和本企业的要求签订合同或协议。

（4）撰写网站策划书

这一阶段是根据企业网站建设草案进行可行性研究分析、写出网站建设需求说明书，在此基础上撰写网站策划书。这一阶段的主要任务如下。

① 进行可行性研究分析并得出结论。其结论只有 3 种情况：第一是可行并立即开发，第二是不可行立即停止开发，第三是解决问题或修改方案后再开发。

② 写出网站建设需求说明书。说明书包括网站建设的组织建设需求、硬件需求、软件需求、人员需求、资金需求等。

③ 将此意见报告给企业，让企业进行审核。

④ 进行网站策划，并撰写网站策划书，再次交企业审核，如果没有通过则继续修改，如果通过则可进入下一个阶段。

（5）物理实施

这一阶段是根据网站策划书中的要求进行物理配置。这一阶段的主要任务是：注册域名、选择服务器、建立电子商务网站的软硬件平台、确定网站的信息和结构以及进行网站的页面设计，使网站具有基本的发布信息的功能。

（6）网站总体设计阶段

这一阶段是网站设计专业人员根据网站模型和材料对网站进行总体设计。这一阶段的主要任务是：企业网上形象设计、网站结构和布局、关键字位置和重复率、网页目录、媒体设计制作技术、信息链接、更新方法等。

（7）具体制作阶段

这一阶段根据总设计和内容资金积累的结果，技术和专业人员将在最短的时间里完成网站（页）的制作。这一阶段的主要任务是：网页的布局、风格、着色、信息内容等。

（8）系统全面调试阶段

这一阶段是将制作好的网站进行性能方面的全面测试，对网站内容讲行校对和调整，以确保将来运行时的安全性、可靠性和准确性。

（9）上网试运行阶段

这一阶段是将调试好的网页推向市场，让市场来检验。这一阶段的主要任务是：对网站上的所有功能进行测试，将其性能调整到最佳状态。

（10）网站维护培训阶段

这一阶段是帮助或培训用户网站的管理人员、操作人员，让他们了解和学会怎样在 Internet 上宣传推广和维护自己的网站。

3．制定时间表

设定好进度以后，就可制定出一份详细的时间表，然后按部就班地进行工作，一个网站就可以顺利地建立起来了。

一般情况下，时间表应该包括以下几个项目。

① 网站建设各项工作内容及其时间安排。

② 月度和年度工作安排时间规划。

③ 网络各工作人员工作内容及其时间安排。

④ 工作人员讨论交流会时间安排。

⑤ 培训人员学习时间安排。

8.1.5 网站开发方式选择

企业网站开发的方式，常见的有自主开发、委托开发、合作开发和购买现成网站 4 种方式。这 4 种开发方式的选择，要根据使用单位的技术力量、资金情况、外部环境等各种因素进行综合考虑。不论哪一种开发方式都需要使用单位的领导和业务人员参加，并在网站建设的整个开发过程中，培养、锻炼、壮大使用单位的系统开发、设计和维护队伍。

1. 自主开发

自主开发又称最终用户开发，适合于拥有较强的信息技术队伍的企业，企业完全以自己的力量进行开发。

自主开发的优点是开发费用少，开发的系统能够适应本单位的需求且满意度较高，系统维护方便。缺点是由于不是专业开发队伍，容易受计算机业务工作的限制，系统优化不够，开发水平较低，且由于开发人员是临时从所属各单位抽调出来进行网站建设的开发工作的，这些人员在其原部门还有其他工作，所以精力有限，容易造成系统开发时间长，系统整体人格化弱，开发人员调动后，系统维护工作没有保证的情况。

随着专门的第四代软件工具的项目管理生成器的发展，越来越多的企业进行自行开发是有可能的，虽然这些工具与常规的编程语言相比其运行速度较慢，但由于目前硬件成本越来越低，完全可以弥补软件运行速度的不足，使该方法在技术上和经济上成为可能。

2. 委托开发

委托开发适合于企业网站的开发队伍力量相对较弱，但资金较为充足的单位。企业将开发的项目完全委托给一个开发单位，系统建成后再交付企业使用。委托开发的优点是省时、省事，系统的技术水平较高。缺点是费用高、系统维护需要开发单位的长期支持。此种方式需要使用单位的业务骨干参与系统的论证工作，开发过程中，需要开发单位和使用单位双方及时沟通，进行协调和检查。

3. 合作开发

合作开发适合于企业有一定的信息技术人员，但可能对网站建设规律不太了解，或者是整体优化能力较弱，希望通过网站的建设完善和提高自己的技术队伍，便于后期的系统维护工作。双方共同开发成果，实际上是一种半委托性质的开发工作。

合作开发的优点是相对于委托开发方式比较节约资金，可以培养、增强使用单位的技术力量，便于系统维护工作，系统的技术水平较高。缺点是双方在合作中沟通易出现问题，需要双方及时达成共识，进行协调和检查。

4．购买网站与二次开发

目前，网站建设的开发正在向专业化方向发展，一些专门从事网站建设的公司已经开发出一批使用方便、功能强大的现成网站。为了避免重复劳动，提高系统开发的经济效益，也可以购买现成的适合于本单位业务的现成网站。

购买现成网站的优点是节省时间的费用、系统技术水平高。缺点是通用网站专用性较差，跟本单位的实际工作需要可能有一定的差距，有时可能需要做二次开发工作。因此，在选择通用网站时，不可只看开发商的宣传，要经过多方详尽的考查后再做决定。

5．各种开发方式的比较

以上介绍的 4 种开发方式有各自的长处和短处，需要根据使用单位的实际情况进行选择，也可综合运用各种开发方式，见表 8-4。

表 8-4　4 种开发方式的比较一览表

方式特点比较	独立开发	委托开发	合作开发	购买现成网站
分析和设计能力要求	较高	一般	逐渐培养	较低
编程能力的要求	较高	不需要	需要	较低
系统维护的难易程度	容易	较困难	较容易	较困难
开发费用	少	多	较少	较少
说明	开发时间较长，系统适合本单位。培养了自己的开发人员	省事，开发费用高	开发出的系统便于维护	最省事，但不一定完全适合本单位

8.2　商务网站的推广

8.2.1　网站推广的意义

1．科学的理解和把握网站推广的内涵

（1）什么是网站推广

网站推广是指在营销网站的建设和发展的全过程中，为提高网站知名度和影响力，打造网站品牌，突出网站特色，提升网站浏览率、关注度，以此来带动整个商务网站全部营销活动的开展，所进行的全部推广宣传活动和网站建设活动。

（2）网站推广的内涵

网站推广包括两个层面：一个是技术层面，另一个是内容层面。

技术层面包括搜索引擎加载和搜索引擎排名、广告互换、交换链接等内容。通过技术手段可以在一定程度上，提升或提高网站的点击率和浏览量。但是，仅仅依靠这种技术性的推广不足以全面提升网站的形象。

因此，在做好技术性推广活动的同时，必须做好内容吸引性推广活动。

网站应以内容为主。因此，内容吸引性推广活动不仅是网站建设过程中的一个重要内容，又是网站建设中的一个必经阶段。技术性推广将成为网站流量和点击率的一种技术支撑和客流导入支撑，而内容建设则是一种根本性的“吸引支撑”和“黏度支撑”。

只有把两者结合起来，形成一个完整的、长期的推广链，网站推广活动才会取得明显的经济效果。

2．走出网站推广的误区

当前，网站推广是在网络上炒得最热、最多的一件事。但是，却有相当多的人误入了网站推广的误区，这表现在以下几方面。

（1）陷入了本领恐慌的误区

当前，一个十分突出的问题是：网站推广已经陷入了本领恐慌的误区。

很多人一提起网站推广，似乎只有三招棋，那就是：搜索引擎加载、交换链接和广告互换。

这三种办法的确是网站推广的办法，但不是主要的办法，把商务网站推广的底牌全压在这三张牌上是不行的。

况且，这三种方法，我们与时俱进地进行分析，都存在着一定的问题。看不到或不研究这种新情况、新问题，就会使我们陷入经验主义的框子里，本领恐慌的误区里。

1）先看搜索引擎加载

原本是推广网站的一个非常重要的方法，但是，随着网上资源的有偿使用，一些提供搜索引擎服务的网站，已经把网站在搜索引擎上加载的收费标准提高到近 2800 元。这样一来，在搜索引擎上大量加载的路已被堵死。这种过高的收费，已经成为了商务网站推广中的一个瓶颈。

2）再看广告互换

原本该方法也曾是网站推广中的一个重要方法，但是，近年来网络广告交换的主流多被一些“美眉”类网站占领，商务网站之间的广告交换已经很少。许多严肃的商务网站在参与了广告互换活动以后，收到的是一些不太健康的广告，以至于不得不停止广告交换。因此，把广告互换依然作为商务网站推广的主要方法，显然已经不现实了。

3）最后看交换链接

交换链接也是一个推广网站的重磅炮弹，但是认真地分析一下，一个网站究竟能与多少网站进行交换链接？况且交换链接是相互的。你的网站没有商气，想和人家进行交换，人家未必和你进行交换。在这种情况下，如果进行单相交换，那么，你的网站只能起到一个过桥网站的作用，商务价值在哪呢？

通过以上分析可以看到：网站推广显然不能光依靠传统的所谓三招，必须广开思路，另辟蹊径。

（2）陷入了单纯进行技术推广的误区

网站推广是一个多维的、全方位的、长期性的推广活动，需要多管齐下才行。

网站推广的内涵包括技术性推广，也包括内容吸引推广两个层面。

技术性推广是在顾客要进入网络时空的时候，起一个“导入”的作用；内容性推广要起把自然进入和被“导入”的浏览者吸引住的作用。只有把两种作用很好地结合起来，才是一个比较完整、全面的网站推广活动。

但是，眼下一些搜索引擎推销商片面地强调和夸大搜索排名的作用，使相当一批网站误入了只进行技术性推广，不注重内容吸引推广的误区。这种推广造成的后果是会使商务网站放松内容建设这个根本，结果形成技术一头沉。就好比我们新开了一个大型超市，只一门心思地对其进行超量的技术性装修活动，而不注重其商品的品种和规模的建设，结果，顾客进店以后发现相当多的货架是空的。这怎么能吸引住顾客？

（3）陷入了把“搜索排名”作用“妖魔化”的误区

搜索是互联网最重要的应用功能之一，也是网站为网民提供的一项最基本的服务。正是由于搜索引擎能够在互联网浩如烟海的信息中，找到大量客户所需要的目标信息，它才受到了人们的喜爱。搜索引擎也就成为了我们进行网络营销的载体和工具。

利用搜索引擎获取信息是网络营销中的一种最基本、最直接、最快捷的方法。

前不久和一些中小企业的厂长、经理座谈企业信息化的困惑。反应最大，呼声最高，最感到困惑的竟然是：中小企业究竟要不要花钱买搜索排名。

但是，自从人们发现搜索引擎的商业价值以后，搜索引擎的作用已经被夸大了。最近，更被“妖魔化”了。似乎不管什么样的网站，只要你花点钱，买上个搜索排名就能把你的网站搞活了。似乎这就是所谓的“网站推广”的全部内涵。

有意思的是：一个企业的老总竟然一个月内接待了八批“说客”，他们都劝说他花点钱进行搜索排名。有的竟然说：“企业的钱花到哪，浏览量就能到哪。”

更有意思的是：一些网络商人已经把这种妖魔化的东西当成“圣水”，当成网站的救命仙草，不厌其烦地向企业伸手要钱。这种“妖魔化”的推广活动，眼下已经成为了企业和企业家的一种灾难了。

搜索引擎具有一定的商业价值，但是，这种商业价值并没有达到被神化，被“妖魔化”的地步。研究表明：世界上最好的搜索引擎其查全率也只有 45%，其查准率更低。对于一个检索系统来讲，查全率和查准率往往不可能两全其美：查全率高时，查准率低；查准率高时，查全率低。

所以，广大中小企业和企业家在面对搜索引擎“万能”的种种鼓噪中，要用心分析哪一种搜索引擎的查全率和查准率高，对企业网站提高浏览量真的有一些用处。那些查全率和查准率根本不高的搜索引擎，完全没有必要去花冤枉钱。

再说，一个网站形象的提升，浏览量的提升，不是花钱买来的。即便你买上你企业

100 个关键字，你的网站是个“水货”，没有能留得住人的东西，人们登录以后也是扭头就走。因此，提升网站的形象和浏览量要多管齐下才行。

编者曾对 100 家企业购买关键字进行网络推广的情况进行了一个调查。调查表明：即便购买了关键字，进行了搜索引擎的排位提升，81%的网站阶段总浏览量并没有大的提升，只有 3%的网站浏览量有所增加。

从现代营销学的角度分析，品牌推广和宣传一定要适度，超量的、不适宜的炒作，其结果只会引起人们的厌烦。当前一些搜索引擎的代理服务商盲目掘金，过度炒作已经引起了很多企业的厌烦。再这样下去，只会毁了搜索引擎的名声。

当人们对搜索引擎的功能和作用迷茫时，以为有了它就是钱。但是，当人们拨去那些搜索引擎被“妖魔化”的不实之词，网络消费逐渐走向理性消费的时候，那种鼓噪起来的市场，只能是一种虚幻的天文数字罢了。

3. 网站推广的本质

网站推广是网上经营能力的开发，是一种创造性的网上价值开发活动，是一种非常重要的商务开发活动。

网站推广的本质有四个。

（1）网站推广是网站自身价值的开发活动

一个网站的商务价值是不会自然形成的，它是一个不断开发、不断积累、不断提升、不断扩大的循序渐进的发展过程。在网站的起步期，经过适度的网站推广活动，这样的过程可能快些。但是，从长久看，只有当网站的大量信息资源的价值得到充分的开发的时候，网站自身的价值才会得到最充分的显现。

（2）网站推广是网上信息价值的深度开发活动

网站推广的过程是探询网上信息资源客户接纳程度的过程，也是适应和满足客户对信息资源的需求程度的过程，更是根据客户的需求不断调整网站布局，充实和调整网站内容的过程。在这个过程中只有不断地从信息资源的价值开发入手，去培育网站自身的生态价值链，才能不断地展示网站的深度价值，形成一种价值引力。

（3）网站推广是培育和建立网上客户群的开发过程和开发活动

一个商务网站价值的体现，其重要内容之一是要形成一个稳定的客户资源群体。因此，培育和发展网上客户群是网站建设的一个重要目标。而网站推广和开发的过程，正是培育和建设这样一个网上客户资源群体的过程。

之所以相当多的网站下大力气建设网上论坛，就在于要通过论坛这个平台和网友形成一种互动，并在这种互动中了解顾客的需求导向，志趣导向，从而更好地改进内容，改进服务，建立并形成相对稳定的客户群体。

（4）网站推广是网站经营人员的自身能力提升的开发活动

进行网站推广的过程也是网站经营管理人员进行自身能力开发的过程。在这个过程中网站管理者和经营者才会逐渐认知知识产品的生产和管理经验，明白知识产品运营管理的规律，懂得满足顾客信息需求的途径和办法，探索和找到对信息进行资源开发和价值开发的途径和渠道，才会使自身的网络经营能力得到提升。

8.2.2 网站推广的方法和技巧

商务网站是企业的窗口，是企业进行网络营销的广阔平台。因此，做好网站的推广具有重要的意义和作用。

但实践中，很多人以为网站建成就是“船到码头车到站”，就可以旱地捡鱼，坐等商机上门了，以致相当多的网站建成以后成了摆设。“只见网站建，不见订单来”成了一个具有普遍性的问题，困扰了相当多的企业和企业家。

那么究竟应该怎样进行网站的推广呢？

1. 网站的前期推广

网站的推广工作并不是等网站建成了才开始进行的工作。好比我们要建造一座漂亮的别墅，从基础开始就要对这栋未来的漂亮别墅进行创业思考。只有这样，再经过装修和美化、绿化，这栋别墅才漂亮。网站建设也是一个道理。

这就要求我们在网站建设的全过程中都要考虑怎样有利于网站形象的提升。比如，在网站建设中就要思考：

① 如何丰富网站的内容；

② 怎样突出网站的特色；

③ 探询市场对网站主产品的接纳程度；

④ 调查和研究网上目标客户，并且区分其中哪些是稳定的客户，哪些可能成为稳定的客户等；

⑤ 要建立网站的动态管理机制，通过这种动态变化发现其中“凸现”的亮点；

⑥ 及时总结网站初期运行的经验。

事实上，以上这些工作的完成和完善，本身既是网站建设的延伸，又是网站推广的一项重要内容。这些工作做好了，网站才会形成一个完整的商务框架、完善的运行机制和管理机制。一个功能完善、内容丰富、管理严格的商务网站，才是网络营销中具有竞争力的网站，才能为网站的进一步推广奠定坚实的基础。

2. 要进行网站的技术性推广

所谓网站的技术性推广就是要采用技术上的手段来进行网站的推广。可以采取的方法和手段如下。

（1）不断扩大搜索引擎的登记范围

只有先使大家知道你的网站，才能登录你的网站。

因此，网站推广首先是要把我们的小网站和大网络连接起来。只有这样，我们的网站才能成为网络时空的一部分。因此，做好在搜索引擎上的登记加载工作是企业网站推广中所普遍选用的方式。这种方式代价低，效果显著，所以极受欢迎。

世界上有三大著名商业搜索引擎公司（Yahoo，Excite，Altavista），这是所有互联网使用者都知道的，也是所有买家寻找新产品和供应商时必到之处。这些搜索引擎本质上也是一个数据库，它包括了全世界几百万个网站的资料，并且每天有数万个新的网站加入。买家可以根据行业、国家、地域、具体产品等内容进行查询，并马上可以得到查询结果——这是出口型企业最有效的网站宣传推广方式，也是互联网以其低成本、高效率的优势迅速成为国际贸易主流的主要原因。

据权威机构调查，全世界 85%以上的互联网用户采用搜索引擎来查找信息，而通过其他推广形式访问网站的，不到 25%。这就意味着当今互联网上最为经济、实用和高效的网站推广形式是搜索引擎登录。

但是，在众多的搜索引擎中，我们该选择在哪一家登录比较好呢?

目前除公益、政府等非营利性企事业可以免费进行网站登录以外，各大门户网站对于营利性企事业网站均采取收费注册登记制度，如果采用一家接一家登录的办法，其每年的维护费用将是一个惊人的数字。

因此，需要我们研究和找到一些经济、实惠的最为企业欢迎的方案。

① 一种是注册网络实名。因为网络实名是一种与 IE 捆绑在一起的中文搜索方式，进行网络实名注册，不仅是未来发展的方向，而且符合中国人的习惯和思路，更适应了许多网民觉得网络域名难记的困惑。目前网络实名的注册费比较低，一年仅有 500 元，企业大都能够承受。

② 第二种方案是注册百度竞价推广。这是当前最为流行的一种网站推广形式。

百度是一家成立于美国硅谷的中国网络公司，它联合全国最著名的 36 家网站开展竞价搜索业务，顾客只要结合自身业务或是产品特点，选定并在百度加填上这些关键词，就能使你在搜索后显示中的排名靠前，从而提升你的浏览量和点击率。

百度并不需要客户每年缴纳服务费，开户只要存入 300 元，多存不限。按访问量取得了实际效果时进行扣减，不点击访问不收费，同一 IP 地址多次点击只按一次计费，扣完后续费即可。

这种按效果收费的办法使人们看得见实际效果，因此，受到了人们的欢迎。

（2）进行服务有效性选择

当前这种竞价排名网络服务商很多，且鱼龙混杂，实际的使用效果往往并不像宣传中的那样好，有的甚至在做虚假承诺。我们该如何选择呢?

① 要看服务商的网站流量是否够大：大家知道，进行网络推广后最明显的一个效果就是有更多的用户可能浏览你企业的网站。判断流量时首先要考查提供推广服务的网站其本身流量是否大。仅仅是推广主体有流量还不够，还要看推广位置或所在频道是否有很好的流量。比如一个门户类网站，其新闻、社区、短信等频道每天都有上百万人次浏览，但其搜索频道很少有用户使用，这样的网站就不适合成为我们选择的服务商。

② 允许选择关键字数量的多少：通过搜索引擎进行推广，目前国际通行的方法是，不限制企业可以使用的关键词，因为更多的关键字可以提供给用户充足的通道找到网站。这种做法很科学。要提醒企业的是，在选择这种推广方案时，一定要全面考虑，给自己留有一定的应变和发展空间，以获得真正的有效的推广效果。有的推广网站被允许使用的关键词很少，或者服务很差，不能从企业的实际出发帮助企业选择和确定合适的关键词，这也是不可取的。

③ 要看付费是否明白：常见的付费方式有两种：固定和按效果付费。固定方式一般定价较高，不灵活，这对于费用不充裕的中小企业来说不是很合适；按效果付费的方式可以弥补固定方式的不足，现在像百度这样的专业搜索引擎都使用按效果付费。

企业可能会想按点击付费还不是由推广服务网站说了算。其实，这种担心大可不必。企业完全可以在自己的服务器上安装统计软件，做到心中有数。除此之外，其他的一些售后服务也应该引起注意，正规的服务商都会给客户准备完善而周到的客户支持。

现在一提到网站推广，大家首先想到的就是注册搜索引擎。应该说注册搜索引擎是必要的，因为搜索引擎可以拓展公司的客户资源。但是一提到在搜索引擎上加载和注册，很多人只会想“百度”、“Google”这些著名搜索引擎。不仅注册的范围很窄，工作也往往是掏了一次钱，做了一次注册就完结了。其实，搜索引擎加注的内涵很宽，可以做的工作很多。因此，要不断地扩大搜索引擎的登记范围。特别是要做好在其他国家相关的商业搜索引擎上的加载和登记工作。

网站的推广化经营和常规做法的最大不同在于：以第一次的登记加载为起点，不断地扩大在搜索引擎上的登记范围。编者在实验中发现，当在搜索引擎的登记达到 50 个的时候，国内外的寻盘信息就会每月突破 1000 条。

要是企业网站缺乏专业知识及精力把自己逐个加进搜索引擎的话，还可以考虑在一些行业搜索引擎上加载，更可以利用智能的专业搜索引擎软件，来准确有效地达到不错过每一个商业机会的目的。“网站登录奇兵”是目前较为实用的一款专业搜索引擎登记软件，它可以使网站在很短的时间内自动登录到世界上 5400 多个知名搜索引擎上，成功率高达 90%。对于手工方式常见的登录失败现象，该软件还具备单独补救登录的功能。它的出现使企业网站今后完全可以从烦琐的手工操作中解脱出来，并最大限度地保证了获取商业机会的可能性。

把自己加注进搜索引擎需要用户具备一定的专业知识并投入相当的精力，有时还要花费一定的资金。

在茫茫的网海中，企业网站要想不错过每一个被发现的机会，仅仅靠加注进一两个搜索引擎是远远不够的。

（3）增加域名的多重指向

每个独立的网站都有自己在互联网上唯一的 IP 地址。但是，通过域名解析技术，不同的域名可指向同一个 IP 地址，于是就出现了输入不同域名却可以打开同一网站的现象。由于当前国际域名的注册费很低，最便宜的只有 50 元。因此，多重域名指向同一网站，不仅将极大地增加网站的访问量，在经济上也是十分合算的。

（4）不断地递增与相关网站的链接

网站链接是一种既简单又普遍的现象，但是多数人对网站链接的目的和作用并不清楚，往往形成："网站最后搞链接，拣个大站往上贴。"

其实，链接必须是相互的，单一的链接只会给人家的网站搭桥，送客户。因此单一的链接不可取。

建立网站之间的链接，要进行筛选。筛选应是一种动态的吐故纳新的过程。特别是要注意从新增的商务网站中发现有前途的网站进行链接。

3．进行相关性宣传推广

相关性推广是网站宣传推广中一种最基本、最普通的方法，这种做法也叫做"常规推广方法"。其可以进行的推广活动很多。比如：可以直接把你的网址通知所有老客户；可以在公司所有员工名片上印上公司的网址；可以在报纸、电视或刊物上做广告的同时，标注和宣传公司网址；可以将公司资料加入世界著名的专业数据库，如中国香港贸发局数据库、中国进出口贸易网、中国企业网等便于别人查询；也可以在公司的礼品、广告袋上加印宣传公司网站的资料和内容等。

4．推广培育特色

营销网站必须具有经营特色。专一化经营就是培育网站特色的一个重要方法。它是根据当前网站建设中的大而全、小而全的现象进行的一种反向思维。专一化强调的是网站内容的专一。在商务网站建设中，这种专一，一般是按行业的分类进行划分和确定的。如化工、机械、粮食，木材等行业性网站，都属于专一型营销网站。

专一化经营有三大优点。这就是：注意力集中，客户群集中，赢利点集中。

这三个集中，能把网站有限的人力、财力、物力、社会的关注力、网站的潜在力，集聚在某一专业，力求从某一专业或某一局部进行渗透和突破，形成和突现出局部优势，进而通过局部优势的能量累积，争得竞争中全局的主动地位和有利形势。

专一化经营的网站，栏目分类比较细，适合当前市场细分的要求。因此内容的适应性强，容易满足网民个性化的需求，从而形成稳定的客户群。以"中国化工网"为例，就开辟了细分栏目二十多个。如：石油行情 New、客户长期供应、海外化工名录、化工专家之窗、化工项目合作、国内贸易公司、海外贸易公司、全球化工网址、化工网行情、化工资料库、塑料及制品、染料与颜料、涂料与油漆、最近新站、最新采购、最新供应、江苏化工、浙江化工、产品安全数据库等。

因为它比较好地满足了上网者的个性化方面的深层要求，便于形成和凸现出自己的经营特色，受到人们的欢迎。

这种注意力集中，客户群集中，赢利点集中的三大集中，成为了专一化网站的一种优势。"中化网"当前不仅占据着国内化工网络 70%的市场份额，而且还建立起了全世界最大的化工数据库。仅仅 4 年时间，网站已从 3 人发展到 200 人；从 12 万元起家发展到

1 年 4000 万元的营业收入。事实证明，网站建站思路对网站发展十分重要，“中化网”成功的一条重要经验就是：进行专一化和特色化经营！

5．利用专业推广网站进行推广

随着商务化进程的加快，目前已经出现了一些专门进行网站推广活动的专业网站。这些专业推广网站推出了多种网站推广套餐。企业或组织人手紧张或没有专门的 IT 人才，可以根据个人需求选择这些专门网站帮助进行网站推广。

（1）经济型网站推广方案

此推广方案适用于小型企业、个体经营者、想尝试网络营销的单位。其价格一般为每年 3000 元左右，可以进行的推广活动包括：

由专业的网站推广人员对你的网站进行分析诊断，其内容包括网站结构诊断、内容诊断、程序脚本诊断、网页优化等。在此基础上结合需要宣传的产品特点，找出若干关键字，通过绿色优化方法，使公司网站在 Google、百度等搜索引擎排名靠前。

将你的网站在各大的网站目录上进行登录，以保证网站被尽量多的大型搜索引擎收录。

在流量每天超过 1 万人的网站上显著位置做文字广告链接。

对于企业类网站，保证每天的平均访问人数在 10 人以上；对其他类网站，根据网站的内容和性质不同，有相关的访问人数保证。

增加简单网站统计器一个，以便进行网站的流量统计。

专业推广网站一般还免费赠送企业网站中文繁体版，可以进一步拓宽企业网站的访问区域和范围。

（2）普通型网站推广方案

此推广方案适用于一般企业、政府招商引资的网站。价格一般在 5000 元/年左右。

此种网站推广方案除了以上一些做法外，一般还承诺保证每天你的网站的平均访问人数在 30 人以上；或者是保证你的网站的 PR 值提高至 3 或 3 以上，ALEXA 排名进入全球 100 万名以内。有的可能还会提供更多的推广方案。

但是，应该指出的是：这些推广活动多是技术性推广，而且推广的效果是有限的。因此，在外包推广的同时，必须继续做好内容推广工作。

6．要实现“一时性推广”向“终身性推广”的转变

网站推广不是进行一次性推广就行的，一定要在网站运行的全过程中，经常、持续地进行网站推广活动，实现“一时性推广”向“终身性推广”的转变。

进行“终身性推广”要做好以下几方面的工作。

首先要把网站推广提升到网站存活的战略高度。要认识到网上经营能力是现代企业的一种核心竞争力，因此，应该在实践中注意积累经验，不断提升自己的网上经营能力。

其次要做好一个网站长期推广的计划。不间断地从内容到形式，从页面到栏目进行更新，从网上到网下进行资源整合，扩大网站的知名度和影响力。

再次是要采取多种方法，通过多种途径建立网上客户群，扩展网上客户群。电子商务和网络营销的开展，会使企业发现许多新的客户资源。有的客户不一定一下子就成为你的客户，很可能是一个过客。商务网站网管的一个重要任务就是要从众多的流星一样的过客中找到和培育出真正的客户。这些新客户会成为我们传统客户资源的发展和补充。应及时地整合这些资源，逐步建立起营销网站自己的新的客户群。只有形成了稳定的网站吸引力，建立起庞大的网站客户群的网站才能立于不败之地。

7. 防止“小甜饼”的秘密跟踪

目前有一些网站依靠“小甜饼”（cookies）收集用户资料，对竞争对手进行秘密跟踪。这是在网络营销中应用商务软件时一定要注意的。

“小甜饼”是多数浏览器支持的一个小程序，通过该程序，网站的服务器可以辨识浏览者的资料，同时还能记录浏览者在网上的所有行动。也就是说，你在网上的每一步足迹都可能被一些其他的商业网站追踪，他们知道你点击了哪些广告，浏览了哪些网页，通过什么关键字搜索去获取信息等，“窥探”了你所得到的信息和得到信息的全部过程；他们可以通过数据分析了解你的喜好、你的需求、你长期联系的商家、你经常登录的网站等。他们掌握了这些重要的商务信息，就为下一步的商业竞争铺平了道路。

还有另一种情况，就是有一些商业间谍网站，专门从事商业情报工作，他们一旦获取了你的重要商业情报或商业机会，就会寻找你的竞争对手，然后向他们出售你的商业情报。这种情况是更加危险的。这些人专门选择那些急于进行大规模推广的网站下手。

某研究人员曾在运行 Windows XP Home 的 PC 上进行过一次测试，共发现了 739 个间谍软件；而在其个人的 PC 上进行测试，也发现了 11 个间谍软件案例。这说明在进行商务网站推广中，一定要提高警惕，注意被秘密跟踪的情况发生。

防止“小甜饼”秘密跟踪的关键是要养成反跟踪的习惯。

可以采取多种方法进行整合治理。比如经常进行杀毒，清除恶意代码，或安装运行一些间谍软件清除程序。

每一种间谍软件清除程序都会检查注册表，但是，由于间谍软件遵循微软的注册表词条规则，因此，它不可能完全清除间谍软件。这就要重新启动计算机，进入安全模式，使用另一种工具进行清除，然后，再重新启动，再清除。

另外，还要注意封堵桌面通信漏洞，安装个人防火墙，并经常更换你的网站进入口令等。采取这一系列整合治理措施一定会收到比较好的效果。

8. 网站推广要进行创意策划

网站推广策略的研究是网络营销的重要内容之一。

网上的宣传推广只是一种外部的“造势”，但光造势是不够的，重要的是要把已经确定的营销战略具体化、实战化。这就需要进行网站推广的整体策划，需要思考和设计最合理的网站推广方案，才能达到最理想的网站推广效果。

进行网站推广的创意策划一定要注意处理好以下几个关系。

（1）要处理好技术性推广和内容吸引性推广的关系

一定要坚持以内容吸引性推广为主要推广手段的原则，辅以必要的技术性推广手段。特别是商务网站的本质在于商气，如果一个网站没有充足的、丰富的商务信息和相关的环境信息，仅靠技术性手段是不完全的，也是不可取的。

（2）要处理好网上推广和网下活动的关系

商务网站进行网上推广的同时，应该而且有必要开展一些网下的培训活动、沟通活动、交流活动、攻关活动，来扩大网站的影响，吸引和建立网站客户群。只有网上和网下形成一种良性互动的时候，才能产生明显的效果。

（3）要注意网站推广和抓住鲜活案例的关系

注重在网站推广的过程中抓住生动的案例，应用案例进行宣传和引导，会产生很好的宣传效果。但是，这些案例不是自然就会呈现在我们面前的。这就要求我们注意收集和进行应用效果的追踪。

8.2.3 网站推广效果的测量和考察

1. 网站推广效果测量的三种方法

所谓网站推广的效果测量，就是指对所进行的一系列网站推广活动的效果，通过一定的方法和手段进行考评和衡量，以便进一步有的放矢地做好网站推广工作。

网站推广的效果测量是一个崭新的服务领域，是网络经济发展进程中对其价值有效性进行研究和评价的一种新探索。当前网站推广的效果测量主要有三种方法。

（1）运用一定的评价体系对网站进行全面的评价

互联网实验室利用 Alexa.com 作为第三方监测机构，将 Alexa.com 中的相关数据进行标准化计算，将计算结果定为中国网站服务指数（China Internet Service Index，CISI）。

国内某些网站的 CISI 值见表 8-5。

表 8-5　一些网站的 CISI 值

	CISI	CISI 同期变动	3 月访问人数变动
新浪体育	65.0	⇩28%	⇧96%
搜孤体育	31.1	⇩23%	⇧89%
TOM 体育	18.4	⇩22%	⇧6%
华体网	14.4	⇩19%	⇧63%
网易体育	13.0	⇩22%	⇧97%
二十一体育网	1.6	⇩43%	⇧31%
中国足彩网	1.0	⇩73%	⇧32%
中体网	1.1	⇩29%	⇧70%

这种网站评价的方法和程序比较复杂，一般性网站和企业营销类网站难以实施，只适合专业的研究机构进行。

（2）测量网站在世界排名的进展

网站的世界排名起源于一个叫 Alexa 的小公司，它一直在为全世界的网站进行 CISI 排名的工作（图 8-2）。

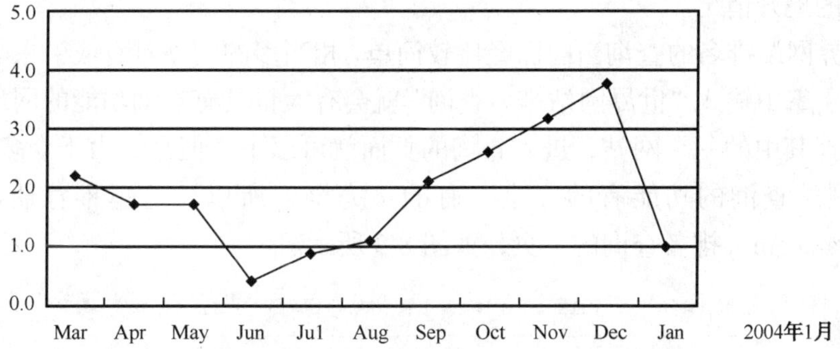

图 8-2　中国体育网 CISI 值变化趋势图

从 1997 年 9 月发布 Alexa Toolbar 的第一个版本起，Alexa Toolbar 已累计被下载了 1000 多万次，现在全世界使用 Alexa Toolbar 的用户已有上百万人。通过对搜集到的 Alexa Toolbar 用户的浏览信息进行分析，并综合页读数和到达用户数的数据，Alexa 顺势推出了自己的网站流量排名，逐渐形成了一个网站排名体系。

不过这个排名很少被正规网站引用，与全世界近 6 亿互联网用户相比，仅有上百万人使用 Alexa Toolbar，其样本的有效性仍然值得怀疑。Alexa 自己也承认，“流量数据是基于 Alexa 用户的设置，可能不是全球互联网人口的一个有代表性的采样”；只可以说，这个排名大致反映了 Alexa Toolbar 用户的喜好。因此，考察网站在 Alexa 排名中的变化和进展，被很多人认为是一种对网站推广效果进行考察和测量的方法。

（3）从网站的流量跟踪入手对网站进行测量

从网站的流量跟踪入手对网站进行测量是一种网络流量的统计分析方法。由于网络技术的发展，进行网站流量跟踪已经成为比较容易的事。因此，采用这种方法进行营销类商务网站推广后效果的测量是一种可取的方法。

进行网站推广的效果测量时可采用后两种方法。

2．怎样进行网站推广效果测量

（1）测量网站在世界排名的进展

1）怎样进行网站世界排名查询

现在，有一些中国公司把 Alexa 当成权威，并用这种权威来装饰和打扮自己。根据人民网的报道，Alexa 赖以成名的是那个被四处引用并被媒体多次炒作过且引发了很大争议的全球网站排名。真正影响其 Alexa 排名的因素是两个，一是 Alexa 采集的信息，二是 Alexa 对这些信息进行深加工的计算方法。

在 Alexa Toolbar 网站上，人们可以针对某个特定网址去查询其所属的网站的访问人数。Alexa 提供了一个叫做“每百万用户访问人次”的数据来表示访问人数，这个数据指的是每一百万个 Alexa Toolbar 用户中每天访问某一网站的平均人数。经过查询了解其“每百万用户访问人次”和“每天访问某一网站的平均人数”的进展情况，可看出网站经推广后访问量的提升情况。

进行世界网站排名的查询当前已经比较简单。相当多的网站具有或引入了这项功能，只要在搜索引擎中输入“世界网站排名查询”就会有大量具有查询功能的网站显示出来。我们可以选择其中的一个网站，进入查询的页面就可以了。但是，由于众多的网站引入的 Alexa 网站查询的功能有的完全，有的不完全，所以，这里推荐使用世界网络（www.linkwan.com）排名查询的主页，如图 8-3 所示。

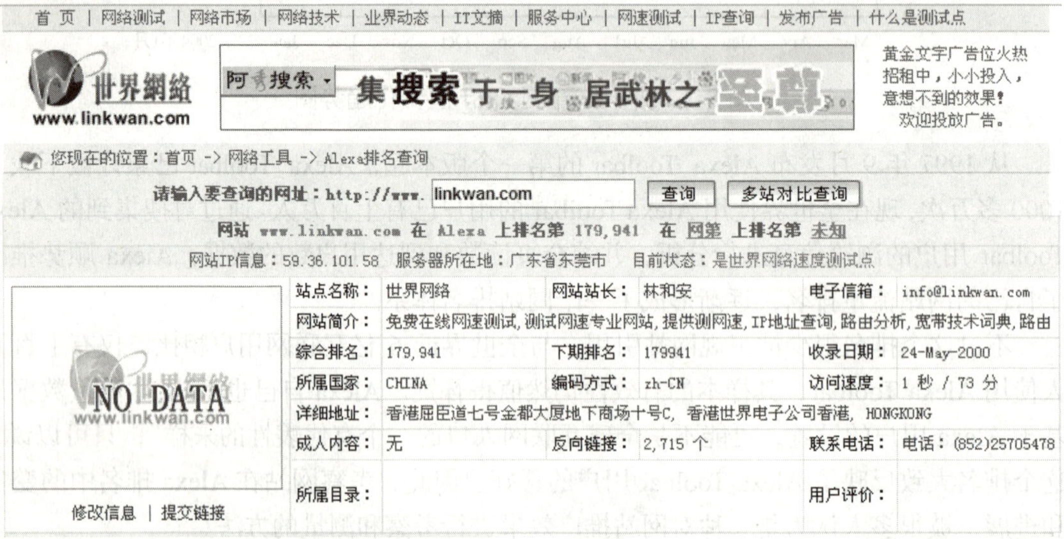

图 8-3 世界网络排名查询的主页

在图 8-3 中只要输入要查询网站的域名，点击“查询”就会显示出查询结果了。

2）怎样提升网站的世界排名

根据许多人提供的提高 Alexa 排名的经验，安装了 Alexa Toolbar 两周时间，就能把排名前移 50 万位。这就是说只要安装一个或两个 Alexa Toolbar，排名就能大幅度地往前跳。因此，安装 Alexa Toolbar 工具条将对中国网站在 Alexa 的排名起决定性作用。

这里需要指出的是：当前有人编制了提升网站排名的作弊程序，但广大读者不要采用这种方法，更不要盲目追求 Alexa 的排名结果。有流量才是硬道理。任何网站，内容为主，单纯靠作弊，是不能获得真实的世界排名的，也不能真正地提升你网站的声誉和形象。

（2）进行网站流量的检测和统计

进行网站流量的检测和统计的测量方法是通过软件对网站的流量进行跟踪，并对跟踪获得的数据进行记录和分析的一种网络化的、快速的网站流量检测统计和分析系统。该系统使用简便、快捷，能够对测量中获得的大量数据进行细分和归类，并能产生相应的统计图表。

其使用方法比较简单。

第一步为用户注册。图 8-4 为网站流量的检测和统计系统的注册页面。

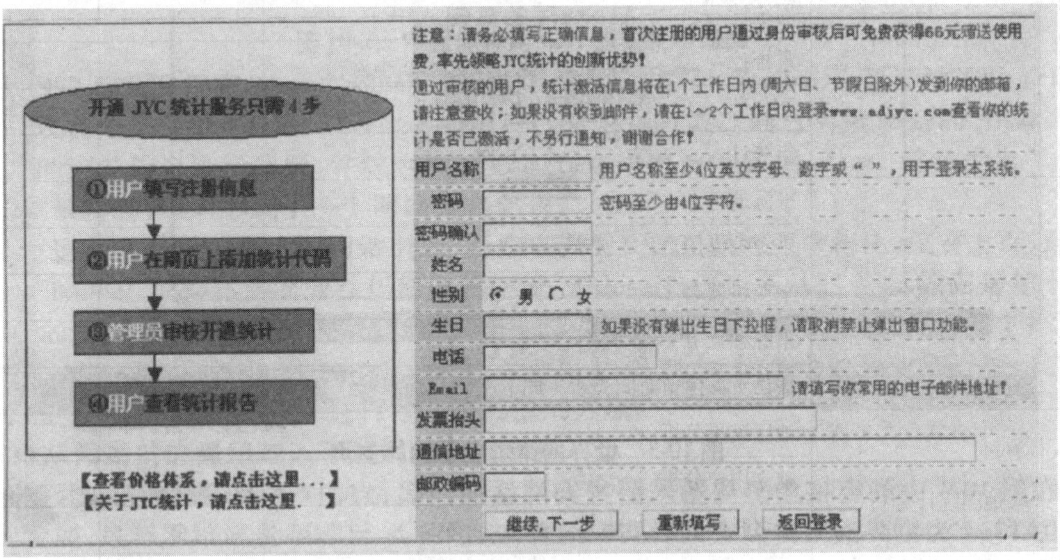

图 8-4　网站流量的检测和统计系统的注册页面

第二步为统计需求。包含以下三项内容：统计网址、统计说明、统计项目。

其具体的统计项目共包括：总体数据浏览、在线客户分析、分时流量分析、客户停留分析、地域统计分析、受欢迎程度分析、客户端参数分析、广告效益分析、自定义统计分析 9 项，还可以自动进行网站世界排名统计。其统计结果也可以自动生成多种统计图表。表 8-6 为具体的统计项目表。

表 8-6　统计项目表

统计功能		价格/元	选择
总体数据概览	总体访问情况	3	
	今日与昨日统计对比	2	
	最高流量及最长停留时间分析	3	
在线客户分析	当前在线客户	2	
	地区在线情况	2	
	页面在线情况	2	

续表

统计功能		价格/元	选择
在线客户分析	方问明细	3	
	停留明细	3	
分时流量分析	小时统计	3	
	日统计	3	
	周统计	2	
	月统计	2	
	季统计	1	
	年统计	1	
客户停留分析	来源地区	3	
	来源独立用户	3	
	来源机器名	2	
	来源独立 IP	2	
	被访页面停留时间分析（同下）		
地图统计分析	地区流星分析	4	
	独立用户分析	4	
	停留时间分析	4	
	时区流量分析	2	
受欢迎程度分析	忠诚度分析	3	
	访问深度分析	3	
	停留时间分析	4	
客户端参数分析	操作系统	1	
	浏览器	1	
	屏幕分辨率	1	
	显示器颜色	1	
	所处时区	1	
	使用语言	1	
	使用编码	1	
	JavaScript 版本	1	
	Java Script 状态	1	
	Java 状态	1	
	Alexa 工具条	1	
	Flash 插件	1	
	弹出窗口状态	1	

续表

统 计 功 能		价格/元	选择
客户端参数分析	上网方式	1	
	上网速度	2	
	视频插件	1	
广告效益分析	访问量效益分析	2	
	独立用户效益分析	2	
	停留时间效益分析	1	
自定义统计分析	访问统计分析	18	
	停留统计分析	18	
Alexa 排名统计	网站流量排名统计	免费	
	竞争对于流量分析	免费	
小计		0	
注册完成　重新填写　返回上一步			

对于这些调查数据的运用，涉及数据挖掘的内容，比较高深。但是，在网络营销中这些基础的统计和调查数据运用好了，可以干很多事情。因此，我们要注意这些基础数据的积累。

3．网站推广效果测量数据的运用

进行网站推广效果测量的目的在于获得网站运行的第一手数据，并运用这些数据分析网站经过推广以后的效果，发现网站运营中的问题和不足，进一步改进、提高网站的运行效果。

这就必须运用好网站推广测量中获得的各种数据。怎样运用这些数据呢？

（1）对比分析法

对比分析是一种竞争战略中的竞争态势分析。它是利用网络测量技术对几个主要的竞争对手同时进行测量和跟踪，然后将获得的数据自动生成对比分析的统计图表，分别就主要竞争数据和竞争指标通过统计图表进行分析。

图 8-5 就是新浪、网易、搜狐、雅虎、372l、Google、搜狐七个主要搜索引擎在一个小时中的用户使用情况的跟踪统计分析，从中可以清晰地看出各个网络搜索引擎的被使用情况和它们在市场竞争中的态势和格局。

（2）追踪分析法

这种方法是利用网络中得到的各种测量数据定时地进行跟踪和统计，得出一个时期或一段时间的统计结果，并运用这一统计结果进行分析得出的各种统计数据。这些数据同样可以成为决策的参考，而且可以形成多种研究报告，如图 8-6 所示。

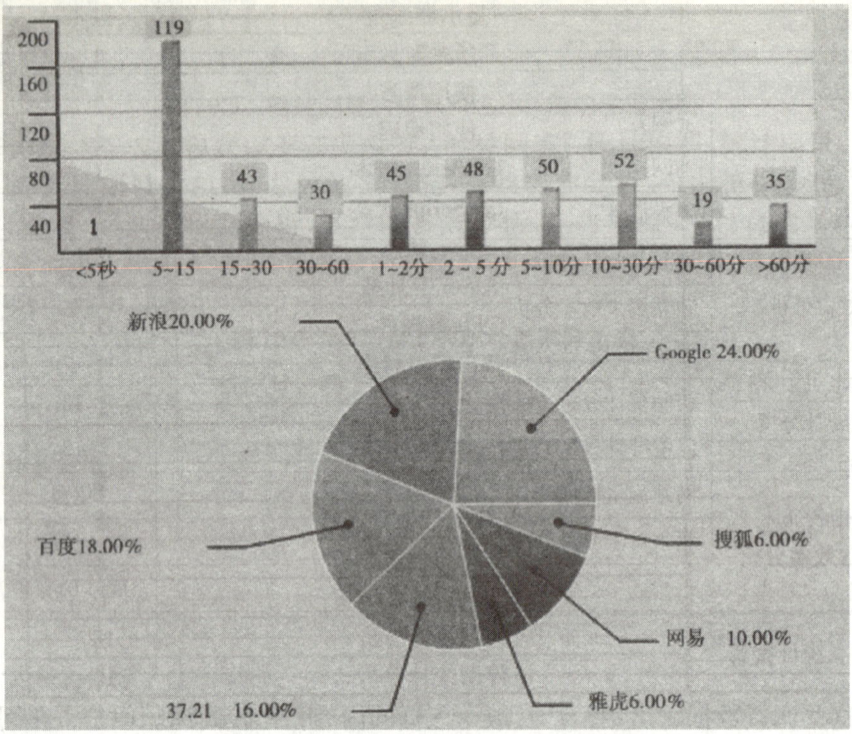

图 8-5　七大搜索引擎被使用情况的截图

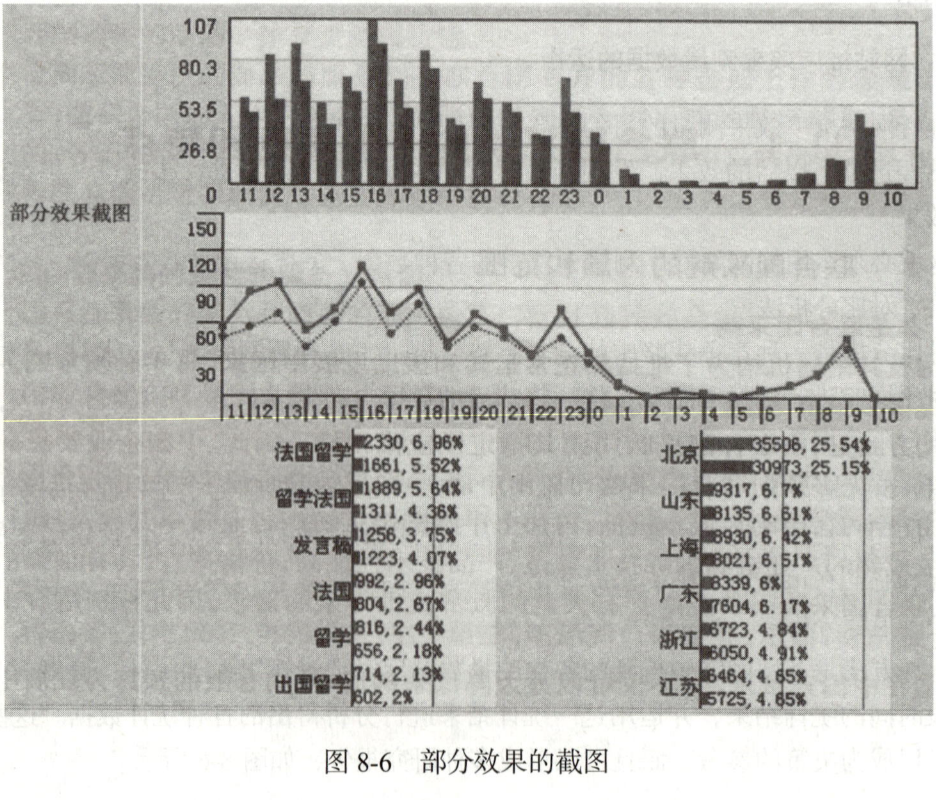

图 8-6　部分效果的截图

8.3 网上商店的建立

8.3.1 网上商店的基本概念

1. 网上商店的内涵

什么是网上商店？网上商店就是利用商务网站搭建的网上商务平台，在上面开设一个属于自己企业或个人的网上店铺。这个商店，可大可小，它会成为我们在网络里的前哨阵地，进军电子商务或网络营销的桥头堡，进军国际市场的上马石。

眼下，网上商店林立，网上商品琳琅满目。网上商店已经成为了网上商品市场的一个重要的组成部分。有的网络公司，为了吸纳信息资源提供网上的免费空间，有的网络运营服务商在租赁网上空间，有的还提供多种类型快速建立网上商店的模板。建立网上商店已经成为一件轻松、快捷的事情。图 8-7 为淘宝网众多网上商店热卖的商品。

图 8-7 淘宝网众多网上商店热卖的商品

2. 网上商店的形式

当前，网上商店的形式大致可以分为 5 种。

（1）商务网城中的网上商店

网上商城系统是为 B2B 电子商务系统中的商家提供的一个面向零售客户的商店系统，系统为每个商家分配了一个基于 Web 设计的商店，客户可以通过客户系统，管理自己在网上建立起来的网上商店。零售客户可以通过商城提供的接口，访问每一个网上商店，形成一个个 B2C 系统。

阿里巴巴的网上商城管理系统，就包含商家管理子系统、商店管理系统等。网上商城管理系统主要管理各商家的网上商店；商家管理子系统，主要是在客户系统展示给商家一个管理界面，完成商家的页面定制及订单管理业务；商家商店管理系统，主要负责与最终用户的交互和沟通，完成最终用户的业务请求。

当前，网上商城中的可利用资源很多。很多的网上商城为了整合资源，预留了网上商店的开店空间。眼下这类空间一类是免费的，另一类是付费的，免费的远远多于付费的，这为我们建立网上商店提供了十分广泛的资源基础和条件。

（2）网上商贸街

网上商贸街是利用互联网技术在网络时空里建立的大型商贸交易平台。它是一种与传统零售门市整合的全新的网络营销方式。像“网上三好街”、“网上汉正街”、“网上科贸街”等都是典型的网上商贸街。

“网上三好街”就是以网络为载体，联合知名的 IT 产品经销商整合营销渠道，共同建立起来的地方性的网上营销体系。其实也是为在该站注册的辽宁、吉林周边地区中小分销商提供全面的增值渠道服务的一个网上市场。该网上市场设有市场商讯、二手市场、报价中心、商家名录等。

作为网上的一条街，常常要整合相当多的周边资源。“网上三好街”专卖店整合的周边资源就有：本溪专卖店、朝阳专卖店、盘锦专卖店、辽阳专卖店、吉林白城专卖店、抚顺专卖店、海城专卖店等。这样的网上商店由于整合了很多的资源，因此，它不仅具有很好的人气和商气，而且往往具有原来地上市场的货源特色，因此是我们建立网上商场或网上商店的好去处。

图 8-8 为“网上三好街”主页。

（3）门户网站附带的网上商店

许多电子商务网站为了吸纳和扩充网上资源，增加了网上商店功能。新浪、网易、搜狐等门户网站都具有这种功能。比如“e 大中华”就不仅提供免费的网上商店资源，而且还提供建立网上商店的建店模板，为用户在该网站建立网上商店，具体地提供了多种帮助。商户利用这些建店模板可以很方便地建立起自己的网上商店。

这种附带网上商店的网站，一般信息资源丰富，网上浏览量较高，有的还有比较稳定的客户资源。因此，是选择建立网上商店比较理想的地方。

也有一些网站，像出租建筑模板的商人，在网上专门出租网上商店的建设模板。这样的地方，由于收费，租者往往不是很多，商气不是很足，别看花了钱，效果并不理想。因此，我们还是要充分利用免费资源建立网上商店。当前，这一类网站较多。

图 8-9 为长春购物网建立的许多网上直销店。

图 8-8 “网上三好街”主页

图 8-9 长春购物网建立的许多网上直销店

（4）网上拍卖店

网上拍卖店是以拍卖为主要经营形式的一种网上商店，这种网店很多，且进入门槛已经很低。以目前国内规模最大的个人物品竞标网站易趣网（www.eachnet.com）为例，网上交易采用卖方登录物品信息、买方出价竞标的方式，网上注册及买卖完全免费。大到汽车、房产，小到手机、邮票，甚至麻辣烫调料，都可以借助易趣网轻松实现网上交易。易趣不仅为所有想买、卖个人物品的网友提供了一个别具特色的竞标平台，而且提供了每天 24 小时监控网站、解答提问等多种促销服务，并定期举办网友见面会，组织丰富多彩的网友活动，培养网友之间以及网友与网站之间的感情；为了令没有上网的社区居民同样享受到网上买卖的便利，他们还开通了代理服务，只要一个电话，代理员就会主动上门提供物品登录、照片上传、促进成交等由始至终的一条龙服务，所有这些为网上拍卖营造了充满平民乐趣的友好氛围。

由此可见，网上拍卖不仅为传统拍卖行业拓展了新的空间，带来了新的机遇，同时也促进了中国电子商务向更加接近社会和百姓需求的实用领域迈进和发展。

（5）一站式网上商店

一站式网上商店是一种全新的网上服务方式，当前在国内有两种形式。

1）以“亦得代购网”为代表的“买遍全球”的代购网站

这种所谓的国际购物一站式服务，是以“全球代购”为特征的一种新型远程购物方式。这种方式近来在网络上快速发展起来，它的出现将网络购物的触角延伸到了海外。不用亲自出国，你就可以从任意一家国外网站中搜索并挑选你中意的商品，然后由“亦得代购网”为你代购，而且不需要美元或信用卡，直接用人民币付款就能实现结算。真正做到了身在本地，买遍全球，想买什么就能买什么。

这种一站式服务，已经把服务的外延扩展到世界。你可以购买任何在网上能够搜索到并允许进入中国的货品，例如时装、化妆品、保健品、游戏、电脑、家电、书、CD 等。

2）以一站式无忧开店为代表的服务方式

这种新型的服务方式，当前在国内正在发展。其主要特征是提供从建立网上商店到购物及支付的全过程服务。

这种服务的特点是简化开店手续，降低技术性进入门槛，提供多种可以选择的建店模板，让想在网上开店的人不用犯难，只要会简单的计算机操作知识，就能顺利地在网上开办网上商店，实现网上营销，网上创业。

这种一站式服务把当前政务办公的服务模式移植到互联网上，方便了中小企业和计算机知识不特别丰富的上网者。

3. 网上商店的特点和作用

建立网上商店是把企业触角伸向市场的重要一步，是利用网上资源进行低成本运营、低成本扩张的重要举措，是网络营销的一个重要组成部分，更是一种小型企业提升网络经营能力的有效办法和有力措施，还是一种有声有形的广告宣传。

在传统营销中，要建立一个新商店可不是一件容易的事，要选地点、租房、装修、招工，要申办营业执照、办理税务转移证明、准备样品、进行人员培训……而且异地办公，费用很高。可是在网络时空里，只要半小时，就可以把我们的网上商店开到深圳、哈尔滨。用上一天，就可以建立十几个网上商店，使我们的企业很快把触角伸出去，进入全国的，甚至世界的网络市场。一旦小企业和大网络联系起来，那将会给企业带来很多商机。

网上商店不仅可以为我们找到商机，还是企业的窗口和眼睛，是企业的形象和与众多客户沟通的桥梁。透过这个窗口可以建立起庞大的网上客户群，可以使小企业和大世界融为一体。

网上商店还是企业的一个重要的广告空间，可以把企业的商品信息在网上发布，企业可以配发照片，做到图文并茂，客户既看到了文字资料，又形象地看到了产品的样子，便于进一步沟通和交流。

况且，传统媒体的广告播发和刊发的时间都很短。但是，网上商店刊登的产品宣传广告则会长期保留。

4．网上商店的适用对象

（1）网络公司

对于提供自助建站、域名注册和虚拟主机的网络公司而言，增加网上开店服务可以有效地增加自己的服务范围，让你的客户有更多的业务选择。利用现有的业务渠道，网络公司可以短期内发展大量的网上开店客户。

（2）创业者

网上开店，眼下正成为许多大学生时髦的选择。进货、发布信息、收钱发货，许多在校生风风火火地做起了网上“小老板”。国内最大的个人电子商务网站 eBay 易趣统计数据表明，在 eBay 易趣上万个网上店铺中，在校大学生开的“店铺”居然达到 40%。一些应届毕业生表示，已将网上创业与就业作为职场新选择。

（3）网站设计制作公司

网站设计制作公司会经常遇到需要建立网上商店的客户，需要设计网页，并需要程序开发人员开发网上商店的后台管理系统。整个流程不仅麻烦而且费时费力，增加了客户的成本。但如果使用了网上商店自建系统，就可以帮助客户建立自己的网上商店。

（4）广大中小企业

对于广大的中小企业而言，建立网上商店是一个最简便的实施网络营销的方法。不仅化解了建立网页和网站的技术强度，而且不需要花很多的钱，就可以使自己的企业进入网络时空了。

不仅如此，经过一段的实践，当你已经掌握了网上商店的运营特点和规律以后，还可以在各地建立连锁商店，使你的产品很快走向全国。

5. 网上商店的技术支撑

（1）网上超市系统

当前许多网站提供网上商店的建站程序。图 8-10 为网上商店业务流程图。

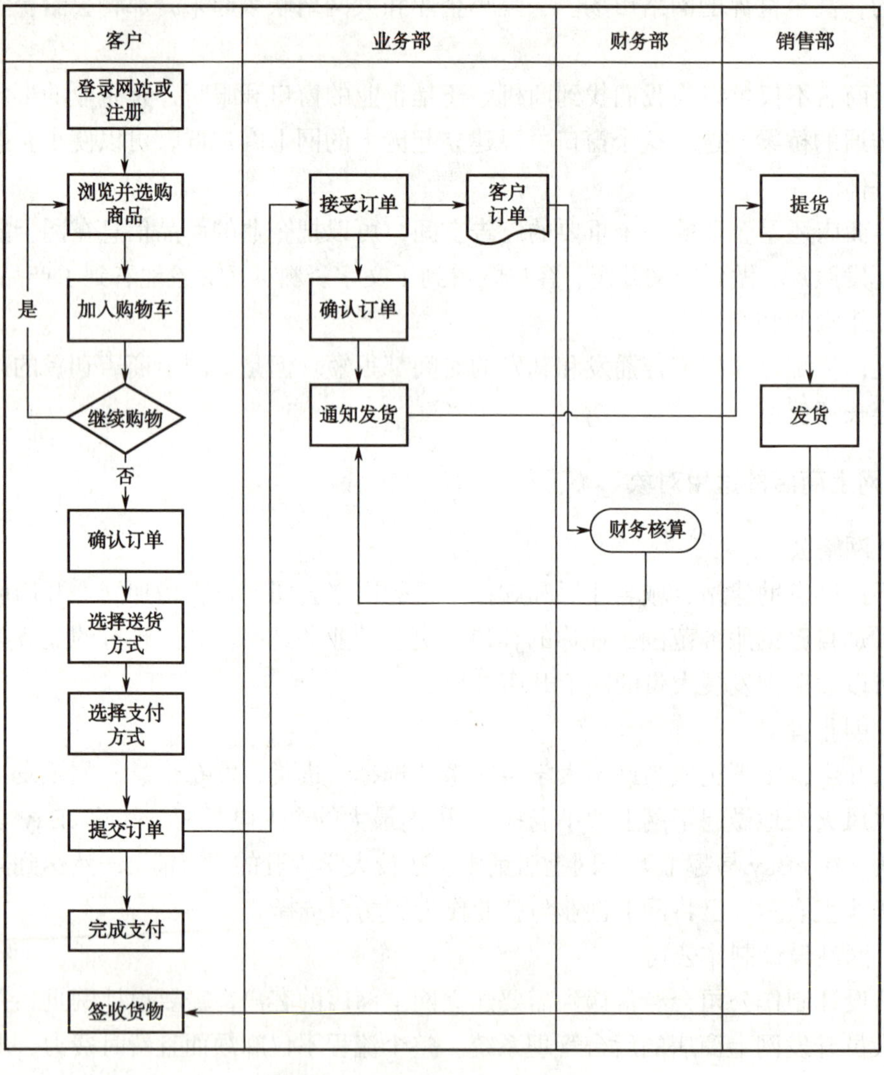

图 8-10　网上商店业务流程图

客户购物流程：浏览、将商品放入购物车、去收银台。每个会员有自己专用的购物车，可随时订购自己喜欢的商品，结账完成购物。

具有强大的查询功能，可以按商品名、商品价格快捷地查找到感兴趣的商品。

商店/商城管理灵活、方便，可以对首页、广告、注册协议、商品分类、商品信息、商品定价、配送方式、付款方式、订单、会员等内容进行灵活管理。

可以显示和建立商品点击和销售排行榜，以商品点击量和销售量来显示出相关的商品。

顾客可对感兴趣的产品发布留言，管理人员可在后台方便地回复留言。

具有分类广告图片，可在每个产品分类页单独设置广告。

系统会自动向成功注册的用户和下订单成功的用户发送邮件，把账号和密码或订单信息发送到用户填写的信箱内，并可查看每个购物者的购买商品记录。

具有完成销售量统计排行、进销存统计等多种统计功能，并能自动生成报表，自动计算出销售利润。

（2）网上商店的多店系统

ShopEX 多店系统是一套集建店平台和商城于一身的软件系统。

ShopEX 多店系统的自助建店功能给想在网上开店的客户提供了非常方便的开店功能，商家只要点击“我要开店”，然后填写注册信息就可以在 3 分钟之内建立一个功能完备的网上商店。

该网上商店拥有完整规范的商流和金流，整合了十几家国内知名的支付网关，并且内置了多套精美模板，同时还提供灵活强大的模板编辑功能。商家可以根据自己的需要对网上商店的前台页面做个性化设置。同时，ShopEX 多店系统还拥有对店铺推荐和搜索、商品推荐和展示等功能。运营商可以给商家提供全方位的广告宣传和推广，顾客也可以方便地找到自己心仪的商品和商店。图 8-11 为网上建站系统。

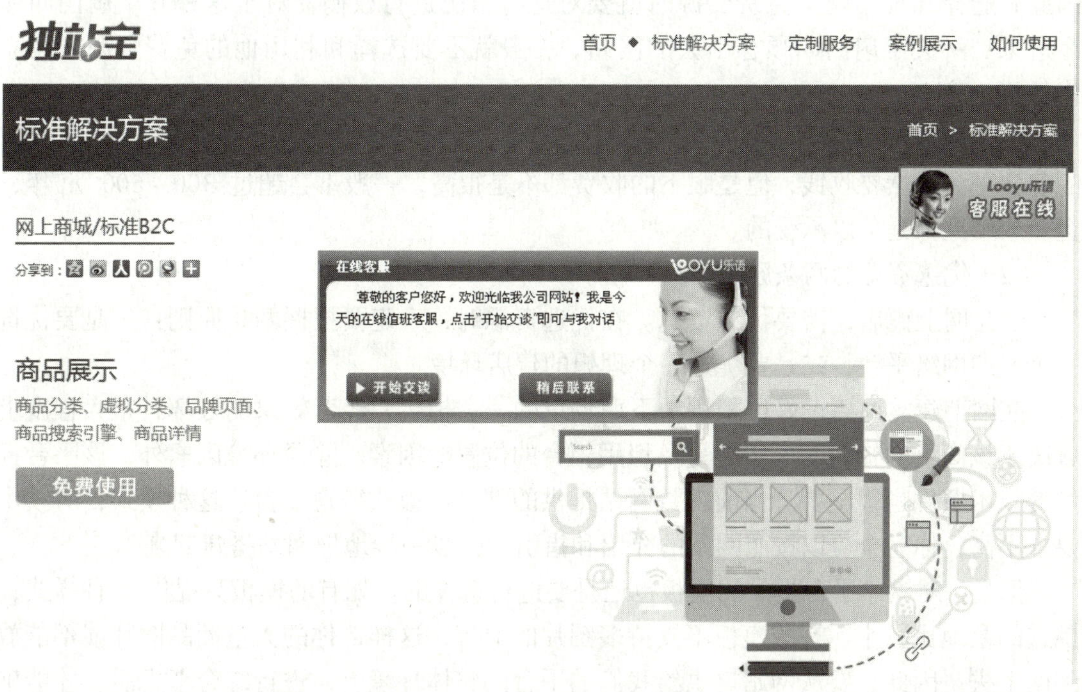

图 8-11　网上建站系统

ShopEX 网上商店多店系统完美整合支付宝按钮，内置支付宝网关——轻松享受零费率的网上支付；该系统网上开店平台上所建商店功能强大，也可以理解为是一个开店的机器。如果你需要一次性建立多个网上商店，或者想提供网上开店服务，就可以采用该系统。

8.3.2 怎样建立网上商店

1. 建立网上商店的资源选择

（1）建立网上商店前的准备

资源是建立网上商店的基础，是搭建网上商店的建筑材料。网上的资源很多，有付费的，有免费的。尽管当前大量的免费资源正在向付费转化，依然有大量免费资源可以利用。利用好这些免费的网上资源，对于广大中小企业和个人创业者降低网上商店的运营成本是非常有好处的。

建立网上商店前一般要做哪些准备呢？主要是要准备好 3 件事。这就是：要准备好商店的名称，要准备好开店的商品，要选择哪个网站提供的免费资源。

这里应该注意的是：当前一些网站对利用免费的网上资源开店做出了许多限制。如规定免费型网上商店上传商品数量不能超过 20 个，不能使用全部的网上功能等。因此，选择和利用网上免费资源时就要对这些情况进行权衡。对于这种开半扇门叫顾客进来，又关半扇门叫顾客出去的网站，一般就不要选择和利用他的免费资源去建立你的网上商店。

也许有的人不愿意利用条件好的平台建店，因为它要收费。是的，条件好人气又旺的建店平台自然要收钱，但是眼下的收费都不是很高，一般不会超过 300 ~ 500 元/年，企业或个人都是可以承受的。

（2）优选资源的两条原则

建立网上商店，需要优选资源。在优选资源时，一定要把握两条原则：一是要优选一个好的网络平台，二是要优选一个理想的建店环境。

在网上建立商店，好比租用地下商场里的一个柜台。经营效果的好坏，很大程度上取决于该商场的知名度、客流量及租用柜台的位置等因素。除了环境因素外，该平台提供的技术条件也很重要。当前多数网站提供的都是模板式搭建平台。这种模式，对技术要求不高，你完全可以按照网站的介绍和指引，一步一步地把网站搭建起来。

但是，对网站平台提供的模板也还是要进行选择的。如有的模板只提供 4 种样式，挑选的余地比较小。有的模板不支持多图片的上传，这样，你的大量商品图片就不能放到网上去。因此，要从网站提供给我们的平台的整体环境上，进行综合考虑后，才能确定选择建店的平台。

确定了选择的网络平台以后，先不要急于去申请建店手续。要先对该网络平台上已经建立的若干网上商店的情况进行一下浏览，看一看在该平台上建立网上商店的人多不多，商气旺不旺。如果不旺、那么你就要重新挑选一个新的建店平台了。

有很多人要建的网上商店是拍卖店，这就比较好办了。因为当前拍卖店一般都比较火。挑选拍卖店时，关键要选择拍卖规则是不是合理，网上支付系统是不是安全，网站管理是不是健全。

一定要选择那些规则合理、支付安全的平台建立你的网上商店。

2．建立网上商店的流程

（1）建立网上商店的流程

网上商店和真实商店在结构和功能上没有区别，不同点在于实现这些功能和结构的方法以及商务运作的方式不同。就网上商店的结构而言，一般分为两种类型。

1）自助型网上商店

当前，相当多的网站提供自助建店服务。自助建店，一般网站都提供定型的建店模板，只要按照建店步骤一步一步地进行就可以了。图 8-12 所示为网上建站流程图。

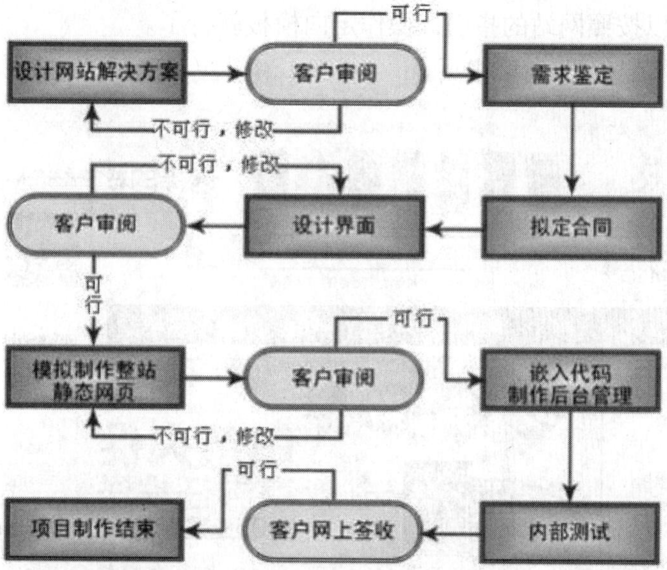

图 8-12　网上建站流程图

2）独立交易型网上商店

独立交易型网上商店比较复杂，其网上商店的构成有三大支柱：商品目录、顾客购物车和付款台。

① 商品目录可以使顾客通过最简单的方式找到其需要的商品，并可以通过文字说明、图像显示、客户评论等充分了解商品的各种信息，便于进行网上挑选。

② 商品购物车则是衔接商店和客户，浏览到购物的一个中间环节。客户既可以把他喜欢的商品一个个放到购物车里，也可以从购物车中再行取出，进行更换，直到最后付款前。

③ 付款台是网上商店交易的最终环节，也是最关键的环节。顾客运用某种电子货币和商店进行交易，必须对顾客和商店都是安全可靠的。在美国和欧洲，信用卡已经成为最普遍的电子交易方式。通过提供必要的个人信用卡资料，商店就可以通过银行计算机网络与顾客进行结算。在付款台完成网上在线支付，顾客付款以后，网店要将网络上销售的产品通过邮政或其他渠道送到顾客手中，并要做好产品的售后服务工作。

当前，各网上商店的支付方式一般比较灵活，可以用信用卡支付，也可以由邮局汇款给商店，还可以由银行划拨。

由于这种网上交易是一种“先交钱后拿货”的购物方式。对客户而言，其方便在于购得的商品会直接投递到自己家里，而难以放心的是在商品到达手中之前并不能确认到自己手中的究竟是什么，以及能不能准时、如约地收到所购物。因此网上商店的信誉和服务质量，将是网络营销成功与否的关键。

（2）建立网上商店的方法

网上建店的方法比较简单。由于当前多数网站都提供了定向模板，因此，只要完成了注册手续，可以按照网站的指引，操作定向模板就行了。

图 8-13 为“京东网”商城主页。

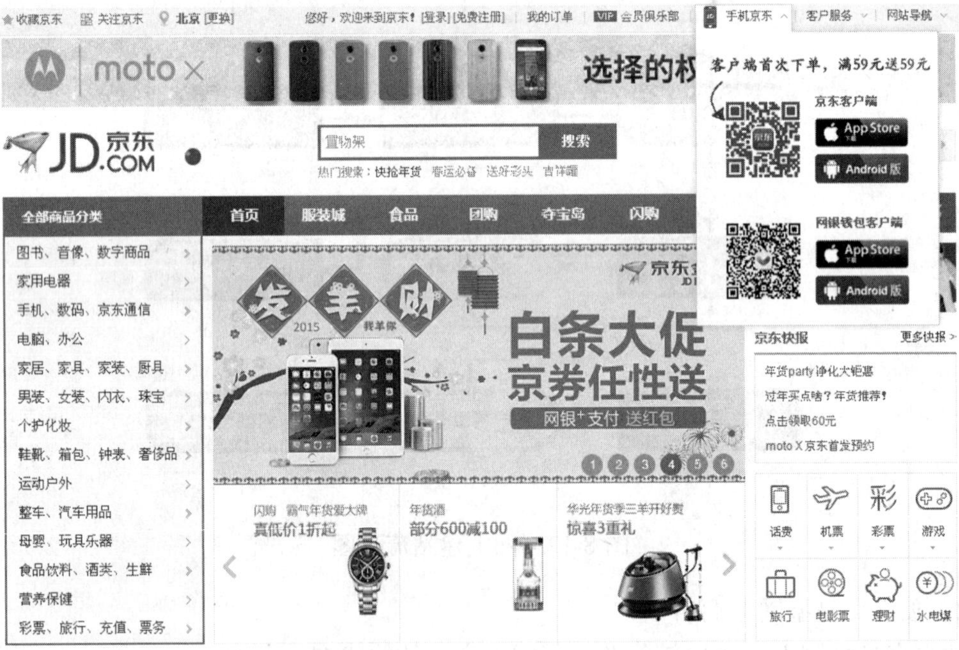

图 8-13 “京东网”商城主页

可以通过页面上方的“如何开店”进入，系统会给你介绍入驻条件。

① 入驻条件：拥有销售商品和提供服务所需的工商营业执照、授权书，有关经营、制造、服务许可证和资质证明等证明文件；提供优质的产品、服务和可靠的配送服务体系；遵守《中华人民共和国消费者权益保护法》。

② 业务洽谈。

③ 合同签订。

④ 填写你的网店的基本资料。越是详细的资料越容易取得客户的信任，订单当然也会随之增多。

⑤ 选择网店类型：你可以根据自己的需要选择不同的网店，有创业型、标准型、豪华型。

⑥ 成功地创建了你的网店，可以进入后台管理系统。当然也可以观赏一下你创建的网店，用选择的二级域名访问即可。

这样完成了建店工作以后，很多人以为就可以等待客户上门了，这是不对的。

在这一章中我们已经讲过了：建立了网上商店以后，还需要进行网上推广，还需要进行宣传，特别是除了要通过传统宣传资料把你的网上商店的网址、位置、店名等告知你的贸易伙伴，还要在相关的网站对你的网上商店进行必要的宣传，以便扩大网上商店的影响力。

（3）顾客在网上商店的购物流程

顾客进入网上商店进行购物就要了解购物流程，网上商店的购物流程其实比较简单，只要经过一次实战就能掌握。

图 8-14 为一个网上商店的购物流程图。

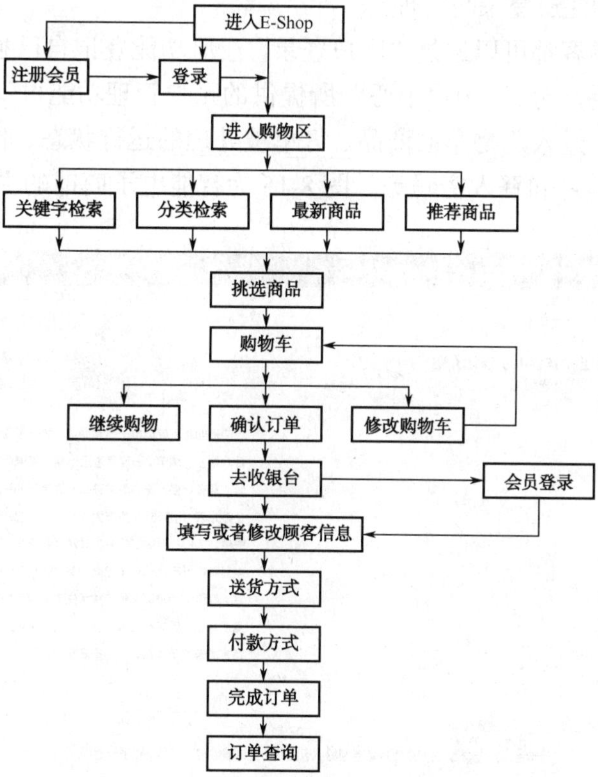

图 8-14　一个网上商店的购物流程图

顾客进入你的网上商店，就可以按照以上的流程购物了。

8.3.3 智能电子商铺的建立和管理

1. 什么是智能电子商铺

智能电子商铺是利用智能电子商铺软件提供的网上商铺的模板，经过商品和数据输入后而自动生成的一种电子化的、新型的网上商店。这种网上商店进入门槛低，不需要进行编程和复杂的计算机操作，便于维护和更新。有的还提供了网上下单和网上订购功能，是一种比较方便、快捷的网上商店。

智能电子商铺是一套结合了 C/S（客户/服务）、B/S（浏览/服务）结构设计的高性能网上自助开店系统，它具有多管理员权限分级管理功能、人性化的订购流程、更换自如的网页模块；其内建的 Web 服务器，不仅能使你尽快地建起自己的购物网站，而且网站提供的智慧型的管理功能，还可同步管理虚拟主机与远程用户端的资料。

2. 智能电子商铺的功能和特点

（1）顾客账户的注册登录与管理

商铺里的所有顾客都可以通过“用户登录”注册功能登记自己独立的账户，以便在商品付款结算时容易区分；“用户中心”所提供的账户管理功能可安全地管理各自的账户信息。可查看已经进入购物车的商品、订单被处理的运行状态、收货地址资料，以及对账户资料、联系地址和登入密码等。图 8-15 为智能电子商铺的主页面。

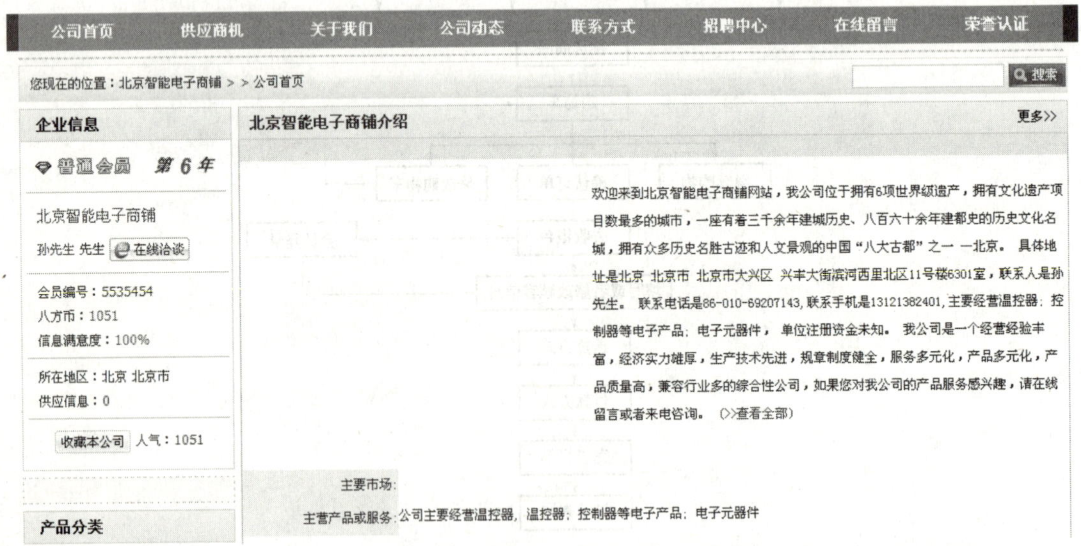

图 8-15　智能电子商铺的主页面

（2）商品上架

商品上架是网上商店的一个必要的程序。只有把你的商品摆放在货架上，才便于顾客的浏览和选择。

商铺中的所有商品都根据不同类别，有系统、分门别类地陈放在相对应的商品类页面上，每件商品除了包含其商品名称和价格外，都有各自的详细介绍和具体说明页，只要顾客点击“说明”类按钮，即可查到关于该物品的所有信息。为了让顾客更加容易地浏览和选购店内货品，店主可以根据店铺的实际情况，开辟最新商品、特价商品、打折商品、促销抢购商品和礼品赠送等不同的商品专区，以便更好地满足顾客购物需求。

该智能商铺的一个重要优点就是它提供了一个类似商业超市一样的购物环境。商品上架中可以对商品进行按类细分，好比超市中商品的分架、分类码放，这样就非常适合人们的购物习惯。

（3）商品分类导航菜单

商品的分类一般分为两级或三级，其具体类别是按大类和小类划分，小类在大类之下。比如说，一家专门销售电脑商品的店铺，其产品的种类很多，有笔记本、台式机、服务器等，为更好地管理这些不同类型的电脑，将这些商品按种类区分，而不同种类的产品又有各自不同的品牌，如 IBM，HP，Dell 等。在这些不同种类的产品下又以不同的品牌来划分，这样便产生了大类底下有小类的分类法。为了方便顾客在购买商品的过程中能迅速找到所需物品，网店页面内就必须要有商品分类的导航菜单，以便更好地将店铺里的商品呈现给前来购物的每一个消费者。

（4）购物车系统

顾客在网上商店的浏览中一旦现了中意的商品，只要点击商品下的“购买”按钮，就可将该商品选入“购物车”内。进入购物车的商品，顾客在最后确定购买的时候还可以再筛选。不准备这一次购买的商品可以放在购物车暂存或删减，也可以再增加新的商品。购买商品的总数确定后，就可以查看总金额。

通过“购物车”窗口里的“下订单”按钮，进入订单信息填写窗口，填写订单的物品运送方式，付款方式等相关信息后完成购物，进入结账环节。

“填写订单信息”：在付款结账前，消费者必须将所购物品运送的详细地址、收货人姓名、联系电话以及付款方式告诉店家，以便店家在收到货款后及时向目的地发出货物。

图 8-16 为购物车和订单信息的页面。

（5）订单查询

已登录的顾客还可以通过账户管理功能，管理并查看自己已购的物品。点击进入用户中心，选择“我的购物车”，可看到购物车内所选购的商品；如果商品订单已下，则可在“我的订单”里，查看到所有订单信息，选中某一订单号，便可看到该订单内的所有商品及商品订单被确认状态及物品发货的状态，如图 8-17 所示。

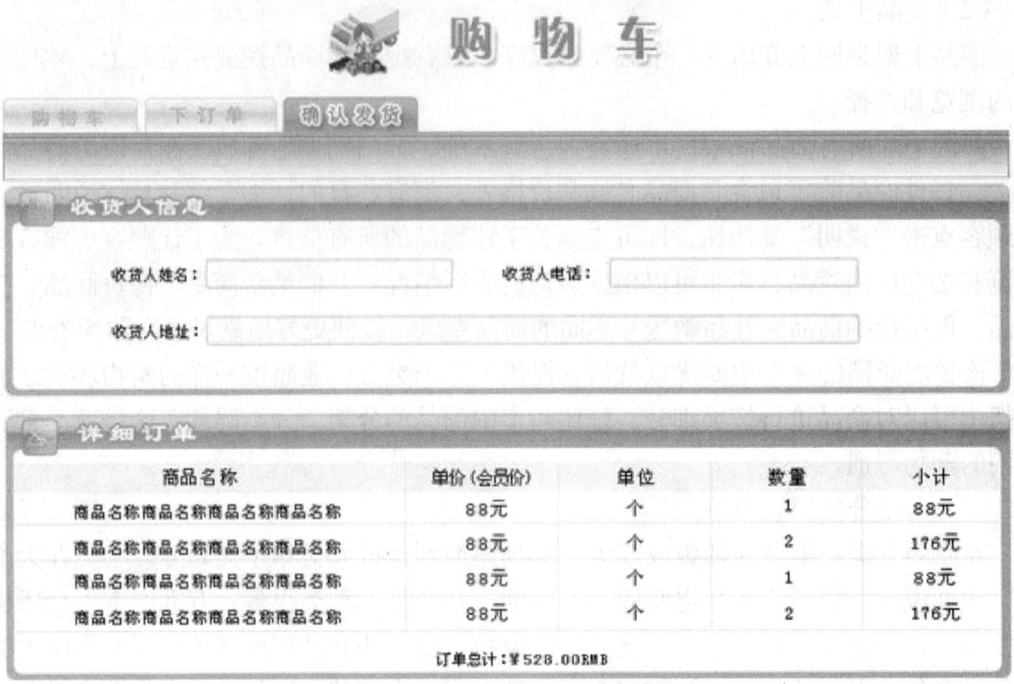

图 8-16 购物车和订单信息的页面

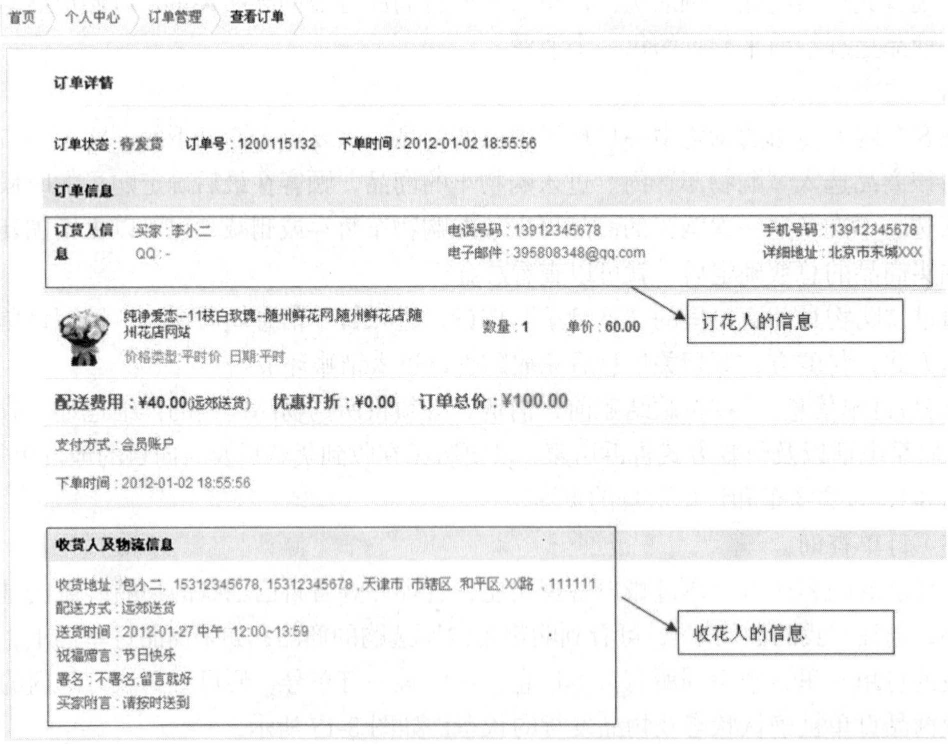

图 8-17 订单查看页面

（6）排行榜

排行榜分“关注排行”和“热卖排行”两种，设立排行榜的目的是让消费者在选购商品前对当前流行的行情有一个初步的认识。

关注排行：将顾客点击查看次数最多的商品排列在前，以此类推。商品的浏览次数显示在商品名称旁边，使消费者一目了然。

热卖排行：按照商品被购买的次数来排列，由多至少排列。

（7）广告、新闻、友情链接

图片广告、企业最新新闻或发布商品促销信息等都是传递消息、宣传网站的好方法。在页面内适当地加入这些功能，会起到意想不到的效果。图片型或文字型的友情链接方式都可以将自己的网站和他人的紧密地联系在一起，充分发挥互联网的优势。

8.3.4 自主开店步骤

1. 前期准备

① 免费下载：智能电子商铺软件。

② 软件安装：直接运行 eShopSetup_cn.exe 文件，完成安装后软件自动打开，进入管理员登录界面，输入管理员账号及密码登录。

③ 软件应用操作步骤如下。

- 新用户注册：选择菜单→帮助→注册服务→新用户注册（免费注册“智能电子商铺”用户）→用户登录。
- 录入资料：建立网店商品资料，输入商品信息、商品图片、网站广告、网站新闻、公告信息、公司 logo 标志、版面风格模板选择。选好模板以后就可以录入你的商店的各种资料了。录入时，可以根据模板的要求进行适当的图文配置，尽量使网上商店既美观又让人感到丰富多彩。
- 完成建站：按“前台仿真测试”，查看网店效果，架站完成（本机架站）。按“资料同步向导”，设定相关参数，完成虚拟主机架站。

④ 网站版面风格设计。

- 免费下载：模板大师软件。
- 软件安装：直接运行 eTemplateSetup_cn.exe 文件，完成模板软件的安装，进入软件编辑界面。
- 新建模板：新建模板向导→网站首页属性的设定→模板布局和样式选择→页面模板的修改或制作。
- 编辑或设计模板风格：通过模块功能显示窗口和编辑窗口，对页面显示模板的不同部位逐一修改，并随时使用商店预览工具查看修改了的页面。

2．版面设计

智能电子商店软件具有模板生成器，不仅可以套用内部提供的现有模板，还可以对所选的模板进行个性化的修改（如颜色、模块功能的布局等），甚至还可以独立制作或设计更多适合各自要求或者具有独特风格的网店模板来替换原有的模板。

3．后台管理

智能电子商铺软件是结合了C/S（客户/服务）、B/S（浏览/服务）结构设计的一套高性能网上自助开店系统，它具有多管理员权限分级管理、网站版面管理、商品分类管理、订单管理、会员管理、商品评论管理、邮件系统管理、广告管理、新闻管理、留言板等功能，内建的ASP服务器和FTP客户功能可更方便地管理虚拟主机和远程客户。即便没有虚拟主机或域名，一样能构架自己的购物网站。

（1）版面管理

店面的设计根据商品的销售内容或主题来考虑，因此店面的设计非常重要。店面的主页又是顾客进入网站第一眼就会看到的视觉中心，相当于实体商店的主题橱窗，因此必须拥有灵活完备的功能：除了有条理清晰的商品分类导航菜单为顾客提供方便外，季节性的商品促销活动场所以及重点推出的商品系列专区等，都必须展现在每个顾客眼前；而新产品的引进也必须让顾客能够及时了解，因此不同形式的商品陈列格式（风格）在首页的位置至关重要。大型的宣传广告、促销信息和恰当的欢迎词，更会给顾客留下深刻印象。针对不同类型的网店要求，专门设计了几套不同风格的模板供店主们选用，通过智能电子商铺软件里的模板管理系统，可灵活更换。模板管理系统有三个功能模块：现有模板管理、导入模板文件和最新模板公告。

① 现有模板管理：提供集成在软件内的几套模板方案。选中任意一套模板方案，模板页面即在展示窗口打开，点击“启用这个模板”按钮，网店版面便更换成当前启用的页面。

② 导入模板文件：可将原先设计好的模板文件导入商铺软件的数据库中以备调用。

③ 最新模板公告：提供本公司关于模板方面的通告信息。

（2）会员管理

在软件“前台数据管理”功能里包含有“前台用户管理”系统，它主要是管理所有在网店注册的顾客账户资料，如用户名、真实姓名、注册的时间以及该用户访问网店的登录次数。对于胡乱申请注册的用户，可在“选择”栏下的方框内打钩，删除该账户。在“用户名”栏目下，点击任一用户名，可进入查看该用户注册时的详细信息：姓名、联系电话、邮件地址、邮编、收货人姓名和地址以及订单数等，如图8-18所示。

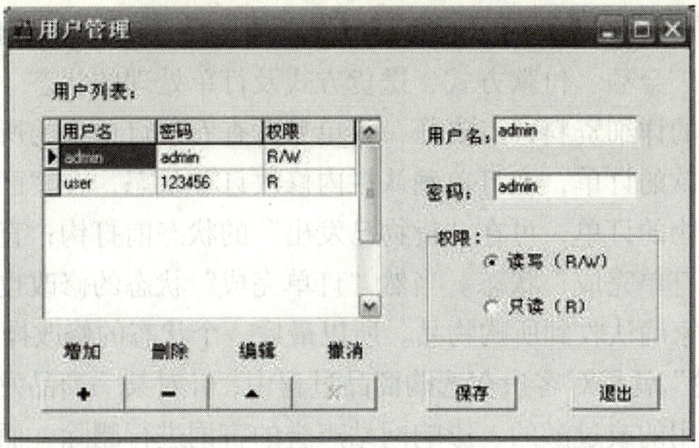

图 8-18　用户管理页面

（3）商品数据库系统

软件内部的“商品管理”系统分为两个部分，一是商品的类别设定，二是商品数据的添加和修改管理。为了让顾客方便地查找到所需的产品，店主必须将所有的商品有系统、分门别类地放在相对应的商品分类页面中，通过“商品管理”功能，可以实现。

① 商品主次分类的建立可无限地增加其内容，以大小类别分类法来科学管理商品。

② 随时修改商品数据或内容，无限次地新增新的商品。

③ 对新添加的或修改的商品设定推荐商品标志。

④ 随时修改商品库存数，管理商品存货量（缺货时便不能购买）。

⑤ 管理各类别商品的信息资料：商品名称、商品品牌、商品简介、商品价格、库存量、商品型号和等级、大小图片和详细说明等。这些标题名称还可以按商品的具体特性来改写。

（4）商品订单及商品评论管理

在“前台数据管理”功能里有“管理商品订单”和“管理商品评论”两个管理模块。图 8-19 为管理商品订单的页面。

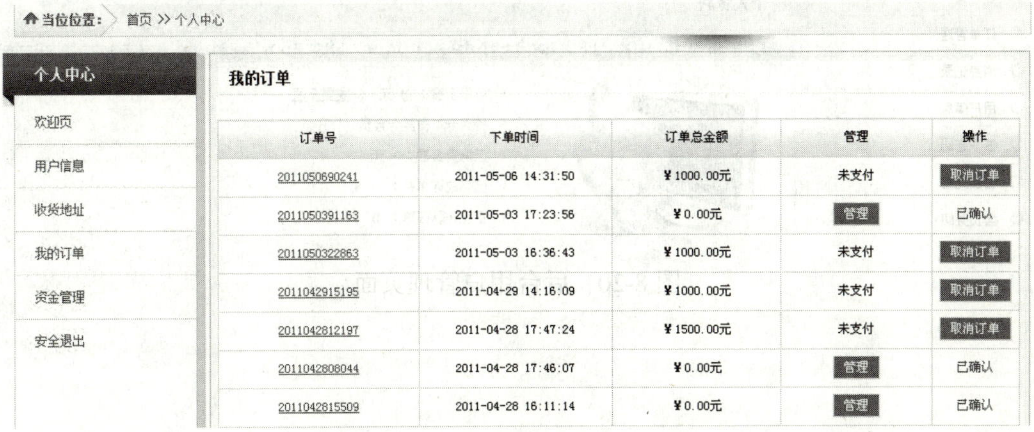

图 8-19　管理商品订单的页面

“管理商品订单”系统里罗列了所有客户递交的商品订单：包括订单号、下单的客户账号、订货人姓名、金额、付款方式、送货方式及订单处理的状态。点击任一下单用户名，可查看该用户的详细资料；点击任一订单号可查看该订单内的所有已购商品及送货要求。对已收到货款的订单，在订单确认栏内修改订单状态，在“已确认订单”选项里打钩；对已发出货物的订单，可在“货物已发出”的状态前打钩；直到客户确认收到物品，方可修改成“订单完成”状态。当然“订单完成”状态的修改也可以由客户自己来完成，以便通知店家确认收到所购物品。所以最后一个状态的修改操作是双向的。

“管理商品评论”就是对客户在选购商品过程中，针对某一商品发表的评论或意见加以审核。对那些无用的或过激的、影响网站声誉的言词进行删除，而审核通过的评论在该商品信息介绍页的“会员评论”区一一展现。

（5）后台管理权限分级

可创建多个后台操作的管理员账户，但管理的权限范围可以限制。权限的等级分三种：管理、添加和查看。如某个账户的权限设定为“查看”，那么该账户可以查看用户订单和管理商品评论；如账户的权限设置为“添加”，那么该账户除了可以查看数据库商品信息外，还可以添加、修改和删除商品资料；若账户的权限是“管理”，那么就拥有本站所有管理权限，可以进行一切操作。图 8-20 为后台用户管理页面。

（6）常规设置

该项功能包含：“公司简介”的编辑、公司大小“Logo”的图片设定、“付款方式”的账户信息和“邮箱”的设置（在用户递交订单时，可及时收到订单递交的邮件）。

（7）其他管理

该项功能包含：管理员“登录密码的修改”、“送货汇款”的设置、图片或文字的“友情链接”、“用户广播”等。

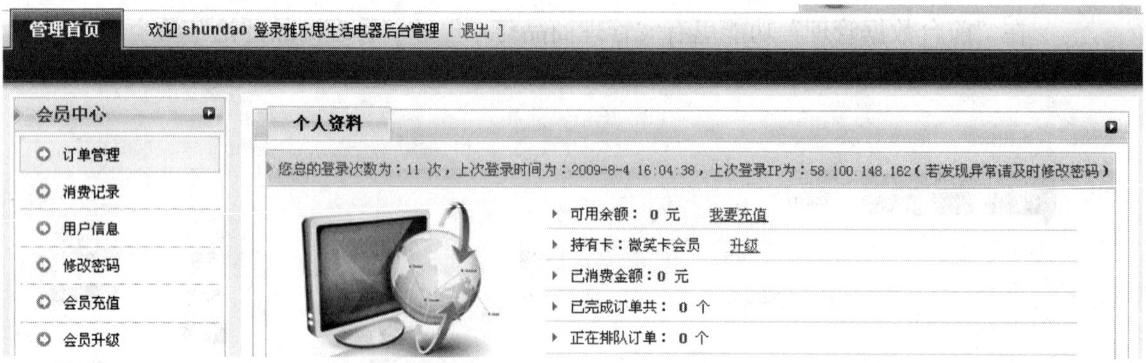

图 8-20　后台用户管理页面

8.3.5 把网上商店搞活的方法和技巧

1. 把网上商店搞活的四种一般技巧

（1）给网上商店起个金字招牌

网上商店一定要有一个好听的名字。

网上商店没有漂亮的建筑，没有路牌，人们要找到它，要记住它，名字就非常重要了。起名是一件很有学问的事情。起名一般要坚持五个原则：时尚、响亮、好记、有内涵、不侵权。

（2）要淡化二级域名的负面效应

大家都知道：建造网上品牌，域名是第一个要点。就算你的商品琳琅满目，有最快的送货速度，名字不响亮，别人记不住，回头客的比率也将很低。

但是，有很多网站我们在其提供的平台上开办网上商店时，其给我们的是一个二级域名。二级域名是不是就比别人矮了半截呢？二级域名确实不如一级域名，但作为一个网上商店，首要的还是内容。内容吸引人，是可以淡化二级域名的负面影响的。

要淡化二级域名的负面效应，你经营的商品一定要有吸引人的东西，或是商品新奇，或是商品的品牌响亮，或是商品齐全。

（3）店面布置要有吸引力

网上商店的吸引力是吸引网上客户的“动因”，必须下工夫搞好。

店面布置的学问很大。商店中先放什么，后放什么，哪些需要配图，哪些需要美化，特别是哪些需要增加必要的动态效果，都需要进行全面的、综合的考虑。

怎么才能使你的网上商店具有吸引力呢？重要的是把握三个环节：要有一个好的商店简介和产品介绍，店面中的主产品要有特色和名气，网上商店中摆放的产品要经常充实和更新。

以上三条原则是在建立网上商店时必须注意的。有的企业总爱把单位介绍写得很长，甚至连多大的办公楼、多大的厂院也写上，那是没必要的。

（4）要尽快增加网上商店的“商气”

网络营销是在进行商务运作，商气很重要，没有商气的冷店是无人问津的。因此，适时地补充商品，调整店面布局，增加网店的上架商品信息量和网店的环境信息量是很重要的。这是一件经常的、大量的、富有创意的工作，不仅需要我们下工夫，而且需要动脑筋才行。

要保持网店的商气，首先要有一个有商气的主页。主页是网上商店整体形象的亮相。企业的形象，商品的特点，都将通过这个网页去和顾客进行沟通和交流。因此，这个页面不能搞成毫无生气的部门和机构的简介，更不能摆上一个很大的经理或店主的照片。应该知道，人们到商店里来是要采购商品的，不是来查户口和对企业领导班子进行调查的。要考虑到我们的网上商店是要和国际接轨的，是会经常有外国的客人光顾的，因此，你的建站风格一定要简捷，要符合商人阅读和欣赏的习惯。

由于多数网站提供给我们的是定型模板，有的模板只能设 4 ~ 5 个栏目，有的网站可以自设栏目，这就需要我们仔细选择了。另外，对网页上传图片的数量和加装计数器等功能，有的网站有限定，有的无限定。针对这种情况，我们要尽量挑选能够自设栏目，并且能够上传较多图片的网站，建立网上商店。

增加网上商店商气的办法很多，最主要的是增加网上商店里的信息量。一般的规律是：信息越多，人气越旺；人气越旺，商机越多。但是商店开起来，不能光等候顾客，还要主动把客人介绍、吸引到商店来。这就需要经常地在多种场合利用多种渠道来宣传你的网上商店才行。

你还可以利用现有产品的推介渠道，在企业的广告资料上、产品介绍上、产品包装上，甚至你的名片上，把你网上商店的网址打出去。也还可以充分地利用网络资源，如邮件列表、群发电子邮件等方法广交朋友，宣传和推介你的网上商店，以提高浏览量，增加反馈联系的机会。

比如，在阿里巴巴网站上，就推出了"中国供应商"和"网上有名"等有名的栏目。"中国供应商"面对的是以外贸为主的出口型企业，"网上有名"则针对内销兼做出口的企业。这些栏目名气大、人气旺，对你开拓市场作用很大，但这些推介是要收费的。

2. 把网上商店搞活的八种运营技巧

（1）进行运营构想

开店的第一步并不在网上，而是在你的脑子里，你对自己要开一家什么样的店要进行策划和构思。在这点上，开办网店与传统的店铺并没有明显的区别。但是，你给自己的网上商店起一个什么名字，经营什么商品，是经营多种商品还是经营一种商品，都应该进行认真的思考。

（2）登录网站进行注册

需要选择一个商气很旺的、能提供个人开店空间的网上商务平台，注册为用户。

要用真实姓名和身份证等有效证件进行注册。在选择网站的时候，人气旺盛和收费相对低廉是很重要的因素。只有进行了注册，才能取得建立网上商店的基础条件。

要详细填写自己店铺经营商品的分类，以便让你的目标用户可以准确地找到你。然后你需要为自己的店铺起个醒目的名字，就可以把你的商品陈列到网上了。

需要把每件商品的名称、产地、性质、外观、数量、交易方式、交易时限等信息填写在网站上，最好搭配商品的图片。名称应尽量全面，突出优点，因为当别人搜索该类商品时，只有名称会显示在列表上。为了增加吸引力，图片的质量应尽量好一些，说明也应尽量详细，如果需要邮寄，最好声明谁负责邮费。

（3）进行价格设定

登录时有一项非常重要的事情，就是设定价格。特别是在拍卖网站开店，通常网站会提供起始价、底价、一口价等项目由卖家设置。网上竞价不同于传统竞价，卖家先要设置一个起始价，买家由此向上出价。

起始价越低越能引起买家的兴趣，有的卖家设置 1 元起拍，就是吸引注意力的好办法。但是起始价太低，会有最后成交价太低的风险；起始价太低可能暗示你愿意以很低的价格出售该商品，从而在很低的价位上徘徊，所以最好同时设置底价。

卖家往往不愿等待竞拍完毕，觉得那样时间太长，因此，你也可以设置一口价，一旦有买家愿意出这个价格，商品可以立刻成交。

一口价的缺点是如果几个买家都有兴趣，也不可能再抬高价钱。卖家应根据自己的具体情况利用好这些设置。

（4）进行广告宣传

为了提升自己网上商店的人气，在开店初期，应适当地进行广告投入，但只限于网络上即可。例如购买网站流量大的页面上的热门商品推荐的位置，将商品分类列表上的商品名称加粗，增加图片以吸引眼球等。也可以利用不花钱的广告，比如与其他店铺和网站交换链接。还可以利用该网站的关键字注册，把你热卖的商品的关键字抢注下来，以增加网上商品的点击率。

许多创业者和刚开办网上商店的人没有很多钱做广告。那也没有关系，也就是辛苦一点，多登录一些人气旺的网上论坛发些帖子，也是一个很好的办法。

（5）交易后抓紧邮寄标的物

成交后，网站会通知双方的联系方式，根据约定的方式进行交易。可以选择见面交易，也可以通过汇款、邮寄的方式交易，但是应尽快把该汇出的商品或货款汇出，以免对方怀疑你的信用。是否提供其他售后服务，也视双方的事先约定来确定。

（6）建立网上商誉

网上商誉是网上商店的生命。因此，在网上经商一定要讲究信用。

建立网上商誉最根本的是要提供真实的信息，不说假话。不仅你自己的登录和注册信息要真实，你的网上商店里的商品信息也要真实。

在对方就你的商品和你洽谈和沟通的过程中，也应该诚实待人。对方一旦确定购买你的商品并且给你付款以后，应该立即给对方发送一封电子邮件，告知对方你已经收到汇款，让对方放心，同时应该立即把商品寄给对方。

只有建立起良好的商业信誉，你的网上商店人气才旺。

（7）按规定交费

按照规定交纳网上交易中应该缴纳的各种费用，是网上商店运营管理的又一项重要的管理内容。网站通常会收取开店人一些费用，包括购买网页推荐位置的费用、登录费、交易费、店铺费等，应及时缴纳。这既是一种义务，也是一种责任，更是一种诚信意识的表现。

但是，应该积极交纳应交的费用，不等于不可以进行合理的规避。例如多次交易的熟客就可以线下交易，不用在网上竞价。这样当然可以节省一些相关的费用，以降低交易成本。

（8）做好售中和售后服务

当前，服务也是运营的一部分，做好售中和售后服务很重要。顾客在决定是否购买你的网上商品的时候，很可能需要很多你没有提供的信息，你应及时并耐心地回复。但是需要注意，很多网站为了防止卖家私下交易以逃避交易费用，会禁止买卖双方在网上提供任何个人的联系方式，例如信箱、电话号码等，否则将予以处罚。

因此，这种情况更多地表现在交易以后，顾客对商品的性能、特点的不熟悉或不了解其性能，会提出一些相关的问题，这些都应及时地给予回答。

主要参考文献

[1] 南兆旭，等. 营销通道管理技巧[M]. 北京：广东经济出版社，2004.

[2] 冯英健. 网络营销基础与实践[M]. 北京：清华大学出版社，2006.

[3] 王儒林. 网络营销实战技巧[M]. 重庆：重庆大学出版社，2007.

[4] 史达. 网络营销[M]. 上海：上海交通大学出版社，2010.

[5] 张书乐. 实战网络营销—网络推广经典案例战术解析[M]. 北京：电子工业出版社，2010.

[6] 张开涛. 网络营销[M]. 北京：中华科技大学出版社，2010.

[7] 乔西安. 电话和网络销售技巧[M]. 北京：经济科学出版社，2012.

[8] 陈孟建，等. 网络营销与策划[M]. 2版. 北京：人民邮电出版社，2012.

[9] 浪兄. 精细化-网络营销及实战技巧[M]. 北京：北京理工大学出版社，2012.